国家社科基金
后期资助项目
GUOJIA SHEKE JIJIN HOUQI ZIZHU XIANGMU

敦于实行：
邹东廓的讲学、教化与良知学思想

Dedicated to Practice: Dongguo Zou's Lecturing,
Cultivating and the Theory of Conscience

张卫红 著

上海古籍出版社

2017年度国家社科基金后期资助项目（17FZX023）

目　录

绪　　论

邹守益(1491—1562),字谦之,号东廓,江西吉安府安福县(今江西安福)人,是明代江右王学(阳明学)的领军人物。在学术主张上,东廓提揭"戒惧"说,中道平实而较少弊端,在王门后学分化的背景下,其以"一惟师说之守"[1]得到同门一致褒扬,对江右王学产生了深远影响。晚明刘蕺山(1578—1645,名宗周,字起东,别号念台,人称蕺山先生)、黄宗羲(1610—1695,名宗羲,字太冲,号南雷,人称梨洲先生)更推其为阳明真传。在推动阳明学传播方面,东廓[2]在江右王门一传弟子当中居乡时日最长,四十年间为阳明学重镇吉安府的讲学主力,其影响以江西为中心辐射到南直隶、湖广、江浙一带,为阳明学盛于东南的主要推动者之一。且邹氏一门三代有七名阳明学者:邹东廓、其长子邹义(1514—1566,字敬甫,别号里泉,嘉靖二十二年举人)、次子邹美(1516—1565,字信甫,别号昌泉,嘉靖四十年举人)、三子邹善(1521—1600,字继甫,别号颖泉,嘉靖三十五年进士)、孙邹德涵(1538—1581,字汝海,别号聚所,隆庆五年进士)、邹德溥(1549—1619,字汝光,号完璞、泗山,万历十一年进士)、邹德泳(1556—1633,字汝圣,号泸水,万历十四年进士)。[3] 除义、美外,其余五人皆入《明儒学案》,家学相承,百年不绝。在江右诸子从事乡族教化方面,东廓倡导之力甚巨,他与罗洪先(1504—1564,字达夫,号念庵)、聂豹(1487—1563,字文蔚,号双江)等江右学者自觉以"良知"、"一体之仁"等理念影响地方社会,并影响到江右二、三传阳明学者,"化乡"实践遂成江右王学的一大亮点,亦使王学在江右地域的传播达七八十年之久,王门后学诸流派莫能相比。总之,邹东廓在以

---

[1]　[明]王畿:《邹东廓先生续摘稿序》,[明]邹守益撰、董平编校:《邹守益集》(南京:凤凰出版社,2007年)卷二七,页1348。

[2]　本书人物称谓,一般称全名。对传主邹东廓及人所共知的名儒用习称,如周濂溪、程明道、朱子、王阳明、刘蕺山等。

[3]　本书对阳明学者及其交游的相关官员、士人,在其姓名第一次出现处标注生卒年代及字号。

上几方面都扮演了至关重要的角色,可谓王学在江右地域开展的一个最集中、最全面的缩影。

对于这样一个人物,学界尚缺乏详细全面的研究,其中一个原因在于,以往的阳明后学研究偏重单面的哲学思想角度的解释,往往忽略阳明后学的社会历史活动及其与思想的互动,故研究焦点多集中在有独特见解的思想家身上,如浙中之王畿(1498—1583,字汝中,号龙溪)、泰州之王艮(1483—1541,字汝止,号心斋)、江右之聂豹等,邹东廓的"平实"之学便显得"乏新可陈"。邹东廓之所以对阳明学的传播厥功至伟,被黄宗羲列为《明儒学案》中江右王门学案之首,他对讲学、乡族教化等活动的推动之力、实践之功是一个不容忽视的因素。因此,本书所做的努力,意在透过邹东廓之思想与讲学、乡族教化的彼此互动,考察学术思想与历史活动的关系,展示阳明学者思想与实践的一体性特质,展示一个理学家以"天理、良知"之价值来传播学术、引导现实政治的理想追求,也即"万物一体之实学"的学术宗旨,以此深入理解阳明学者的思想与社会历史实践的密切关联,探寻哲学史与社会史、文化史视野融合的解释路径。

一、东廓思想研究的相关进展

关于邹东廓的哲学思想,早年的研究具有专论少、文献窄等特点,主要散见于哲学史、王学论著以及少量论文中。哲学史著作如容肇祖《明代思想史》、侯外庐《宋明理学史(下)》、张学智《明代哲学史》,以及港台学者唐君毅《中国哲学原论·原教篇》、劳思光《新编中国哲学史》(卷三上)等;王学论著如冈田武彦《王阳明与明末儒学》、杨国荣《王学通论》、钱明《阳明学的形成与发展》、蔡仁厚《王学流衍——江右王门思想研究》等;论文则以日本学者木村庆二的《邹东廓思想研究序说》《关于邹东廓思想形成的一点考察》较为重要,而大陆学界在2006年以前几乎没有个案研究论文。可以说,学界对于阳明后学的研究,相对于思想上独有创建而引人瞩目的王畿、王艮、聂豹,对东廓思想的关注则较少。究其原因,与东廓之学的平实特点有关。与东廓同时代的阳明学者耿定向(1524—1596,字在伦,号楚侗、天台)即云东廓"一惟师旨是发,不少违异,繄岂不能增一新谛、特标一异帜哉?"[1]牟宗三先生亦谓东廓之学具有"顺适"、"真切于师门而谨守不渝"的平实风格,[2]故学界对其重视不够,这与东廓的重要地位很不相称。同

---

[1]　[明]耿定向:《东廓邹先生传》,《邹守益集》卷二七,页1391。
[2]　牟宗三:《从陆象山到刘蕺山》(上海:上海古籍出版社,1999年),页188、282。

时,早年限于明代思想家文献多查找不易,以上研究所用文献大都来自黄宗羲《明儒学案》,难窥全貌。至 1997 年《四库全书存目丛书·集部》所收《东廓邹先生文集》十二卷(简称《文集》)出版后,相关研究开始依据原始文献,诚为进步。然《文集》刊刻于东廓在世的嘉靖三十七年,比之刊刻于东廓逝后的万历年间、收罗更全且保存了邹氏晚年著述的《东廓邹先生遗稿》十三卷(简称《遗稿》),仍有许多缺漏。2007 年以后,有关邹东廓的研究和文献整理有了新的进展:先是朱湘钰的《平实道中启新局——江右三子良知学研究》(台湾师范大学博士论文,2007 年 2 月答辩),涉及邹东廓、陈九川、欧阳德三个专题,其中邹东廓思想研究约六万字,利用了《文集》和部分《遗稿》(台湾"中央图书馆"存有《遗稿》八卷),较之前人,文献、篇幅、方法、观点均有突破。同年,董平点校的《邹守益集》作为"阳明后学文献丛书"之一正式出版,将《文集》和不易搜寻的《遗稿》(完整善本仅见于上海图书馆)合为一编,重新编次为二十六卷,另有附录一卷收集了相关序跋、传记、祭文等资料,为目前最为完备的邹东廓文献集成,以此推动了相关研究:徐儒宗《江右王学通论》(北京:中国人民大学出版社 2009 年版)是以哲学问题为中心对整个江右王学进行综合论述的通论性研究,直接涉及邹东廓的篇幅有两节;王伟民《破"门面格式",做"实际学问"——邹守益的心学思想概论》(《中国哲学史》2008 年第 4 期)、郭燕华《邹守益哲学思想研究》(南昌大学硕士论文,2008 年 12 月答辩)、樊鹤平《邹守益道德修养论研究》(湖南师范大学硕士论文,2009 年 5 月答辩)、钟治国《明儒邹东廓的良知学简述》(《中国哲学史》2010 年第 2 期)、许晟伟《王学宗子——邹东廓思想研究》(台湾彰化师范大学硕士论文,2010 年 6 月答辩)等论文,表明学界对邹东廓思想研究的逐渐重视。

二、东廓之学的思想性格和定位

学界对东廓的思想性格及地位的判定多见于对王门后学学派划分的论说中,论断式的结论居多,系统的论证较少,可归纳为五种不同观点:

一是持传统之说,以东廓为王学正传。刘蕺山谓"东廓以戒惧慎独为致良知之功,此是师门本旨"[1]。黄宗羲追随师说,将邹东廓的戒惧说、罗洪先的主静说一同视为阳明学正传,并尤其推崇东廓之学:"阳明之没,不失其传者,不得不以先生(按,指东廓)为宗子也。"[2]学界不乏持此传统说法或

---

[1]　[明]黄宗羲著、沈芝盈点校:《明儒学案》(北京:中华书局,2008 年),《师说》,页8。
[2]　黄宗羲:《邹东廓本传》,《明儒学案》卷十六,页332。

与之近似者，如侯外庐以东廓的特色为"信守师说"，得王学正传。[1] 张学智认为："得阳明一贯之旨、平实功夫者，以邹守益为最。"[2] 蔡仁厚观点近似，他依循牟宗三先生对"王学的分化与发展"之分判，将牟氏许可的江右邹东廓、欧阳德、陈九川三人，[3] 判为阳明嫡传，东廓更被推许为"王学宗子"，比之牟氏之说有升格的意味。[4] 至于刘蕺山、黄宗羲因何以东廓为王学宗子，劳思光认为东廓思想"与蕺山立说宗旨有关，黄宗羲宗蕺山'诚意'之说，而东廓之戒慎恐惧或慎独，亦是重'意'之发用前工夫；此处固属直接契合也"。[5] 周志文则认为东廓思想之《学》《庸》合一之旨、戒慎恐惧说、寂感体用合一说等主张，使蕺山在检讨晚明王学流于猖狂之弊时找到了出口。[6] 以上观点或从东廓与蕺山学术理路之相近性分析，或从对治王学流弊入手，各有的见。

二是以王门后学左右派的划分模式将东廓归为中派或正统派。嵇文甫在 20 世纪 40 年代出版的《晚明思想史论》中，认为王畿、王艮使王学向左发展，聂豹、罗洪先使王学向右发展，邹东廓、钱德洪（1496—1574，字洪甫，号绪山）诸子"谨守师门矩矱，无大得亦无大失"。嵇氏赋予左派极高的地位，认为他们"把当时思想解放的潮流发展到极端"。[7] 嵇氏左右派的划分模式影响极大，长期以来为许多学者认同，然其背后无疑具有强烈的价值默认：即以西方启蒙理性的眼光赋予左派以"思想启蒙"、"进步"的历史地位和意义。20 世纪 90 年代以来的研究，逐渐摆脱了这种受制于意识形态的研究思路，虽延续了左右派的划分形式，但主要是从思想特征上把握王学分化的。如陈来先生认为，王学分化从总体上看，无非是左、中、右三种情况，一种是保守阳明正传的正统派，主要代表为邹东廓，一种是向异端发展的自然派，主要是王艮以后的泰州派，在两者之间则是强调阳明思想某一方面又不越王学藩篱的思想家，在王门中最活跃并推动了王学进一步发展，以王畿、钱德洪、聂豹、欧阳德等为代表。[8]

[1] 侯外庐：《宋明理学史（下）》（北京：人民出版社，1997 年），页 284—304。

[2] 张学智：《明代哲学史》（北京：北京大学出版社，2000 年），页 164。

[3] 牟宗三认为黄宗羲之论"未见的当。江右王门其人甚多，言邹东廓、欧阳南野、陈明水为得其传，可也。其余皆不真切于王学而横生枝节，或离却王学而歧出矣"。见氏著：《从陆象山到刘蕺山》，页 279。

[4] 蔡仁厚：《王学流衍——江右王门思想研究》（北京：人民出版社，2006 年），页 28—44。

[5] 劳思光：《新编中国哲学史》（卷三上）（桂林：广西师范大学出版社，2005 年），页 351。

[6] 周志文：《邹守益与刘宗周》，《佛光人文社会学刊》第一期，2001 年 6 月，页 173—193。

[7] 嵇文甫：《晚明思想史论》（北京：东方出版社，1996 年），页 16。

[8] 陈来：《有无之境——王阳明哲学的精神》（北京：人民出版社，1991 年），页 333—335。

　　三是认为东廓并非阳明宗子,其具有偏于程朱学的倾向。这种观点在早年的研究即有之,容肇祖认为东廓的"戒慎恐惧即是前人所说的敬","是宋元以来理学家的宗旨,故此,邹守益一派,似由王守仁转回程朱的主敬道路了"。[1] 戴君仁将罗洪先、邹东廓、聂豹、刘文敏归为同调,"他们和宋儒有相近之处,较为平实",并认为东廓论戒惧与朱熹论主敬是很相似的。[2] 日本学界70年代以来的主流观点是冈田武彦的"王门三派"说:以王畿、王艮所代表的现成良知派为彰显心学精神,邹东廓、欧阳德所代表的修证派提倡用工夫求本体,"从而不期然地具有接近宋学的倾向。这就与归寂之说(聂豹、罗洪先为代表)一样难以适合王学的发展方向及时代思潮"。[3] 吉田公平认为东廓的"坚守师说不渝"并不符合阳明学"排斥固守"的创造精神,因此,"固守师说"反而成为良知学上的一个转折。[4] 木村庆二进一步解释了吉田公平所谓东廓背离师说论:因为良知学的基本理念是打破所有先行的价值观,故东廓"墨守师说"的特点恰恰是背离了师说,他的思想中既有良知学的原型,却又包含使良知学后退的要素,故认为东廓并非阳明宗子;同时,东廓规定心的"至善无恶"以维持心的定向性,表明东廓思想掺有朱学的要素。[5] 而东廓对于阳明所论良知之"无"的层面完全没有论及,是鉴于现成良知说导致的流弊排斥良知之"无",这是东廓对阳明思想的变革,也是对现成良知说最早鸣放的警钟。[6]

　　四是未以强势的"非朱即王"的思想构架判定东廓思想,而是持调和主张,认为东廓思想仍以王学为主色调,兼具融合、打通朱王之特色。唐君毅认为东廓之说正打通了程朱与阳明之隔,最能阐扬良知教早期存天理去人欲之旨。[7] 劳思光认为东廓的戒慎恐惧说与程门之"主敬"甚近,但"戒慎恐惧"乃紧扣良知之常明讲,不似伊川之"敬"只是"主一",偏于形式主

[1] 容肇祖:《明代思想史》(济南:齐鲁书社,1992 年),页 125、127。
[2] 戴君仁:《论江右王门》,收入氏著:《阳明学论文集》(台北:联合出版社,1972 年),页154—158。
[3] [日]冈田武彦:《王阳明与明末儒学》(上海:上海古籍出版社,2000 年),页 104—105。
[4] [日]吉田公平:《解说〈邹东廓〉》,《阳明门下(上)》,《阳明学大系》第五卷(东京:株式会社明德出版社,1973 年),页 36—45。
[5] [日]木村庆二:《邹东廓思想研究序说》,《中国哲学论集》(日本九州大学出版社,1991年)第 17 号,页 62—78。
[6] [日]木村庆二:《关于邹东廓思想形成的一点考察》,《中国哲学论集》(日本九州大学出版社,1993 年)第 19 号,页 18—35。
[7] 唐君毅:《中国哲学原论·原教篇》,《唐君毅先生全集》(台北:学生书局,1984 年),卷十九,页 383—384。

义。[1] 近年的研究中，钱明将王门后学分为两大系统五个流派，即现成与工夫两大系统，又细分为虚无派、日常派、主静派、主敬派与主事派五派。东廓属于工夫系统的主敬派，其"敬"即"戒惧慎独"，与朱熹之"主敬"如出一辙；他同时指出，主敬派的居敬毕竟与朱熹将"居敬"和"致知"分为"二事"不同，主敬派只不过想假借程朱的"居敬"说来纠正阳明后学偏于"内"或"外"的做法罢了。[2]

五是脱开传统"非朱即王"的思想窠臼，在王学系统内部以阳明及其后学为参照，给予东廓思想重新定位。张学智认为东廓的戒惧说旨在纠正阳明后学之偏颇，恢复阳明良知之学的本来面目："功夫笃实稳妥而全面，虽远不如王阳明那样创辟宏阔，但可说不失阳明一生精神。"[3] 朱湘钰以阳明为纵轴，同门之王畿、聂豹为横轴，来衡定邹东廓、欧阳德、陈九川思想，指出三人在平实地继承了阳明思想的同时，也因糅合进自身学旨而为王学转向推波助澜，平实中有开新。三人中以欧阳德的思想最接近阳明和王畿，意味着欧阳德对于良知教的掌握是较为全面而深入的，而东廓强调戒惧本体、陈九川强调良知之几微萌动处，表明两人为针砭时弊而凸显良知教的某个特色，亦导致对良知学的理解有所偏重。[4] 刘姿君则在认同东廓与阳明"体用一源"思想方法一致的前提下，认为东廓对"修己以敬"工夫（"慎独说"的内涵之一）的重视虽然有别于阳明的良知教，但毕竟不同于朱子学之"主敬"，而是恰当的诠释、丰富了良知学的义理内涵。[5] 总体而言，这些观点是在阳明学内部对东廓思想特质的探讨。

三、东廓讲学及社会历史活动的相关研究

推动讲会和倡导以阳明学精神为指导的乡族实践，是东廓对阳明学的重要贡献，这既是东廓赢得当时及后世学者普遍赞誉的一个主要原因，也是不应忽略的研究论题。学界对东廓讲学活动的研究有：贺广如《江右王学及其相关书院研究》（台湾大学硕士论文，1993 年答辩）将东廓思想分为事上检点、本体流行、已发未发、慎独四阶段，将其思想变化与书院讲会的发展相联系，探讨书院讲会、同道论学对于东廓思想的影响，提供了一个新的研

[1] 劳思光：《新编中国哲学史》（卷三上），页 352。
[2] 钱明：《阳明学的形成与发展》（南京：江苏古籍出版社，2002 年），页 148—151。
[3] 张学智：《中国儒学史·明代卷》（北京：北京大学出版社，2011 年），页 253。
[4] 朱湘钰：《平实道中启新局——江右三子良知学研究》（台湾师范大学博士论文，2007 年），页 292—294。
[5] 刘姿君：《邹东廓"慎独说"之衡定——以王阳明"良知教"为理论判准的说明》，《中国学术年刊》第 29 期（2007 年 9 月），页 33—52。

究视角,然问题在于四阶段之二、三实为东廓与王门同道的论学内容,一、四阶段方为东廓早、晚期学旨,贺文不免将两者混为一谈。吴宣德《江右王学与明中后期江西教育发展》(南昌:江西教育出版社 1996 年版)、吕妙芬《阳明学士人社群:历史、思想与实践》(台北:"中央研究院"近代史研究所 2003 年版)、吴震《明代知识界讲学活动系年》(上海:学林出版社 2002 年版)、陈时龙《明代中晚期讲学运动》(上海:复旦大学出版社 2005 年版)等著作中,均有对东廓及其子孙讲学活动的部分史料梳理。关于东廓社会历史活动的研究有:梁洪生《江右王门学者的乡族建设——以流坑村为例》以流坑王门学者的乡族建设活动为论述中心,涉及东廓的内容很简略;[1]王崇峻《明代中晚期江右王门学者的乡村运动——以江西吉安府为中心》探讨了包括东廓在内的吉安王门学者创建书院、倡导讲学、推行乡约、清丈田地等社会工作及其所蕴含的意义;[2]衷海燕《儒学传承与社会实践——明清吉安府士绅研究》(广州:世界图书出版公司 2012 年版)涉及东廓等吉安学者办讲会、建书院、维护礼教秩序、参与地方公共事务等活动,力图揭示儒学传承演变的趋势与区域社会文化变迁的内在机制;张艺曦《王学、家族与地方社会——以吉水、安福两县为例》(台北:台湾大学出版社 2006 年版)描述了东廓等江右诸子与官方、地方士绅和地方家族共同合作,参与乡里建设、社会救济、赋役清丈等地方事务活动,实践理学家的"化乡"理想,以此探讨王学如何在地发展与草根化、学术群体的地方动员能力、王学与地方家族之间的合作共生关系,揭示学术在地发展的机制。任文利《天德与王道之间——作为儒教传统士大夫典型的邹守益》探讨了身为儒教传统士大夫典型的邹守益之政治立场和政治作为的思想义理基础,认为东廓的戒惧说所反复提揭的"全生全归"、"上帝降衷"、"上帝临女"具有强烈的宗教维度,这种"事天"、"事上帝"的敬畏感体现在政治生活中,即是他自觉承担了"师道"之责来规范君主之德行,进而期望由"天德"而达于"王道"政治之理想。[3]

　　综上所述,学界关于邹东廓的研究取得了一定的成果,总体而言,研究内容、思路和结论等方面仍有深入探讨的空间,也是本书努力的方向:

---

[1]　梁洪生:《江右王门学者的乡族建设——以流坑村为例》,《新史学》1997 年第 3 期,页 43—87。

[2]　王崇峻:《维风导俗:明代中晚期的社会变迁与乡约制度》(台北:文史哲出版社,2000 年)附录 4,页 223—268。

[3]　任文利:《天德与王道之间——作为儒教传统士大夫典型的邹守益》,《国际阳明学研究》(北京:中国社会科学出版社,2011 年)第一卷,页 29—55。

　　第一，在研究内容上，学界多以问题、现象为中心展开，哲学、史学之研究各有侧重角度，虽部分涉及邹东廓的思想及社会历史活动，但全面、深入的个案探讨还不够，尤其是对东廓讲学、乡族实践、政治作为等社会历史活动的研究，尚需全面系统的梳理。

　　第二，在研究视野上，将邹东廓的思想、讲学及乡族实践作为一个整体，方契合阳明学所倡"万物一体之实学"精神。故将深入的思想义理分析与详细的社会历史活动有机结合起来，探讨思想与文化、社会、政治等方面的交互关系，建立两者之间的确切而充分的相关性，而不是一般性的笼统叙述，既有必要，也有相当难度。

　　第三，在研究结论上，对东廓的思想判定，从晚明士人称许其为王门宗子，到现代学界的评价不一，原因何在？笔者认为，哲学研究多侧重单面的思想义理分析，往往忽视儒者之思想与社会历史作为的一体性，议论便嫌单薄。然而儒学的实践性恰是其生命力的标志。故而，在哲学史与社会史相结合的视野中厘清邹东廓思想的特质及影响，揭示江右王学的精神特质，以及学术思想与社会关怀的内在统一性，方能形成充实有力的结论。

第一章　半生心路：浩浩谁立万物表[1]

本章概述邹东廓的家世、家学、早年教育及思想困惑、师事阳明的经历，以及短暂的仕宦生涯，这些既是东廓前半生的主要人生经历，也有助于了解东廓的思想特征和精神取向，并为后面章节展开他的思想与社会实践铺垫一基本背景。

第一节　家世源流与学术传统

邹东廓家族又称澈源邹氏。邹氏姓源一般认为受姓于春秋宋闵公裔孙正考父，因其受封于邹，子孙遂以封地名为姓。[2] 据载，澈源邹氏源自唐将军邹阿蛮，唐武德三年(620)，邹阿蛮镇守幽州范阳，遂居于此，故邹氏以范阳为郡望。其后，阿蛮第四子(名不详，官承务郎)于贞观元年(627)统兵数万知建昌军，遂居江西南丰。北宋时，阿蛮第四子之嗣孙邹仁迁徙至崇仁。南宋绍兴二年(1132)，仁迁之孙邹望龙始居乐安炎坪，为炎坪邹氏始迁祖。其后，炎坪邹氏五世祖邹极翁自炎坪迁居永丰县兴平乡十四都城上，传四世，邹华宗又迁至永丰县城北门太平坊崇玄宫前。南宋末，邹望龙之十一世孙邹天成因族父邹沨从文天祥起兵兵败，于是自永丰避居安福成冈(今安福县山庄乡巷口村)。[3] 邹天成生邹伟伯，邹伟伯生四子，长子即东廓六世祖邹思贞(宁靖斋)，正当元末红巾军之乱，思贞以智勇保障乡里。邹思贞

---

[1] 《题张公洞》："划然一啸两俱忘，浩浩谁立万物表？"见《邹守益集》卷二六，页1227。

[2] 邹氏姓源一般均以此说为准，如邹浩《邹氏宗谱序》："余邹氏其受姓本正考父，因采食邹邑，子孙因氏之"，邹元标《雩都邹氏谱序》："(邹氏)发源于宋闵公之后，正考父食邑于邹，因以为氏。"以上文献均见邹贤敏主编：《中华邹氏族谱》(武汉：崇文书局，2006年)第一卷，页321、334。

[3] 安福邹氏迁居之地名，参姚义兴：《泸潇人家——安福姓氏探源》(政协安福县委员会、安福县志编纂委员会编，2005年)。

生二子，长子即东廓五世祖邹克修（号乐山）。明初，邹克修始居安福澈源里（今安福县山庄乡新背村老屋里），即澈源邹氏始祖。至此，子孙渐以儒术起家。克修生四子，三子仕鲁（号竹坡），即邹东廓曾祖。[1]

邹东廓家族从东廓祖父辈日渐兴起。祖父邹思杰（1428—1506），名沛，字思杰，以字行，号毅轩，妻欧阳氏。据明人杨廉所作的墓志铭载，邹思杰三岁丧父，母谢氏含辛茹苦抚其成人。初学举子业，后以奉养老母隐居弗仕，教授乡里，为德才兼具的乡贤。通《周易》，书字得楷法，尝作《切要训顽诗》化导乡族，"尝主乡税出入，人多德之，县吏亦无追呼之劳"。[2] 后以子贵，封文林郎、南京大理寺左评事，妻欧阳氏封孺人。

邹思杰生男四：邹贤、邹质、邹赟、邹贵；女二。邹贤即东廓父。邹贤（1454—1516），字恢才，号易斋，受学于北乡茨溪刘氏家族刘球[3]之孙刘缜，治《春秋》经。明代安福有不少像刘氏这样善治《春秋》并由此取得科名的家族，如聂豹所说："今天下习举子业，专经《春秋》者，咸宗安成，谓安成独得其宗，决科之利也。故安成之士，凡专经有望者，四方常聘，无虚岁。"[4] 邹贤日后主讲席，子孙从此以治《春秋》闻名。澈源邹氏是中晚明时期全国范围内以《春秋》参加科举的最成功的家族之一，共出了六名进士、四名举人。[5] 后世子孙以《春秋》取得科名的不在少数。从现存于安福民间的各种《澈源邹氏族谱》来看，至少到清康、雍、乾年间，邹氏以治《春秋》取得科名的仍然不乏其人。如邹德溥（东廓孙）房支下，邹钟鸣（邹贤六世孙）领康熙十七年（1678）乡魁；邹盖（东廓第五子）房支下，邹球（邹贤六世孙）治《春

---

[1] 以上澈源邹氏源流据《澈源邹氏七修族谱》（民国六年修，安福县博物馆藏），相关文献依据详参拙著《邹东廓年谱》（北京：北京大学出版社，2013年），页1—4。

[2] ［明］杨廉：《封南京大理寺左评事邹公墓志铭》，《杨文恪公集》（《续修四库全书·集部》1333册）卷五十四，页169。

[3] 刘球（1392—1443），字求乐，更字廷振，号两溪，安福北乡茨溪人，永乐十九年（1421）进士。正统初，太监王振欲征麓川，刘球抗疏力谏，下诏狱，惨死。景泰初，谥忠愍。传见《明史》卷一六二。《邹守益集》收录有《刘忠愍公祀典碑》（卷二〇，页933—935）。刘缜（？—1505），字景玉，号栗庵，成化二十年（1484）进士，官至云南布政左参议，传见邹守益：《云南布政司左参议赠朝议大夫栗庵刘先生墓志铭》，《邹守益集》卷二二，页1021—1024。

[4] ［明］聂豹著，吴可为编校：《送王石泉辍讲归安成序》，《聂豹集》（南京：凤凰出版社，2007年）卷四，页82。

[5] 六名进士是：邹贤、邹东廓、邹善、邹德涵、邹德溥、邹德泳。四名举人是：邹义、邹美、邹宪明（邹德泳子，天启四年）、邹连芳（邹义曾孙，崇祯三年）。此外，邹德洙（邹美子）为万历二十七年贡生，邹匡明（邹德溥子）为崇祯时太学生，邹德淇（邹盖子，东廓孙）为崇祯十三年赐特用进士出身。邹氏家族的家学与科举状况，参见陈时龙：《一经之传及其演变——明清安福县邹守益后裔的家学与科举》，《井冈山大学学报》（社科版）2016年第5期，页125—129。

秋》，登康熙二十一年（1682）进士；九世孙邹贻善（1704—1759）在雍正十三年（1735）乡试中得《春秋》经第一名、乡试总成绩第五名；乾隆年间，十一世孙邹佳景（1758—1786）治《春秋》，为国学生。[1]　从邹贤算起的《春秋》家学传统，至少延续了十余世、近三百年。

　　然而邹贤的科考之路颇不顺，先后六试不中。明孝宗弘治八年（1495）始中举，次年中进士时已四十三岁。先试政工部，奉命修大臣礼于闽。弘治十二年，授南京大理寺左评事。武宗正德二年（1507）丁忧。正德五年服阕，授福建按察司佥事，专理汀州兵务。同年，东廓科举高中的捷报传来，此时邹贤病风痹，颇感"吾志有托矣"，[2]上章乞致仕。乡居六年后，于正德十一年卒于家。[3]　观其一生仕途，起步晚而时间短，无大建树，倒是出仕前后以擅经术在江西、湖浙一带讲学授徒，多所造就。

　　邹贤娶妻周氏（出安福西乡望族横龙周氏）及侍妾王氏，共育有四子（守益、守明、守蒙、守壮）、三女。东廓为长子，周氏出。正德二年，东廓娶安福世族嘉溪王氏所出儒官王锃之仲女王喜英（1488—1540），[4]与王氏生长子邹义、次子邹美、三子邹善。嘉靖十九年（1540）夏，东廓从京师南下赴任南京国子监祭酒，因途中酷暑，王夫人病卒。二十一年夏，东廓继娶安福世族瓜畲李氏所出李随之女李冬英（1526—1577），[5]与李氏生四子邹养、五子邹盖、女三。

第二节　早年教育及思想困惑

　　明孝宗弘治四年（1491）二月一日，邹东廓生于江西吉安府下辖的安福县北乡之澈源里，父名之以"守益"，成年后字之以"谦之"。其名、字之来历，据东廓《赠云东龙君道亨之任南都序》云："初，先易斋大夫之名不肖也，命之以风雷之象，曰：见善则迁，有过则改，守之以谦，其益无方。"[6]取自《易经》之《谦》《益》二卦，[7]寄寓守以谦德、其益无方之义。

---

[1]　见同治《安福县志》，卷十一《人物·文学》，页31；《澈源邹氏七修族谱》，《世次卷》之二，文祖排下六房，页5、28、54。

[2]　[明]宋仪望：《邹东廓先生行状》，《邹守益集》卷二七，页1367。

[3]　邹贤事迹详参王思：《明故奉政大夫福建兵备佥事易斋邹公行状》，《澈源邹氏七修族谱》卷八，页10。

[4]　罗洪先：《明故封宜人赠淑人邹母王氏墓志铭》，《澈源邹氏七修族谱》卷八，页32。

[5]　见宋仪望：《邹东廓先生行状》，《邹守益集》卷二七，页1370。

[6]　《邹守益集》卷四，页175。

[7]　《益》卦《象》曰："风雷，益。君子以见善则迁，有过则改。"东廓名字来历又见《谦斋说》（《邹守益集》卷八，页440）。

弘治十一年（1498），邹贤在京，试政工部。东廓时年八岁，随父北上，开始在父亲的指导下受学。其谓：

> 不肖八岁侍先公北上，即口授濂洛关闽六君子赞，及吴草庐《自警诗》，曰："此诗文正脉也。"出就外傅，归必考其所习，稍得，则喜谓母夫人曰："吾造就人才众矣，天其报乎！"每至经传天理人欲之辨，及诸史治乱与兴亡之机，反复告诫曰："必明于此，然后可以自立而达于用。"

"濂洛关闽六君子赞"指朱熹所作《六先生画像赞》，六先生即周敦颐、程颐、程颢、邵雍、张载、司马光六位北宋大儒。"吴草庐"即元代程朱学者吴澄。此外，邹贤对东廓耳提面命的立身处世之训是：

> 立朝之本，忠厚为先，曰清，曰慎，曰勤，顷刻不可忘于怀，尤不宜戏言戏动，以取怪责于人。彭文宪、张公实二先生俱不妄戏，皆成大用，此可师法者也。[1]

东廓日后以少年登高科时，邹贤仍不忘以程朱理学的"主敬"工夫作为基本人格修养训诫之：

> 人性常要简束严整，则不轻以放肆；常要惺惺法，则自然日就规矩。此"敬"之一字，圣学成始成终之要也。吾儿少年登高科，能以予言存心，则程子之言出于料[2]外矣。古人年十七八便以天下为己任者，可以想望其风采矣，不可斯须忘"敬"之一字。[3]

东廓青少年时所处的明弘治、正德年间，阳明学尚未兴起，程朱理学无论作为官方的意识形态还是儒者的修身资源，都占据主流地位，故东廓所受的家教，从濂洛关闽诸儒之人格榜样，到"天理人欲"、"不戏言戏动"、"主敬"等立身原则，都具有浓厚的程朱理学色彩。再从邹贤的学行风范来看，他批评当世学者"不探经传大义，而务为新奇以自高，或剽陈言为途说"，为学"合诸生论说辨问，穷极根本，而黜其奇衺，凡二十年，为学者依归。于文据经引传，词义灿然，而绳墨不紊"，为人"心地坦易，虽甚喜怒，既过则荡荡无一物，因自号易斋"，乃至夜梦多奇中，小事亦能历历符契。人问其故，答曰："心之虚灵，本与天地万物相为流通，凡事适端倪无弗管摄者，诚不以私

---

[1] 以上引文见邹守益：《易斋府君事迹》，《澄源邹氏七修族谱》卷八，页8。按，"彭文宪"即彭时（1416—1475），字纯道，又字宏道，号可斋，安福人，明正统十三年状元，累官吏部尚书、文渊阁大学士，进少保，谥文宪。"张公实"即张敷华（1439—1508），字公实，安福人，明天顺八年进士，官至左都御史，谥简肃。

[2] "料"，疑当作"科"。

[3] 邹守益：《易斋府君事迹》，《澄源邹氏七修族谱》卷八，页9。

故攠之,则自然昭著。古之人清明在躬,则志气如神,况于梦寐乎!"[1]邹贤严谨整饬的治学态度与耿介端严的气象风范,对东廓影响颇深。东廓从学阳明后所主张的戒惧说,仍与程朱理学的"主敬"工夫有相当的关联,其稳健笃实的学风可谓渊源有自。

邹贤官京师时期,送东廓从学于翰林院编修蒋冕(1463—1533,字敬之、敬所,号湘皋);[2]官南京大理寺左评事时期,即东廓九至十六岁时,又送其至著名学者胡琏(1469—1542,字器重,号南津)门下。此时,少年东廓已能"多所问难",[3]颖敏善学,天资外发,甚得同官南京的同郡名士彭礼(1443—?,字彦恭,安福人,时任巡抚应天都御史)、罗钦顺(1465—1547,字允升,号整庵,泰和人,时任南京国子监司业)称道。邹贤的大理寺同僚中,也有"署中有颜子"之传说。[4]

东廓的才华很快在科考中体现出来:正德二年(1507)七月,十七岁的邹东廓以《春秋》经中举,安福县令吴景(1466—?)赞其"当魁天下",[5]姊夫王珍欲偕东廓北上参加次年会试,为邹贤所阻,理由是"姑使积学",[6]欲其厚积而有大进。同年,东廓娶王氏。不久,母周氏卒。此时东廓已声名鹊起,开始授徒讲《春秋》。正德六年春,二十一岁的邹东廓进京应考,得会试第一、廷试第三,深得会试主考、内阁大学士刘忠(1452—1523,字司直,号野亭)瞩目,视为"国器"。[7]

正德六年三月,东廓授翰林院编修。翰林院是一个掌管史册、备皇帝顾问的清要之地,不仅升迁机会多,且是进入内阁的必由之路。是年邹贤因病致仕归安福,移书东廓令其南归,东廓屡疏乞归养,终于得允。正德七年春,他回到安福,此后五年皆居家侍亲,直至邹贤去世,兼之守丧,居乡长达十一年之久,直至嘉靖皇帝登基才又出仕。

就在东廓回乡不久,四方士人慕名前来受学。讲学之中,东廓对朱子解《大学》《中庸》之宗旨不一产生了疑问。邹德涵《文庄府君传》载:

> 四方士即山房受学。府君曰:"前,而党知子思之学受于曾子乎?今朱氏解格物与慎独异,何也?"诸生莫能解。[8]

[1]　以上引文见邹守益:《易斋府君事迹》,《澈源邹氏七修族谱》卷八,页3、8。
[2]　见《存耕寿言》,《邹守益集》卷三,页141。
[3]　宋仪望:《邹东廓先生行状》,《邹守益集》卷二七,页1367。
[4]　耿定向:《东廓邹先生传》,《邹守益集》卷二七,页1382。
[5]　《蒙庵刘君应占墓志铭》,《邹守益集》卷二一,页978。
[6]　邹守益:《易斋府君事迹》,《澈源邹氏七修族谱》卷八,页8。
[7]　宋仪望:《邹东廓先生行状》,《邹守益集》卷二七,页1367。
[8]　邹德涵:《文庄府君传》,《邹守益集》卷二七,页1361—1362。

东廓弟子宋仪望所作《邹东廓先生行状》记载更详：

> 一日，与诸生论及《中庸》，辄慨然曰："子思学于曾氏，今程、朱补《大学》，必先格致；《中庸》乃首言戒惧慎独，而不及格致，何也？"时诸生辩难良久，先生终不释然。[1]

有明一代，朱子所注《四书》被纳入官方教育及科举制度中，为士人熟知。东廓的困惑正在于：程朱补《大学》"格物致知"章并以之为基本工夫，而《中庸》则首言戒惧慎独而不及格致，"两不相蒙"，[2]莫知其故。朱子注《四书》的基本目的在于为儒家学者确立一套内圣外王的修养工夫，但若工夫名目、内涵各异，其原因何在？又如何将两者打通？——朱子自有其解决之道，容后分析——这却成为东廓思想之旅的第一个困惑焦点。从其回乡算起，这一困惑大约持续七年之久，直至东廓谒见阳明，并以此疑问为契机，投身于阳明门下。

第三节　师事阳明与宗旨确立

宋仪望《邹东廓先生行状》、耿定向《东廓邹先生传》均载，东廓与阳明的交游因缘早在拜师前已有之，至少有两面之缘：第一次在正德五年。是年三月，阳明从贵州贬所至江西吉安，任庐陵知县七月余，广行善政。[3]其间东廓曾慕名谒见阳明，阳明对其"极相称许"。[4]第二次则在次年的京师科考期间，时王阳明为辛未科会试同考官，对东廓器重有加：

> 辛未，先生年二十一，会试第一……是岁，王公以吏部主事司分校，主试者知王公有精鉴，出诸隽卷取裁。王公阅及先生卷，曰："此必安福邹某也。亡论文，其人品亦冠天下者。"遂冠南宫。[5]

但有学者依据东廓自述其与阳明的交往经历"以益之不类，再见于虔，再别

---

[1] 宋仪望：《邹东廓先生行状》，《邹守益集》卷二七，页 1368。

[2] 黄宗羲：《邹东廓本传》，《明儒学案》卷十六，页 331。

[3] ［明］王守仁撰，吴光、钱明、董平等编校：《王阳明全集》（上海：上海古籍出版社，1992年）卷三十三，《年谱一》正德五年条，页 1230。

[4] 宋仪望《邹东廓先生行状》，《邹守益集》卷二七，页 1367。

[5] 耿定向《东廓邹先生传》，《邹守益集》卷二七，页 1382。另外，宋仪望、罗洪先所作传记及东廓《明史》本传中均载此事。宋仪望《邹东廓先生行状》："辛未，王公由吏部主事同考会试，时主考得先生卷，甚喜，谓王公曰：'子素善知文，此为谁者？'曰：'此必安福邹某。'"（《邹守益集》卷二七，页 1367）罗洪先《东廓邹公墓志铭》："辛未乡（按，当为"会"）试，阳明公为同考官，赏识之，遂置第一。"（《邹守益集》卷二七，页 1375）《明史》本传："守益举正德六年会试第一，出王守仁门。"（《邹守益集》卷二七，页 1359）

于南昌,三至于会稽",[1]认为东廓首见阳明的时间当为正德十四年的赣州(赣州古称虔州,南赣巡抚衙门称虔台)之会,而正德五年的庐陵之会为虚构、不可信。[2] 笔者亦有相关分析考订,认为东廓与阳明于正德五、六年间的交往当有可能。[3] 不过从文献记载来看,东廓与阳明的这两次交往并未涉及论学。其原因可能在于,一则阳明此时虽已讲学授徒,但尚未产生广泛影响,亦未引起东廓特别关注;二则正德五年东廓与阳明的庐陵之会只是一面之缘,次年东廓在京不到一年即回乡,二人两次交往均不深;三则东廓年方二十,尚未形成明晰的问题意识,无问则无答,论学契机不成熟。因此,阳明固然欣赏东廓,但东廓尚无求学之意,二人应当只是一般性的交往。直到七年后东廓至赣州谒见阳明时,无论是外在的学术环境抑或自身的思想需求都已发展成熟,方才打开投师阳明的学术之门。

正德十一至十六年间,阳明以都察院左金都御史巡抚南、赣、汀、漳等处,主要活动在江西。此期阳明之学问与事功并美,阳明学派在江西正式形成气候。讨伐之余,阳明"回军休士,始得专意于朋友,日与发明《大学》本旨,指示入道之方",[4]与弟子几十人讲聚不散。正德十三年八月,弟子薛侃所编《传习录》(即今《传习录》上卷)于赣州刊刻问世,这也是《传习录》第一次刊刻,立刻激起江西思想界的热烈回应。当时前往赣州追随阳明的士子中,就有多位吉安府士人,如泰和欧阳德(1496—1554,字崇一,号南野)、刘魁(1488—1552,字焕吾,号晴川)、郭治(字昌修,号中洲)、王思(1481—1524,字宜学,号改斋),万安郭持平(1483—1556,字守衡,号浅斋),安福王学益(1495—1561,字虞卿,号大廓),以及吉水李中(1478—1542,字子庸,号谷平)、周汝方(号龙冈,罗洪先姊夫)等。[5] 故而在东廓从学阳明之前,阳明学这股思想界的新风及其对江西士人的震撼,当为东廓所知。

正德十四年,二十九岁的邹东廓至赣州谒见阳明,虽然最初的目的只是请求阳明为其父作墓表,然而在众多青年士子环绕阳明热烈讲学的氛围中,论学自是应有之义。阳明也有意将这位青年才俊纳入门下,"顾日夕谈学",[6]不

---

[1] 邹守益:《阳明先生文录序》,《邹守益集》卷二,页39。

[2] 见木村庆二:《关于邹东廓思想形成的一点考察》,页20—21;耿加进:《邹东廓先生年谱》,收入张新民主编:《阳明学刊》(成都:四川出版集团巴蜀书社,2011年),第五辑,页154—155。

[3] 见拙著《邹东廓年谱》正德五年条,页14—20。

[4] 《年谱一》正德十三年条,《王阳明全集》卷三十三,页1253—1254。

[5] 见《乾乾所箴并序》,《邹守益集》卷一七,页829;《改斋王君墓志铭》,《邹守益集》卷二一,页974;《年谱一》正德十三年条,《王阳明全集》卷三十三,页1253。

[6] 黄宗羲:《邹东廓本传》,《明儒学案》卷十六,页331。

提墓表——在阳明文集及邹氏家谱中均未见阳明所撰墓表。东廓日后回忆这段从学经历说："先师格致诚正之说，初闻于虔州。以旧习缠绕，未敢遂信。及质诸孔孟，渐觉有合处，然后敢信而绎之。"[1]"旧习缠绕"指朱子学的思路和立场使东廓在论学之初仍对阳明的格致说未易肯信。然而促使东廓转变立场的一大关键，正是困扰他多年的朱子解《大学》《中庸》宗旨不一的问题，在阳明学的思想体系中得以解决。《东廓邹先生传》载：

> 王公（按，指阳明）曰："致知者，致吾心之良知于事事物物也。致吾心之良知于事事物物，则事事物物皆得其理矣。独，即所谓良知也。慎独者，所以致其良知也。戒谨恐惧，所以慎其独也。《大学》《中庸》之旨，一也。"先生豁然悟，遂肃贽师事焉。逾月，再如虔台。[2]

阳明将《大学》之格物致知、《中庸》之戒惧慎独全都收归于"致吾心之良知于事事物物"的致良知教中，从而使《学》《庸》宗旨合一。既然致知即致良知，慎独亦是致良知，二者异名同实，那么，"戒谨恐惧，所以慎其独也"，戒惧就是致良知（独）的工夫方法。可以说，东廓日后确立戒惧说作为为学宗旨，在此已见端倪。良知学浑沦的、一体性的思路解决了他多年的思想困惑。东廓在与新思想的冲击磨合中，又以"质诸孔孟，渐觉有合处"加以印证，于是数年之疑豁然贯通，遂正式拜入阳明门下。此时，墓表之事已让位于阳明学带给他的人生新追求，"某之醉梦，二十有九年矣。日颠踬于荆棘泥淖而自以为康庄也，赖先觉者大呼而醒之，将改辙以追来者"，[3]以至于逾月再赴赣州请益问学；归安福后，东廓作《学说》一文，表达了"八九同志相与磨砻而夹持之，以图不枉此生"的成圣志愿，足见阳明及其思想带给东廓的极大振奋。在《学说》中，东廓还表达了这样的思想：

> 学之道，所以闲其物欲而反其天地之性，以求无忝于为人而已矣……天理与物欲，互为消长者也，无两立之势。故君子戒慎恐惧之志，由闻以至于不闻，由见以至于不见，由言以至于不言，由动以至于不动，一也，无须臾之离也。道不离人，人不离道。人与道凝，然后可以践形而无忝。夫是之谓善学。以训诂者专矣，以记诵者博矣，以词章者华矣，而于道顾背驰焉，则学之蠹也。况乎窃孝弟忠信之成说以为利禄之媒，偓然播其恶于众，而号于世曰是学也，可乎哉？[4]

---

[1]　《复王东石时祯》，《邹守益集》卷一〇，页500。
[2]　耿定向：《东廓邹先生传》，《邹守益集》卷二七，页1382—1383。
[3]　《学说》，《邹守益集》卷八，页435。
[4]　《学说》，《邹守益集》卷八，页434—435。

明中叶以来,程朱理学异化为谋求功利的"俗学"和拘泥于训诂辞章的"支离之学",已引起思想界有识之士的反思。阳明学的兴起,力辟"终身从事于无用之虚文"、"功利之毒沦浃于人之心髓"[1]的世俗化儒学之弊,以期恢复儒学正脉。不难想象在赣州之会中,东廓从阳明那里得到了这种批判精神的鼓舞。《学说》所批评的"训诂记诵"、"利禄之媒"为"学之蠹",以及"闲其物欲而反其天地之性"的希圣之志,都说明了这一点。而复性之方,则落实为"无须臾之离"的戒慎恐惧之功。这也是东廓关于戒惧说的最早文献记载,他一生都秉持了这一为学宗旨。

再从阳明学对安福士人的影响看,最早从学阳明的是出自安福南乡巨族三舍刘氏的刘晓(1481—1562,字伯光,号梅源),他于正德九年阳明任南京鸿胪寺卿时即师事之。同治《安福县志》载:"王阳明讲学虔州,邹文庄北面首事之,一时受业之徒二十余人。故良知之学,安成独盛。"[2]这里记载了阳明学在安福产生广泛影响的具体时间,即正德十三年以后阳明在赣州讲学,吸引了二十余安福士子前往从学。另据本书统计,算上此后受学于阳明的安福士子,共有38人(详见附表二),在江西诸县中当属人数最多的。另外,刘晓回乡后也将手录的阳明《论学语》传阅于族中子弟,吸引了刘邦采(1492—1577,字君亮,号狮泉)、刘文敏(1490—1572,字宜充,号两峰)等带领刘氏族中子弟共九人,于嘉靖三年至越城(今浙江绍兴)从学阳明,[3]说明阳明学的影响力已深入到安福地方家族之中。东廓尝言:"昔阳明夫子倡道于虔,四方豪杰咸集,益趋而受学焉。其后宅忧会稽,信从者愈众。一时声应气求、私淑而与,吉郡视四方为胜,而安福视吉郡为胜。"[4]可知在正德、嘉靖时代,阳明学者以吉安府人数为最多,而安福县又是吉安府中人数最众者,促成了阳明学在安福"独盛"的状况。东廓又是其中最早一批受学、且最具影响力的安福籍阳明学者。

第四节　从学阳明的九载经历

从正德十四年(1519)至嘉靖七年(1528)阳明逝世,东廓师事阳明九

---

[1] 王守仁:《答顾东桥书》,《传习录》中,《王阳明全集》卷二,页56。
[2] 同治《安福县志》卷二《舆地·风俗》,页40。
[3] 见[清]刘氏合族修:《三舍刘氏六续族谱》(光绪三十一年刻本),收入张海瀛等主编:《中华族谱集成·刘氏谱卷》(成都:巴蜀书社,1995年)第十四册,卷三十《家传八》,页678。
[4] 《彭子闰墓铭》,《邹守益集》卷二一,页957。

年,这一时期也是他思想发展的初期阶段。东廓曾在《阳明先生文录序》中自述其与阳明交往的主要经历:

> 以益之不类,再见于虔,再别于南昌,三至于会稽,窃窥先师之道,愈简易,愈广大,愈切实,愈高明,望望然而莫知所止也。[1]

这段话叙述了东廓与阳明两次在赣州相见、两次在南昌告别、三次至阳明家乡越城(古称会稽)的交往经历,基本涵盖了师弟之间的往来大事。"再见于虔"的第一次即正德十四年东廓赴赣州从学阳明,前文已述。此后的交往事件有:

正德十四年六月,宁王朱宸濠叛乱。此时阳明正在奉命往福建平叛的路上,闻变即趋吉安,联合知府伍文定起义兵讨宸濠。东廓应师命率本族兄弟四人从义军。[2] 当他得知阳明夫人诸氏支持阳明的壮举后深为感佩,亦将夫人王氏接到吉安,同赴国难。[3] 当其时,众议汹汹,谓宸濠大势已定,义军之举或为愚诈。东廓请于阳明,阳明正色答曰:"此义无所逃于天地之间。使天下尽从宁王,我一人决亦如此做,人人有个良知,岂无一人相应而起者? 若夫成败利钝,非所计也。"[4]阳明不计利害颠危而一秉良知正义的光明伟岸之举,以极大的感召力凝聚了人心军心,也激励了包括东廓在内的门人士子更加笃信良知学。

然而以少胜多、生擒宸濠的战果并未给阳明带来荣誉。平乱后,许泰、张忠等佞臣掩功媚上,设谋加害阳明。阳明前途叵测,甚至有性命之虞。正德十五年六月,阳明至吉安,在邹东廓及参与平濠的巡按两广监察御史伍希儒、吉安府推官王昕等人陪同下游青原山,作《青原山次黄山谷韵》,其中有云:"伤心眼底事,莫负生前杯。烟霞有本性,山水乞归骸。崎岖羊肠坂,车轮几倾摧。萧散麋鹿伴,涧谷终追陪。"[5]经历了"宸濠、忠、泰之变"的阳明有感于仕途险恶,流露出脱离仕途、归隐志学之意。东廓和诗《侍阳明先

---

[1]《邹守益集》卷二,页39。按,"再见于虔"之"再"亦可能是"初"字之误,如是,则"初见于虔,再别于南昌,三至于会稽"记载的是东廓与阳明的主要交往经历而不涉及次数。然现有文献中均作"再",故笔者仍依"再"来解读二人的交往经历及次数。

[2] 见《叔父重斋居士墓志》,《邹守益集》卷二一,页970;邹德溥:《族叔祖石桥居士偕叔祖母刘氏墓志铭》,《澈源邹氏七修族谱》卷八,页42。

[3]《王阳明全集》卷二十六《上海日翁书》钱德洪跋:尝闻幕士龙光云:"时师闻变,返风回舟。濠追兵将及,师欲易舟潜遁。顾夫人诸、公子正宪在舟。夫人手提剑别师曰:'公速去,毋为妾母子忧。脱有急,吾恃此以自卫尔!'及退至吉安,将发兵,命积薪围公署,戒守者曰:'傥前报不利,即举火爇公署。'时邹谦之在中军,闻之,亦取其夫人来吉城,同誓国难……"(页985—986)

[4] 王畿:《读先师再报海日翁吉安起兵书序》,《王阳明全集》卷四十一,页1599。

[5] 王守仁:《青原山次黄山谷韵》,《王阳明全集》卷十九,页780。

生游青原次韵》,有句云"翻思在军中,枭狼正相猜",同样表达了对昏暗政局的愤慨;"步趋追逸音,征轴敢迟徊",[1]则袒露了追随夫子之志。游青原山时,阳明嘱东廓日后在此举讲会,十四年后终得实现,此是后话。七月,明武宗朱厚照(1491—1521)令阳明重上平濠捷报。十七日,阳明作《重上江西捷音疏》,将张忠、许泰写进疏内,并再次为东廓等参与平乱的四十余人请功。东廓以功得加俸一级。至此平濠事方告终,武宗始拟北归。

同年夏秋之际,阳明在赣州大阅士卒、教战法,令数百童子习诗礼。其间,邹东廓、陈九川(1494—1562,字惟浚,号明水)等门人在赣州向阳明问学,阳明正式提出"致良知"之学旨,其谓"致知二字,是千古圣学之秘,向在虔时终日论此",[2]即指此时。[3]其时东廓、九川等门人陪阳明游当地名胜郁孤台、通天岩、忘言岩、滩头岩,东廓与阳明互有和答诗作。"欢言众君子,共此山水癖。传杯忘尔汝,浩歌激金石",[4]描绘了师友于山水间抒志论学的难忘岁月。东廓所谓"再见于虔"之"再",即第二度至赣州追随阳明,当指此时。

九月,阳明由赣州返南昌。时值平乱之初,政务纷错,阳明很期待东廓能来助一臂之力,他致书东廓:"自到省城,政务纷错,不复有相讲习如虔中者。虽自己舵柄不敢放手,而滩流悍急,须仗有力如吾谦之者持篙而来,庶能相助更上一滩耳。"[5]可见对东廓的器重。

正德十六年正月,阳明在南昌致书东廓:"致良知三字,真圣门正法眼藏。往年尚疑未尽,今自多事以来,只此良知无不具足。譬之操舟得舵,平澜浅濑,无不如意,虽遇颠风逆浪,舵柄在手,可免没溺之患矣。"同一时期,阳明还表达了这样的观点:

> 我此良知二字,实千古圣圣相传一点滴骨血也……某于此良知之说,从百死千难中得来,不得已与人一口说尽。

从谪官龙场到"宸濠、忠、泰之变"的苦难磨砺,阳明"益信良知真足以忘患难,出生死,所谓考三王,建天地,质鬼神,俟后圣,无弗同者"。[6]"王阳明

---

[1] 以上引文见邹守益撰,邹善编.《邹东廓先生诗集》(万历元年陈元珂序刊本,东京内阁文库藏)卷一,页4。

[2] 王守仁:《寄薛尚谦(癸未)》,《王阳明全集》卷五,页199。

[3] 陈来先生考证,阳明《年谱》谓致良知说始揭于正德十六年辛巳,是不够准确的。陈引《传习录》下陈九川至虔州向阳明请益的内容证明,致良知宗旨的正式提出,当在正德十五年于虔州论学时。见氏著:《有无之境——王阳明哲学的精神》(北京:人民出版社,1991年),页163。

[4] 《同陈惟浚诸友游通天岩小饮圆明洞》,《邹守益集》卷二五,页1120。

[5] 《年谱二》,《王阳明全集》卷三十四,页1277。

[6] 以上引文均见:《年谱二》,《王阳明全集》卷三十四,页1278—1279。

所恃所任的良知，是他半生军事、政治、学术经验的总结，凝聚了他许多性命攸关、生死搏斗的精神命脉"，[1] 其良知学无论在工夫体认还是在理论建构方面都如舵柄在手无不如意，趋于成熟。东廓是这一过程的见证者之一。

三月，武宗病死，世宗朱厚熜（1507—1567）继位。五月，阳明集门人于白鹿洞书院讲学时致书东廓："区区归遁有日。圣天子新政，英明如谦之，亦宜束装北上。此会宜急图之，不当徐徐而来也。"[2] 阳明表达了两个意思：希望东廓尽快北上以图新朝之用，自己则"归遁有日"。阳明的心态是矛盾的，一方面感喟"仕途如烂泥坑，勿入其中，鲜易复出"，[3] 已将人生重心转向讲学传道，他主政江西期间即多次辞乞归乡；另一方面，世宗皇帝新政之初实行了一些兴利除弊的举措，又使阳明受到些许鼓舞，故依然希望弟子能于朝中有所作为。

六月十六日，世宗敕旨召阳明回京任用。阳明结束了主政江西的五年生涯，于二十日从南昌启程。东廓与阳明"再别于南昌"的第一别，当发生在阳明行前。阳明行至钱塘，为阁臣所阻，[4] 于是再疏乞归省祖茔，得许可，并升南京兵部尚书，参赞机务。同年底，诏封新建伯。董平认为，朝廷对阳明的赐封拜爵，"仅仅是某种舆论上的搪塞，是不得已而作出的一种'姿态'，亦是朝中权臣的一种政治权谋——藉着对阳明封爵而'搁置'了正义。"[5] 朝中的派系斗争，兼之后来世宗对阳明事功的忌惮及对其学说的厌恶，这些形势阳明了然于胸，致使他再也无心仕途。此后六年阳明丁忧、赋闲在乡，一以讲学为任，门人大进；与此同时，其门人也在各地讲学授徒，阳明学由此获得迅速发展。

嘉靖二年（1523）二月，东廓北上复职，取道越城谒见阳明。东廓"三至于会稽"的第一次指此。此时，阳明学蓬勃开展的同时也遭到了官方的攻击和压制。嘉靖元年十月，礼科给事中章侨、御史梁世镖等上疏攻击阳明学为异学，得世宗首肯。[6] 次年二月，礼部会试以心学为题，阴辟阳明，谤议日炽。在越城，邹东廓等门人侍坐，阳明论乡愿狂者之辨，面对诸多攻击，以狂

---

[1] 张学智：《王阳明思想的逻辑展开》，收入氏著：《心学论集》（北京：中国社会科学出版社，2006 年），页 103。
[2] 王守仁：《与邹谦之（辛巳）》，《王阳明全集》卷五，页 178。
[3] 王守仁：《与黄宗贤（戊寅）》，《王阳明全集》卷四，页 153。
[4] 《明史·王守仁传》载："大学士杨廷和与王琼不相能。守仁前后平贼，率归功琼，廷和不喜，大臣亦多忌其功。"（《明史》卷一九五，页 5165—5166）
[5] 董平：《王阳明的生活世界》（北京：中国人民大学出版社，2009 年），页 162。
[6] 见《明世宗实录》（台北："中央研究院"历史语言研究所校印本，1966 年）卷一九，嘉靖元年十月乙未条，页 568—569。

者自许,抒发了"使天下尽说我行不掩言,吾亦只依良知行"[1]的豪迈气概。东廓在越城停留月余,最后与阳明及同门蔡希渊、王世瑞等登浮峰作别。[2] 别后当晚,阳明慨怅不已,思念良深:"江涛烟柳,故人倏在百里外矣。"门人问:"先生何念谦之之深也?"阳明答曰:"曾子所谓'以能问于不能,以多问于寡,有若无,实若虚,犯而不较',若谦之者,良近之矣。"[3]

嘉靖三年(1524),东廓在京师因"大礼议"忤世宗,是年五月降为广德州判官。东廓赴任前,取道越城向阳明问政,即"三至于会稽"的第二次。针对东廓所问,阳明答以"如保赤子,心诚求之"。[4] 不仅如此,东廓在修养工夫上亦得阳明点化,始悟工夫有未莹处(详见本书第三章第三节之四)。

此后三年,东廓任广德州判官。嘉靖四至五年,阳明与东廓书信往来颇多,阳明先后六次致书东廓,主要内容有:一是反复告谕致良知宗旨,如云:"益信得此二字真吾圣门正法眼藏",[5]"近来却见得良知两字日益真切简易",勉励东廓"必须讲明致良知之学"。二是针对东廓在广德推广的《谕俗礼要》,与其讨论礼的实质,并对东廓所推行的礼教提出建议。三是勉其以讲学教化、接引同志为任。四是论及湛若水"随处体认天理"之说,以为尚隔一尘。[6] 这些教诲对东廓影响莫大,他在广德以"保赤子"为施政原则而实施的一系列文教善政(详见下节),均是以"讲明致良知之学"为精神指引和归结的。

嘉靖六年(1527)九月,阳明奉诏起征广西思恩、田州。出征前,阳明对前来求学的安福士子说:"而党归,而邑自有师也。"[7]俨然视东廓为阳明学在安福的传人,也近乎一种对东廓担荷师命的付嘱。十月,阳明率军路经南昌,谒文庙,讲《大学》于明伦堂。邹东廓等二三百门人候于南浦请益,阳明透露说其学究竟之旨已被王畿拈出,众人可从之问学。这是东廓与阳明的最后一次相见,"再别于南昌"的第二别当指此。次年十一月,阳明卒于江西南安。嘉靖八年(1529)十一月,阳明下葬于越城南三十里的洪溪,东廓与

---

[1]　《年谱三》,嘉靖二年二月条,《王阳明全集》卷三十五,页1287。

[2]　据方旭东的考证,阳明送别东廓的时间,当在嘉靖二年春末,可能是四月下旬。送别地浮峰,在绍兴府城西六十五里的牛头山。嘉靖三年东廓去越城见阳明的时间,约在是年七月下旬,离开越城当在八月初。参见氏著:《阳明杂考二则》,《中国哲学史》2018年第4期,页83—85、98。

[3]　王守仁:《传习录》下,《王阳明全集》卷三,页117。

[4]　《简庐陵宋尹登》,《邹守益集》卷一一,页552。

[5]　王守仁:《与邹谦之(乙酉)》,《王阳明全集》卷五,页178—179。

[6]　以上引文均见王守仁:《寄邹谦之(丙戌)》,《王阳明全集》卷六,页201—207。

[7]　[明]邹德涵:《文庄府君传》,《邹守益集》卷二七,页1362。

诸同门参与葬礼。有关东廓"三至于会稽"的第三次，文献记载不详，此次的葬礼之别，可能即是"三至于会稽"的第三次。

综上所述，可将东廓从学阳明分为三个阶段：一是正德十四至十六年的江西从学时期，二是嘉靖二年于越城问学月余，三是嘉靖三至六年任职广德时期的请益问学。其中第一、二阶段东廓均有较长时间亲炙阳明，第三阶段则保持较多的通信联系。阳明对东廓的影响可从以下几方面分析：

第一，东廓与阳明交游之时，正是阳明主政江西，军事功绩与思想学说卓有建树和影响之时。阳明最具代表性的致良知学说之提出、著作《传习录》之刊布，以及最具影响力的江右一传弟子，如邹东廓、欧阳德、刘阳（1496—1574，字一舒，号三五、三峰）、何廷仁（1486—1551，字性之，号善山）、黄弘纲（1492—1561，字正之，号洛村）、陈九川等之从学，均在这一时期。从"旧习缠绕"到成为阳明门下的中坚力量，邹东廓不仅是安福乃至江右最早一批从学阳明的弟子，他的经历也是明中期朱学式微、王学兴起之思潮中士人转向的一个缩影。

第二，阳明的思想及人格对东廓影响巨大。东廓见证了阳明历经"宸濠、忠、泰之变"而确立致良知宗旨的全部过程，目睹了其师如何面对平濠之变、王学遭禁、谤议不断的诸多险境，切身感受到阳明"只此良知无不具足"[1]的高明阔大境界。他赞叹道：

> 阳明先师敷政于庐陵，倡道于虔州，平乱于豫章，其丰功伟德，在吾吉为尤著；而悟道于龙场，抚夷于思田，视楚雄风气相若也。其脱落昭融之学，遡南轩而上追邹鲁，若虞机张往，省括于度，则无远无迩，而可以命中矣。[2]

"昭融"指心体之光明，"脱落昭融"指阳明在精神境界上已臻于达天德、造圣域的化境。不难想象，阳明内圣与外王并美、无往不中的圣贤气象，给东廓树立了强大的人格典范，为其笃信知学宗旨奠定了深厚的思想根基；并且，阳明晚年反复开示东廓致良知宗旨，也在不断强化东廓对良知学的深入理解，并使其在老师的精神感召下努力践行之。东廓在广德的行善政、兴讲学，即是阳明后学中较早推行、实践阳明学旨的代表。

第三，在阳明弟子尤其是江右弟子当中，东廓属于为数不多的与阳明交往密切者。阳明晚年在越城讲学时，门庭大开，广延弟子，听者"常不下数百

---

[1] 按，此是正德十六年阳明致书邹东廓之语，见《年谱二》正德十六年条，《王阳明全集》卷三十四，页1278。

[2] 《新泉聚讲赠言》，《邹守益集》卷一七，页812。

人，送往迎来，月无虚日；至有在侍更岁，不能遍记其姓名字者"，[1] 以至于阳明对有些追随逾年的门人也不能记其姓名。某些弟子亲炙日短、交往不密而未能深契师说，应当是阳明后学分化的原因之一。相形之下，东廓师事阳明九年，在阳明主政江西时期有着两年之久的亲炙时间，尤其是师生共赴义军、共度患难的经历，连同阳明对东廓的格外器重，形成深厚的同志情义，成为希圣继绝的强大动力，激励着东廓终身精进不懈，"兢兢焉服膺先师之传而习之"。[2] 东廓曾说，他在罢官后的"无往非学，无往非乐"，"皆先师陶冶力也"。[3]

综上可知，东廓追随阳明时间早，亲炙日久，并共历患难，深得阳明器重。东廓之于阳明的亲厚因缘，对于他准确理解阳明思想及精神打下了深厚的基础，他的坚守师说其来有自。

第五节　不满一纪的仕宦生涯

嘉靖三十八年(1559)东廓六十九岁时，他写给安福同乡、工部尚书欧阳必进(1491—1567，字任夫，号约庵)的信中，对自己的仕宦生涯有一总结：

> 养病归养凡十有二年，考满乞假凡八年，自陈放回又十有八年。其立朝起废，三仕三已，未尝三年淹，真所谓山林局也。[4]

"养病归养凡十有二年"是指东廓于正德六年(1511)官翰林院编修，又于同年底回乡侍亲、丁忧，后从学阳明，居乡长达十二年，至嘉靖二年才回京复原职；"考满乞假，凡八年"指嘉靖十年东廓任南京礼部主客司郎中之职考满，乞假回乡达八年之久，至嘉靖十七年才又起任南京吏部考功郎中，然仅三年就因上疏而黜职罢归，从此再无出仕。故邹德涵谓其祖父"三十年中，三仕三已，禄食之日，不满一纪"。[5] 一纪是十二年，东廓从正德六年授官至嘉靖二十年落职，三十年仕籍中实际为官时间加起来才十年，最长任职不超过三年，且遭一次贬官(广德州判官)、两次革职(任南京礼部主客司郎中、南京国子监祭酒时期)，即所谓"三仕三已，未尝三年淹"。他从授官至去世的

---

[1] [明]钱德洪：《刻文录叙说》，《王阳明全集》卷四十一，页1576。
[2] 《复修云津书院记》，《邹守益集》卷六，页354。
[3] 《简聪弟道契》，《邹守益集》卷一一，页575。
[4] 《简欧约庵司空》，《邹守益集》卷一二，页602。
[5] 邹德涵：《文庄府君传》，《邹守益集》卷二七，页1365。

五十一年中，居乡时间长达四十一年，确如东廓自谓，一生为"山林"命局。他的主要成就与贡献在庙堂之外，即以阳明学为核心的讲学活动和乡族建设实践。当然这并不意味着东廓在仕宦生涯中无所作为，他身上典型地体现了儒者"在本朝则美政，在下位者则美俗"（《荀子·儒效》）的济世理想。即便在君主失德的正德、嘉靖时期，他也没有放弃儒者"尧舜其君"的卫道努力。儒家所推崇的忠直、勤政、爱民等政治道德，在东廓身上均有浓墨重彩的体现。在此以东廓嘉靖二年北上复职为起点，将其政治生涯集中述之。

嘉靖二年五月十五日，[1]东廓抵达京师，此时恰逢"大礼议"事件。在这场如何对待世宗之父兴献王朱佑杬之称呼与地位的争论中，以杨廷和（1459—1529，字介夫，号石斋）为代表的文官集团坚持继统兼继嗣的意见，认为世宗应该"以孝宗为考，兴献王及妃为皇叔父母，祭告上笺称侄，署名"。[2]世宗则强烈反对这种移易父母的做法。争论从嘉靖即位之初的正德十六年四月开始，至嘉靖十七年以世宗一方胜利结束，世宗生父朱佑杬最终被尊称为"皇考恭穆献皇帝"，其牌位移入太庙祭祀，尊为睿宗。在这场实质是皇权与相权、君权与儒者道统的较量中，远在越城赋闲的阳明对此事件的心态是复杂的。他私下也有支持议礼派的表示，[3]但更有深远的忧虑：《年谱》说他的两首诗中已示其微旨。《碧霞池夜坐》云："潜鱼水底传心诀，栖鸟枝头说道真。莫谓天机非嗜欲，须知万物是吾身。无端礼乐纷纷议，谁与青天扫宿尘？"《夜坐》云："千圣本无心外诀，《六经》须拂镜中尘。却怜扰扰周公梦，未及惺惺陋巷贫。"[4]济世之根本在于扫除遮蔽吾人良知的灰尘，达至万物一体、鸢飞鱼跃之真境，而不在外在礼仪形式的争论。与其陷入纷纷扰扰的"心外"之争，不如学颜子箪食陋巷、发明本心。兼之阳明尚处受人攻讦的境地，故而对弟子们的大礼之问"竟不答"。[5]弟子们分为两种立场，既有支持世宗的一方，如席书（1461—1527，字文同，号元山）、方献夫（1485—1544，字叔贤，号西樵）、黄绾（1480—1554，字宗贤，号石龙、久庵）、黄宗明（？—1536，字诚甫，号致斋）等人，也有反对世宗的一方，如邹东廓、王时柯（字敷英）、季本（1485—1563，字明德，号彭山）、王思、

---

[1] 见《明世宗实录》卷二七，嘉靖二年癸未五月甲申条。

[2] ［清］谷应泰：《大礼议》，《明史纪事本末》（北京：中华书局，1977年），卷五十，页734。

[3] 阳明认同议礼派并采取回避态度的原因，嘉靖六年他写给霍韬的信中有部分说明，详见左东岭《王学与中晚明士人心态》一书之分析（页284）。另外，阳明与议礼派的复杂关系，可参王宇：《合作、分歧、挽救：王阳明与议礼派的关系史》，《中山大学学报》2009年第6期，页97—107。

[4] 王守仁：《王阳明全集》卷二十，页786—787。

[5] 《年谱三》嘉靖三年条，《王阳明全集》卷三十五，页1292。

应良（1480—1549，字符忠，号南洲）、郭持平等人。应当说，"大礼议"事件中阳明弟子的不同表现主要是不同政治立场下的个体参与行为，不能简单视为程朱理学与阳明心学之争，[1]此不赘述。

在"大礼议"事件中，东廓与反对世宗的七百余朝臣一致采取遵从祖制与法度的立场。东廓的立场可能基于两方面的背景：一是就地域文化的影响而言，东廓家乡吉安府自宋以来即辈出犯颜直谏、慷慨赴难的名贤，如宋代欧阳修（永丰人，谥文忠）、周必大（庐陵人，谥文忠）、胡铨（庐陵人，谥忠简）、杨邦乂（吉水人，谥忠襄）、文天祥（庐陵人，谥文忠）、杨万里（吉水人，谥文节）皆是此辈中人。《安福县志》述明代安福的文教风气云："正统中，李祭酒（按，指李时勉）抗师法，刘侍讲（按，指刘球）死忠谏，严毅正直之气熏而成俗。虽负贩贱夫、句读竖子，居然慕名教而耻非义。"[2]东廓亦谓："江西人有性气，以忠义名节相淬励，故犯雷霆、搏豺狼，轻九死不悔"，[3]"吾吉安以忠义名天下，自欧阳文忠公以至于信国文公（按，指文天祥），皆所谓任纲常之重而浩然于天地间者。"[4]非但东廓如此，聂豹、罗洪先、刘魁、邹元标（1551—1624，字尔瞻，号南皋）等吉安阳明学者都有因直谏而被罢官或下狱的经历。忠直节义的地域文化对儒家士人的人格浸染，可谓由来有故。二是东廓所任职的翰林院，其基本职责是编修朝廷典籍及历代经史以备皇帝参考，故翰林们熟悉并维护祖制的态度是可想而知的。在"大礼议"事件中，绝大部分翰林官员介入其中，且在所有的翰林官员中，没有一人明确表示支持世宗之举。[5]因此，邹东廓的反对态度不仅是阳明弟子的典型代表，他的表现在翰林官员中也是十分鲜明强烈的。

嘉靖二至三年，东廓先后三次上疏：第一次在东廓刚到京的嘉靖二年，他与翰林院同僚一起上疏反对世宗。此时是"大礼议"之初，世宗缺少支持者，故对反对者的处置方式是置之不理。然而随着部分文官支持世宗声音的出现，世宗变得态度强硬：嘉靖三年正月，南京刑部主事桂萼（？—1531，字子实，号古山）揣摩世宗之意，上疏请改称孝宗为皇伯考、兴献帝为皇考，

---

[1]　将大礼议事件视为程朱理学与阳明心学之争的观点颇多，实际上，无论是支持世宗者所持的"缘情入礼"观点，还是阳明致书东廓的"人失其情，难乎与之言礼"（《王阳明全集》卷六《寄邹谦之（丙戌·二）》）主张，都不是阳明学所独有的，《礼记》中早已有云。阳明弟子与大礼议的关系之研究，可参肖金：《王阳明与嘉靖帝关系之研究》（东北师范大学硕士论文，2010年5月）。

[2]　同治《安福县志》卷二《舆地·风俗》，页40。

[3]　《明故四川副使云泉吴君墓碑》，《邹守益集》卷二四，页1086。

[4]　《李忠文公祠碑》，《邹守益集》卷二〇，页931。

[5]　见胡吉勋：《"大礼议"与明廷人事变局》（北京：社会科学文献出版社，2007年），页462、465。

别立庙于大内，正兴国太后之礼，宜称圣母，并将席书、方献夫二疏同时奏陈，[1]令世宗大喜。二月十三日，世宗下诏命礼部主持廷臣商议。礼部尚书汪俊等集议奏报：前后章疏，惟张璁、霍韬、熊浃、桂萼相同，而两京诸臣共八十余疏、二百五十余人，皆如部议，桂萼等宜加惩处。世宗不从，下部再议，且召桂萼、席书、张璁、霍韬于南京。[2]三月初一日，世宗谕礼部，加封其祖母为昭圣康惠慈寿皇太后，尊其生父为"本生皇考恭穆献皇帝"，其生母为"本生母章圣皇太后"，皇考立庙奉先殿侧。于是东廓第二次上疏——三月四日，翰林院修撰唐皋、编修邹守益等，礼科都给事中张翀等，御史郑本公等上疏反对世宗。东廓疏云："伏望陛下恪遵祖训，毋为异论所惑，于兴献帝尊称避皇考之嫌，存始封之号，庶于正统不致僭逾。"结果"上览奏不悦"，[3]诏下，谓邹守益等出位妄言，姑置不问；责唐皋、张翀及郑本公等各夺俸三月。

四月二十七日，邹东廓第三次上疏请罢兴献帝称考立庙，其文云：

> 是陛下徇情以为孝，群臣顺令以为忠。若长此而不已，则陛下独断于上，而不顾天下万世之公论；群臣依阿于下，以苟一时之富贵，而忽宗社长久之计，弃礼害义，非国家之福也……此群臣忠爱恻怛之至情也。陛下不察而督过之，谓忤且慢，则睿智清明之心有所摇夺，而喜怒好恶，不无少失其平矣……独一二奸人，变乱黑白，指忠为欺，离间上下之交，摧挫忠直之气，而求以投间抵隙，窃弄威福，此先王之所必诛而不以听也。陛下不加诛斥，而误信其言，臣恐奸谀渐进，共济邪谋，公论元气索然遂尽，天下之事有大可忧者矣……昔先帝之南巡也，群臣交谏沮之，先帝赫然斯怒，重加罚黜，岂不以群臣之欺慢违犯为可罪哉？然皇上在藩邸闻之，必以是数臣者为尽忠于先帝也。今日入继大统，独不能容群臣之尽忠于陛下者乎？……臣待罪史馆，预修先帝实录，每见奸人用事，政刑日非，潸然出涕，愧无匡救以报先帝之德，若复缄默自全，以负陛下，面从背言，死有余愧！[4]

在这篇近一千四百字的《大礼疏》中，东廓措辞激烈，一责世宗徇情以为孝，是弃礼害义，二责世宗不察群臣忠爱恻怛之情，喜好失其公正，三斥奸谀之臣扰乱朝纲，摧挫忠直。不仅如此，东廓直言"预修先帝实录，每见奸人用

---

[1]　见《明世宗实录》卷三五，嘉靖三年春正月丙戌条。
[2]　见《明世宗实录》卷三六，嘉靖三年二月戊申条。
[3]　以上事件及引文均见《明世宗实录》卷三七，嘉靖三年三月己巳条，页920—922。
[4]　《大礼疏》，《邹守益集》卷一，页14—15。

事"，又以群臣当年劝谏武宗南巡之事为例——这一强硬鲜明的立场在东廓等儒家士大夫那里的意义在于，"武宗之所以如此放荡不羁，肯定与其未能得到足够而有效的儒家教育分不开。现在新皇帝刚刚登基，若不加以及时的教育与有效的管束，谁又能保证他不会成为第二个明武宗呢？……从实质上讲，大礼议可以视为帝王之势与儒者之道的又一次较量"。[1] 然而，以荒诞嬉戏的明武宗为前车之鉴，恰恰激起了世宗这位十七岁年轻皇帝的逆反心理。《明通鉴》谓："疏入，上大怒，下诏狱拷掠。"[2]《大礼疏》后所附的圣旨更是清楚地呈现出嘉靖皇帝"大怒"的心情：

> 邹守益这厮出位妄言，不修本业，既知忌惮，又来渎慢，好生轻易！着锦衣卫拿送镇抚司，打着问了来说。[3]

五月，东廓同僚、翰林院修撰吕柟（1479—1542，字仲木，号泾野）也单独上疏言大礼未正，忤世宗，下锦衣卫狱。之后，这场冲突终于激化为七月十五日229名朝臣跪伏于左顺门集体抗议世宗的事件，结果134人被逮下狱，86人姑且待罪，四品以上官员遭罚俸，五品以下官员180余人受廷杖，17人被杖死。而迎合世宗的"议礼派"官员则被世宗提拔：他利用邹东廓、吕柟等翰林官员的空缺，不通过翰林官员的选擢制度，以中旨直接任命张璁（1475—1539，后更名孚敬，字茂恭，号罗峰、罗山）、桂萼为翰林学士，方献夫为侍讲学士。邹、吕之学问人品享誉士林，二人同下诏狱期间，依然讲学不辍，著有《狱里双况集》，为士人所崇，"一时直声振天下，人人有真铁汉之称"。[4] 相比之下，张、桂等人各方面都无法望其项背。这一结局引起众多大臣的抗议：五、六月间，吏部尚书乔宇、都给事中刘济等先后上疏乞赐宥免邹守益、吕柟等人；[5]六月，以杨廷和之子杨慎为首的36名翰林官员以集体请辞的方式抗议张璁、桂萼以不孚众望、不合制度的方式进入翰林院。然而，这些上疏抗议均未奏效，结果是邹守益降为广德州判官，吕柟降为解州判官。尽管之后朝臣中仍有为二人讨公道之声——是年七月，御史史梧、南京吏科给事中彭汝寔等先后上疏请求召还吕柟、邹守益等人，未果；[6]直到嘉靖五年正月，御史张衮、吏部尚书廖纪等还在奏请将邹守益

---

[1] 左东岭：《王学与中晚明士人心态》（北京：人民文学出版社，2000年），页277。

[2] ［清］夏燮：《明通鉴》（长沙：岳麓书社，1999年），卷五十一，页1368。

[3] 《大礼疏》，《邹守益集》卷一，页16。

[4] ［明］冯从吾：《明泾野吕先生传》，《续刻吕泾野先生文集》（清道光十二年富平杨氏刻本）卷一，页3。

[5] 见《明世宗实录》卷三九，嘉靖三年五月甲戌条，页990。

[6] 见《明世宗实录》卷四一，嘉靖三年七月戊寅条（页1051）、庚寅条（页1083）。

等谪降者复职,疏上,依然未得允准。[1]

"大礼议"及其后续事件对当时的政治格局、政治伦理以及士风都产生了重大影响。从嘉靖六年开始,世宗在张璁、桂萼等人的协助下,展开了一系列针对文官制度的限制措施,从内阁、六部、言官到翰林,进行了大规模的人事清洗活动,将在议礼中坚决反对他的官员及一些坚定维护文官制度的官员以外除、遣散等方式加以斥逐,而让奉迎皇帝者上位,朝中政治结构由此发生极大变化:世宗即位初年那种内阁与六部相互尊重协作、文官依照祖制法度与皇帝共治天下的局面不复存在,皇权高于一切,内阁逐渐成为贯彻皇帝个人意志的机构;同时政治伦理也由遵从文官制度和礼法转为向皇帝个人表达忠心,进一步导致阿谀结党之风日盛。[2]"自时厥后,政府日以权势相倾。或脂韦渂涊,持禄自固"。[3]

"大礼议"事件是邹东廓仕途生涯中第一次受挫。他的反对世宗之举与良知学是否有关系? 这一事件对他此后的仕途造成了怎样的影响? 在此简要论之。在"大礼议"之前,东廓与阳明一同经历过"宸濠、忠、泰之变"的险恶考验,他的犯颜直谏并不是一介儒生不谙世事的天真之举。事后他在给湛若水的信中说:

> 近有友人劝令缄默以藏者,益答之曰:"古人理会利害便是义理,今人理会义理犹是利害,须是吾辈自考自证,无一毫夹杂始得。"故言足以兴,非以干禄也;默足以容,非以避祸也。此皆明哲之流行,时而措之,不可以人力加损。[4]

这清楚地表明了他在此事件中"知其不可为而为之"的态度:语默动静不出于利害计较,而出于"无一毫夹杂"的天理,即便在糟糕的政治环境中,也无碍"明哲之流行"。他的犯颜直谏恰恰是从对天理良知的信仰中获得了巨大动力。也正是因为对天理信仰的持守,让东廓"不以迁谪为意",并得到阳明的称许。也正是对天理良知的信仰,让东廓在此后的政治生涯中保持了既淡泊超然又笃实尽责的态度:一方面,对自身无法把握的职位升迁、外在名利保持淡泊超然。这里既有宋明儒者的超越追求为根本内因,也是明中期以来外部政治环境的形势使然。本来,东廓以年少中高科的优异成绩进入为内阁储才之地的翰林院,具有很好的政治前途,然"大礼议"事件将世宗强

[1] 见《明世宗实录》卷六十,嘉靖五年正月戊申条,页1417—1418。
[2] 见胡吉勋:《"大礼议"与明廷人事变局》,页552。
[3] 《明史》卷一九〇,《杨廷和等传赞》,页5051。
[4] 《简湛甘泉先生》,《邹守益集》卷一〇,页502。

烈的专制欲望和对反对者的忌恨暴露得一览无余，尽管被驱逐的大臣大都在地方上作出善政，在地方志中每见称颂，但日后在朝中几乎都不再担任显职，东廓亦不例外。有志之士在高压专制兼君主失德、士风日衰的政治环境中难以作为，这是一个他们无力改变的政治现实。另就阳明学与当朝统治者的关系而言，阳明学高扬道德主体性的宗旨与世宗极其强烈的专制欲望之间的冲突，构成阳明学与主流政治文化之间的张力。嘉靖一朝阳明学始终面临被打压的命运，一大批阳明弟子因直谏、弹劾权贵等原因在嘉靖年间分别经历降职、入狱、被拷掠、被谪的遭遇。[1] 同时，体认天理良知始终是阳明学者的人生终极目标。阳明说："君子学以为己。成己成物，虽本一事，而先后之序有不容紊。"[2] "成物"不是世俗意义上的整顿秩序、建功立业，而以"成己"之德性为先在条件，政治秩序的重建只有在天理的统摄下才获得真实的意义。故面对天子失德、士风日下的政治文化环境，阳明及其众多弟子如邹东廓、罗洪先、王畿、钱德洪等均不乐仕进，而将人生重心放在"成己"也即讲学传道上——以上这些因素，使得东廓无论是在此次"大礼议"中被谪，还是后来的两次遭夺官时，均保持了淡泊超然的态度。另一方面，东廓在其位则谋其政，笃实尽责，即便在糟糕的政治环境中也不放弃点滴改进的努力。此后直至归田，东廓在所任之职上均积极作为。

嘉靖三年至嘉靖六年，东廓任广德州判官。他遵阳明"如保赤子"之训，广行善政。在明代，判官之职兼行政与监察于一身，掌管兵民、钱谷、户口、赋役、狱讼听断等事。东廓断狱公正，"动能发奸摘伏，一时称为神明"。[3] 当然，他的关切重心还在儒者们最重视的文教事业上：

一是广行教化。他效仿阳明的南赣之教，聚广德童子习诗礼，嘱阳明学者刘肇衮、王仰在当地颁刻《训蒙诗要》《谕俗礼要》，并为之作序；颁刻湛若水教授太学所用的《节定燕射礼仪》教诸生，作《跋燕射礼仪》，明礼乐之道；作《谕俗文》，在普通百姓层面推行道德教化，等等。

二是兴建书院、社学，推动讲学，传播阳明学。东廓重修了广德州的地方社学，任职第二年，又开始兴建复初书院。嘉靖五年七月，复初书院在广德州建成。东廓集士子于此讲学，"以复初为第一义"。"明善而复其初"[4]是兴建书院的目的所在。他任职期间还延请同门王艮、王畿、钱德

---

［1］ 关于阳明后学在嘉靖年间的遭遇可见左东岭《王学与中晚明士人心态》第三章第一节，该书认为："王门弟子的这些遭遇不能被视为偶然现象，而是朝廷有意的举措。"（页304）

［2］ 王守仁：《与黄勉之（甲申）》，《王阳明全集》卷五，页192。

［3］ 宋仪望：《邹东廓先生行状》，《邹守益集》卷二七，页1368。

［4］ 《复初书院讲章》，《邹守益集》卷一五，页721。

洪等讲学于复初书院，一时学风兴起，影响扩及南直隶宁国、徽州、池州、太平等府。嘉靖六年，东廓与钱德洪将所录《阳明文稿》编为四册，刊刻于广德，世称广德版。这是阳明文稿的最早刊刻，对于阳明学思想的传播无疑具有重要作用。

三是表彰忠义。东廓兴建、重修、移建了多处纪念忠义先贤的祠庙：在复初书院的整体建筑群中，有改迁于此的名宦祠、乡贤祠，如范文正公祠系纪念曾任职广德的范仲淹；还有新建的怀忠祠，系纪念明人王叔英（字原采）。[1] 东廓作《祭怀忠祠文》，重修王叔英墓并作《重修静学王先生墓记》，彰其忠烈。此外，东廓还移建了周公祠以纪念前州守周瑛的清节善政，为作《广德州翠渠周侯祠碑》。[2] 这些举措无疑具有明确的教化意义，尤其是将祠庙与书院合为一体的建筑意图，更能彰显东廓以"复初"命名书院的真实意图：回归儒家以内在心性为真精神的追求，并以此济世拔俗。

本来文教当属一州学正及知州之职责，而东廓对这些教化兴学活动每每积极有为，以至于在他离任后，当地百姓立生祠于学宫之右以祀之。万历年间，广德知州吴同春、段猷显先后重修邹东廓祠；清乾隆四十五年，广德州学正朱裕观复建邹东廓祠。[3] 遗爱流芳，于斯可见。透过这些积极的、甚至超出他职责范围的诸多善绩，丝毫看不到谪官带来的消极情绪，而是相反。阳明告诫东廓以"如保赤子，心诚求之"为施政原则。"如保赤子"语出《尚书·康诰》，意谓莅官临民以诚心相感，不杂私欲，其实就是良知的发用。而如何保持良知纯然不杂私欲，在东廓便是戒惧工夫。任职广德期间，东廓为安福士子刘宾朝（字心川）作《复初亭说》：

> 惟君子求复其初，故戒慎不睹，恐惧不闻，以致中和……无声无臭，只在人伦日用间，子臣弟友，庸德庸言，兢兢不敢放过，便是孔门自叙功课。一念不敢，则与上帝陟降；一念而敢，则与夷貊禽鸟伍。嘻，其机严矣！[4]

所言"戒惧"、"一念兢兢，不敢放过"，正是东廓为政举措背后的内在工夫。

---

[1] 王叔英（？—1402），字原采，号静学，浙江黄岩人。惠帝建文四年，燕王朱棣起兵南下。王叔英时任翰林修撰，奉惠帝诏出京募兵，行至广德，闻京城失守，遂自缢死。

[2] 东廓推动广德文教之表现详见拙著《邹东廓年谱》（北京：北京大学出版社，2013 年 10 月），嘉靖四年至六年条，页 69—100。

[3] 见[清]胡有成修、丁宝书纂：《广德州志》（清光绪七年刊本，《中国方志丛书》705 号，台北：成文出版社，以下简称光绪《广德州志》），卷八《营建志·学校二》"邹东廓祠"条，页 568—569。

[4] 《复初亭说》，《邹守益集》卷八，页 448。

嘉靖六年，松江府通判郭允礼（字节之）以公事来广德，向东廓请教"励政"之方，东廓作《励政堂说》："戒慎恐惧，无须臾之离，以合其天地之中，此励之极功也。"[1]同一时期，东廓所作《广德州翠渠周侯祠碑》中还论及"君子之学，以天下为一家"、"使民如子弟"、"求尽其心"等义。[2] 毫无疑问，东廓在广德州实施的诸多善政，正是阳明"致良知"工夫的落实之地、"万物一体"精神的实践之所。他推广文教、讲学的诸多努力，也体现出阳明学以明心性、正人心为根本的济世宗旨。东廓可谓阳明后学中较早推行、实践良知学的代表人物。

嘉靖六年底，东廓任满，转为南京礼部主客司郎中。他的主要关切依然在讲学、传播阳明学。时湛若水（1466—1560，字元明，号甘泉）任南京吏部右侍郎，吕柟任南京吏部考功郎中，三人德学兼备，为士林仰望，一同在观光馆、新泉书院等地聚讲论学，共主讲席。三人学术虽各有所宗，尤其东廓与朱子学者吕柟议论多有不合，[3]但批判俗学、追求儒学真精神的一致目的使其相资而不相妨。同时，东廓又与同门王艮、薛侃（1486—1545，字尚谦，号中离）、钱德洪、王畿、欧阳德、万表（1498—1556，字民望，号鹿园）、石简（1487—?，字廉伯，号玉溪）等在南京聚讲。名流荟萃的效应使南京讲学之风大盛，附近士子纷纷来学，东廓由此门人广进。例如，周怡（1505—1569，字顺之，号都峰、讷溪）、沈宠（?—1571，字思畏，号古林）、梅守德（1510—1577，字纯甫，号宛溪）、戚慎（1510—?，字汝初，宣城人），廖暹（字曰进）等有一定影响力的阳明学者都是在这一时期师事东廓的。[4]

嘉靖十年，东廓考满进京。四月，途经真州（今江苏仪征）时痔病发作，此病早在嘉靖七年时已有之，多年未愈。东廓上疏请告归养病，不待报而行。东廓在吴中（今苏州一带）、徽州就医的同时仍不断与当地士人论学，又至杭州天真书院，与王畿、沈谧（1501—1553，字靖夫，号石山）、周怡等同志聚讲，然后启程回安福。

此次回乡长达八年，其原因与嘉靖十三年东廓遭革职有关：先前东廓以病请告归，其事当由南京礼部核实。时尚书严嵩（1480—1567，字惟中，号介溪）尚未抵任，令礼部左侍郎黄绾处理，黄久拖未报，东廓未得报而回籍。

---

[1]　《励政堂说》，《邹守益集》卷九，页469。

[2]　《广德州翠渠周侯祠碑》，《邹守益集》卷二〇，页937。

[3]　[明]吕柟《别东廓子邹氏序》："予与东郭（廓）邹氏之在南都也，三年矣。每以居室之远，会不能数，然会必讲学，讲必各执所见，十二三不合焉。"（《邹守益集》卷二七，页1407）

[4]　以上事迹详参拙著《邹东廓年谱》嘉靖六年条，页97—98。

至嘉靖十三年，吏部尚书汪鋐（1466—1536，字宣之，号诚斋）承内阁首辅张璁旨发露其事，弹劾黄绾欺瞒不报、仪制司郎中季本虚文掩护。疏入，东廓遭革职，严嵩夺俸二月，季本降二级调外任。黄绾虽经汪鋐弹劾，因其"大礼议"中附和世宗，仍留任如故。[1] 至嘉靖十五年底，吏部上疏启用邹守益等十八人，东廓才又获准复职。虽然不待报而行之事在明代官员中往往有之，但此事却折射出朝廷上层的复杂争斗和世宗皇帝对东廓的态度。据《明史·黄绾传》载，此事乃汪鋐、张璁与黄绾结怨而刻意报复所致，[2] 然而对邹东廓、季本、黄绾的不同处置结果，仍不免让人联想到"大礼议"事件的阴影，以及世宗皇帝睚眦必报的个性——也许正因如此，乡居八年的时间里，东廓并无托情干进之举，而是在乡间另辟广阔天地，在讲学和乡族教化上积极作为，本书将在后面章节详述之。

嘉靖十七年，邹东廓以多人推荐起任南京吏部考功郎中。次年，政局的变化使他再度获得了进入政坛高层的机会：二月初一，世宗立皇次子载壑为皇太子。内阁大学士夏言（1482—1548，字公谨，号桂洲）所选东宫辅导官员 37 人多遭弹劾。稍后，吏部尚书许瓒（1473—1548，字廷美，号松皋）重荐一批有誉望者为东宫官属，东廓亦在其列。五月，东廓被召为司经局洗马兼翰林院侍读，同时召入者还有霍韬（1487—1540，字渭先，号渭涯），以及王门同道徐阶（1503—1583，字子升，号少湖、存斋）、罗洪先、唐顺之（1507—1560，字应德，号荆川）、赵时春（1509—1559，字景仁，号浚谷）等人。然而这一转机并不意味着东廓的仕途从此好转。徐阶、耿定向所作传记中均载："当事者以为非己出，不悦也"，[3] 当事者指的是反感阳明学的内阁首辅夏言。在复杂的政治环境中，东廓仍然保持了尽忠不避祸的儒者本色，这一时期他的两个举动都遭到世宗、夏言等的不满。

一是嘉靖十八年七月，东廓尚未进京时，以南京吏部考功清吏司郎中的身份与南京礼部尚书霍韬上《圣功图》及疏，以太子年仅四岁，未可以文词陈说，遂将古代君王的德行事迹绘为十三幅图，为养正之助。霍韬曾向阳明问

---

[1] 见《明世宗实录》卷一五九，嘉靖十三年二月乙亥条，页 3563—3564。

[2] 《明史》卷一九七《黄绾传》："初，绾与璁深相结，至是，夏言长礼部，帝方向用，绾乃潜附之，与璁左。其佐南礼部也，郎中邹守益引疾，诏绾核实。久不报，而守益竟去。吏部尚书汪鋐希璁指疏发其事，诏夺守益官，令鋐复核，鋐遂劾绾欺蔽。璁调旨削三秩出之外，会礼部请祈谷导引官，帝留绾供事。鋐于是再疏攻绾，且摭及他事，帝复命调外。绾上疏自理，因诋鋐为璁鹰犬，乞赐罢黜以避祸。帝终念绾议礼功，仍留任如故。绾自是显与璁贰矣。"（页 5220）

[3] ［明］徐阶：《邹公神道碑铭》，《邹守益集》卷二七，页 1380。

学，[1]与阳明的关系在师友之间，也与东廓等阳明弟子相善。他们二人上疏的动机是"辅皇储、酬主恩"。[2] 东廓此时尚未履任东宫辅佐之职，他对当时复杂的政治形势并非不了解，但儒者们囿于传统社会的君主制政治结构和理念，很难放弃"得君行道"的理想愿景，依然期盼太子能被教化为圣主明君，期盼以"道统"约束"治统"的王道理想。这是儒家士人普遍的心态。非但东廓如是，阳明的另一位高足、讲学活动的核心人物王畿，虽然一生致力讲学，几乎没有政治作为，但在万历皇帝登基当年，六十七岁的王畿仍将自己为教化宦官而编撰的《中鉴录》一书托阳明之子王龙阳带到京师，请任职京师的同道转给宦官，目的在于藉由教化宦官来影响君王的道德修养，可见王畿同样具有"得君行道"、"尧舜其君"的良苦用心。[3] 然而，官修史书《明世宗实录》载有世宗对《圣功图》的态度和处理结果：

> 上谓：图册中语多回隐，实假公以行谤讪，无人臣礼。下礼部参奏。礼部言韬等性资多僻，议论好高，徒知陈善纳忠之为敬，而不知迹类谤讪之为非。奏入，诏宥韬等罪，册疏报寝。[4]

又据邹德涵记载，世宗见到《神尧茅茨土阶图》后怒曰："得非假此刺朕躬乎？"[5]此图歌颂的是尧帝的简朴之德，图后"谨按"曰：

> 此是史称帝尧俭德。天子宫室服器俭素如此，百官臣庶又愈俭素，可知也。天下尚俭，天下所繇富足也。我宣宗皇帝俭德同符帝尧。仰惟皇太子殿下时玩此图，见古帝王俭朴气象，况又恭遇皇上应时创制，宫室服器，依礼修正，规制大备，为万世法。我殿下惟式成宪，享万世太平而已。猗欤盛哉！[6]

包括这条按语在内的十三图的按语都写得平实温和，委实看不出讥讽之义。夏燮《明通鉴》考证《圣功图》"实蒙养之切要"，[7]诚为的论。然此事何以引起世宗的猜忌与不快？据徐阶记载，原因是"小人相与构之"。[8]《明儒

---

[1] 见《年谱二》正德十六年条，《王阳明全集》卷三十四，页1280。
[2] 邹德涵：《文庄府君传》，《邹守益集》卷二七，页1363。
[3] 见彭国翔：《王龙溪的〈中鉴录〉及其思想史意义：有关明代儒学思想基调的转换》，《汉学研究》，第19卷第2期（2001年12月），页59—81。
[4] 《明世宗实录》卷二二六，嘉靖十八年七月甲午条，页4704。
[5] 邹德涵：《文庄府君传》，《邹守益集》卷二七，页1363。
[6] 《圣功图疏》，《邹守益集》卷一，页9。
[7] 夏燮：《明通鉴》，卷五十七，页1553。
[8] 徐阶：《邹公神道碑铭》，《邹守益集》卷二七，页1380。

学案·邹东廓本传》则言"世宗犹以议礼前疏弗悦也"。[1] 综合上述史料，大致可以判断导致世宗不满的原因有几方面：首先是儒家士人"尧舜其君"的良苦用心与刻薄专断、敏感多疑的世宗皇帝格格不入，这种用心在世宗看来就是"语多回隐，实假公以行谤讪"，实为儒家道统理想与现实君权的冲突。[2] 世宗因东廓先前的《大礼疏》而嫉恨迁怒于此次上疏，其心态如出一辙。其次是世宗及权臣对阳明学者的不满。礼部言霍韬、邹东廓等"性资多僻，议论好高"，从一个侧面反映出当朝统治者对阳明学者及其讲学活动的不满，于是权臣趁机相构、致二人几乎获罪的后果也就可想而知了。此事终因霍韬在"大礼议"中曾支持世宗而得宽大处理，方才化险。圣旨谓："姑念纳忠，免罪。钦此。"[3]

这次事件并没有阻碍东廓进京后的讲学热情。他与徐阶、罗洪先、唐顺之、张元冲（1502—1563，字叔谦，号浮峰）等王门同道相过从，聚七十余人会讲，士类兴起甚众，有蒋怀德、张旦、冯焕、林应箕、胡宗宪、白若圭等新科进士向东廓问学。[4] 此举定然招致夏言等人的不满，也导致东廓后来的仕途多舛。

嘉靖十九年三月二十九日，有诏旨升邹守益太常寺少卿兼翰林院侍读学士，掌南京院事。名为升职，实令东廓远离政坛核心，如《明史》所言："夏言欲远之也。"[5] 此时距东廓到京师任职尚不足一年。时监察御史毛恺（1506—1570，字达和，号介川、节斋居士）上疏请东廓留侍东宫："以辅佐之器，置在南服，是远贤也，不可。"[6] 竟遭夏言嫉恨，将毛恺谪为宁国府推官。[7]

东廓此次离京后再未返回。他三十年间于京师三进三出，在京时间一共不超过两年。他在南京任官数月后，又因拒绝为夏言奏议作序，嘉靖十九年十一月，由太常寺少卿（正四品）改任南京国子监祭酒（从四品）。[8] 在国子监任职期间，东廓仍以端严士习、讲学明道为任：他仿湛若水任祭酒时

---

[1]　黄宗羲：《明儒学案》卷十六，页331。

[2]　可参任文利对邹东廓上疏的分析，见氏著：《治道的历史之维——明代政治世界中的儒家》（北京：中央编译出版社，2014年），页96—103。

[3]　《圣功图疏》，《邹守益集》卷一，页13。

[4]　见拙著《邹东廓年谱》嘉靖十八年条，页213—215。

[5]　《明史》卷二八三《邹守益传》，页7270。

[6]　邹德涵：《文庄府君传》，《邹守益集》卷二七，页1363—1364。

[7]　以上事见《明世宗实录》卷二三五，嘉靖十九年三月庚申条。

[8]　邹德涵《文庄府君传》："（夏言）寻以其奏议托府君为序，府君又峻却之，由是衔府君益力。未几，改南祭酒。"（《邹守益集》卷二七，页1364）

所定之学规立《号朋簿》，并刻其在广德州所刻之《训蒙诗要》《谕俗礼要》《燕射礼仪》教诸生，无视夏言反对，讲学不辍。讲学的内容，从他离任前所作《南雍述教》一文中勉励诸生"戒惧勿离"、"希圣"之语来看，[1]同样是权臣们所不喜见的心学。《文庄府君传》载：

> 贵溪谓其同年之南者曰："而寄言邹司成，吾授渠国学师，未许渠（讲）学也。"府君曰："宁不为国学师，未可废吾讲学也。"竟讲学不止。于是九庙灾，府君上疏曰："大戊、高宗反妖为祥，在主上一念转移之间。"贵溪逢上怒，构之，诏闲住。[2]

夏言的积怨终于在次年找到报复的机会：嘉靖二十年夏四月初五，阴雨、雷雹、大风骤至，火起仁庙，毁太祖昭穆群庙，惟献庙独存，此即九庙灾事件。世宗按惯例祭告宗庙，行宽恤之政，并诏百官言时政得失。据《明儒学案·邹东廓本传》载："大臣皆惶恐引罪。先生上疏，独言君臣交儆之义，遂落职闲住。"[3]群臣"皆惶恐引罪"既是官场上惯例的客套，也说明在朝纲不振的政治环境中，已经很难听到直言劝谏的声音。东廓所上《九庙灾自陈疏》除了"学术肤浅"、"终愧尸素，宜先罢黜"之类的惯例客套语，"独言君臣交儆之义"依然出于儒者真诚的道统信念：

> 臣闻隆古交修之训，曰："后克艰厥后，臣克艰厥臣，政乃义，黎民敏德。"曰："先王克谨天戒，臣人克有常宪，百官修辅，厥后惟明明。"故君而克艰，则能以天之心为心，是谓善事其天；臣而克艰，则能以君之心为心，是谓善事其君。

东廓引《尚书》"隆古交修之训"意在说明，君主必先以天为心，臣子则以君为表率。东廓举殷中宗、高宗修己以反妖为祥、享国长久之例，说明"国祚之所以祈天永命"的原因"决诸一念之真纯而已矣"。[4]虽然"一念之真纯"有心学的味道，然核心精神无非是劝诫世宗以心性修养为根本，为人臣子民之表率，则天德兴而王道立，以天为心的核心内容即此，儒家士大夫的德政理想也不外乎此，东廓并无特出之发挥。通篇所陈上下交修之道，也是古代帝王面临天灾人祸时所宜知之事理，且比之嘉靖三年措辞激烈的《大礼疏》，此疏辞气温婉了许多，却如何惹怒世宗？这便不能不提另一背景：世宗因体弱多病而长期不理朝政、大搞斋醮，自嘉靖十八年起就经常不视朝。有史

---

[1]　《南雍述教》，《邹守益集》卷一七，页827—828。
[2]　《邹守益集》卷二七，页1364。
[3]　黄宗羲：《邹东廓本传》，《明儒学案》卷十六，页331。
[4]　以上引文均见：《九庙灾自陈疏》，《邹守益集》卷一，页18。

家认为，以此年为标志，世宗从早期的锐意进取转向晚期的消极荒唐。[1]
这自然引起诸多正直大臣的上疏建言，发生了多起诸获罪乃至被杖死的事
件。就近而言：嘉靖十九年八月，太仆卿杨最因上疏劝阻世宗求仙、令太子
监国而被杖死；十二月，左春坊左赞善罗洪先、左春坊左司谏唐顺之、司经局
校书赵时春，因上疏请太子受中外官朝贺而被黜为民；嘉靖二十年二月，御
史杨爵因痛诋祥瑞、历数世宗之过而下诏狱遭拷掠，前后关押八年之久；四
月，户部主事周天佐因九庙灾应诏上疏为杨爵鸣冤而被杖六十，不三日而
卒；十月，御史浦铉再次上疏救杨爵而被杖一百，死于狱中[2]——多疑专
断、刻薄寡恩的世宗皇帝，对异己者的打压是异常残酷的。由此可知，东廓
"上下交修之道"的建言不但与朝中的阿谀之风不相投，也会再次激起世宗
的疑心，兼之夏言趁机构罪，于是诏下：

> 邹守益假以自陈，言词乖刺，着冠带闲住。[3]

与横遭惨祸的官员相比，革职而保留官员身份已然算是"幸运"。五十一岁
的邹东廓，从此离开了嘉靖一朝的政治舞台。至嘉靖三十九年七十岁时，经
其子邹善（时任刑部主事）奏请，东廓才获得以原官致仕的待遇。嘉靖四十
一年十一月十日，东廓病逝于家乡安福县，终年七十二岁。穆宗登基后，他
被追赠礼部右侍郎，谥文庄。从落职归田至去世的二十余年中，东廓在民间
的田野里耕耘心性，成为阳明学在江右传播与开展的领军人物，也是阳明一
传弟子中推动讲学的主力之一。

"浩浩谁立万物表？"[4]这是嘉靖二十年秋，东廓罢官归乡途中游常州
张公洞时，有感于苍茫世事而发出的叩问。身为虔信良知、以希圣为志业的
儒家士人，他的人生取向必然是"只从学道发真机"，[5]以阳明夫子为典
范，心系光明道体，如舵在手，虽颠风逆浪，而无没溺之患。他前半生的种种
政治抉择和作为，均是这一信念理想的折射。

就在东廓解职归乡的同一时期，嘉靖十九年底，罗洪先、唐顺之被黜为
民，罗从此不仕；嘉靖二十一年王畿被罢黜，遂终生不仕；嘉靖二十二年，钱
德洪出狱后被革冠归农，从此不仕。仕途之不幸反而促成了阳明学传播之
幸事，诚如嘉靖二十七年，东廓给刚出狱的泰和阳明学者刘魁的诗中所说：

---

[1] 见林乾：《嘉靖帝隆庆帝》（吉林：吉林文史出版社，1996 年），页 101—107。
[2] 见《明世宗实录》卷二四六，嘉靖二十年条；《明史》卷二〇九，杨最、杨爵、浦铉、周天佐传。
[3] 《九庙灾自陈疏》，《邹守益集》卷一，页 19。
[4] 《题张公洞》，《邹守益集》卷二六，页 1227。
[5] 《赠龙田张侯膺召北上四首·之三》，《邹守益集》卷二六，页 1264。

"退省卷端光世业,难兄难弟大家春。"[1]隐居乡里的阳明学者们,追随阳明夫子的志业,以极大的信念和热忱在民间推动各种讲会,开创了1540—1560年代王门一传弟子讲学活动的第一波春潮。[2]

[1]　《洗心卷二首·之一》,《邹守益集》卷二六,页1252。
[2]　从更广阔的历史背景来看,是由于明代中后期日益恶化的政治环境,迫使儒家士人的"外王"抉择由宋代理学家"得君行道"的上行路线转为阳明学者"觉民行道"的下行路线,这也是明清两代君主专制格局下儒学基调的整体转向。见余英时:《现代儒学的回顾与展望》,收入氏著:《现代儒学论》(上海:上海人民出版社,1998年),页31。

第二章　讲学与政事：文章政事无二门^[1]

讲学与乡族建设，是东廓归田以后的主要作为，也是江右阳明学者们在地方社会"觉民行道"的基本途径。明代基层社会由官吏、乡绅和乡民三个阶层组成，作为士绅阶层的阳明学者，其讲学与乡族建设活动都要与官吏和乡民直接交往并对其产生影响。本章和下章以邹东廓为个案探讨如下话题：阳明学者是如何通过与官员的交游、论学，而使学术对地方官员产生影响？地方官员又是如何支持学术在地方社会开展的？阳明学者对地方文化、政治生态有着怎样的影响？他们又是如何通过实践活动去印证良知学、提升心性工夫的？笔者欲以此透视阳明学者以学术影响地方社会的理想，以及哲学史、思想史与文化史、社会史之间的内在关联与互动。

本章着重探讨东廓的讲学活动对地方官员的影响。据吕妙芬的研究，阳明学讲会成员主要由三方面组成：著名儒者作为教导和号召者，地方官员作为倡导和资助者，地方生员则是维系运作讲会的主力。^[2] 东廓无疑扮演了第一种角色，而他与后两者的深入交际则是讲会得以推进、维持的不可或缺的条件。那么，讲会是如何获得地方官员的支持的？学术思想又是如何影响官员之为政举措的？先从邹东廓与官员的交游与讲学说起。

第一节　讲学与官员交游网络

一、与江西官员的交游网络

翻检东廓文集，笔者粗略统计共有一百四十多篇为官员或其父母亲友

---

[1] 《赠石亭陈子之官》，《邹守益集》卷二六，页 1232。

[2] 见氏著：《阳明学士人社群：历史、思想与实践》(台北："中央研究院"近代史研究所，2003 年)，页 78—79。

撰写的序(考绩序、寿序、入觐序)、说(寿说、论学说)、传(传、墓志铭、墓表),其数量远远高于同时代的其他阳明学者,这从一个侧面说明,东廓在官场和士林颇得人望,尽管他实际为官时间很短。究其原因,一是他的德学兼备及优异的科举成绩,而能素孚众望。二是他曾任职的部门也非等闲之地:翰林院为内阁储才之地,司经局洗马肩负教导太子之职,虽然东廓的任职时间都不过一年,但这些职务却不是凭一般背景和资历所能出任的。其在嘉靖七至十年任职礼部(任南京礼部主客司郎中),时世宗崇尚道教,礼部尚书、侍郎多是写青词高手,每每因此入阁,故礼部是被视为拜相台阶的衙门。其在嘉靖十七至十八年任职的南京吏部考功司(任郎中)掌管官吏的选授、封勋、考课等事,在六部中地位最尊,而考功司掌官吏的考核、黜陟等事,更是吏部中的实权部门。再后,嘉靖十九至二十年任南京国子监祭酒,官阶虽不算高,但南京国子监与京师国子监地位齐等,是培养官僚的官方最高学府,其祭酒也是一个清要之职。这些任官经历很利于东廓积累人脉关系。三是东廓虽于嘉靖二十年落职归乡,但仍保留有仕籍。明代官员升迁起落是常有之事,重新起复的机会甚多,故虽去位在乡,地方官员仍对这样有影响的"大佬"十分礼重。兼之东廓"性慈质重,蔼然春温"[1]的亲和力,故能于官场交游广泛,人缘甚好,为他的讲学和乡族实践活动得到地方官员的支持打下人脉基础。因其活动重点在江西,本书重点梳理了东廓在江西的官员交游网络。在附表一"邹东廓与江西官员交游一览表"中,笔者统计了与东廓有直接交往的115个任职江西的省级、府县级官员——当然从《邹守益集》收录的史料看,与东廓交往的江西官员不止这个数字,但有些官员姓名、字号、官职难以考证,故略去不计——相比之下,在吉安府以邹(东廓)、罗(洪先)、聂(豹)、欧(阳德)为首的阳明一传弟子当中,东廓与罗洪先居乡时间都很长,但罗体弱多病且喜静坐,疏于交游,故东廓无疑是与地方官员交往最多的江右阳明学者,统计数字也表明了这一点。

首先看东廓交游的江西各级官员的职务比例。东廓所交游者多为官居当地政治、经济、文教要职的官员,其中安福县(29人)、吉安府(20人)以及江西省级官员(34人)共计83人,占官员总数的72%,任职时间几乎涵盖了整个嘉靖时代。具体而言,省级官员中有江西地方最高军政长官即巡抚江西都御史15人,江西最高监察、司法官员即巡按御史4人。而在掌控地方行政的三司机构中,东廓交游的官员很少有掌管军政的都指挥使司官员,因为地方军政问题是他所关注的地方建设基本不涉及的内容,他交往的多为

---

[1]　邹德涵:《文庄府君传》,《邹守益集》卷二七,页1364。

掌管财政、民政的布政使司官员和掌管刑狱、风纪的按察使司官员：其中布政使8人，布政司参政3人，布政司参议4人，按察使（含副使）15人。当然这些数字中，也有个别情况是一人在不同时期分任布政使、按察使、江西巡抚的情形。再看吉安府级官员：计知府9人，通判3人，同知4人，推官4人，共计20人。东廓交往的吉安知府按其任职时间计算，从正德末至嘉靖末，跨度达40年之久。东廓交游的安福县官员计29人，其中知县11人，任职时间从正德七年至嘉靖三十八年，跨度达48年；此外有县丞2人、主簿2人、典史1人、县学教谕或训导13人。吉安府其他县15名官员中，有吉水知县3人、庐陵知县3人、永新知县3人、永丰知县2人，以及永丰、泰和、万安、永宁县学教谕或训导各1人。此外，还有江西瑞州、赣州、袁州、九江、建昌、抚州等府县级官员计17人。

　　东廓与各级官员的交游因缘分为四类：一类是因吉安、安福当地民生问题，东廓与地方政府合作，或向地方官员建言、申诉而产生的交游。如东廓向吉安知府杨彝（1491—？，字几川）、巡抚江西右副都御史高公韶（1480—1563，字太和，号三峰）等人申诉丈田一事，与安福知县童承契（1516—？，字士成，号玄冈）讨论重刻军册事等，[1] 他与江西巡抚、巡按、三司官员的交游多属此类因公交往者。二是文献中无记载交游经历，但为官员撰有考绩序、赠序等。如东廓为吉安知府陶大年（字长卿，号新岑）作《庆郡大夫新岑陶公考绩序》，为安福知县于桂（字德芳）作《赠于侯考绩序》。东廓作为颇负声望的地方士绅，其风评往往会对官员的考课、升迁有帮助，故虽在野，仍得官员礼重。三是与官员有私人交谊，表现形式很多：或政治立场相同，或有世讲之谊，或为同年等。如在"大礼议"中与东廓同样反对世宗的刑部主事赵廷松（1495—1557，字子后，号俟斋）、刑部主事何鳌（1497—1559，字巨卿，号沉溪）均遭廷杖及贬官，赵廷松后任吉安府通判，何鳌后任江西左布政使，他们任职江西期间，与东廓有较多学术及事务交往。吉安府同知陈瀚（字玄海，号龙岳、龙矶）与东廓有世讲之谊，往来亦多。巡抚江西右副都御史汪玄锡（1477—1544，字天启，号东峰）与东廓为同年进士，为解决安福沙米赋税较高的问题，东廓向汪提出申诉。[2] 四是官员与东廓论学、论政或

---

[1]　邹守益与杨彝交游事见《简杨几川郡侯（三）》（《邹守益集》卷一四，页687—688），与高公韶交游事见《简高中丞问丈量事宜》（《邹守益集》卷一四，页688—689），与童承契交游事见《安福重刻厘弊军册序》（《邹守益集》卷五，页258—259）。

[2]　邹守益与赵廷松交游事见《赠俟斋赵侯考绩序》（《邹守益集》卷五，页237），与何鳌交游事见《赠大岳牧沉溪何公巡抚山东序》（《邹守益集》卷五，页253—255），与陈瀚交游事见《赠龙岳陈郡侯序》（《邹守益集》卷四，页222—223），与汪玄锡交游事见《简巡抚汪东峰年兄》（《邹守益集》卷一一，页553—554）。

参与讲会,这在后文讨论官员参与讲学的部分作进一步分析。这四类交游中,前两类官员基本以政府官员身份与东廓往来,除非官员本人就是阳明学者或有亲王学的倾向,一般而言,东廓与他们的学术互动较少。而后两类官员与东廓密切交往的情形居多,统计数据也表明,与东廓往来论学的官员主要集中在后两类官员中。

在东廓交游的 115 名江西官员中,有阳明学者 24 人(含阳明弟子、东廓及其他阳明后学弟子),湛若水弟子 6 人,亲近王学、与东廓有论学往来或参与讲会的官员 54 人,合计 84 人,占其交游官员总数的 73%,他们也恰是与东廓往来较密切的官员,以下简称"亲学官员"。其中江西省级官员 26 人,吉安府官员 45 人(包括府级官员 13 人,安福官员 20 人,吉安府其他县官员 12 人),江西其他府县官员 13 人。这些官员中,阳明学者或湛若水弟子与东廓基本是以同道的身份相往来,他们往往是讲学活动最有力的推动者和支持者,彼此的学术认同感也最强。而其他亲学官员中,很多以学者、同道的身份参与论学:如江西清军监察御史孙慎(1515—?,字用修,号联泉)、曹忭(1512—?,字子诚,号纪山)等人虽不是阳明学者,但他们以学者的身份到东廓主持的复古书院参与论学,东廓写给他们的赠序内容也多以论析学理为主。也有以官员兼学者的身份与东廓交游的情形:如吉安知府杨彝、屠大山,永新知县陆粲(1494—1551,字子余、浚明,号贞山)等人,与东廓既有公务交往,也有参与讲会或论学、通信等学术往来;袁州知府刘廷诰(1512—?,字汝卿,号见峰)、同知林大有(1515—?,字端时,号东庐)、推官高跃(1508—?,字文化,号九冈)亲至复古书院问学,并以官方身份延请东廓赴袁州讲学。还有一些以官员兼晚学后辈的身份向东廓请教,如安福知县李一瀚(1505—1567,字源甫,号景山)。总之,东廓虽然去位在乡,但由于他的仕宦背景和学术、道德声望,仍然以地方学术领袖兼士绅乡耆的身份得到官员们的礼重,在地方社会发挥着重要作用。官员们以半官方半民间的身份与东廓交游,也意味着王学以一种非官方而有弹性的方式在官员中发挥着影响力。

再看东廓讲学活动的数据统计:东廓一生共主盟或参与 82 个讲会(详见附表六),其中在江西省内的讲会活动最多,计 63 个。其中吉安府讲会计 45 个,安福县讲会计 27 个,吉安府其他几县讲会计 18 个(府城 1、庐陵 6、泰和 4、永丰 1、吉水 3、永新 2、万安 1),其他府县的讲会计 18 个。为了说明官员交游网络与地域学术影响之间的关系,在此将《交游官员比例表》《亲学官员比例表》《江西讲会比例表》加以对比:

表一　江西讲会比例表

	讲会总数	省城南昌	吉 安 府			江西其他府县
			安福	其他县	总数	
数量	63	4	27	18	45	14
比例	100%	6.3%	42.8%	28.5%	71.4%	22.2%

表二　交游官员比例表

	官员总数	省级官员	吉 安 官 员				江西其他府县官员
			府级	安福	其他县	总数	
数量	115	34	20	29	15	64	17
比例	100%	29.5%	17.4%	25.2%	13%	55.6%	14.7%

表三　亲学官员比例表

	官员总数	省级官员	吉 安 官 员				江西其他府县官员
			府级	安福	其他县	总数	
数量	84	26	13	20	12	45	13
比例	100%	30.9%	15.4%	23.8%	14.3%	53.5%	15.4%

　　以上三表数据的比例成正相关。也即是说,东廓在江西各地参与的讲会数量与相应地区的官员交游数量、亲学官员的数量成正比：他在吉安府的讲学、交游活动比例最高(71.4%),因此交游官员(55.6%)及亲学官员(53.5%)的比例也最高;其中家乡安福县的讲学活动又在吉安府中比例最高(42.8%),相应的,在安福的交游官员(25.2%)及亲学官员(23.8%)的比例也是较高的。而东廓在江西其他府县的讲学活动比例为22.2%,这些地区的交游官员(14.7%)及亲学官员(15.4%)的比例也与之相应。此外还有一组数据需要说明：东廓与江西省级官员的交游人数占交往官员总数的29.5%,亲学的省级官员比例也达30.9%,两者基本一致。但东廓在省城南昌的讲学比例最低(6.3%),这是因为他在南昌的几次讲学多因往来路经此地而举行,实际停留时间不长,南昌并不是他的长期活动地区。他与江西省级官员的交往主要是通信往来,多由吉安、安福地方民生事务而起,双方书面论学也远远多于讲会论学。总体来看,这些数据说明地方官员对讲会的参与、支持是阳明学说在地方社会深入传播的重要因素之一。

　　此外,如果算上与江西其他阳明学者交游的官员,那么实际亲学官员的数字远不止笔者统计的数目。如与聂豹(吉安府永丰县人)交游的官员中,永丰县令黄齐贤(1505—?,字汝思,号明山)为阳明弟子;先后任吉安知府、江西监察御史的李清(1492—?,字介卿,号南桥)为湛若水弟子,亦与聂豹论学;吉安推官王烨(1499—1552,字韬孟,号樗庵)师事朱子学者吕柟(1479—1542,字仲木,号泾野),与聂豹亦有论学往来;永丰知县陈瓒(1518—1588,字廷裸,号雨亭)则常与聂豹、罗洪先论学。[1]　罗洪先(吉安府吉水县人)的讲学得到知县王之诰(1521—1590,字告若,号西石)的鼎力支持外,他还与吉水知县王篆(1532—?,字汝文,号少方、绍芳)、吉安府推官周弘祖(1529—1595,号少鲁)、巡抚江西都御史胡松(1503—1566,字汝茂,别号柏泉)等论学。[2]　与欧阳德(吉安府泰和县人)有论学交往的官员中,泰和知县缪宣(1499—1564,字时化)为欧阳德门人,泰和知县吕调羹(1498—?,字梦卿,号岩野)、江西督学胡汝霖(1512—?,字仲望,号青厓)等亦曾与欧阳德论学。[3]　这些吉安籍阳明学者能以学术影响江西地方官员,其中一个重要的原因即在于他们自身都有较高的仕宦背景:罗洪先官翰林院修撰,并任辅佐太子的东宫官属,聂豹官至兵部尚书,欧阳德官至礼部尚书;兼之他们德学兼备、素负重望,故颇得当地官员的礼重。钱明认为,阳明学传播的四个核心区域(绍兴、吉安、潮州、泰州)中,吉安地区是阳明学的展开地和极盛地,原因之一是"吉安地区在朝廷做大官的王门弟子比其他三个地区要多,政治上拥有保护伞和广泛人脉,所以王学在这一地区传播最久,影响最大"。[4]　不仅如此,吉安地区整体上文化发达,科举鼎盛,明代中前期阁臣辈出,时有"翰林多吉水,朝士半江西"之说,因此,那些虽非王门弟子却亲近王学的吉安籍官员们也能为阳明学说在地方社会的开展提供保护伞和人脉。

二、官员参与讲学的情形

除了江西以外,东廓还因居官、出游等原因在南京、湖广、江浙等地讲

---

[1]　聂豹与以上官员的交游事迹分别见《聂豹集》卷四之《赠黄明山赴召序》(页81)、《赠新参李南桥吉行序》(页79)、《送王樗庵献绩之京序》(页85)、《赠邑侯陈雨亭庸奖序》(页102)。

[2]　罗洪先与以上官员的交游事迹分别见[明]罗洪先:《念庵文集》(《景印文渊阁四库全书·集部》1275册)之《与王少方邑令》(卷四,页122)、《与胡柏泉》(卷四,页121)、《别周少鲁语》(卷八,页165)。

[3]　欧阳德与以上官员的交游事迹分别见[明]欧阳德著、陈永革编校:《欧阳德集》(南京:凤凰出版社,2007年)卷七之《缪子入觐赠言》(页236)、《吕岩野别言》(页221)、《赠青厓胡子督学江西序》(页245—246)。

[4]　钱明:《谈中晚明王阳明在江西吉安的讲学——对浙中王学与江右王学的比较》,《教育文化论坛》2012年第3期,页3。

学。本书讨论以江西省为主，必要时兼及其他省官员参与讲学的情形。官员与讲学的关系，据其参与讲学的深入程度而言，分为四种情形：

一是与东廓论学或有亲学倾向。

此类官员并非阳明学者，因任职于阳明学兴盛的江西，故与东廓等阳明学者往来论学。他们既以当面探讨的方式，也以文章、书信的形式论学。如嘉靖二十六年秋，东廓应巡抚南赣右副都御史朱纨（1493—1550，字子纯，号秋崖）之邀至赣州论学。朱纨早先任江西布政使司右参议时曾对安福县丈田事予以支持，与东廓过从甚好。朱纨于嘉靖二十五年九月起任都察院右副都御史，巡抚江西南安、赣州，[1] 他是否热衷阳明学不得而知，但从东廓所记"秋崖中丞复修先师之绪，相邀切磋焉"来看，[2] 与阳明任同一职务的朱纨对阳明在江西的文功武治是颇为敬仰的。二十六年七月，朱纨改任提督浙闽海防军务巡抚浙江右副都御史。[3] 时福建、浙江一带海盗猖獗，朝廷任命朱纨负责两省抗倭事宜，责任重大，故他临行前特地"遣舟以迎"东廓，目的是"愿宣畅师训，与士民共之"，[4] 有取经问道之意。在赣州，东廓两次与朱纨论学、论政。东廓言无欲、戒惧为学问之功，学术与政治的关系是"学与政，匪异辙也"；论及东南时局及应对措施，东廓言"政者，正也。以吾之正，正天下之不正，犹执矩于此，以方天下之不方而已矣"，故当秉持"廉、明、正、慎、断"之原则，则"执素矩以往，其患弗方乎？"东廓以政学一体的实学精神启发之，朱纨亦表示应"惩忿窒欲，迁善改过"，"以政为学"，"以学为政"。[5] 朱纨后在闽浙两年主政期间，打击倭寇及当地通倭商人及乡绅甚严，因威胁到某些官宦家族的利益而被罢官问罪，于嘉靖二十九年悲愤自尽。其自撰《圹志》云："吉凶祸福，命而已矣。命如之何，丹心青史。一家非之，一国非之。人孰无死，维成吾是。"[6] 气节可圈可点，令人钦敬，此是后话。

东廓久居乡里，除非外出游学，平日与朱纨这样的巡抚大员论学交往并不频繁，与其论学更多且更深入的，主要还是有地利之便的吉安府县官员。现举几例：

东廓交游的九任吉安知府中，除黄宗明（？—1536，字诚甫，号致斋）是

［1］ 见《明世宗实录》卷三一五，嘉靖二十五年九月条。

［2］ 《赠竹溪林郡侯考绩序》，《邹守益集》卷四，页184。

［3］ 见《明世宗实录》卷三二五，嘉靖二十六年七月条。

［4］ 《中台秋崖朱公自虔之浙赠言》，《邹守益集》卷四，页193。

［5］ 以上引文均见：《虔州申赠》，《邹守益集》卷三，页100。

［6］ 朱纨：《都察院右副都御史秋厓朱公纨圹志》，［明］焦竑：《国朝献征录》（《续修四库全书·史部》528册）卷六十二，页384。

阳明弟子外,杨彝、屠大山(1500—1579,字国望,号竹墟)、何其高(1493—?,字抑之,号白坡)、靳学颜(1514—1571,字子愚,号两城)四人都有亲王学倾向。现有史料中未见杨彝(嘉靖十一年起任知府)参与讲学的记载,但他对东廓颇尊敬,对阳明学颇有好感。其弟杨科从四川来吉安省亲时,杨彝特将其送到东廓门下学习,并嘱曰:"吉安惜阴诸友方从事于致良知之学,吾甚嘉之。汝其往请益焉,归以告于蜀之同志。"[1]杨彝在任期间,也支持了安福县重新丈量土地的工作(详见第三章第三节)。屠大山于嘉靖十五至十七年任吉安知府期间,与东廓过从亦多,《邹守益集》中收录有两篇为屠撰写的考绩序和三通论学书,言"天下之政,皆生于心",言无欲、定性、戒惧之功,"建圣学以达王道",[2]皆为东廓论学的核心思想。靳学颜亦与东廓、罗洪先等吉安阳明学者深入论学(详见后文)。此外,东廓与其他吉安官员的深入论学亦较多:如东廓写给吉安府推官王中斋(号)的书信中,论"戒慎以致中和"、"即学即政"等思想。[3]　未见以上官员参与阳明学讲会的记载,不过东廓与他们的论学内容均是深入的心学义理。从东廓与他们以道相期的认同感可知,这些官员对阳明学的亲近感和兴趣,并不亚于那些直接参与并支持讲会的官员。

二是直接参与阳明学讲会。

在阳明学活跃的明代中后期,不少地方官都参与了当地的阳明学讲会。虽不排除有结交应酬的因素在,但也有不少官员流露出对阳明学的好感或认同。如吉安知府何其高,早在东廓任南京国子监祭酒时,就曾在南京新泉书院与之聚讲论学。[4]　他在任期间将白鹭洲书院迁建,并请邹东廓、聂豹、欧阳德等作记。书院建成后,他"群九邑庠士之特出者,讲授于其中",聂豹赞其"有志于复古治,求古学"。[5]　何亦曾参与青原讲会,[6]对讲学活动相当支持。

在安福县官员中,知县李一瀚是最为积极参与并支持讲会的官员之一。李为东廓好友应良的侄婿兼门生,应良与东廓既是同道(同为阳明门人),也是同僚(同官翰林院编修)。"大礼议"事件中二人政治立场亦同,

———————

[1]　《赠杨生归蜀》,《邹守益集》卷二,页65。

[2]　见《庆郡侯竹墟公考绩》(《邹守益集》卷二,页56—57),《简屠竹墟候二章》(《邹守益集》卷一二,页629—630)。

[3]　见《简中斋王节推》,《邹守益集》卷一三,页669—670。

[4]　见《新泉聚讲赠言》,《邹守益集》卷一七,页811。

[5]　以上引文见聂豹:《道心堂记》,《聂豹集》卷五,页121。

[6]　见《白坡郡侯同诸生邀游青原山》,《邹守益集》卷二六,页1228。

应良"不阿忤旨，杖阙下，几无生"，[1] 故东廓言"守益与良同道而相长，异姓兄弟也"。[2] 由于这层关系，李一瀚对东廓甚为礼重。嘉靖二十一年也即李一瀚上任的当年，就重修了安福县城内的东山塔院，[3] 以便东廓于此倡讲会。李一瀚还多次向东廓问政，并参与青原讲会及东廓主盟的石屋、复古书院讲会。[4] 李一瀚这样安福最高行政官员的支持对讲会的推动作用是不言而喻的。

吉水县的情形也是如此：知县王之诰礼重罗洪先，犹如李一瀚之礼重邹东廓。王之诰多次至罗洪先静修的石莲洞问学，二人的数通书信都有深入的论学内容，罗显然将王视为同道中人。[5] 而王之诰在任期间，给予讲会很大支持：因罗洪先聚讲无所，王之诰遂修玄潭之雪浪阁，成为吉水士人的聚讲场所。[6] 嘉靖二十七年仲冬，王之诰在吉水龙华寺召集了有吉安府九邑士友参加的长达十余日的大型讲会，会后东廓还应王之请将其讲语录为《龙华会语》，并由罗洪先作跋。[7] 王之诰亦曾参与青原讲会，[8] 并至复古书院与东廓论学。[9]

除吉安府本地官员外，也常有江西省级官员或其他府县官员参与论学。嘉靖二十八年前后，江西清军监察御史孙慎至复古书院与东廓及诸生论学、论时政，临别，东廓为作《复古书院赠言》。[10] 孙慎赠田给书院，并捐五百金助建复古书院之尊经阁。[11] 江西监察御史曹忭也是一位热衷讲学的官员。东廓说他"慨然有志于守约施博之学"，"出按吾吉，揭絜矩之训，以嘉惠诸生"。嘉靖二十九年，东廓、聂豹、罗洪先与曹忭在白鹭洲书院论学。临别，东廓作《絜矩篇赠纪山曹柱史》，论"絜矩"、"不逾矩"之旨，[12] 并作诗《次纪山曹柱史白鹭书院韵》。曹忭后出任江西按察使、左布政使等职，与东

[1] ［清］郑录勋修、张明焜纂：《仙居县志》（清康熙十九年刻本），卷九《名贤列传》，页11。

[2] 《封翰林院编修前分宜县典史应翁墓志铭》，《邹守益集》卷二一，页964。

[3] 同治《安福县志》，卷二《舆地·古迹》，"东山塔"条，页22。

[4] 《医喻寿何白坡郡侯》："邹子与同志自青原历石屋，切磋复古之间。邑侯李子会而询政焉。"（《邹守益集》卷五，页272）

[5] 见罗洪先：《答王西石》，雍正本《念庵文集》卷二，页32。

[6] 见［明］胡直：《念庵先生行状》，《衡庐精舍藏稿·衡庐续稿》（《景印文渊阁四库全书·集部》1287册）卷二十三，页530。

[7] 罗洪先：《书龙华会语后》，雍正本《念庵文集》卷八，页167。

[8] 见《题瑶池祝寿图》，《邹守益集》卷一八，页848。

[9] 见《赠西石王使君北上二首·二》："犹忆文明雪，拥炉话绸缪。"（《邹守益集》卷二五，页1159）

[10] 见《复古书院赠言》，《邹守益集》卷三，页98—99。

[11] 见邹德泳：《复古书院志序》，《湛源续集》（崇祯五年刻本）卷二，页4。

[12] 以上引文、事迹见《絜矩篇赠纪山曹柱史》，《邹守益集》卷四，页200。

廓等阳明学者一直保持论学往来。嘉靖三十九年，东廓从武夷山返归途中经南昌，与曹忭、张元冲、王宗沐（1523—1591，字新甫，号敬所）等省府官员及诸师生聚讲论学。[1] 算起来，曹忭与东廓论学的时间前后达十余年之久。

三是主持讲会或延请东廓讲学。

这一类是手握行政实权又热衷讲学的官员。其中有些人本身就是阳明学者，如江西提学徐阶等，故能动用官方资源举办讲会，讲会规格和规模也比较大。以下按时间顺序举例：

嘉靖十四年五月端阳节，东廓至永新县与当地阳明学者甘公亮（1482—?，字钦采，号莲坪）、李俨（1488—1571，字民望，号南屏）等聚讲。知县徐丙（字子南，号半溪）得知后，召集同郡之士，请东廓主盟讲会，又召本县文武官员参与讲会，于县学明伦堂讲学数日。[2] 徐丙热心教育，与阳明学者时相过从。正德九年徐丙任六合县教谕时，与县尹万廷程等重修六合县学，阳明曾为作序。[3] 嘉靖十三年，甘公亮、李俨在永新兴文阁举惜阴大会，由徐丙主持。[4] 十四年九月安福举惜阴会，徐丙特地携其子从南京六合县远来赴会，临别，东廓为其子作《赠徐毅甫》。[5]

嘉靖十七年，东廓起任南京吏部考功郎中。他从安福启程北上，路经南昌时，江西提学副使徐阶"乃约藩臬诸公率诸生肃先生（按，指东廓）聚讲于贡院"，[6] "藩臬诸公"指布政司、按察司官员，讲学地点在容纳千余人的乡试考场贡院，这无疑是一个官员及诸生齐聚的大型讲会。

嘉靖二十年，东廓罢官归乡途中，至浙江衢州。知府王仲锦（1495—?，字絅之，号西岩）、推官刘起宗（1504—?，字宗之，号初泉）聚诸师生，延东廓于衢麓讲舍讲学。[7] 王仲锦是吉水人，与罗洪先为同年进士，在地缘、人缘上与东廓均近，这或许是他延请东廓讲学的原因；刘起宗也时与阳明学者

————————

[1] 见《浮峰、敬所、纪山、蒙泉约公馆聚讲，诸师诸生同会，简郡侯刘吾南、黄逊斋》，《邹守益集》卷二六，页1336。
[2] 见《书永新文会约》，《邹守益集》卷一七，页807。
[3] 见王守仁：《重修六合县儒学记》，《王阳明全集》卷二十三，页900—902。
[4] 见［明］余之桢修、王时槐纂：《吉安府志》（明万历十三年刊本，北京：书目文献出版社，1991年，以下简称万历《吉安府志》），卷三十五《纪述下》所收《永新重修兴文阁记》："永新兴文阁在儒学明伦堂之后……嘉靖甲午，邑之荐绅甘公亮、李子俨率诸生举惜阴大会，而徐侯丙主之，相与切偲于阁中，焕然壮也。"（页566）
[5] 见《赠徐毅甫》，《邹守益集》卷四，页232—233。
[6] 宋仪望：《邹东廓先生行状》，《邹守益集》卷二七，页1369—1370。
[7] 见《衢州府孔氏家塾记》，《邹守益集》卷六，页377—378。

交游，嘉靖三十三年他出任宁国知府时，请东廓讲学于水西精舍。[1]

嘉靖二十六年，东廓与刘邦采等游匡庐毕，取道瑞州返回，与当地学者况维垣（字翰臣，号郭山）及门人廖暹、瑞州府推官潘仲骖（1513—?，字时乘，号天泉）等论学。潘仲骖是耿定向弟子，在瑞州建尊道书院以倡学，东廓应其邀请入书院，为作《尊道书院记》。[2]

嘉靖二十八年春，袁州郡守刘廷诰、同知林大有、推官高跃等至复古书院向东廓问学，刘、林请东廓赴袁州讲学，次年春成行。东廓携门人及子邹美、邹善等至袁州，集府城及宜春、分宜、萍乡、万载诸县士友聚讲于宜春台，凡十八日而归。临别，当地士子效仿《惜阴申约》定春台讲会制，东廓为作《题春台会录》。[3]

嘉靖三十六年，江西提学王宗沐延请东廓讲学于白鹭洲书院，王宗沐率千余儒生听讲。东廓发明《学》《庸》合一、慎独之旨，录为《白鹭书院讲义》。[4]

嘉靖三十九年，东廓与陈九川、邹美等至浙江祭扫阳明墓毕，应门人胡宗宪之邀开讲天真书院，谒阳明祠，并撰有《浙游聚讲问答》《默林胡宫保锡命序》等文。[5] 胡宗宪（1512—1565，字汝贞，号默林、梅林）是嘉靖十七年进士。嘉靖十八年，东廓在京师与王门同道兴起讲会，吸引了一批新科进士参与，胡宗宪即在此时拜入东廓门下。胡亲近王学，嘉靖三十三年任浙江巡抚时，改建仰止祠于天真书院，祀阳明。[6] 胡宗宪因抗倭有功而权高位重，是年由总督浙、直、福建都御史兼浙江巡抚升为兵部尚书。[7] 故此次延请东廓讲学之事几乎见于东廓的各种传记，虽细节不详，但可想见其规模之隆重。

以上三种情况是以官员参与讲会的程度深浅而列，他们与阳明学的亲密程度并不一定与此成正相关。比如吉安知府靳学颜、吉安府推官王中斋等，笔者尚未在现有文献中找到他们热衷讲会的史料，但东廓与他们的论学内容、口气俨然视之为王门同道；另一方面，参与讲会的官员也不一定都抱持阳明学者那样的求道热诚，故不能一概论之。

四是参与讲学的安福县学教官。

在明代，县学教官属未入流的杂职官，多由举人、贡生等充任。仅就《邹

---

[1]　见《水西精舍记》，《邹守益集》卷七，页 430—431。

[2]　见《尊道书院记》，《邹守益集》卷六，页 336—338。

[3]　见《题春台会录》，《邹守益集》卷一七，页 820—822。

[4]　见《白鹭书院讲义》，《邹守益集》卷一六，页 753—755。

[5]　见耿定向：《东廓邹先生传》，庚申条下，《邹守益集》卷二七，页 1390。

[6]　见《年谱》附录一，《王阳明全集》卷三十六，嘉靖三十四年条，页 1346。

[7]　见《明世宗实录》卷四四三，嘉靖三十六年正月条；卷四七〇，嘉靖三十八年三月条。

守益集》统计,嘉靖年间参与东廓主持之讲会的安福县学教官有教谕 3 人,训导 10 人,共计 13 人。列表如下:

表四 参与讲学的安福县学官员[1]

姓名	字或号	籍贯	科举情况	任职时间	官职	参与讲学情况	传记出处
朱勋	字汝德号逊泉	南直隶滁州	正德十六年岁贡	嘉靖初年	训导	阳明弟子,曾主白鹿洞书院讲席	同治《安福县志》卷七《秩官志·政绩》
张天叙		福建晋江	嘉靖十年举人	嘉靖年间	教谕	与阮柏、鲍涛参与复古会[2]	《广东通志》卷四十一《名宦志》(官知县)
倪朝惠	淡轩	广西全州	嘉靖举人	嘉靖六年起任	教谕	东廓弟子,切磋于复古书院	民国《青城续修县志》之《名宦志》
林梁	松楼	广东三水	嘉靖二十五年举人	嘉靖十六年	教谕	师事东廓、湛若水,[3]参与论学	光绪《广州府志》卷三十八、光绪《湖南通志》卷一百一十七
林恕	字德推	松江华亭[4]	嘉靖十年举人	嘉靖十七—二十年	训导	与欧阳德、东廓子等论学[5]	道光《济南府志》卷三十六《宦绩四》(官训导)
方绍魁	字三迟	广东南海	嘉靖举人	嘉靖十一年	训导	从学阳明、湛若水	光绪《广州府志》卷一百一十八(官知县)
阮柏	字新甫	南直隶泰州	不详	嘉靖四十一年以后	训导	东廓弟子,与鲍涛等讲于复古书院[6]	
江国桢	号梅峰	福建漳州	不详	嘉靖年间	训导	任训导七年,参与论学[7]	

[1] 表中官员任职时间见同治《安福县志》卷七《秩官·纪名》,页 11。

[2] 见《积庆堂记》,《邹守益集》卷六,页 366。

[3] 见《林松楼邑侯赠言》,《邹守益集》卷四,页 225。

[4] 同治《安福县志》卷七《秩官·纪名》载林恕为扬州人,有误。汤日昭纂万历《温州府志》卷七《秩官志》、成瓘纂道光《济南府志》卷三十六《宦绩四》均载,林恕籍贯为松江华亭金山卫。

[5] 见《赠掌教林子》,《邹守益集》卷四,页 232。

[6] 见《别邑博阮子》,《邹守益集》卷一八,页 858。

[7] 见《文明别言》,《邹守益集》卷四,页 151—152。

（续　表）

姓名	字或号	籍贯	科举情况	任职时间	官职	参与讲学情况	传记出处
鲍涛	野航	南直隶歙县	不详	嘉靖年间	训导	问学东廓[1]，与东廓子等论学	
陈力毅	清泉	湖广茶陵	不详	嘉靖年间	训导	同上	
朱经济	潜夫	福建漳平	不详	嘉靖三十二一三十六年	训导	湛若水门人曾汝檀弟子[2]	同治《安福县志》卷七《秩官志·政绩》、万历《郴州志》卷十五《循良传》
何炯	字思默号㤠庵	福建晋江	贡生	嘉靖年间	训导	参与论学	同治《安福县志》卷七《秩官志·政绩》、《闽中理学渊源考》卷七十五
舒阳和		福建侯官	贡生	嘉靖年间	训导	参与论学	

　　上表中，有三人对东廓执弟子礼：倪朝惠，于东廓任职南京时期师事之，嘉靖六年起任安福教谕，与训导鲍涛、陈力毅常参与阳明学讲会，相与切磋论学。[3] 林梁是倪朝惠的隔任，曾师事湛若水，东廓说他"折节以学于山房，与何子炯、舒子阳和交切磋焉"，[4] 何炯、舒阳和都是县学教谕，二人与林梁常参与讲会。阮柏于嘉靖十九年起任县学训导，二十年东廓从南京国子监罢归，他即通过县学生及邹善的引荐拜入门下，与鲍涛等常与参与讲会。[5]

　　其他县学官员中，朱勋为阳明弟子，于阳明任职滁州期间师事之，[6]嘉靖初任安福县学训导，是县学官员中最早的阳明学者，亦与东廓相过往。[7]

---

　　[1]　见《存耕寿言》，《邹守益集》卷三，页141。
　　[2]　见《陟教归寿序》，《邹守益集》卷五，页293。
　　[3]　见《存耕寿言》，《邹守益集》卷三，页141。
　　[4]　《林松楼邑侯赠言》，《邹守益集》卷四，页225。
　　[5]　见《别邑博阮子》，《邹守益集》卷一八，页858。
　　[6]　《王阳明全集》卷十九收录有《答朱汝德用韵》一诗，页728。
　　[7]　见《简刘内重三章·三》，《邹守益集》卷一三，页663。

朱勋"性至孝,博学敦行",后被聘主白鹿洞书院,"一时名士争师事之"。[1]
方绍魁先后师事阳明、湛若水,任职安福期间与东廓切磋论学,赴任商河前
曾向东廓问政。[2] 朱经济则是湛若水门人曾汝檀的弟子,曾汝檀与东廓
曾同官南京,有交游。[3] 这三人与阳明学及东廓本人均有较亲密的关系。

这些教官以晚学后辈的身份向东廓问学,也与东廓之子邹美、邹善过从
甚密,多能心契阳明学。如张天叙"尝聚讲文明堂,切磋阳明先师之训,瞿然
若有契也"。[4] 同时,因地理和职务之便,他们参与讲会的频率往往比前
述三类官员高。东廓云:"予卧山中,有惜阴之会,近复会于文明,恒获与邑
博士相切磋也。"[5]这表明县学教官参与讲会是一种常态,他们甚或将阳
明学与官学加以结合。如县学训导何炯"专精易学,治宋儒书",嘉靖间以贡
生廷试第一,授安福县学训导。有传记载其任职安福期间的活动:

> 立教必本忠孝,择周、程、张、朱遗言之切于读书者,刻之学舍,以教
> 生徒。从其邑先生邹文庄守益讲德论业,举祀乡贤,申奖节孝事,皆阐
> 实德。[6]

何炯在官学中讲授周程张朱等宋儒思想的同时,也与东廓等阳明学者一同
讲德论业,使阳明学融入官学的讲习中。同时,官学内容有时也在阳明学讲
会的讨论范围之内:万安县学教谕林相(字朝相)编《大儒道统书》以教诸
生,并请东廓指正,东廓"亟与崇福、洞渊诸生传诵,以广嘉惠",并就书中内
容与林相讨论。[7] 崇福寺、洞渊阁位于安福县城,常有县学生和县学官员
去那里参与讲会。这些县学官员虽然出身不高,但与诸生接触最多,是当地
教育资源的掌控者,往往对当地的民风、学风、思想、文教产生直接影响。如
张天叙、阮柏等"锐然鼓舞诸生为任",[8]倪朝惠、鲍涛、陈力毅"日励诸生
以尚古之学"。[9] 倪朝惠从安福离任后,任青城县学教谕,仍然"学务治

---

[1] 以上事迹及引文见[清]毛德琦撰、周兆兰增修:《白鹿书院志》(《四库全书存目丛书·
    史部》246 册)卷五,页 202—203。
[2] 见《赠南海方子之商河序》,《邹守益集》卷四,页 171—172。
[3] 见《致远堂说》,《邹守益集》卷八,页 458。
[4] 《积庆堂记》,《邹守益集》卷六,页 366。
[5] 《赠掌教林子》,《邹守益集》卷四,页 232。
[6] 以上引文均见[清]李清馥撰:《闽中理学渊源考》(《景印文渊阁四库全书·史部》460
    册),卷七十五《学博何作庵先生炯》,页 721。
[7] 见《答林掌教朝相》,《邹守益集》卷一〇,页 506。
[8] 《积庆堂记》,《邹守益集》卷六,页 366。
[9] 《存耕寿言》,《邹守益集》卷三,页 141。

心，训诲不息"。[1] 而上表所列的 13 名教官中，一多半人或因正身表物、或因锐志兴学而在地方志中留下记载。这说明他们多能学行一致，因此对地方学术文教的影响有时甚至超过官阶高的亲学官员，值得重视。

三、以道相勉

受地域文化影响，吉安籍阳明学者身上往往具有浓厚的儒家人文关怀和经世意识。翻检邹、罗、聂、欧等吉安籍阳明学者与官员的书信往来，有关良知学之义理、批判功利俗学、指点心性工夫、学政一体等内容每见于篇章间，以期明学术、正人心，复兴儒家的王道理想。这当然不是一人一家之力所能及之，尤其在功利之风充斥的时代，它需要具有理想共识的士人群体共同努力，方能风行草偃地推行理想。在这方面，邹东廓具有非常明确的以学术引导官员的自觉意识，频频体现在他与官员的交游往来中。试举数例：

万安县学教谕林相热心教育及讲学，[2] 他曾参与嘉靖十三年集吉安府九邑士人的青原讲会，之后与东廓有论学往来。东廓在一通答复林相的书信中，以"成己成物、自强不息之功"相勉，末后言：

> 五山、浅斋，皆同道之望，而伯寅、良宷，邑之彦也，相与虚心求之，时以见教，至望至望！[3]

"五山"即陈一贯（1495—1575，字邦通，号五山），于嘉靖二十六年至三十一年任抚州府同知，[4] 曾与东廓等参与过泰和的阳明学讲会；[5] "浅斋"即郭持平，阳明倡学赣州时即投师门下；陈、郭二人是具有一定声望地位的王门同道。"伯寅"指东廓门人刘伯寅，"良宷"不详，从"邑之彦也"的语气看，当与刘伯寅同为安福的青年王学同道。东廓推荐这四位阳明学者，希望林相能多与他们交流切磋。盖其或与林相相识，或有论学的地利之便（郭持平是万安人）。究其用心，一则万安地处交通不便的山区，教育及讲学活动不够兴盛，故东廓给林相推荐同道，以免其因独学无友、离群索居而懈怠；再则东廓对林相俨然以同道视之勉之，言语间似乎隐含有将王门同道联合为一个士人共同体的意图。这种意图在东廓与其他官员的交往活动中也可见到。

---

[1] 杨启东、赵梓湘修：《青城续修县志》（民国二十四年修），第四册《名宦志》，页 15。
[2] 林相于嘉靖十二年起任万安县学教谕。见同治《万安县志》卷八《秩官志》，页 10。
[3] 以上引文均见：《答林掌教朝相》，《邹守益集》卷一〇，页 506—507。
[4] 见［清］刘玉瓒修、饶昌胤纂：《抚州府志》（康熙四年刻本），卷九《官师考》，页 29。
[5] 见《同五山、中洲、自斋、师泉、南野、石竹及诸友题梅陂岩石》，《邹守益集》卷二五，页 1154。

嘉靖二十二年前后，安福县学训导江国桢升浙江台州府宁海县县学教谕。江只是一个没有科举功名的下层官吏，"朴而无华，坦而无城府"，尝与县学训导阮柏及邹美、邹善一同参与安福讲会。行前，东廓在复古书院为其饯行，作《文明别言》赠之：

> 台州在浙，炳炳以行谊显，年来诸公慨然往圣之绪，而刺史陈侯、节推梅子，皆予旧所切磋也。振铎之余，其为予就正之！[1]

东廓向江国桢介绍了两位同道："刺史陈侯"指台州知府陈尧（1502—1576，字敬甫，号梧冈），嘉靖二十一至二十五年任台州知府。在东廓早年任职广德、南京时，陈尧曾参与东廓主持的讲会。他取中进士任工部主事时，又参与了嘉靖十八至十九年东廓等阳明学者在京师集七十余士子参与的讲学活动。[2] 传记言陈尧"以文学饰吏治，所至辄聚徒讲业"。[3] "节推梅子"即阳明学者梅守德，嘉靖二十二至二十五年任台州府推官，东廓早年任职广德、南京时他即已师事之，又先后师事欧阳德、王畿等人。因此，东廓称二人是"旧所切磋"的同道，并鼓励江国桢与二人论学。

这种联合同道、勉励共学的意识，东廓不仅施之于林相、江国桢这样官职较低的官员，同样寄寓官阶高的官员。嘉靖二十九年前后，东廓为江西监察御史曹忭作《絜矩篇赠纪山曹柱史》，其言：

> 侯（按，指曹忭）之僚，沃州吕子、景山李子，而乡友大蒙陈子，皆切偲于斯学也，其为我质之！[4]

"沃州吕子"即吕光洵（1508—1580，字信卿，号沃洲），时任江西道御史，[5] 与阳明学者王畿、唐顺之、徐阶等均有论学往来；"景山李子"即李一瀚，时任江西监察御史，[6] 两人与曹忭同为江西省级官员。"大蒙陈子"即陈柏（字或号大蒙），为吉安府阳明学者，曾与东廓论学，[7] 官职不详。从文义看，他们似乎方便与曹忭联络，故东廓介绍了这几位"皆切偲于斯学"的同道，勉其向学。

嘉靖三十八年，江西巡按御史徐绅（1516—？，字思行，号五台）升尚宝司

[1] 《邹守益集》卷四，页152。
[2] 见《赠梧冈陈侯陟长芦都运序》，《邹守益集》卷四，页219。
[3] [明]过庭训：《本朝分省人物考》（《续修四库全书·史部》533册），卷二《北直隶顺天府二·陈尧传》，页62。
[4] 见《邹守益集》卷四，页200。
[5] 见《明世宗实录》卷三七七，嘉靖三十年九月条。
[6] 见《明世宗实录》卷三七一，嘉靖三十年三月条。
[7] 见《简陈大蒙》，《邹守益集》卷一一，页550。

卿。北上京师前，东廓作《好学篇赠五台徐柱史》，论中和之学，最后说：

> 公之寮，联泉孙子、吾厓王子、斗山樊子、观所周子、印川潘子、阳山宋子、毅斋杨子、海楼凌子，咸从事于学者也，其为我谂之![1]

东廓列出了八位"咸从事于学"的阳明学者官员："联泉孙子"即上文提到曾至复古书院与东廓论学的孙慎，时任大理寺左寺丞；"吾厓王子"即王士翘（1501—?，字民瞻，号吾厓），安福人，也是东廓门人，时任太仆寺少卿；"斗山樊子"即樊献科（1517—1578，字文叔，号斗山），时任福建巡按御史；"观所周子"即周如斗（1512—?，字允文，号观所），三十八年由江西道御史升为大理寺右寺丞；"印川潘子"即潘季驯（1521—1595，字时良，号印川），时任巡按广东御史，其兄潘仲骖（1513—?，字时乘，号天泉）为耿定向弟子，嘉靖二十六年潘仲骖任江西瑞州府推官时建尊道书院以倡学，并邀东廓至书院讲学；[2]"阳山宋子"即宋仪望（1514—1578，字望之，号阳山），永丰人，师事聂豹，从邹东廓、欧阳德、罗洪先等讲学，时任大理寺右寺丞；"毅斋杨子"即杨储（1502—1578，字符秀，号毅斋），庐陵人，时任北直隶巡按御史，与邹东廓、罗洪先讲学；"海楼凌子"即凌儒（1519—?，字真卿，号海楼），先为王艮门人林春弟子，嘉靖三十三至三十七年知永丰县期间，[3] 师事罗洪先，[4] 时任巡按御史。[5] 他们或在京任职，或为都察院派出的巡按御史而有出入京师之便利，而徐绅此行正是北上京师任职于尚宝司，与他们成为同僚，故东廓向徐绅热情地介绍了这一批年辈相近的王学同道以勉其进学。

曹忭、徐绅都是亲近王学的江西省级官员，东廓给二人的赠序内容有共同特点，一是直接谈学论道，以同道视之；二是文末均介绍了一批阳明学者官员或有亲王学倾向的官员，勉其相互切磋。他与这些官员的交往并非仅出于人情应酬，更具有道义之交的意味。吉安知府屠大山即评价说，东廓与吉安府通判林志麟（号白泉）的交往是"东廓子与白泉子，以道谊相勉也"。[6]

---

[1] 《邹守益集》卷四，页199。

[2] 见《尊道书院记》，《邹守益集》卷六，页336—338。

[3] 见万历《吉安府志》卷三《秩官表》，页34。

[4] 见罗洪先：《别凌海楼语》，雍正本《念庵文集》卷八，页163。

[5] 以上孙慎任职情况见《明世宗实录》卷四七○，嘉靖三十八年三月条；王士翘任职情况见《明世宗实录》卷四六四，嘉靖三十七年九月条；樊献科任职情况见《明世宗实录》卷四七一，嘉靖三十八年四月条；周如斗任职情况见《明世宗实录》卷四七六，嘉靖三十八年九月条；潘季驯任职情况见《明世宗实录》卷四七七，嘉靖三十八年十月条；宋仪望任职情况见《明世宗实录》卷四七○，嘉靖三十八年三月条；杨储任职情况见胡直：《云南按察司宪副毅斋杨公墓志铭》，《衡庐精舍藏稿》续稿卷八；凌儒任职情况见《明世宗实录》卷四七九，嘉靖三十八年十二月条。

[6] 《赠白泉林侯陟临江序》，《邹守益集》卷三，页224。

此外,东廓在与安福籍官员的交往中,也不时流露"布道"的热忱:安福人罗善(1449—1541,字复之,号克庵),以云南副使致仕归乡后,与东廓、郭弘化(1481—1556,字子弼,号松崖)等本地阳明学者及王鸣凤、俞则全(字祖修,号三泉)等亲近王学的安福官员聚论讲学。他盛赞程文德、季本等阳明学者官员在当地的兴学重教之举,[1] 自己也在家族中定期举行乡会,"月朔望必具衣冠,率子姓,胥会于堂中,讲《小学》数条,且考论月中臧否,叱罚其不率教者"。[2] 罗善以年高望重表率一方,"乡之评仁厚者归焉"。[3] 欧阳必进官工部、吏部尚书,与东廓"夙以道谊期许",东廓自南京国子监罢归,正值欧阳必进丁忧在乡,二人时相切磋,他还将其弟、子、二婿送至复古书院受学。他因官居高位而有上达天听之便,对家乡百姓生计常予照拂,"均赋平役,协于乡衮,以达当路,眷眷嘉惠乡邦也"。[4] 东廓等阳明学者参与的安福赋役改革,得到欧阳必进的襄助。嘉靖三十八、三十九年安福受灾,东廓也向其申诉,请求官府赈贷。[5] 王学夔(1483—1576,字一卿,号两洲),官南京礼部、兵部尚书等。其弟王学益是阳明弟子,[6] 曾在其家族所在地的安福东乡召集讲会,并参与东廓主持的东阳行窝讲会。[7] 史料未见王学夔师事阳明的记载,不过,王学夔是东廓父邹贤的门人,兼之其弟与东廓同道,故二人素称友好。他在外居官时,曾向东廓索要阳明治理南赣的《十家牌谕》作参考,东廓寄奉的同时,劝其居官应"眷然以求尽此心为之根本","视民之疾苦,若吾身之痌瘝也","执此絜矩之义,无容外求矣",[8] 勉其以心学精神为施政原则。彭黯(1487—1555,字道显,号草亭),官巡抚都御史、南京工部尚书等,是另一位与东廓交好的安福籍高官,也是一位亲学官员。他曾参与青原山讲会,并命二子太学生彭世均、彭世堪从学东廓。[9] 彭黯居官在外时,东廓在《简彭草亭中丞》一书末后,向他介绍了几位王学同道:

> 欧三溪,同邑之隽,而宋生行甫、葛生清,皆可与语者。时谘诹之,

---

[1] 见《鉴文祖言》,《邹守益集》卷四,页165。

[2] 《云南副使克庵罗公墓志铭》,《邹守益集》卷二一,页989。

[3] 《庆欧阳宫保约庵公寿序》,《邹守益集》卷五,页279。

[4] 以上引文、事迹见《庆欧阳宫保约庵公寿序》,《邹守益集》卷五,页279。

[5] 见《简欧约庵司空》,《邹守益集》卷一二,页602—603。

[6] 见《王阳明全集》卷三十三《年谱一》,页1253。

[7] 见《石屋题刻并序》,《邹守益集》卷二六,页1214。

[8] 《简王两洲中丞》,《邹守益集》卷一二,页600—601。

[9] 见《草亭公传》,《邹守益集》卷一九,页907。

以广聪明,于学于政,当有所裨助。[1]

"欧三溪"即安福籍阳明弟子欧阳瑜(字汝重,号三溪),宋行甫、葛清是两位青年同道。以上这些与东廓交往的安福籍官员,或以年德名重乡里,或以官显左右政坛,影响力不可小觑,东廓积极影响他们的用心,正所谓"于学于政,当有所裨助"。这种努力,对于亲近王学的官员们确乎产生了一定影响。

第二节　阳明学对地方官员的影响

阳明学对官员乃至政治生态的影响,并不是现代政治视野下思想对于政治制度直接发挥作用的模式。古代士人致仕归里后,不少素有操守的儒者会遵循清白自守、足迹不入公门的传统,除非有关乎民生的具体事件,如赈灾、减税等,他们会因百姓利益而与官府周旋,此外并无干预地方政事的意图。故东廓等阳明学者建构理想政治秩序的努力,并不直接体现为政治制度、社会规范的具体设计,而首先是建立学术思想作为奠定理想政治的根基,正如他在写给江西巡抚张岳(1492—1553,字维乔,号净峰)的赠序中所说:"粲粲成章,要自学术中基之。"[2]因此,阳明学之于地方官员的影响更多是在思想价值的建构层面。

先看东廓对官员所阐发的为政理念。

一、为政之道的三个心性层面

在宋明理学家那里,理想政治的根基在于德性,王霸之别、经权之辨的分水岭在于施政者之动机是出于纯粹的天理还是有私欲之夹杂。朱子就认为,如汉高祖、唐太宗那样有盖世功勋的帝王,因心术动机上难掩私欲,仍属霸道政治。概言之,王霸之别即天理人欲之异。阳明学更明确将王道政治的出发点进一步深化到心体上来,阳明说:"此独知处便是诚的萌芽,此处不论善念恶念,更无虚假,一是百是,一错百错,正是王霸、义利、诚伪、善恶界头。"[3]按照这个标准,王霸之别端在本心应事之际能否保持纯然无杂,一切施政方略乃至权变智术都从至善本心中开出才合于道义。阳明就是以此作为用兵之道的。当王畿问阳明用兵如神的秘诀时,阳明答:

---

[1]　《简彭草亭中丞·一》,《邹守益集》卷一二,页625。

[2]　《庆司马净峰公平偲序》,《邹守益集》卷五,页244。

[3]　王守仁:《传习录》中,《王阳明全集》卷二,页34。

我无秘术，但平生所自信者良知，凡应机对敌，只此一点灵明神感
神应，一毫不为生死利害所动，所以发机慎密，故不知其所从来。在我
原是本分行持，世人误以为神耳。[1]

当弟子钱德洪问何为用兵之术时，阳明的回答与答王畿之问同调："但学问
纯笃，养得此心不动，乃术尔。"[2]这一思想的理论依据在于：首先，良知是
一超越的本体之心。以往学术界有不少观点都将阳明"心即理"之"心"理
解为道德心，"理"理解为伦理，从而认为"心即理"忽略了物理，忽略了理所
涵有的客观规律的一面。如劳思光先生就认为阳明之"理"只限于道德之规
范义，而未明确包含形上意义或宇宙意义上之规律。[3] 实则良知超出了
普通的伦理范畴，良知是道、易、天理、造化的精灵，"此是乾坤万有基"，[4]
为宇宙最高的意义本体和万物生存的根据。良知与其说是一个孝父敬兄的
伦理之心，毋宁说是遍在并观照万物的本体之心，这是良知贯通一切人伦、
事为的本体论根据。其次，良知无内外。良知不能仅仅理解为一个"内在"
的本心或本体，因为我们说"内在"的前提是已经有一个与之相对的"外
在"、"客观"，这依然是基于主客二分认识论的预设前提。阳明说："心无
体，以天地万物感应之是非为体"，[5]"理一而已……以其凝聚之主宰而
言，则谓之心……以其明觉之感应而言，则谓之物。"表明良知并不是主客
二分认知结构下的对象化存在，良知本体是一混合对待的清净识体，呈现
在当下与万物的感应之中，心物一体，故云"理无内外，性无内外，故学无
内外"。[6] 故良知与事功原本一体，融合无间。良知体现为以纯净无杂的
心灵状态去主动有效地融摄一切世间的政治事为、知识谋略，既超越了普通
意义的道德，又是合乎道德的。另一方面，一切政治事为、知识谋略又是良
知心体的发用与呈现，用阳明平濠后的自我评价说："今日虽成此事功，亦不
过一时良知之应迹。"[7]

因此，理学家们将天下兴衰、王道政治实现与否的原因归结为心性（学
术、道术）之明与不明，如阳明所说："今夫天下之不治，由于士风之衰薄；而
士风之衰薄，由于学术之不明。"[8]欧阳德也说："道术不明，为吏者狃功利

---

[1]　王畿：《与俞虚江》，《王畿集》卷十一，页302。
[2]　钱德洪：《征宸濠反间遗事》，《王阳明全集》卷三十九，页1473。
[3]　劳思光：《新编中国哲学史》（卷三上），页317。
[4]　王守仁：《咏良知四首示诸生》，《王阳明全集》卷二十，页790。
[5]　王守仁：《传习录》下，《王阳明全集》卷三，页108。
[6]　以上引文见王守仁：《传习录》中，《王阳明全集》卷二，页76—77。
[7]　王畿：《读先师再报海日翁吉安起兵书序》，《王畿集》卷十三，页343。
[8]　王守仁：《送别省吾林都宪序》，《王阳明全集》卷二十二，页884。

之习以行其巧宦之私，谓学无益于政。为学者又或以多闻博识滋其意见之惑，谓良知不足以尽学。"[1]邹东廓亦云："学术不明，而各以资质为政。"[2]世风衰败的根底在于良知被遮蔽，人们以私欲、气习、见闻为政，这是阳明学者们的共识。故阳明认为拯救社会首先要从修身做起："若自己病痛未能除得，何以能疗得天下之病……诸君每相见时，幸默以此意相规切之，须是克去己私，真能以天地万物为一体，实康济得天下，挽回三代之治"[3]——以明心性而正学术，进而带动社会建制的改善，是阳明及其后学济世利民、解救时危的基本思路。归根结底，那"不为尧存、不为桀亡"、[4]超越于具体时空、永恒绝对的天理良知，是理学家一切行为的出发点和归宿。

正是基于这样的为政理念，东廓区分了为政之道的三个心性层面。嘉靖十七年，吉安知府屠大山升山东按察司副使，东廓作《庆郡侯竹墟公考绩》一文赠别：

> 太上以学为政，戒慎恐惧，主宰常定，上下与天地同流；其次以资禀为政，宽和刚断，简靖明察，若温凉炎冷，各专其一气；其下以私欲为政，杂行逆施，以干阴阳之和。[5]

三种为政之道以行为所依据的不同心性层面为划分标准：下焉者以私欲为政，所行皆从小我之私欲流出，违天背理，杂行逆施，为最下境界。其次以资禀为政，所行以各自气禀（即气质之性）为依，为政风格有宽和刚断、简靖明察之别，仍不免"各专其一气"的偏颇。此义在东廓与官员的交往中反复申明，嘉靖三十年，他给巡抚江西右副都御史吴鹏（1500—1579，字万里，号默泉）的《保厘贺言》中说：

> 正学日湮，各以其质所近、才所便，自为陶铸。慈惠可以煦众，或失则玩；严厉可以集事，或失则残；详慎可以防奸，或失则滞；通敏可以应变，或失则忽。[6]

嘉靖三十四年，东廓在写给巡抚南赣右副都御史谈恺（1503—1568，字守敬，

---

[1] 欧阳德：《缪子入觐赠言》，《欧阳德集》卷七，页236。

[2] 《赠虞衡叶子之雷州序》，《邹守益集》卷三，页120。

[3] 王守仁：《与黄宗贤》，《王阳明全集》卷六，页220。

[4] 见《河南程氏遗书》卷二上："天理云者，这一个道理，更有甚穷已？不为尧存，不为桀亡。人得之者，故大行不加，穷居不损。这上头来，更怎生说得存亡加减？是它元无少欠，百理具备。"[宋]程颐、程颢：《二程集》（北京：中华书局，1981年），页31。

[5] 《庆郡侯竹墟公考绩》，《邹守益集》卷二，页56。

[6] 《保厘贺言》，《邹守益集》卷四，页162。

号十山）的赠序中也表达了同样的意思：

> 世之君子,往往以资习所近为学,而弗讲于大道之要。谨厚则以因循为老成,通敏则以急迫骛事功。于是乎有缩手前哲,觊旦夕之迁;有骋才鼓勇,举旧章而纷更之。虽高下殊科,于大公顺应愚矣。[1]

东廓关于"以资禀为政"与"以学为政"的区分有本于阳明。当弟子陈九川问"今人有不知学问者,尽能履险不惧,是亦可与行师否",阳明答：

> 人之性气刚者亦能履险不惧,但其心必待强持而后能。即强持便是本体之蔽,便不能宰割庶事。孟施舍之所谓守气者也。若人真肯在良知上用功,时时精明,不蔽于欲,自能临事不动。不动真体,自能应变无言。[2]

"履险不惧"即是一种"性气刚"的气质之性。阳明认为,从这种秉性所出的用兵谋略往往不脱血气之勇,难免私意计较而遮蔽心体,影响了心体之发用,也局碍了用兵策略。若以不为私意计较所动的良知本体为根底来运用各种军政谋略,自能发挥心体的智慧大用,应变无穷。阳明大弟子王畿则将二者区分为豪杰与圣贤之别：

> 千古圣学,本于经世……彻头彻尾只在几上理会……侠者之重然诺、轻生死,终涉好名,与圣贤本色作用未免毫厘,亦在机上辨之而已……大抵豪杰不落卑污,多受此病。非从学问理会,时时自反,常见不足,常见有过可改,几于无我者,未易以气魄承当。[3]

概言之,豪杰之举仍是"以气魄承当",即东廓所说的"资禀"、"质所近、才所便"范围。渣滓未尽,所行不能无偏。东廓又说：

> 夫天下之政,皆生于心。心乎宽厚,则有宽厚之政;心乎刚果,则有刚果之政;心乎简靖,则有简靖之政;心乎明察,则有明察之政。是宽厚、刚果、简靖、明察,皆足以有闻于时。然出于质之近而不本于学,则往往窒于一偏。[4]

以心性之学的标准看,宽厚、刚果、简靖、明察之政虽有闻于当时,然豪杰之士"出于质之近而不本于学"（"学"即良知本体）,故往往窒于一偏。东廓给

---

[1]《赠司马谈公自虔台陟两广序》,《邹守益集》卷四,页160。
[2] 以上引文见钱德洪：《征宸濠反间遗事》,《王阳明全集》卷三十九,页1473。
[3] 王畿：《与唐荆川（二）》,《王畿集》卷十,页267。
[4]《简屠竹墟郡侯二章·一》,《邹守益集》卷一二,页629。

江西巡按监察御史李循义（1487—？，字时行，号六峰）的书信中说得更为清楚："虽外面矫揉安排，终非本体流行，毕竟有渗漏出来。"[1]真实的事功成就如阳明所说："成就之者，亦只是要他心体纯乎天理。其运用处，皆从天理上发来，然后谓之才。"[2]亦即王畿所云"彻头彻尾只在几上理会"。东廓亦谓："学也者，将以何为也？学此心之纯乎天理而不杂以人欲也"，[3]"戒惧勿离，参前倚衡，裁成辅相，尽从此关窍流出。"[4]以戒惧于心体为功，为政之种种举措皆从心体流出，即是最高心性层次的"太上以学为政"。如是，"蕴之为天德，发之为王道"，"上下与天地同流，其天德王道之大成乎！"[5]东廓答地方官员的问政、问学皆本于此。如东廓答安福知县李一瀚为政之要在于"戒惧以中和、中和以位育"，"圣门无意无必，大公而顺应"之学为"时中之政"。[6]吉安府同知罗尚絅（号闿斋）、安福知县于西川（号）上任之初都曾亲自造访东廓，咨政问学。东廓对罗尚絅以戒惧之学相勉，[7]对于西川勉之以"政者，正也，在帅之以正焉耳"。[8]他给吉安府推官王中斋的信中说："古圣相传，只在自家性情上理会……后世大患，正坐舍却慎独，从性情外建立宦业耳。"[9]要之，为政之本端的要以纯然无杂的心性本体为底蕴。

因此，东廓在写给多位官员的考绩序中，都将考核政绩的最高标准定位在心性本体上，即"考于独"。嘉靖十九年，他给南京吏部右侍郎费案（1483—1548，字子和，号钟石）的考绩序中说：

> 考于简牍易，考于事功难；考于事功易，考于精神命脉难……君子

---

［1］《简李六峰》，《邹守益集》卷一一，页544。

［2］王守仁：《传习录》上，《王阳明全集》卷一，页21。

［3］《赠白泉林侯陟临江序》，《邹守益集》卷三，页224。

［4］《简欧三溪》，《邹守益集》卷一二，页620。

［5］以上引文分别见：《简李南屏》，《邹守益集》卷一二，页608；《诸儒理学语要序》，《邹守益集》卷二，页80。

［6］以上引文分别见：《政对赠景山李侯》，《邹守益集》卷四，页195—196；《时中说赠景山李侯》，《邹守益集》卷八，页460。

［7］事见《赠闿斋罗郡侯》，《邹守益集》卷三，页139—140；《誉善篇》，《邹守益集》卷四，页228—229。

［8］《誉善篇》，《邹守益集》卷四，页228。

［9］《简中斋王节推》，《邹守益集》卷一三，页669—670。按，王中斋是吉安府推官。据万历《吉安府志》，嘉靖间吉安府的王姓推官只有王烨（号樗庵，嘉靖十四年前后任）、王问（字号不详，桂林人，嘉靖十年举人）两人（见卷三《秩官表》，页27），未知是否。《怀德祠记》载："己酉之秋，浮峰张子元冲自司谏以参江右之政……乃贸才饬工，坚垣壁，治丹垩，甓楼塘，奠神座，而命节推王子问伐石以纪成绩。"（《邹守益集》卷七，页388），可知王问参与了嘉靖二十八年建成于庐陵、专祀阳明的怀德祠之修建。

之视履而元吉也，其惟考于独知乎！故绩考于谱，谓之孝；绩考于史，谓之忠；绩考于独，谓之几。知几，其仁矣乎！[1]

此"独"即心体，"考于独"的实质便是时时戒慎恐惧，在心体萌动之几微上照察，东廓在给官员的考绩序中又称为"考于天君"、"自考"。[2] 为政的种种举措，源于自家心体之自知、独知，超越了可见的简牍与事功，是儒家仁政理想的最高标准。

二、政学一体与万物一体

基于德性与政治相统一的理学思想，东廓反复向官员们申明的执政理念即是学政一体、万物一体。这固然是宋明儒者的共识，但阳明学者所强调的重心与学理基础都与朱子学有所不同。朱子解释《大学》中明德、新民的关系时，认为新民之事功是将明德"推以及人，使之亦有以去其旧染之污"的结果，故"明德为本，新民为末"。[3] 阳明则对朱子的解释提出了批评：

> 曰"明德为本，亲民为末"，其说亦未为不可，但不当分本末为两物耳。夫木之干谓之本，木之梢谓之末，惟其一物也，是以谓之本末。若曰两物，则既为两物矣，又何可以言本末乎？新民之意既与亲民不同，则明德之功自与新民为二。若知明明德以亲其民，而亲民以明其明德，则民德亲民焉可析而为两乎？先儒之说，是盖不知明德亲民之本为一事，而认以为两事，是以虽知本末之当为一物，而亦不得不分为两物也。[4]

此处朱子与阳明言"新民"、"亲民"之差异暂不讨论。[5] 阳明对朱子的一个不满在于，朱子将明德与新民割裂为两事、两物，明德与新民成为本末关系，有主次与先后之别。这其实与朱子的体用观是一致的："体立而后用行，则亦不嫌于先有此而后有彼矣"，[6]朱子强调立体的优先性，用是第二义

---

[1] 《少宰钟石费公考绩赠言》，《邹守益集》卷四，页153。按，"考于独"的思想又见于东廓写给吉安府通判赵廷松的《赠侁斋赵侯考绩序》 文中（《邹守益集》卷五，页236—238）。

[2] 见《赠霍山路君严夫考绩序》，《邹守益集》卷四，页185—186；《赠常州守张侯用载考绩序》，《邹守益集》卷三，页235—236。

[3] ［宋］朱熹：《四书章句集注》（北京：中华书局，1983 年），页3。

[4] 王守仁：《大学问》，《王阳明全集》卷二十六，页970。

[5] 见陈立胜：《"新民"抑或"亲民"——从传统到现代》，收入氏著：《"身体"与"诠释"——宋明儒学论集》（台北：台湾大学出版中心，2012 年），页313—351。

[6] 朱熹：《太极图说解》，朱熹撰、朱杰人等主编：《朱子全书》（上海古籍出版社、安徽教育出版社，2002 年），第十三册，页78。

的，为本体之效验。故体现在明德与新民的关系上，明德为本（体），新民为末（用），凸显德性优先于政治事功的第一义地位，当然这并不表示朱子不重视事功层面。而阳明认为："明明德者，立其天地万物一体之体也。亲民者，达其天地万物一体之用也。故明明德必在于亲民，而亲民乃所以明其明德也，"[1]更强调明德与亲民本为一事，二者在体用关系上为一体之两面，故特别强调亲民实践的重要性，明明德必须落实在亲民的实践层次上。[2]这一方面是基于阳明"体用相即"的一体性思路，体与用地位平等并行，无二无别；另一方面则与阳明格外强调的万物一体思想及其实践指向密切相关。在《大学问》中，阳明将明德、亲民与万物一体三个理念相互诠释，都是对良知不同侧面的描述，三者相辅相成，共同指向良知的实践向度：[3]"学"直指心之本体、良知，"政"则是良知的推展和外化，"一体"则是学与政的承载者和终极实践目标。正如阳明弟子朱廷立（1492—？，字子礼，号两崖）所言："学所以为政，而政所以为学，皆不外乎良知焉。"[4]

　　政学一体、政学合一是阳明弟子公认的为学之终极目标。欧阳德在写给泰和知县吕调羹的序文中即说："夫学，学尽其心也。人心无不恻隐，无不是非。尽其恻隐而无不仁，故民亲；尽其是非而无不知，故民治。是谓大学，是谓王政。"[5]他在给泰和知县缪宣的赠言中将政学关系说得更加明白：

> 　　政与学有二乎哉？良知酬酢变化而万事出。事者，知之事；知者，事之知。学也者，致其事之知以广业；政也者，致其知于事以崇德。其知一也，致其事之知，所以致其知于事也……故致知者，天德之学；知致而王道达矣。[6]

"学"是致良知（致知）之学，并非空洞无物，而是体现在具体事务、政事当中的"事之知"，故学即"致其事之知"；"政"则是具体的事务、政事，但并非脱离了本心的心外之事，而是良知在具体政事中运用的"知之事"，故政即"致其知于事"。如是知事合一，学政合一。这样的思想在阳明后学中比比可

---

[1]　王守仁：《大学问》，《王阳明全集》卷二十六，页968。
[2]　见吴震：《万物一体——心学关于建构理想社会的一项理论表述》，《杭州师范大学学报》2010年第1期，页19。
[3]　日本学者岛田虔次认为："良知早已是知行统一的原理，现在又成了自他的统一原理。"见氏著、邓红译：《中国思想史研究》（上海：上海古籍出版社，2009年），页25。
[4]　按，此为朱廷立任诸暨县令时与阳明论政学关系时的观点。见王守仁：《书朱子礼卷》，《王阳明全集》卷八，页281。
[5]　欧阳德：《吕岩野别言》，《欧阳德集》卷七，页221。
[6]　欧阳德：《缪子入觐赠言》，《欧阳德集》卷七，页236。

见。如聂豹云："天下岂有仕外之学哉？仕即学也，学即仕也。"[1]罗洪先云："学问正在事务中，了得此心，更无闲杂念虑扰乱，即学与政总是一件。"[2]王艮亦云："学外无政，政外无学，是故尧舜相传授受，允执厥中而已。"[3]王畿著《政学合一说》，言政学合一"其机在于一念之微"。[4] 总体而言，阳明学者们关于政学一体的主张都建立在致良知的心性前提和基础上，为学是为政的前提，同时为学必然外化为亲民之政事。

东廓与官员的交往中，其论政学关系也与此同调。嘉靖九年，东廓为常州知府张大轮（1484—1539，字用载，号夏山）所作的考绩序言有云："夫学与政，非二物也。以言乎修己，谓之学；以言乎安人，谓之政。"[5]嘉靖十年，安福籍士人、霍山县令路子泰（字严夫）向东廓问政，东廓答：

> 夫政，莫要于慎好恶矣。所恶于上，毋以使下；所恶于下，毋以事上。真诚恻怛，以充其良知之量，是谓思诚之学……夫学，莫要于慎好恶矣。如恶恶臭，如好好色，真诚恻怛，以充其良知之量，是谓絜矩之政。[6]

政是思诚之学，学是絜矩之政，政与学都是良知的充拓与外化。嘉靖二十六年秋，东廓至赣州与巡抚南赣右副都御史朱纨等官员论学，再论"学与政，匪异辙也"。[7] 东廓还将学政关系置于他主张的戒惧工夫中论说。他在写给吉安府推官王中斋的信中说：

> 中和不在戒慎外，位育不在中和外。即学即政，即政即学，安可歧而二之？[8]

嘉靖三十年，他致书刑部主事吴维岳（1514—1569，字峻伯，号霁寰）：

> 故戒惧中和，中和位育，原无先后次第。自其修己谓之学，自其安人安百姓谓之政、谓之仕。[9]

东廓依托《中庸》的基本概念，在"戒惧以致中和"的理论框架下，秉承了阳

---

［1］ 聂豹：《启阳明先生》，《聂豹集》卷八，页233。
［2］ 罗洪先：《与李株山姻友·二》，罗洪先撰、徐儒宗编校整理：《罗洪先集》（南京：凤凰出版社，2007年）卷九，页364。
［3］ 王艮：《与林子仁》，《王心斋先生遗集》（民国元年袁承业编校本）卷二，页14。
［4］ 《王畿集》卷八，页196。
［5］ 《赠常州守张侯用载考绩序》，《邹守益集》卷五，页236。
［6］ 《赠霍山路君严夫考绩序》，《邹守益集》卷四，页185。
［7］ 《虔州申赠》，《邹守益集》卷三，页100。
［8］ 《简中斋王节推》，《邹守益集》卷一三，页669。
［9］ 《复吴峻伯秋官》，《邹守益集》卷一三，页638。

明学"体用相即"的思路。"戒惧中和"，意味着将"中"之"本体"、"和"之"发用"与"戒惧"之"工夫"打通为一，即体即用，即本体即工夫即境界——相应于学政关系，便是即学即政、即政即学。

与政学一体相关的另一个为政理念即万物一体。"万物一体"本是儒学之共义，但在阳明这里，万物一体说得到了格外彰显。王阳明以《拔本塞源论》为代表的万物一体说不仅是一个哲学思想的论述，更藉由良知（心体）打通人与自然世界、人与社会人伦同体共感的一体之关联，是良知学说在社会政治领域进一步拓展的结果，也是儒家关于构建理想社会的一项重要的社会理论、实践理论之表述。[1] 在理论上，良知既然是一个处处遍在并观照万物的本体之心，其终极实现也必然是自然与人伦社会在一体之仁中涵摄并呈现的理想境界。因此，阳明所谓"吾之明德始无不明，而真能以天地万物为一体矣。夫是之谓明明德于天下，是之谓家齐国治而天下平，是之谓尽性"，[2]此处的"真能"，就本体而言指自身对良知实有诸己的自得体证，就发用而言则必然指向亲民之实践，如王畿所言："识得此体，方是上下与天地同流，宇宙内事皆己分内事，方是一体之实学"，"夫子之学，以亲民为宗，一体之谓也。"[3]这一理念也同样贯穿于邹东廓与官员交往的始终。在此列举部分有年代可考者：

邹东廓与官员讲"万物一体之学"的语境主要有三：一是将讲学活动称为"论一体一家之学"。如嘉靖十四年，东廓至吉安府永新县与甘公亮、李俨等王门同道聚讲，知县徐丙召集同郡之士及本县文武官员参与讲会，相与"论一体一家之学"。[4] 嘉靖二十八年，袁州郡守刘廷诰、同知林大有、推官高跃等至复古书院向东廓问学，"相与商榷先师（按，指阳明）慎独宗旨及万物一体之义"。[5] 二是在乡约序、谱序中倡导同族一体，万物一体。如嘉靖十五年永丰县开始推行乡约，东廓作《叙永丰乡约》有云："夫教于乡者，其知一体之学乎！乡鄙合而为邦国，邦国合而为天下。若指于胫，胫于股，股于腰，精气恒相贯，而命脉常相系。故古之善教天下者，必自乡始。"[6]同年，东廓应永丰平溪邱氏之请，作《永丰平溪邱氏族谱序》，论救

————————

[1] 见吴震：《万物一体——心学关于建构理想社会的一项理论表述》，《杭州师范大学学报》2010年第1期，页13—21。

[2] 王守仁：《大学问》，《王阳明全集》卷二十六，页969。

[3] 以上引文分别见王畿：《书同心册卷》，《王畿集》卷五，页122；《起俗肤言后序》，《王畿集》卷十三，页359。

[4] 《书永新文会约》，《邹守益集》卷一七，页807。

[5] 《题春台会录》，《邹守益集》卷一七，页820。

[6] 《叙永丰乡约》，《邹守益集》卷二，页58。

民之旨在讲万物一体之学。[1] 嘉靖四十年，东廓为泰和南冈黄漕胡氏通谱作序，言"通"之义在"视一家如一身，故自心腹至发肤，无非吾同体"。[2] 三是在向官员申诉民情时宣扬"一体之学"。如嘉靖三十二年，东廓致书江西按察使马森(1506—1580,字孔养,号钟阳)、巡抚江西右副都御史翁溥(1502—1557,字德宏,号梦山)等官员，望能"以一体一家之学，适司其柄"，[3] 请求尽快在乐安丈田，得到允准。嘉靖三十九年，东廓致书江西左布政使蔡汝楠(1516—1565,字子木,号白石)，就安福沙米、兑军等赋税过重，及去岁春涝夏旱导致今岁米价日增、救贷无措等事陈情，恳请其"以经济为任，扩充一体之学"。[4] 以上第一层面重在发明良知学的本体向度，第二、三层面则是本体之外化与发用，为良知学的社会关怀及政治关怀向度。可以说，"一体之学"几乎是良知学的代名词，涵盖了邹东廓学术思想与社会政治实践的全部范围。这也是阳明学者的共识，阳明后学以"一体之学"指代良知的情形也很常见，[5] 共同指向以万物一体的理念重建人人"同此一心"、"天下一家"的理想社会秩序。故阳明学者们尤其强调良知学的社会实践内涵。

三、以儒术宰吏治

在阳明学盛行的明代中期，与东廓等阳明学者交游较多的江西地方官员们，虽然有些人并未与阳明或其后学有正式的师承关系，亦未以良知学作为人生的志业，但良知学于他们仍有着或隐或显的渗透力，主要表现在以下几个方面。

首先是良知学对官员学术倾向之影响。张时彻(1500—1577,字惟静,号东沙)是与阳明学者交往较多的一位官员。他早年任官南京时期，曾与在南京任职的东廓交游，如东廓所言："往岁自广德入主客，获寮于东沙张公，以斯学相砥也。"[6] 他与东廓、吕柟、阳明学者石简等一批名士论学，"公日与劘切，期之大道，不忍以其身悠悠，生平衰蕴，始基此矣。"[7] 嘉靖十年东廓离任前，张时彻造访并与之论学："心也者，万事万物之宗也，心存则正，不

---

[1] 《永丰平溪邱氏族谱序》,《邹守益集》卷三,页122—123。

[2] 《南冈黄漕胡氏通谱后序》,《邹守益集》卷五,页261—262。

[3] 《与钟阳马公书》,《邹守益集》卷一一,页559—560。

[4] 《简蔡白石中丞》,《邹守益集》卷一四,页699—700。

[5] 如王畿言："近溪君既以一体之学，教六邑之人。"(《赠前峰罗公寿言》,《王畿集》卷十四,页400)

[6] 《赠抚台东沙张公司寇南都序》,《邹守益集》卷四,页174。

[7] [明]沈一贯：《南京兵部尚书东沙张公行状》,转引自陈文新等撰：《明代科举与文学编年(中)》(武汉：武汉大学出版社,2009年),页1729。

存则妄。学之道，存心而已矣。是故至诚无息，圣人之道也。"[1]他显然深受心学之影响，其确立学术指向也是在南京任官期间。此外，张时彻与阳明学者唐顺之、徐阶等人亦有交游。他于嘉靖十年三月起任江西按察副使提督学政，[2]二十八至二十九年任巡抚江西右佥都御史。[3] 他与吉安籍阳明学者邹东廓、罗洪先（吉水人）、聂豹（永丰人）、朱衡（1512—1584，字士南、惟平，号镇山，万安人）、尹台（1506—1579，字崇基，号洞山，永新人）等讲学并交游，尤其与朱衡交游甚密。嘉靖二十九年，朱衡擢升福建按察副使提调学校，张时彻将聂豹当年对他的告诫转与朱衡共勉：

> 仆昔承乏贵治道于东吴，而聂双江适为之守，乃告我曰："此官与它监司不同，盖以身为教者也。必浑身天则，乃可无愧。"仆服膺之不忘，今特为吾镇山诵之。[4]

东廓与张时彻交游亦多，《邹守益集》收录有《赠抚台东沙张公司寇南都序》（卷四）、《简张东沙司马》（卷一四）以及东廓为其父张忻所作的《葵轩小传》（卷一九）、为其族侄张邦奇[5]文集所作的序《张文定公文选序》（卷三）等文。东廓言："东沙司马，于某以斯学相期也"，[6]以同道视之。

还有一类官员并无明显的心学倾向，但也重视心学思想。如张元谕（1519—?，字伯启，号月泉）于嘉靖三十八至四十年任吉安知府，[7]为官有善政，邹东廓、罗洪先等阳明学者甚礼重之。张元谕亦留意王学，对朱王两家学问各有褒贬：

> 朱子以格物为穷致事物之理，欲其极处无不到，是求理于事物也，似非《大学》之旨也……析心与理而为二，阳明讥之诚是矣。但谓着实去致良知便是诚意，着实致其良知而无一毫意必固我便是正心，则是以知为行，而近于明心见性之说……故知致而后意诚，意诚而后心正，加一"后"字，且曰诚曰正，是逐节自有工夫，非致知所能兼尽也。故格物

---

[1] ［明］张时彻：《别东郭子叙》，《芝园定集》（《四库全书存目丛书·集部》82 册）卷三十，页 160。

[2] 见《明世宗实录》卷一二三，嘉靖十年三月条。

[3] 见《明世宗实录》卷三四六，嘉靖二十八年三月条；卷三六一，嘉靖二十九年六月条。

[4] 张时彻：《寄朱镇山》，《芝园定集》（《四库全书存目丛书·集部》82 册）卷二十二，页 85。

[5] 按，张邦奇（1483—1544），字常甫，号甬川，别号兀涯，浙江鄞县人。弘治十八年进士，官至南京兵部尚书，谥文定。张邦奇学宗程朱，与王阳明友善。列入《明儒学案》之《诸儒学案中》。族父张时彻，尝受业于邦奇。

[6] 《张文定公文选序》，《邹守益集》卷三，页 116。

[7] 见万历《吉安府志》卷三《秩官表》，页 27。

致知之说,阳明为优,而诚意正心修身,自当从文公为是。

> 阳明之学,极高明之意多而道中庸之功少,致知之意多而力行之功少,故当时即有此弊。今讲阳明之学者,大约流于空虚,为脱落新奇之论,如其所忧,咸非阳明之素矣。而夷考其行,虽高弟亦弗克终,殆流弊之所必至者。与朱子之学虽稍支离而躬行实践、不事空言,是以其徒皆笃实庄敬,多为□者,迨数传犹然,亦势之所必至者也。[1]

他既肯定了阳明评朱子格物说"析心与理而为二","其说亦明白痛快,得《大学》之本意,的然可从者也",[2]同时认为,阳明的致良知说不能概括并减省诚意、正心、修身等必要的逐节工夫。故就学理而言,格物致知之说当以阳明为优,而诚意、正心、修身的逐节分疏工夫,仍当以朱子为是。就功行效果而言,阳明学虽立意高明,然不免重心性而轻实行,流于空虚之弊,朱子学虽稍支离,然重躬行实践,仍能流传甚远。这一对朱王之学的持平之论与晚明儒者基本同调,说明当时学界已经存在对两家之说的冷静观察。

其次是良知学对官员为政理念及善政举措之影响。这类事例甚多,举其大者有两方面:

其一是官员对政学一体、万物一体等执政理念的认同与践行。例如,江西实际人口与黄册记载的税粮人口严重不符而导致的赋役繁重,一向是困扰民生的一大难题,很多亲王学的江西官员以"万物一体"的理念致力于改进之:都察院巡抚江西右副都御史吴鹏,有《飞鸿亭集》,从中可见他与阳明学者聂豹、徐阶、王宗沐、欧阳德、唐顺之、王慎中、曾忭、王玑、李遂、蒋信、尹台、潘季驯、周如斗等人均有交游。吴鹏在任职期间曾与东廓等人讲学,[3]与江西其他阳明学者往来亦多。嘉靖二十九年,东廓联合聂豹、罗洪先等吉安籍阳明学者上疏吴鹏等省级官员,针对吉安府赋役过重的积弊,请求重新核查赋役,得到吴的支持。最终,吴鹏主持刊刻的记载新赋役标准的《派粮节略》得以通行。吴鹏曾明确表达了政学一体、万物一体的为政理念:

> 闻之仁者以大地万物为一体,故必有天地万物一体之心,而后有是政,而后仁能覆天下……以是心而致之政,古今圣哲所以求治者不外乎此。[4]

---

[1]　[明]张元谕:《篷底浮谈》(《续修四库全书·子部》1126册)卷四,页24。
[2]　张元谕:《篷底浮谈》卷十五,页91。
[3]　见《滕王阁呈默泉、纪山、东石诸公》,《邹守益集》卷二六,页1322。
[4]　[明]吴鹏:《体仁汇编序》,《飞鸿亭集》(《四库全书存目丛书·集部》83册)卷七,页625。

此外，支持核查赋役的亲学官员还有时任都察院巡抚江西右佥都御史的张时彻、巡按监察御史曹忭。张时彻早在嘉靖十一年任江西提学期间，就曾对安福丈田工作予以支持。[1]　嘉靖二十九年，张历时八月余，主持编定了江西地方的赋税全书《江西赋役总会文册》，罗洪先为作序，盛赞此举"欲使愚民据按，而巧胥至于结舌。此洪武以来所未有也。"[2]他在给罗洪先的信中说，主持此事的用心正是与民同体：

> 今江西之民，仆实身之矣，其不获者何限？故税节以来，昕暮孜孜，恒如恫瘝在身，不宁寝处。中间聚欲去恶以殉斯民之急者，亦勉竭心力矣。[3]

危岳（1491—约1534，字季申，号双江）是另一位实践一体之学的勤政官员。嘉靖九年危岳任吉安府推官，十一年至安福推行丈田，"（危岳）刚毅有大节，直道行志，虽贵势不挠。署安福篆，力行丈田，豪猾不敢逞志。尝匹马入山谷间，履亩抽丈，不惮险阻"，[4]深得士民敬重。在安福官府主导推行的这场丈田活动中，东廓率本地四十余名同道及弟子参与监督丈田，危岳与他们一道，讲学与丈田兼行并举：

> （危岳）集诸生以讲万物一体之学，因属以核田。曰："虚粮之病，亟矣！予为父母而弗疗，罪实在予。二三子为昆弟子姓而弗协以疗，将谁执其咎？"诸生惕然服其劳，相与演绎，以告于四乡。[5]

危岳并非阳明学者，但一体之学也是他推行丈田的理念和动力。丈田期间，他"躬疢及痁也，疗之复出。及病不能支，犹集群册于玄妙观以督其成"。在丈田结束之际，他竟病卒于任上（约在嘉靖十三年）。[6]　他生时清贫简朴，卒后无以为敛，更得士民哀悼。安福士民为之编撰纪念文集《遗爱集》，东廓亲自作序及祭文表彰之："以一身安危为万姓休戚，戴天履地，充然无愧怍"，"后之观斯集者，求殃庆之定，则知所以事天；辨义利之交，则知所以择士；察好恶之公，则知所以使民。故曰：是可以风矣！"[7]吉安府是世家大族累世聚集的地区，宗族豪强垄断经济、转嫁赋税徭役、争讼不

---

[1]　见拙著《邹东廓年谱》嘉靖十一年条，页139—141。

[2]　罗洪先：《〈江西赋役总会文册〉后序》，万历本《念庵文集》卷十七，页59。

[3]　张时彻：《又柬罗念庵》，《芝园定集》（《四库全书存目丛书·集部》82册）卷二十二，页83。

[4]　万历《吉安府志》卷十七《贤侯传》，页224。

[5]　《竹园刘氏义田记》，《邹守益集》卷七，页423。

[6]　下任推官王烨（1499—1552，字韬孟，号樗庵，嘉靖十四年进士）的任职时间是嘉靖十四年（见万历《吉安府志》卷三《秩官表》，页27），故推断危岳去世的时间在此之前。

[7]　以上引文及事迹见《遗爱集序》，《邹守益集》卷二，页65—67。

断等恶风恶习时或有之，官僚积习变更甚难。张时彻曾对罗洪先感慨："诸司之积习也，辟如痿痹之人，血气扞格，针石已不能达，虽有良药，将安施乎？"[1]上述官员能不畏豪强势力，支持丈田，其动机无不出自"万物一体"的理想政治关怀。

其二是亲学官员们大都重视推行地方文教。官员们除了召集、参与讲会，还致力于敦伦理、兴学校、建书院、举乡约等文教举措。

吴鹏任职期间"以敦伦理、正名义为准"，[2]安福县学教谕倪朝惠，"学务治心，训诲不怠"，[3]为官无论大小，均以伦理教化为目的。胡鳌（1505—？，字巨卿，号鹿崖）于嘉靖十一至十三年任乐安县令，[4]曾派其弟及子参与嘉靖十二年的青原山讲会。[5]任职期间"治行卓异，仿古木铎意设立社学，以兴起斯文为己任。常言学校人才所出，当加意培养。"[6]胡鳌后官廉州知府，多行赈贷、减赋等善政，并兴建崇正书院，内设克复堂，聚士讲学，东廓为之作《克复堂记》一文。陆粲于嘉靖十二年任吉安府永新县令，"治政严明，吏肃民畏……尤厚学校，礼耆老，倡乡约，民至今称之。"[7]陆粲与邹东廓、罗洪先、聂豹、甘公亮等吉安府阳明学者均有交游。为支持陆粲推行乡约，东廓为永新乡约作序，表彰其善政。[8]他给陆粲的信中，言良知是为政之"矩"，"足以开物成务"。[9]

还有那些不在江西任职的亲学官员们，也多重视文教的推行。嘉靖十八年，东廓在京任司经局洗马兼翰林院侍读的一年间，常与王门同道聚讲，士类兴起甚众。这些青年士子中就包括新科进士刘大直（？—1553，字养浩，号岷川）、陈尧。他们之后与东廓仍有论学往来。刘大直于嘉靖十五年起任临海知县，"以儒术缘饰吏治，明理致用，兴学好士，重名节。"[10]他于嘉靖三十一年任巡抚贵州右佥都御史，惠政甚多，次年卒于任上，百姓罢市祀之。陈尧也是一位有善政的官员，他"以文学饰吏治，所至辄

[1]　张时彻：《又柬罗念庵》，《芝园定集》（《四库全书存目丛书·集部》82册）卷二十二，页83。

[2]　《保厘贺言》，《邹守益集》卷四，页163。

[3]　杨启东、赵梓湘修：《青城续修县志》（民国二十四年修），第四册《名宦志》，页15。

[4]　见[清]朱奎章修、胡芳杏纂：《乐安县志》（清同治十年刻本），卷六《秩官志》，页4。

[5]　见《赠王童子》，《邹守益集》卷一八，页855。

[6]　[清]谢旻监修、陶成编纂：《江西通志》（《景印文渊阁四库全书·史部》515册），卷六十二《名宦六·抚州府》，页176。

[7]　《江西通志》卷六十一《名宦五·抚州府》，页155。

[8]　见《叙永新乡约》，《邹守益集》卷二，页54—55。

[9]　《简陆真山》，《邹守益集》卷一二，页633。

[10]　[清]洪若皋纂修：《临海县志》（据清康熙二十二年刻版重印），卷四《秩官志·名宦传》，页32。

聚徒讲业"，[1] 学术对其政事活动的影响可见一斑。

三是良知学对官员品行及政事结合之影响。张时彻在给朱衡的书信中说：

> 方今政体士习敝坏极矣，非贿不官，非贿不事，上之求下，与下之求上，率不越此，又何怪乎民生日棘，纲纪日弛，而寡廉鲜耻之俗日以益盛也！此虽硕人贞士，亦无如之何。惟守一职则思元一职，行一事则思善一事，畏天命，顾民嵒，得丧祸福一切摈之不问，庶几可以自立，所谓周于德者邪。[2]

嘉靖朝自"大礼议"事件后，士风渐坏。即便如此，仍须上畏天命下顾民生，尽己本分，不问得丧祸福，张时彻道出了他与同道在复杂官场中自立自守之努力。事实上，本章列举的亲学官员大都品行政事可圈可点，很多官员在地方志中得到称颂。如李一瀚，"外和内刚"，"自奉甚简"，任安福知县推行丈田及任江西按察司金事平衡盐政时，不畏豪强，奉公执法，"治民事则精核详练"，[3] 惠民尤多。李一瀚后升任都察院右副都御史，"每入朝，百僚望见，辄为引避，惟自守素严也"，[4] 有"铁面御史"[5] 之称。吉安知府靳学颜，"为人廉贞朴茂，守正不阿，于世味时荣澹然无所嗜好"，[6] "博学，精古文词，然未尝辄出以示人，惟以正身宜民为急"。[7] 吉安知府张元谕，"雅靖慈厚，其政主于宜民，不知伺察上官意指为行罢。心所不乐，即文移之迫、谯谤之加，迄不为动；心所乐行，亦不以人言中止。精白廉介，本诸天植。四境之民终岁不闻郡中追呼声。"[8] 吉安府同知李人龙（1504—1582，字子乾，别号云亭），"为人慷忼坦夷，不设城府，而风节严峻，如夏日秋霜。居官廉直……不避权贵"。[9] 这些虽不能说与其亲近王学有直接的因果关系，但

［1］ ［明］过庭训：《本朝分省人物考》（《续修四库全书·史部》533 册），卷二《北直隶顺天府二·陈尧传》，页 62。

［2］ 张时彻：《答朱镇山》，《芝园定集》（《四库全书存目丛书·集部》82 册）卷二十三，页 96。

［3］ 以上引文见万历《吉安府志》卷十七《贤侯传》，页 233—234。

［4］ ［明］瞿景淳：《送大中丞景山李公北上序》，《瞿文懿公集》（《四库全书存目丛书·集部》109 册）卷二，页 499。

［5］ ［明］范涞修、章潢纂：《新修南昌府志》（明万历十六年刻本），卷十六《名宦传》，页 29。

［6］ 过庭训：《本朝分省人物考》（《续修四库全书·史部》535 册），卷九十五《山东兖州府·靳学颜传》，页 599。

［7］ 万历《吉安府志》卷十七《贤侯传》，页 224—225。靳学颜传另参［清］万斯同：《明史稿》，卷三百五《列传一五六·靳学颜传》。

［8］ 万历《吉安府志》卷十七《贤侯传》，页 225。

［9］ ［明］王圻：《侍御云亭李公小传》，《王侍御类稿》（万历刻本）卷七，引自中国基本古籍库。

对心性之学的关注，至少会促进官员在个人修养和政事举措上有更为自觉的道德意识。

更有甚者，一些官员在公务政事活动中自觉检点磨砺心性工夫，与阳明学者的致良知工夫践履并无二致。如吉安知府靳学颜内省之功甚密，罗洪先为他所作的考绩序载：

> 先生间谓余（按，指罗洪先）曰："尝令吏取文书，久不至，心将唏然，旋悟曰：'是将以自戕矣。'"夫不忍动念于去来迟速之间，以为自戕，其忍以张饰竞眩劳其心乎？而又忍以张饰竞眩戚其民乎？……强力足以撼重，绝识足以剸繁，介节足以镇浮，博学足以测远，有如先生者，卒不能役己少有所徇，顾曰：是戕心与否？嗟夫！岂可与寻常道哉！[1]

靳学颜在公务活动中体察当下起心动念的用心，深得罗洪先赞许。嘉靖二十八年靳学颜与东廓论学，别后有数条相问，东廓回书《简两城靳郡侯》，并将与诸生论学内容附上，论"寂感无时，体用无界"以及"戒惧于事、戒惧于念、本体戒惧"三个层次，[2]前者是聂豹与东廓等阳明学者争论的焦点，后者关乎致良知工夫的著力点。盖靳学颜谙熟心学，故东廓与他所探讨的都是较为深入的工夫内涵。

东廓还与官员们交流用功心得并加以指点。他致书广德州守龙大有：

> 更望戒慎恐惧，无使造次颠沛而违，使中和位育之效身亲见之，斯文之大幸也！存养省察，尚似作两头用工。向所谓不睹不闻即是独，戒慎恐惧即是慎，谓由中以应外则可，谓制外以养中则不可。[3]

此处的存养省察当指朱子学静中存养、动中省察的工夫。东廓认为，这仍是将动静分为两节。戒惧之功应当是动静一体、造次颠沛而无违的一贯工夫。同时要保持本心作主的道德主体性和自律性，由中以应外，而非从外在行为上强行克制的方式。

类似的交流，在东廓与吉安府同知李人龙、推官王中斋的书信往来中均可看到。[4]李人龙原官御史，因得罪严嵩而遭贬，后任吉安府同知。他曾参与青原山及白鹭洲书院等讲会，与东廓、王畿、钱德洪等阳明学者往来论

---

[1]　罗洪先：《赠靳两城郡公考绩序》，万历本《念庵文集》卷十七，页7—8。
[2]　《简两城靳郡侯》，《邹守益集》卷一一，页538。
[3]　《答龙云东》，《邹守益集》卷一〇，页525。
[4]　东廓与王中斋的论学见《简中斋王节推》，《邹守益集》卷一三，页669—670。

学。也许是官场失意之故，他"以匡庐吏隐自号"，[1]不汲汲于做官。为此，东廓对他有委婉的提点：

> 若曰岑居颇得静养，遇事便觉搅扰，只是欠却戒惧不离、亦临亦保，故不免喜静厌动耳。静而无静，动而无动，天运日照，自强不息……克己复礼，天下归仁，正与修己安百姓一例看。修己修道修身，只是一项工夫。[2]

东廓认为，喜静厌动终非究竟，真实的心性工夫当以戒惧之功无间于动静，修己与安百姓为一项工夫。也许是受讲学切磋之益，李人龙任职期间"孳孳取善，以儒术植良锄奸"。[3] 在吉安府推行的丈田活动中，唯地处偏远山区的万安县最难进行，八年未就。后在李人龙的主持下，"凡五阅月间，祛百年积蠹而一新之"，[4]东廓特地作《万安丈田奖绩序》表彰他的善政。

对于那些本身即是阳明学者的官员，东廓更是直接与之讨论心性工夫，勉其在官场仕途中时刻磨砺内省。他在给阳明学者徐樾（1500—1552，字子直，号波石）的信中说：

> 吾辈今日自检之功，果知善而著之乎？抑如好好色而无以尚之乎？果知恶而掩之乎？抑如恶恶臭而不使加其身乎？稍有自欺，便非自谦，能与不能，只从此分，更无别玄关可入也……仕途风波泥淖，易于震撼汩没，须操船执辔，常精常明，使修之于家而行之于天子之庭。[5]

王艮弟子林春（1498—1541，字子仁，号东城）升任吏部文选司员外郎，东廓致书勉之：

> 闻晋陟铨司，握天下人才而举错之，平日所学，正在此时展布。若视时前却，便是自生障碍。只一点障碍，不免许多眩惑……缘是中精明，着纤毫不得，故毛犹有伦，终与无声无臭殊科。[6]

王鸣凤（号梧冈）为诸生时曾在贵阳师事阳明，嘉靖十五至十七年左右任安福县丞期间，常与当地阳明学者论学会讲，方志载其"好谈名理"[7]即

---

[1]　《匡庐吏隐引》，《邹守益集》卷一八，页885。
[2]　《复李郡丞云亭》，《邹守益集》卷一三，页669。
[3]　《匡庐吏隐引》，《邹守益集》卷一八，页885。
[4]　《万安丈田奖绩序》，《邹守益集》卷四，页217。
[5]　《答徐波石子直》，《邹守益集》卷一〇，页514—515。
[6]　《简林子仁》，《邹守益集》卷一一，页562—563。
[7]　万历《吉安府志》卷十七《贤侯传》，页234。

指此。他在安福惠民甚多，"首除常规，举乡约，修文塔，兴水利，立社仓，献筹边六策"，[1]还亲自带领百姓修陂渠，罗洪先作《寅陂谣》以颂其功。王鸣凤得到官府褒奖的同时也因此遭讪谤，为此，东廓专作《毁誉篇》一文勉之：

> 　　毁誉两忘。夫两忘者，非喜毁而恶誉也。彼以毁誉者，皆悦来之言也。人之为善也，犹其饥食粟而寒衣裘也。饥而求食，寒而求衣，岂以蕲知于人？凡以自快其良知而已……则戒慎恐惧，常精常明……盖无须臾而不自勉自省也……夫是之谓自信之学……毁誉之难据也！梧冈子当饥食渴饮之时，一切休息，与民更始，而洁己不污，孜孜举其职，此人所难者，而独以输赋受赏。夫赋之难完，邑之旧也。自核田告成，举飞洒诡寄而一扫之，则其完无难者。非所难而得奖，举所难而未得达，则梧冈其有以自信否乎？[2]

东廓在肯定王鸣凤的品行与善政并为他辩解的同时，也劝勉他当此难处之境地，当自验能否自快、自信其良知，将毁誉置之度外，以此为学问之功和检验标准。东廓在给王鸣凤的题诗中亦云："吾心如秋月，片云不容翳……波摇光不摇，认取未发中。"[3]无论外界的波动如何，要始终保持内在良知心体岿然不动，如秋月般不染尘埃。

　　"文章政事无二门"，[4]这是东廓给一位将赴任的官员的赠诗，也是他对官员的期许。邹东廓与地方官员通过讲学、交游、通信、撰文等种种方式进行的交往，都是实践并传播政学一体、万物一体理念的方式。东廓对官员反复申明"以儒术宰吏治"，[5]"以良知开物成务"，[6]"圣门自有节度"，[7]均是此意。而官员参与官方或民间举办的各种讲学活动，不仅提供场地、资金、人脉、影响力乃至人际保护等方方面面的支持，更能助益于阳明学对官员群体、士人群体的渗透，对官员自身的人格修养和善政举措不无

---

[1]　[清]黎恂修、刘荣黼纂：《大姚县志》（清光绪三十年刊本）卷十一《人物志·乡贤》，页2。

[2]　《毁誉篇》，《邹守益集》卷二，页67—68。

[3]　《题王梧冈四时画四首·三》，《邹守益集》卷二五，页1148。

[4]　《赠石亭陈子之官》，《邹守益集》卷二六，页1232。

[5]　按，语出东廓写给巡抚江西右副都御史吴鹏的《保厘贺言》一文，见《邹守益集》卷四，页162。

[6]　见东廓写给永新知县陆粲的书信："世之学者，不自信其良知为足以开物成务，而谓必假于外以增益之。"（《简陆真山》，《邹守益集》卷一二，页633）此处撮其意而用之。

[7]　见东廓写给巡抚南赣右副都御史谈恺的赠序："益尝问兵法于先师，先师笑曰：'何必孙吴，圣门自有节度矣……'"《赠司马谈公自虔台陟两广序》，《邹守益集》卷四，页160。

裨益。这既是直接在朝廷中感化君主的"上行"路线无法施展的形势下，东廓等阳明学者"下化"路线中势所宜然的一个重要选择途径；同时，阳明学者们将"得君行道"转为"得官行道"的努力，仍然是其在地方社会施展"上行"路线的一个重要表现。

第三章　讲学与化乡：几为苍生涕拂襟[1]

近年来史学界对于明代乡绅（或称地方精英）对地域社会的控制与影响方面的研究成果表明，随着明代早期里甲制度的废弛，在中晚明社会，地方精英在建立、运作和管理保甲、乡约、宗族等民间基层组织中发挥着关键性的作用，并在倡导、维持地方公共事务方面也发挥着重要作用。邹东廓、罗洪先等吉安王门学者参与地域乡族建设、文化教育的活动，即是在这一背景中呈现的，这也是在明清君主专制格局中，儒家士人济世基调整体转向民间的一个体现。

作为有仕宦背景的地方乡绅，邹东廓有更为便利的沟通官府与乡民的条件。一方面他久居乡里，深知民间疾苦和地方治理状况，如他对安福知县李一瀚所说："予自登第后，家食几二十年，中间吏治民瘼，粲然可覆"；[2]一方面他又能以其仕宦经历和名望而受到地方政府和官员的礼重，对地方政治、文化产生一定的影响力。罗洪先述东廓归田后之所为曰：

> 知教之不可不豫也，则立书院、建祠宇、广乡约以浚其源；知弊之不可不革也，则举清量、明户役以正其始。其它赈贷周族、睦邻施义、缮道桥、广陂堰，又若恫瘝在身，不容但已，恐去害之不速，不知永利之垂也。[3]

这段话基本概括了东廓乡族建设的各个方面，也可见他对地方事务几乎是全面参与。东廓在给吉安知府何其高的祝寿文中，发挥"善为政者，能寿其所莅"的德政理念，并借机向何其高建言安福县政治理的三大要害：

> 以吾邑之凋瘵，赖诸君子抚摩而训迪之，有可寿之机三焉：丈量行而贫无所累，富无所隐；乡约立而善胥以劝，恶胥以纠；书院创而士得所□（按，疑有缺字）联，民得所矜式。[4]

---

[1]　《次复古诸友忧荒韵呈当道诸君子二首·二》，《邹守益集》卷二六，页1297。

[2]　《政对赠景山李侯》，《邹守益集》卷四，页195。

[3]　罗洪先：《明故南京国子监祭酒致仕东廓邹公墓志铭》，雍正本《念庵文集》卷十五，页330。

[4]　以上引文见《医喻寿何白坡郡侯》，《邹守益集》卷五，页273。

从以上两段文献看，东廓参与安福地方建设主要是围绕着三个核心进行的：第一是社会道德教化层面，"立书院、建祠宇、广乡约以浚其源"，即通过讲学、宗族建设、推行乡约，确立地方社会道德教化之基础，此最为阳明学者所重视；第二是经济层面，"举清量、明户役以正其始"，即通过参与丈田、赋役改革来革除困扰百姓生计的弊病；第三是地方公益事业层面，"赈贷周族、睦邻施义、缮道桥、广陂堰"，即通过地方公益事业和社会救济来保障良好的地方秩序。而与一般地方乡绅不同的是，江右王门学者参与地域文化建设是以实践、传播阳明学为基本思想背景的，形成了阳明学与地域社会的双向互动。由于台湾学者张艺曦的研究和拙著《邹东廓年谱》已对上述内容有部分讨论，故本章的叙述原则是，在完整体现邹东廓化乡实践的前提下，略其所详而详其所略：前两节重点叙述东廓的讲学与书院建设活动、讲学士友与地方宗族网络概况、草根学者的地方贡献等，第三节略述东廓参与一系列乡族建设的经过，重点分析其背后的经营机制，以及学术与地域社会互动的机制。

第一节　讲学与书院建设

一、早期讲学与书院建设

同治《安福县志》载安福的地域风俗云：

> 俗重世家，尚诗书，安勤俭，比屋弦诵不辍，良子弟争趋为士……一二豪杰更崛起语心学，比屋风动，亦光前闻……王阳明讲学虔州，邹文庄北面首事之，一时受业之徒二十余人。故良知之学，安成独盛。流风所暨，莫不根柢行谊，矜尚修能，士不谈道即以为非类。四乡书院岁时会讲，赢粮负笈，冠盖相望，盖有西河稷下之风焉。[1]

在安福这样一个文教兴盛的地域，[2]阳明学在江西兴起之初，即有邹东廓等二十余安福士人拜入阳明门下，形成"良知之学，安成独盛"的情形。而流

---

[1]　同治《安福县志》卷二《舆地·风俗》，页39。

[2]　有明一代，江西的科举成绩相当优异，吉安府又居江西之首：吉安府进士总数达820人，居全省第一，远高于位居第二的南昌府（640人），占江西进士总数的29.7%，并仅次于苏州府（894人）、绍兴府（836人）而居全国第三。吉安府各县进士总数依次是：安福204人、泰和171人、吉水163人、庐陵103人、永丰59人、永新54人、万安52人、龙泉12人、永宁2人。以上数据见吴宣德：《明代进士的地理分布》（香港中文大学出版社，2009年），附录一《明代进士分布表》，页257—264。

风所被,形成"四乡书院岁时会讲,赢粮负笈,冠盖相望"的盛况,这其中,邹东廓的推动倡导之力当居首功。徐阶在为东廓所作的《邹公神道碑铭》中,论及东廓平生,也特别推重其讲学活动及贡献:

> 昔公序阳明先生集,谓时有称先生之文章、政事、气节、勋业,而独病其讲学,以为去此则为全人者,先生笑曰:"某愿从事讲学一节,尽除却四者,亦是全人。"今予铭公,略于其四,而于讲学独详,其亦公之意也夫![1]

《邹东廓先生行状》载:"先生以身弃草莽,不得进辅天子,弼亮左右,所藉以明己志而酬上恩,惟有培养人才、讲明学术为生平实际。"[2]当诸生问:"民之散也久矣,何以救之?"东廓答:"其惟讲学乎!"[3]罗洪先亦认为,讲学乃"当今首务",[4]故以讲学来明心性、正学术,进而带动社会建制的改善,是东廓等阳明学者乃至许多明代儒者解救时危的基本思路。[5]同时,嘉靖时期,因王学遭禁,程朱理学仍是官方的主流意识形态,故民间的讲学、讲会成为阳明学者传播和开展学术思想的主要方式。

东廓归田后与友人的通信中常常出现"无往非学,无往非乐"之语,[6]游历讲学成为其主要的生活内容。本书附表六"邹东廓游学、讲会一览表"统计了他讲学活动的总体概况——东廓召集或参加的跨地域、人数众多的大型讲会有:青原会(常会)、崇福寺会(1535年)、复古书院会(常会)、南昌贡院会(1538年)、白鹭洲书院会(1557年)、龙华寺会(1548年)、冲玄会(1549年)、闻讲书院会(1560年)、宜春台会(1550年)、斗山书院会(1550年)、水西会(1550年),计11个,一般地区性的讲会计71个(含非常规的小型聚会数十个),合计参与讲会计82个,这一数据与耿定向《东廓邹先生

［1］［明］徐阶:《明故南京国子监祭酒礼部右侍郎谥文庄邹公神道碑铭》,《邹守益集》卷二七,页1381。

［2］宋仪望:《邹东廓先生行状》,《邹守益集》卷二七,页1370。

［3］《永丰平溪邱氏族谱序》,《邹守益集》卷三,页122。

［4］罗洪先:《答王西石》,《石莲洞罗先生文集》(明万历四十四年陈于廷序刊本,以下简称万历本《念庵文集》),卷七,页61。

［5］如正德士人章懋云:"心性之教不明,而功利之私遂沦浃而不可解。"(《原学》,《明儒学案》卷四十五,页1077。)阳明学者罗洪先认为:"欲用世显功业与吾人求太平,舍讲学更无措手处。一切才智力量,舍讲学更充拓不成。"(《与刘仁山》,雍正本《念庵文集》卷四,页89。)邹元标云:"天下治乱,系于人心;人心邪正,系于学术;法度风俗,刑清罚省,进贤退不肖,舍明学则其道无由。"(《明儒学案》卷二十三《邹南皋本传》,页533。)

［6］见《简复梅养粹》,《邹守益集》卷一一,页574;《简聪弟道契》,《邹守益集》卷一一,页575。

传》所载"常会七十会，聚以百计，大会凡十会，聚以千"[1]大体一致。讲学地点以安福和吉安府诸县最多：安福以外，足迹遍布泰和、吉水、庐陵、永丰、永新、万安六县，仅有文教相对落后且地处偏远的龙泉、永宁两县未见东廓的讲学活动。江西其他地域，东廓的讲学遍及南昌、饶州、广信、九江、抚州、瑞州、袁州、赣州八府十几县，仅南康、南安、建昌三个偏远地区及临江府未见其活动。可以说，他的讲学范围几乎与阳明学在江西的讲会活动范围相当。此外，东廓前后数年在南直隶地区任官期间，也一直讲学不辍，归田后又出游湖广、浙江、福建一带讲学，其影响辐射东南数省，"及门之徒盖数千人"。[2] 以下笔者结合学界关于东廓讲学活动的研究成果，[3]以他在江西及吉安府、安福县的讲学活动为中心，以时间先后为主线，述其讲学及书院建设之概要。

因家传《春秋》学，东廓在正德二年中乡举后，即开始在当地授徒讲学。正德七年至嘉靖二年的十二年间，东廓因侍亲、拜师阳明、参与平濠之乱等原因一直在家乡，聚集了一批当地士人跟从他学习。这段授徒讲学的生涯为他日后传播学术打下了人脉基础。东廓于正德十四年拜师阳明，归安福后作《学说》，感叹"吾梦二十九年矣，而今始醒"，[4]发无欲、戒惧、希圣之旨，与门人士子共勉。次年，东廓在家乡建山房为聚讲之所，阳明题额"东廓山房"，东廓与"姻邻子侄肄业其中"，[5]说明此地应离其居所不远，为东廓在家乡持续四十余年的重要讲学场所，这应当是东廓在安福正式传播阳明学的开始。而安福最早的阳明学讲会活动，始于刘晓。刘晓是最早受学阳明的安福士人，他于嘉靖初年在安福南乡建梅源书屋，举惜阴会。[6] 惜阴会有明确时间记载的，是刘晓族侄刘邦采于嘉靖五年在南乡举办的"惜阴会"，阳明为作《惜阴说》。后来"惜阴会"成为安福乃至江右王学讲会的代名词。惜阴会在安福形成了讲会制度，各乡每隔月会讲五日，春秋两季共会于县城，惜阴会至少持续到嘉靖末年，前后持续数十年之久。[7]

---

[1] 耿定向：《东廓邹先生传》，《邹守益集》卷二七，页1392。

[2] 邹德涵：《文庄府君传》，《邹守益集》卷二七，页1365。

[3] 见吕妙芬：《阳明学士人社群：历史、思想与实践》，页113—141；张艺曦：《阳明学的乡里实践：以明中晚期江西吉水、安福两县为例》（北京：北京师范大学出版社，2013年），页138—208。

[4] 邹德涵：《文庄府君传》，《邹守益集》卷二七，页1362。

[5] 《山房纪会引》，《邹守益集》卷一八，页844。

[6] 陈时龙考证出安福惜阴会的最早倡立者是刘晓，而不是通常文献中所说的刘邦采。见氏著：《〈三舍刘氏七续族谱〉的史料价值》，《文献季刊》2008年第1期，页180。

[7] 见《惜阴申约》："吾邑惜阴之会，始于丙戌。"（《邹守益集》卷一五，页734）；《书永新文会约》："乃仿惜阴之例，间月各会于乡，而春秋合会于邑。"（《邹守益集》卷一七，页807）。

嘉靖十一至十七年，东廓因养病、遭夺官等故，居乡六年，以讲学为己任。时为阳明学被禁、民间讲会开展之初，东廓不拘时议推行讲学，奠定了讲学活动的基础。《邹东廓先生行状》记载了他在这一时期的讲学活动：

> 先生既南归，家事悉置度外，日与门生故人商确问学，如饥如渴。每岁会同志于青原、白鹭之间，又数入吉水、永丰、泰和、万安、永新、乐安、崇仁、临川、南昌，既又遍历名山，从游之士，自大江南北，楚、广、闽、越之间，去来恒数百十人。海内交游以书问学者，日不暇给。丙申岁，松溪程公文德量移安福，先生喜曰："昔人谓移风易俗莫善于学，其在此乎！"乃相与行乡约，并里役，省粮长，朔望聚诸生论学于明伦堂，已乃建复古书院，先生为记。[1]

这一时期，除了日常居乡讲学之外，他对讲学活动的推动主要有两个表现：

一是促成、主盟、参与民间的大型讲会及官府主持的讲会，扩大影响。首先是东廓促成并主盟了吉安府九邑士人参加的大型讲会，即在庐陵县境内的青原山举办的讲会，对吉安府王学的传播起到了奠基性作用。早在"宸濠、忠、泰之变"尚未落定时，阳明于正德十五年六月至吉安，在邹东廓及参与平乱的官员陪同下共游青原山，阳明嘱东廓日后在此举讲会。嘉靖十二年七月，邹东廓奉阳明遗命，首次在青原山召集讲会。他说："兹会也，先师尝念之矣。乃今十有四年始克成之，兹惟艰哉！"[2]但此次的讲会规模未见记载，似乎只是尝试举行。次年，在邹东廓、聂豹、罗洪先等吉安府知名士人的召集下，在青原山举行了集本府九邑士人参加的大型讲会。从此，每年春秋两季在青原山举行由吉安府各县士人参加的大型讲会活动，成为定例。"吉州邹（守益）、罗（洪先）、聂（豹）、欧（阳德）会讲青原，而其风乃昌"，[3]特别是嘉靖二十年邹东廓、罗洪先归田以后，积极推动讲会。吉水县阳明后学罗大纮云："青原会友聚讲始于邹文庄、罗文恭两先生"，[4]邹、罗二人为青原讲会的发起人和主盟，是符合事实的。在《邹守益集》中记载有东廓参与的青原讲会多达 14 次。青原讲会由此进入黄金时期，成为有外地学者参加的跨地域的大型学术聚会。江西其他府县士人乃

---

[1]　宋仪望：《邹东廓先生行状》，《邹守益集》卷二七，页 1369。
[2]　《青原嘉会语》，《邹守益集》卷八，页 441。
[3]　［清］刘洞等编：《传心堂约述》，收入［清］笑峰大然编撰，段晓华、宋三平校注：《青原志略》（南昌：江西人民出版社，1998 年），卷三《书院》，页 64。
[4]　［明］罗大纮：《禅林讲堂录》，光绪《吉水县志》卷六十六《轶事》，页 892。

至外省士人都曾与会，湛若水、王畿、钱德洪等知名学者都曾至青原山，讲会最盛时逾千人，[1]成为江西规模和影响最大的讲会，也是最知名的阳明学讲会之一。青原讲会与阳明学的活跃期基本一致，一直持续了八十余年，由江右王学二、三传子弟相继主盟，后随着王学式微而没落。此外，东廓主盟或参与的大型讲会还有：

嘉靖十四年九月，东廓在安福崇福寺召集吉安府九邑士人参加的大型惜阴会，永新甘公亮、李俨，吉水罗洪先，永丰刘霖（字济之，号中山）等讲学主力均参与此会，规模颇大。同年五月端阳节，东廓受永新知县徐丙之邀至永新县讲学，徐丙召集同郡之士于贞肃堂、渊默堂会讲，又召本县文武官员在县学明伦堂讲学数日。此次讲会上，东廓与永新阳明学者甘公亮、李俨等一同推进讲学活动，当地学者仿安福惜阴会之制，隔月会讲于乡，春秋合会于县，东廓为作《书永新文会约》。[2]

这一时期，因有多位王门同道在江西任职，南昌府城有徐阶、王玑（1487—1563，字在叔，晚号在庵）联合当地阳明学者魏良弼（1492—1575，字师说，号水洲）、王臣（1493—1552，字公弼，号瑶湖）、裴衍（字汝忠，号鲁江）等举讲会，吉安则有季本、程文德（1497—1559，字舜敷，号松溪）联合邹东廓、刘邦采、罗洪先等倡学乡里，一时"多士云集，师门之学，益若有所发明"。[3]嘉靖十七年，江西提学徐阶请东廓开讲于南昌贡院，这是一场官方组织、规模盛大的讲会，省城布政司、按察司官员及诸生皆与会。

二是建立书院，主持常规性的日常讲学活动。此期东廓对安福讲学最重要的推动，是建立复古书院并常年在此主持讲会。

嘉靖十五年，东廓好友、阳明学者程文德任安福知县八个月。东廓赞佐其方田均赋、举乡约的同时，抓住时机与程文德联手推进安福的讲学活动。他们先是在县学明伦堂聚讲，程离任前，与东廓商议在县城南门外原县学旧址建复古书院用以讲学。修建书院的原因在于，"往来无常所，暴寒无常时，佥议须敛众财以立书屋"。[4]在佛寺道观可以组织临时性的讲会，但毕竟不能作为日常讲学之所。同时，这种用于讲明心性之学的书院也不同于官办以科举为目的的县学、社学。东廓认为这种书院的作用在于：

书院之建，群多士而育之，固将使之脱末学之支离，辟异端之空寂，

[1] 东廓在嘉靖年间主持的讲会，"小会人百，大会人千"。见［清］沈佳：《明儒言行录》（《景印文渊阁四库全书·史部》216册）卷八，页892。
[2] 见拙著《邹东廓年谱》嘉靖十四年条，页169—171。
[3] 王畿：《中宪大夫都察院右佥都御史在庵王公墓表》，《王畿集》卷二十，页637。
[4] 《书书屋敛义卷》，《邹守益集》卷一七，页817。

而进之以圣贤之归也。二三子之朝夕于斯也，其务各致其良知，勿使蒙于尘而已矣！处则以是求其志，达则以是行其义，毁誉不能摇，利害不能屈，夭寿不能二，使尚论道术者，按名责实，炳炳有征焉，则良有司鼓舞之典，其于圣代作人之助，规模宏远矣！岂繫山水岩壑之遇而已乎？[1]

在邹德泳所作的《复古书院志序》中，转述了安福阳明学者王时槐（1522—1605，字子植，号塘南）所论以讲学为目的的书院与官办县学的差别：

> 或问：庠序之外增置书院者，何也？曰：王太常先生称有三益：一者不专以词艺者为课，而以劝德为宗；二者不专以位分称师弟，而乡先生长者与四方来学皆无所择，环听及于孺童，训告遍于里社；三者不专以科第为得士，而育真才、续道脉以垂来世。然则辟坛场、广庐舍，当事者之为风教计，至深远也。[2]

建立这类书院的目的不在于世俗的科举功利，而以修德进学、普及教化、传承儒家圣人之学为目的。有研究表明，王阳明、湛若水及其后学在正德、嘉靖、隆庆、万历年间百余年，以联讲会、立书院的形式，创造了明代书院的辉煌。这一时期创建、兴复书院 1 108 所，占整个明代年代可考书院总数的72.37%，而正德、嘉靖、隆庆、万历四朝创建、兴复书院的年平均数，分居整个明代第三、第一、第二、第四位，昭示书院的空前发达。[3] 阳明学者们以讲学为依托，打开了活跃的思想和学术空间。

复古书院于嘉靖十六年建成，除了民间募捐出资出力之外，还得到了当时任职江西的阳明学者官员徐阶（江西提督学政）、季本（吉安府同知）、王鸣凤（安福县丞）以及亲学官员屠大山（吉安知府）的支持资助或筹划操作。复古书院建成后由东廓主持，除日常讲学外，成为安福惜阴会每年春秋两次在县城的聚讲之地，[4] 其同时还接待过诸多江西各级官员，以及聂豹、罗洪先、陈九川、王畿、钱德洪等前来访学论道的知名学者。因其有东廓主持，又位居交通便利的县城，复古书院成为安福最知名的书院。东廓在此主盟的讲会，在《邹守益集》中有记载的就达 20 余次。王畿记述复古书院讲会的

---

[1]　《九华山阳明书院记》，《邹守益集》卷六，页 323。

[2]　[明]邹德泳：《复古书院志序·建置二》，《湛源续集》（崇祯五年刻本）卷二，页 3。

[3]　见邓洪波：《随地举会，归之书院：明代讲会之发展趋势》，《湖南大学学报》2010 年第 2 期，页 6。

[4]　见《简复董生平甫》："惜阴之会，春秋举于复古。而四乡各间月举之。"（《邹守益集》卷一一，页 573）

日常规模是"每会，四方翕然而至者，常不下二三百人"。[1] 东廓逝后，由其子邹善、孙邹德溥、邹德泳等相继主持复古书院。而在万历七年张居正毁禁书院和天启五年魏忠贤毁禁书院时，复古书院都由阳明学者及地方官员以改为祀贤祠庙的方式巧妙地保护下来。至万历年间，复古书院的讲会规模仍然很大，据刘元卿（1544—1609，字调甫，号泸潇）记载："顾每岁会讲动至千人"，以至于"田入不给"，得到知县潘浚（万历十七年任）、巡按监察御史徐元正（字景文，号振雅）等官员的捐助。刘元卿云："复古，安成故学基也。"[2] 复古书院不仅是安福的学术中心，也是江右乃至整个江南地区的重要讲学中心之一，历百余年而不衰，直至明末方毁于兵火。入清以后，复古书院又有数次重修，[3] 至今仍为安福中学的所在地。

二、归田后讲学与书院建设

嘉靖二十年，五十一岁的东廓落职归田。此后直至他去世的二十余年间，讲学成为他在乡间的主要志业，他本人也成为 1540—1560 年代江右王学讲会最有力的推动者。东廓以县城和澈源邹氏所在地的北乡为讲学中心，讲学活动遍布安福县的四乡——按当时人的习惯，安福的地域称谓大致是以县城为中心点向东、西、南、北四个方向延伸的地域，分别称之为东、西、南、北四乡，这一习惯称谓和所指地域一直沿用至今。这一时期他的讲学活动大致有三方面的表现：

一是通过建立正规书院、利用佛寺道观、开辟风景胜地等多种形式，继续在安福建立长期固定的讲会场所。东廓在家乡的长期聚讲之地，除了上文提到的东廓山房、复古书院之外，他还开辟了数个讲所：县城有东山寺会、崇福寺会、洞渊阁会，北乡有连山书院会、九峰庵讲会，东乡有东阳行窝会。同时，他还参与或支持多个南乡讲会，主持兴建南乡复真书院。以下分别述之：

县城一向是学术传播交流的中心。早在复古书院没有修建以前，位于县城北的崇福寺、城北门外的洞渊阁都是东廓与诸生经常聚讲之地，他归田后这里也时见讲学活动。[4] 东廓归田后的第二年，安福知县李一瀚重修

---

[1]　王畿：《漫语赠韩天叙分教安成》，《王畿集》卷十六，页 467。
[2]　[明] 刘元卿撰、彭树欣编校：《复古书院续置田记》，《刘元卿集》（上海：上海古籍出版社，2014 年）卷七，页 232。
[3]　见同治《安福县志》卷五《学校·书院》，页 5。
[4]　如《贺贺节妇序》："二三子欢然有省，相与集崇福、洞渊之间而学焉。"（《邹守益集》卷五，页 251）《简吕泾野宗伯》："今春出馆崇福寺中，与门生儿子缉理旧学，而郡之耆艾与四方之彦时造焉。"（《邹守益集》卷一〇，页 515）

了安福城东东山寺内的佛塔，并支持东廓在东山塔院内讲学。塔院内建有讲堂，月会两次，成为继复古书院后县城内另一处重要的讲学之所。东廓逝后，邹善、邹德溥相继主持东山讲会，邹德涵长子邹衮也热心参与东山会，并捐田助学。东山讲会自嘉靖二十一年持续至东廓孙邹衮所在的万历年间，历时七十多年，一直由邹氏子孙主持。[1]

嘉靖二十三年，邹东廓避暑于县北四十里的胡仙仰山，以山下的连山风景优美，欲建连山书院，后得北乡门人相助而成，成为东廓夏季时常避暑并讲学的又一场所。[2] 此外，位于安福县西北部的武功山，也是东廓在夏季与同道经常聚讲、游历、避暑之地，他在此留下多首诗作。嘉靖三十年夏，他于道体有所透悟，也发生在避暑武功山期间。[3]

东廓在北乡的另一处讲会是九峰庵讲会。九峰庵，东廓称之为“刘氏九峰庵”，为安福北乡茨溪刘氏的家祠，其中供奉的先人有永乐间名臣、以忠烈著称的刘球。因茨溪刘氏与㵲源邹氏家族一向交好，故此地也成为东廓与其他王门同道的聚讲之地，有明确记载的聚讲有嘉靖三十一年、三十五年两次，其中前一次还有罗洪先、周怡、刘阳等知名学者与会。[4]

东廓在东乡最著名的讲所是东阳行窝。嘉靖二十年，他归田不久即至东阳峰访安福东乡士人彭簪(1478—1550，字世望，号石屋)。彭簪曾听过阳明论学，并与江右王门诸子多有讲学往来，与东廓为同年举人。他罢官归乡后在县城东的东阳峰隐居，于峰顶石屋洞右建石屋山馆。东廓雅爱这里景色奇胜，于是在洞左建东阳行窝，得到东乡门人彭嵘、彭沧等人的协助，与彭簪比邻而居。[5] 此后，安福知名学者刘邦采、刘阳，以及外地著名学者聂豹、欧阳德、罗洪先、甘公亮、黄弘纲、何廷仁、陈九川等都曾到访论学。有文献记载的此地聚讲一直持续至嘉靖三十八年，[6]这里与吉水罗洪先隐居的石莲洞齐名，成为又一处讲学和避暑的胜地。

安福南乡的讲学活动一直兴盛。嘉靖间有刘晓、刘邦采、刘文敏，万历

[1] 见刘元卿：《题东山会志》，《刘元卿集》卷十二，页491。相关研究见吕妙芬，《阳明学士人社群：历史、思想与实践》，页117—118；吴震：《明代知识界讲学活动系年》(上海：学林出版社，2002年)，页104。
[2] 见同治《安福县志》卷五《学校·书院》，页79。
[3] 见《武功寿言》，《邹守益集》卷五，页295—296；《携三儿及二孙德源德浚避暑武功》，《邹守益集》卷二六，页1279。
[4] 见《周顺之司谏聚刘氏九峰庵，念庵、三峰同游二首》，《邹守益集》卷二五，页1207；《石峰刘谏议持美遗像赞》，《邹守益集》卷一九，页918—919。
[5] 见《东泉说》，《邹守益集》卷九，页464；《明故东泉彭君世翘墓志铭》，《邹守益集》卷二三，页1059。
[6] 见《简张月泉郡侯二章·一》，《邹守益集》卷一四，页703—704。

中期以前有王时槐等人的主盟与支持，东廓及其子孙也持续几十年参与南乡的讲学活动。东廓参与或支持的南乡讲会有复真书院会、松云窝会、书冈会、舟湖会、招仙寺会、安和里会、寮塘会、槎源会九个讲会，最著名的就是复真书院讲会。南乡学者刘邦采、刘文敏等与东廓一向交游密切，往来论学频繁，故南乡士人从游东廓者亦很多。在本书附表二"安福籍阳明学者暨邹东廓弟子一览表"中，南乡的阳明学者不但人数最多，达100人，且出自南乡的东廓弟子人数也是安福各乡中最多的，达31人，几乎遍布南乡各大世族。因聚无讲所，弟子们遂商议于南乡北真观旧址建书院。此地原为东廓门人王有楠（号前村）所佃之地，东廓虑其家贫，遂主持以众士人所集银二十五两买地建书院。[1] 复真书院于嘉靖三十七年冬建成时，东廓聚众会讲于此，开示学者。嘉靖四十一年秋，也即东廓去世前几月，他仍集各邑二百六十余人大会于复真书院，这也是东廓生前最后一次主盟讲会。东廓去世后，复真书院由南乡学者刘邦采等人主盟。至明末崇祯年间，南乡学者朱世守（字惟约，号玉槎）、王绩灿（字伟奏，号漩观）重修书院并讲学于此，成为安福南乡阳明学讲会的最后一抹余晖。[2]

东廓在西乡的讲学活动，文献记载的只有嘉靖二十一年一次。[3] 这是由于西乡少有文教兴盛的世家大族，在隆庆、万历年间西乡士人刘元卿于此倡学以前，嘉靖年间在西乡的讲学活动开展较少。从上述情况来看，嘉靖年间安福各地讲学的兴盛场所，皆有东廓活跃的身影。东廓前后四十余年在安福的讲学活动，是以县城和北乡家族所在地为中心，兼及东乡、南乡。

二是东廓也非常重视参与乡间举办的小型讲会及以教化百姓为目的的乡会。嘉靖三十五年春，东廓聚讲安福南乡招仙寺，促发了南乡士人就近在各地定期举行小型讲会。"安和里小会"便是此后不久成立的讲会之一，东廓亲作《题安和里小会籍》，勉励门人士子进学。[4] 此外，南乡的舟湖会、寮塘会，东乡的祈仙观会都属于乡会性质的讲会，东廓也每乐预之。如位于安福东乡塘里、大汾一带的桃溪姚氏家族，常邀邹东廓、刘阳等会讲于此地的祈仙观，这是族人参与的乡会。[5] 这类乡会与以学者士人为主的学术

---

[1] 见邹守益：《复真书院行台事略》，《澈源邹氏七修族谱》卷十二《杂记》，页74。

[2] 以上复真书院讲学概况见吕妙芬：《阳明学士人社群：历史、思想与实践》，页127—128；张艺曦：《阳明学的乡里实践：以明中晚期江西吉水、安福两县为例》，页142—145。

[3] 隆庆、万历年间刘元卿倡学于西乡的基层士人及百姓中，西乡讲学方始活跃，详参张艺曦：《阳明学的乡里实践：以明中晚期江西吉水、安福两县为例》，页186—194。

[4] 见《题安和里小会籍》，《邹守益集》卷一八，页867。

[5] 见《明故丹崖姚翁能近暨配欧阳孺人墓志铭》，《邹守益集》卷二三，页1070；姚义兴著：《泸潇人家——安福姓氏探源》，页607、610、611。

类讲会不同，主要以道德教化为目的。东廓诗中记载了此类乡会老少云集的盛况，"即喜儿童争聚听，更闻耆旧共知非。"[1]他在十年间曾三次奔赴南乡的舟湖会，他形容舟湖会的盛况："诸乡老携子姓咸集，室隘不能容，旋结棚为讲所……遂成一段奇事。"[2]邹德涵载其祖父主盟之讲会，"虽僮仆亦乐听其间，至有感悟，卒为孝子者"，[3]东廓教化乡民的感召力可见一斑。

三是安福以外，东廓的讲学足迹遍布吉安府及江西多个府县，间或出游湖广、江浙、南京一带，所到之处，无一日不讲学。以其讲会活动较为密集的嘉靖二十六、二十八、二十九年三年为例来看：

嘉靖二十六年：正月初一日，东廓与罗洪先会于恩江乐丘。正月十三日，吉安同志约于青原山，为聂豹祝寿。夏，东廓与刘邦采等同游庐山，聚讲白鹿洞书院，往返两月余。游庐山毕，东廓与刘邦采取道瑞州归，与当地学者况维垣及门人廖暹、瑞州府推官潘仲骖等论学。秋，东廓应巡抚南赣右副都御史朱纨之邀至赣州，与朱纨、江西布政使司参政张永明、江西按察司副使高世彦、赣州郡守林功懋、虔台县令俞大本等会晤切磋，随后至万安县，聚讲于先天阁，至泰和县，聚讲于古城寺五日。冬，于安福资福寺聚讲，随后至永新县希夷宫聚讲十日，访永新阳明学者李俨，并至庐陵县圣化观聚讲。除夕，致书长子邹义（时在京师），言"而翁不向南雍回，尽教勋名近上台。何似横飞周八极，直疑天意有安排"，以"竟此学"为任。[4]

嘉靖二十八年：正月初八，东廓聚讲于复古书院。春，袁州郡守刘廷诰、同知林大有、推官高跃等至复古书院向东廓问学。其后，与钱德洪、俞大本、赣州知府林功懋等聚讲于庐陵县永和之青都观。五月端阳节，东廓与罗洪先至永丰县与聂豹会晤论学。夏，祁门谢显等至复古书院问学，切磋两月。秋，至吉水县，与聂豹、罗洪先等会于玄潭。其后，赴冲玄会途中，道经南昌，与裘衍、王臣等当地学者聚讲于南昌清真寺、天宁寺、龙沙等地。仲秋，与浙江、江西、南直隶等地阳明学者大会于江西龙虎山冲玄观。冲玄会后，取道抚州金溪县，与当地同道论学。又聚讲于当地望仙观、陟仙峰。十一月，至抚州府城，与陈九川、章衮等聚讲于拟岘台。逾樟源岭，与陈九川别于文殊寺，途经丰城县返回，与丰城士友聚讲，年底返回安福。冲玄、金溪之行，前后历时三月。冬，吉安府同知罗尚纲视篆安福，向东廓问学问政。[5]

---

[1]《和朱方山韵》，《邹守益集》卷二六，页1330。
[2]《简诸乡老及同游四首》，《邹守益集》卷二六，页1265—1266。
[3] 邹德涵：《文庄府君传》，《邹守益集》卷二七，页1364。
[4] 以上讲学活动见拙著《邹东廓年谱》嘉靖二十六年条，页284—294。
[5] 以上讲学活动见拙著《邹东廓年谱》嘉靖二十八年条，页304—324。

嘉靖二十九年：二月初一，东廓寿六十。吉安府九邑士大夫及门人亲友赴复古书院，千余人作仁寿之会。暮春三月，应袁州府同知林大有之邀，携门人及子邹美、邹善至袁州讲学。集袁州府各邑学者聚讲春台，游洪阳、石乳二洞，慈化寺，天龙岩等，凡十八日而归。夏，与罗洪先、何廷仁、刘魁、陈九川等聚讲青原山，之后会于吉水县玄潭。盛夏，聚讲于复古书院及石屋，与何廷仁、陈九川、彭簪、刘邦采、刘月川、刘阳等论学。冬，应门人周怡之邀，与刘邦采携门人及二子邹善、邹美等赴泾县水西讲会，出游南直隶之徽州、宁国、池州诸府县，一路聚讲。至祁门县，与诸友聚讲东山书院，同游栖真岩。至休宁县，与祁门诸友聚讲建初寺，游齐云岩。至歙县，谒紫阳书院，访师山书院，集徽州府六邑学者聚讲斗山书院，会上订立徽州府讲会会规，并为婺源、祁门讲会作会约。至泾县，集宁国府六邑学者聚讲水西寺，作《书水西同志聚讲会约》《书广德复初诸友会约》。至青阳县九华山，聚讲化城寺，谒仰止祠，奠阳明。徽州、宁国、九华之行历时三月，岁末始返。[1]

东廓尝言：“盖一岁之中，家居者鲜。”[2]如此紧密的行程，足见他归田之后全身心投入讲学，确如传记所载：“无一日众不与聚，先生亦无一日不与众偕同”,[3]“以身弃草莽，不得进辅天子，弼亮左右……惟有培养人才、讲明学术为生平实际。”[4]东廓的人格气象及讲学风格，据《文庄府君传》载：“府君性慈质重，蔼然春温，待人无众寡，一以诚敬。”[5]《邹东廓先生行状》亦载东廓“每与客延坐，和气盎然可掬”。[6] 王畿盛赞东廓：

> 先生生平以翕聚同志为己任，东南学者之会以十数，每会必如期先往，后期而归，虚受并包，务期奖掖，朋友有过，未尝显斥，微示之向，而使人之意自消。辩论有未合者，未尝必其强同，稍为分疏，使自思得之。故人皆得尽其所请而乐为之亲。担负圣学，卓然为海内儒宗，同志赖焉![7]

在东廓文集中收录有一首诗，写给被雨所阻而未参加讲会的士友：“惜阴嘉会及春开，风雨无端滞壮怀。闻说当年群彦勇，芒鞋踏雪夜深来。”[8]诗的

[1] 以上讲学活动见拙著《邹东廓年谱》嘉靖二十九年条，页327—346。
[2] 《简复董生平甫》,《邹守益集》卷一一，页573。
[3] 耿定向：《邹文庄公年谱序》,《邹守益集》卷二七，页1356。
[4] 宋仪望：《邹东廓先生行状》,《邹守益集》卷二七，页1370。
[5] 邹德涵：《文庄府君传》,《邹守益集》卷二七，页1364。
[6] 宋仪望：《邹东廓先生行状》,《邹守益集》卷二七，页1371。
[7] 王畿：《寿邹东廓翁七袤序》,《邹守益集》卷二七，页1412。
[8] 《复古遇雨简未至诸友》,《邹守益集》卷二六，页1299。

主题在于鞭策那些懈怠的学子，但不是直接批评，而是通过对比、反衬的写法引人反思：嘉会与春日的盎然生意对比因雨阻隔的托词借口，风雨滞壮怀的懈怠对比雪夜聚讲的勇猛，批评寓于温和而幽默的辞气之中，令人易于接受的同时又生起惭愧。东廓教化风格之高明与温厚，于此可见一斑。这也是他能够广聚人脉的一个重要原因。

由于东廓常年主盟或参与上述的各类讲会，他声誉日隆，影响力日增，由他主盟、千人参与的巨型讲会至少有四次：一是嘉靖二十七年的青原山讲会，"凡几千人"。[1]　二是嘉靖二十九年二月初一日，东廓寿六十，吉安府九邑士大夫及各地门人亲友赴复古书院，为东廓作仁寿之会，"无虑千余人"。[2]　三是嘉靖三十九年东廓寿七十，四方来祝寿者"几倍庚戌间"。[3]四是嘉靖三十六年，江西提学王宗沐延请东廓在吉安府最著名的官办书院白鹭洲书院讲学，并亲率千余儒生听讲。钱明曾统计，阳明殁后近百年间，超过千人的阳明学讲会共有十次，[4]而东廓主盟的千人讲会占四次，囊括了百余年间江西最大规模的全部讲会，这是东廓举足轻重的影响力使然，也足见他对阳明学在江西传播的巨大推动之功。

第二节　讲学士友与地方宗族网络

公元 4 世纪以来，中国历史上有过三次因战乱导致的大规模的北人南迁，[5]中国文化的重心由此移至江淮以南。中原地区的世家大族纷纷在江西地域落户，累世聚集，导致宋、明两代江西人文兴盛，宗族文化氛围浓厚，吉安府尤为特出。在明代的吉安府，宗族作为社会的基本组织单位发挥着强大的政治、文化、教育功能。因此，学术传播既要通过地方宗族网络来进行，同时也离不开宗族给予的人、财、物力的支持。本节和下节以邹东廓及其所处的嘉靖时代为主线，探讨安福阳明学者与地方宗族的关系：阳明学者的出身来源与地方宗族的关系如何，阳明学者之间的宗族联合如何巩固了学术共同体，学者们又是如何通过建设宗族、教化乡里的实践将良知学

---

[1]　邹德涵：《文庄府君传》，《邹守益集》卷二七，页 1364。此次讲会，王时槐《王塘南先生自考录》中记载"与会者七八百人"，与邹德涵所记略有出入。

[2]　宋仪望：《邹东廓先生行状》，《邹守益集》卷二七，页 1371。

[3]　邹德涵：《文庄府君传》，《邹守益集》卷二七，页 1365。

[4]　钱明：《儒学正脉——王守仁传》，杭州：浙江人民出版社，2006 年，页 142—143。按，钱书未统计嘉靖二十九年的仁寿会。

[5]　即西晋永嘉之乱、唐天宝末年安史之乱、北宋末年靖康之难。

向地方社会传播的。由于这一问题在张艺曦的《阳明学的乡里实践——以中晚明江西吉水、安福两县为例》一书中已有部分探讨,故本书将讨论重点放在张著未涉及或未充分论述的部分。

一、讲学士友的规模、构成及影响

为了能够更确切地考察阳明学者在安福的规模及影响,以及邹东廓及其家族的学术影响力,笔者参考《安福县志》和邹东廓、邹德涵、邹德溥、王时槐、刘元卿、刘孔当等安福学者的著作、文集以及相关研究成果,统计成"安福籍阳明学者暨邹东廓弟子一览表"(见附表二),共计 212 人。

首先看安福阳明学者的身份认定及学术师承。绝大多数人有明确的学术师承关系或服膺阳明学,可称严格意义的阳明学者。少数人没有明确师承关系但亲近王学,参与讲会;或与阳明学者有论学活动和其他交游往来,如彭黯、罗善等官员致仕归乡后参与讲会;或文化程度不高但能通过宗族讲会推行道德教化,如邓国、刘本振就属于此类,这两类人可视为宽泛意义上的阳明学者。附表二中序号加"※"的是与东廓学术关联最密切的学者,共 107 人,占总数的 50.4%;这其中有东廓子孙及其弟子 71 人,占总数的 33.4%;其余是与东廓有论学往来及师事邹氏子孙的学者,共 35 人,占总数的 16.9%。再看其余的阳明学者,师事刘阳或与其讲学的 12 人,占总数的 5%;师事刘邦采或与其讲学的 11 人,占总数的 5%;师事刘文敏或与其讲学的 3 人,占总数的 1%;师事王时槐或与其讲学的 18 人,占总数的 8%;师事刘元卿或与其讲学 25 人,占总数的 11.7%。另有少数人参与讲学但师承关系不明。虽然笔者的统计并不完整,且这些学者中有同时向多个学者受学或讲学的情况,但这组数据大体能够反映一个事实:东廓及其子孙的门人弟子人数最广,影响时间最长,在安福学者中具有首屈一指的影响力。

其次,安福阳明学的发展时段。根据这些学者的科举功名(含诸生、举人、进士)或讲学的年代——弘治年间 7 人,正德年间 7 人,嘉靖年间 108 人,隆庆年间 7 人,万历年间 70 人,天启年间 3 人,崇祯年间 4 人——大致可以推知其参与讲学活动的时段,以及安福阳明学发展的活跃时段。如果将年代接近的弘治、正德、嘉靖视为同一时段,隆庆、万历、天启、崇祯视为同一时段,则可将安福的讲学活动划分为两大时段:活跃于正德至嘉靖时代的学者约 122 人,占总数的 57.5%,活跃于隆庆至明末的学者约 84 人,占总数的 39.6%,后者的人数及影响都不如嘉靖时代。随着这批知名学者中的邹德泳于崇祯六年最后一个去世,安福阳明学也如暮色余晖,退出学术舞台。大体来说,安福阳明学的开展肇始于正德末年,兴盛于嘉靖时代,持续于隆庆、万历时代,崇祯初已近式微。[1]　如果从邹东廓等一批安福士人于正德十四年师事阳明算起,至邹德泳去世截止,阳明学在安福流传三、四代,达115年之久,极具代表性地体现了阳明学在中晚明崛起、发展、式微的完整历程。当然,由于本书的研究是以邹东廓为中心来展开,故笔者对与之相关的安福阳明学者的考订最为详细,而其他安福知名学者的著作中,信息不确切的阳明学者并未列入表格。因此,统计表中反映出与其他安福知名学者相关的弟子、讲友人数较少,并不能显示安福阳明学者的全貌。但即便如此,与邹东廓家族相关的学者人数最多,安福阳明学在嘉靖时代影响力最大,也是一个基本的事实。

第三,安福阳明学者的科举出身。先看在正德末、嘉靖初直接受学于阳明的安福学者,有文献记载的共有38人,其中进士5人(邹守益、张鳌山、郭弘化、王学益、易宽),举人6人(欧阳瑜、刘晓、刘邦采、刘阳、王皡、尹一仁),诸生15人,其余12人。进士、举人、诸生占总人数的68.4%。东廓说阳明的受业弟子中,“吉郡视四方为胜,而安福视吉郡为胜”,[2]洵非虚言。据本书附表二,百余年间,安福阳明学者计有进士40人,举人40人,诸生(含邑庠生、郡庠生、太学生、贡生)73人,总计153人,占总数的72.1%。由于文献的限制,其中很可能还有不少没被计入诸生身份的学者。同时,一些布衣出身的学者,如刘文敏(三舍刘氏)、黄旦、朱意(槎江朱氏)、张崧(书冈张氏)、夏梦夔等,他们或出身世族,或学行并美,或有功于地方。在同治《安福县志·人物志》中,刘文敏列入“理学传”,黄旦、张崧列入“儒林传”,朱意列入“孝友传”,夏梦夔列入“义行传”,声望甚或超过了有功名的学者。因此,以上数据及分析大致可以说明一个事实:阳明学主要在掌控思想文教资源、社会地位高的官员、士人中传播,在地方社会的影响力是不言而喻的。

二、讲学士友与地方宗族的关系

在明代,安福四乡是以县城为中心点向四个方向延伸的地域,由于县城位了整个安福县的偏东北方向,故西乡、南乡面积广大,东乡、北乡面积较小。明代安福的实际行政区划是13乡、69都,其中西乡涵盖安福、庆云、循化、昆弟4乡18都,南乡涵盖兴德、中鹄、钦风、永嘉4乡17都,东乡涵盖新乐、翔鸾2乡12都,北乡涵盖清化1乡6都,县城周围属顺安乡所辖。[3]

---

[1]　另一个史实也能说明这一点:同治《安福县志》之《人物·儒林》所记录的儒者中,嘉靖、
　　　隆庆、万历时代几乎为阳明学者所囊括,而进入崇祯一朝,则鲜见有阳明学者。
[2]　《彭子阊墓铭》,《邹守益集》卷二一,页957。
[3]　见同治《安福县志》卷二《舆地·乡都》,页7—8。

四乡的文教程度与各乡宗族的经济、文化实力直接关联，并很大程度上对阳明学者的乡族分布产生了直接影响。为了充分说明这一问题，笔者以同治《安福县志》为底本，统计了其《人物志》中"名臣"、"忠节"、"宦绩"、"忠义"、"理学"、"儒林"、"文学"、"孝友"、"义行"、"隐逸"、"隐德"十一部分的传记人物共计391人，这些人物总体上文化程度高，姑称为"人才"。笔者作"明代安福人才乡族分布统计表"（详见附表三），列其科举、宗族及所在乡域。需要说明的是，县志为之立传的人物共计436人，其中有45人因具体宗族出处不明而未计入表中，其余391人基本可以反映明代安福人才的分布状况。而在附表二中，可考证出具体宗族或所在乡域的学者有194人。笔者把两表进行比较，尝试考察安福县人才的地理、宗族分布与阳明学活跃地域、阳明学者的宗族分布之间的关联。"明代安福人才乡族分布统计表"简称表1，"安福籍阳明学者暨邹东廓弟子一览表"简称表2。[1] 表1与表2分两个层面比较：表A是各乡人才与阳明学者乡族分布之比较，表B是各宗族人才数量和阳明学者数量之比较。

表A　各乡人才与阳明学者乡族分布比较表

	总数	南乡	南乡人才功名	北乡	北乡人才功名	东乡	东乡人才功名	西乡	西乡人才功名	县城	县城人才功名
表1	391	171	进士53，举人36，诸生27	49	进士28，举人7，诸生6	77	进士29，举人12，诸生10	75	进士14，举人10，诸生15	19	进士7，举人4，诸生2
表2	194	100	进士21，举人22，诸生32	24	进士7，举人7，诸生6	20	进士6，举人2，诸生8	45	进士3，举人6，诸生20	5	进士1，诸生3

先看表A：从表1的人才总数来看，人才优势最大的是南乡，高达171人，远远高出位居第二的东乡（77人），以及北乡、西乡。县城及周边的人才最少。县城人数少的原因在于，古代的县城主要承担行政、经济、文化的管理功能，有经济和文化实力的家族基本都在乡间居住。各乡进士、举人的总数更能反映当地文教程度：南乡进士53人，举人36人，共计89人；东乡进士29人，举人12人，共计41人；北乡进士28人，举人7人，共计35人；西乡进士14人，举人10人，共计24人；县城及周围最少，进士7人，举人4人，共

---

[1]　需要说明的是，根据附表二，安福阳明学者计有进士40人，举人40人，诸生（含邑庠生、郡庠生、太学生、贡生）73人。因表2是从附表二的212人中抽出有具体乡族记载的194人与表1比较，故表2中的科举功名总数略少于附表二的统计数目。根据表1，有乡族记载的194名阳明学者中，计有进士38人，举人37人，诸生69人。

计11人。人才总数和进士、举人总数这两组数据，基本反映了这样的事实：南乡由于文教昌盛、地域广大、人口众多，故人才数量最多。地域面积基本相当的东乡和北乡，科举优势也基本相当；但东乡的人才总数77人高于北乡的49人，说明东乡人才的总体优势应比北乡更胜一筹。这一判断还有另一个事实为证，即东乡世家望族的数量多于北乡，故人才亦多，这在后文的表B中会进一步说明。此外，西乡的面积与南乡相当，约多出北乡和东乡2倍，但科举人才在四乡中数量最少。同时，西乡的75名人才中，孝友、义行、隐逸、隐德的人数多达29人——这四类人才一般以德行而不是以文教著称，占西乡人才总数的39%，相比之下，北乡的同类人才总计只有5人，占北乡人才总数的10%，东乡的同类人才为17人，占东乡人才总数的22%。这也从一个侧面说明，西乡的文教程度低于其他三乡。事实上，西乡有科举功名的望族数量的确很少。

在表2中，阳明学者人数最多的是南乡（100人），最少的是县城（5人），与表1一致，即人才数量与阳明学者数量分布的最高和最低值是一致的。最高值一致说明，南乡不仅文教程度最高，同时也是阳明学最活跃之地，前者为后者提供了学术基础。当然，前者只是后者的必要条件而非充分条件，学术传播更直接的因素还在于当地是否有有声望的学者主持推动，是否能深入到地方宗族。西乡文教资源不够优异，但由于有刘元卿、刘孔当等士人在万历年间不遗余力地推动讲会，加之西乡原本人数众多，故讲学人数（45人）反而高于东乡（20人）和北乡（24人）。这在表B中体现得更为清晰。

表B 各宗族人才与阳明学者数量比较表

	所属宗族	表1：《县志》载人才数量及功名	表2：阳明学者数量及功名
南乡	三舍刘氏	12人，进士5，举人5	26人，进士3，举人5，诸生11
	金田王氏	21人，进士4，举人1，诸生8	12人，进士4，举人1，诸生4
	前溪刘氏	16人，进士4，举人6，诸生3	3人，进士1，举人2
	浮山刘氏	3人，进士3	1人，举人1
	王屯王氏	8人，进士2，举人2，诸生2	4人，举人1，诸生2
	龙田周氏	6人，进士3	1人，进士1
	书冈张氏	6人，进士2，诸生2	3人，进士1，诸生1
	汶源王氏	6人，进士1，诸生3	7人，进士1，诸生4
	大桥朱氏	7人，进士1，举人2，诸生1	6人，进士1，举人2，诸生2
	槎江朱氏	5人，进士1	5人，进士1，诸生2

（续　表）

	所属宗族	表1:《县志》载人才数量及功名	表2:阳明学者数量及功名
南乡	濛潭康氏	4人,进士2,举人1	4人,进士2,举人1
	嘉溪王氏	3人,进士3	3人,进士1,举人1,诸生1
	永嘉万氏	3人,进士3	1人,进士1
	曾岩刘氏	4人,进士1,举人3	1人,举人1
	塘边刘氏	4人,进士1,诸生2	3人,进士1,诸生1
	浮山李氏	3人,进士2	
	富车刘氏	2人,进士1,举人1	1人,举人1
	王屯彭氏	3人,诸生2	1人,诸生1
北乡	澈源邹氏	11人,进士6,举1,诸生2	10人,进士5,举人2,诸生3
	荷溪伍氏	15人,进士8,举人1,诸生3	6人,进士1,举人1,诸生3
	茨溪刘氏	8人,进士7,诸生1	
东乡	蒙冈王氏	21人,进士7,举人4,诸生4	7人,进士2,诸生4
	松田彭氏	10人,进士4,举人1,诸生1	4人,举人1,诸生2
	车田周氏	7人,进士3,举人1	2人,进士1
	小车刘氏	4人,进士2	
	斗塘胡氏	4人,进士3,举人1	1人,进士1
	瓜畲邓氏	3人,进士2	3人,进士1,诸生1
	义历谢氏	2人,进士1,举人1	2人,进士1,举人1
	社布王氏	5人,举人1,诸生2	
西乡	梅溪张氏	8人,进士5	2人,进士2
	横龙周氏	9人,进士1,举人4,诸生2	6人,举人4,诸生2
	路口周氏	5人,进士1,诸生3	1人,诸生1
	南溪刘氏	3人,进士2,举人1	11人,进士1,举人1,诸生3
	洋溪赵氏	7人,举人2,诸生1	8人,举人1,诸生3
	洋溪郁氏	5人	2人
县城		19人,进士7,举人4,诸生2	5人,进士1,诸生3

　　表B列出了安福四乡35个宗族的人才与阳明学者的数量、科举文教数量之比较,比较表1与表2,可以发现两个现象:

其一，产生人才的宗族基本上同时会有阳明学者，只有三个宗族例外。表1所统计的宗族在表2宗族中基本都有对应，并且多数宗族的人才数量与阳明学者的数量成正比。这说明，这些宗族属于有科举功名、文教程度较高的望族，便于学术传播，因此也是阳明学在安福传播开展的主要宗族。

其二，表1有、表2没有的宗族：南乡浮山李氏、东乡小车刘氏、北乡茨溪刘氏家族，都没有阳明学者的记载。前两个家族的人才数量少，暂不讨论。最典型的例外是北乡茨溪刘氏，有8人（进士7，诸生1），却无一名阳明学者。这是由于茨溪刘氏自明代永乐年间刘球起，即以家传《春秋》经而闻名，族人历来以《春秋》经取中科考。尽管东廓父邹贤从学于刘球之孙刘缜，邹刘两族世代交好，但因刘氏学术重点不在阳明学，家族中缺乏学术领袖的倡导，故刘氏族人未见有参与讲学的记载。

由此可知，阳明学活跃的宗族具有两个基本特点：一是文教程度高，有受众基础；二是本族有知名学者倡学，以其号召力推动学术传播。例如：南乡的三舍刘氏一族有刘晓、刘文敏、刘邦采倡学，吸引了一大批族中子弟向学，是阳明学者人数最多的宗族。南乡金田王氏一族中，嘉靖年间有王钊、王镜、王铸三兄弟以及王士翘、王士俊两位有进士功名的士人倡学；万历年间，又有王时槐致仕后居家讲学三十余年，带动了族人、乡人向学。南乡大桥朱氏族人中，有朱临（成化十四年进士）致仕归乡后参与讲会，其子朱禄（弘治十一年举人）、朱祀（弘治十四年举人）也在致仕归乡后参与讲会，并与东廓等论学。族中后辈朱调从学于邹东廓、刘邦采、刘阳，朱调虽无科名，但一意向学，在南乡影响颇大。与朱调齐名的是南乡槎江朱氏之朱淑相，先后受学于邹东廓、刘邦采，虽然只有诸生身份，但在嘉靖后期及万历年间，他与朱调在安福讲学兴教，任南乡复真书院的主讲。受朱淑相影响，其子朱章、侄朱意、孙朱世宾、族孙朱世守都热心于阳明学。朱世守为万历二十三年进士，师事王时槐，他在崇祯年间归乡后还与南乡学者一同重修复真书院，并讲学其中，为晚明南乡讲学的最后余波。在东乡，松田彭氏因早年有彭簪（正德二年举人）致仕归田后在本乡石屋山筑石屋山馆，与东廓的东阳行窝比邻，吸引了一批知名学者前来论学，也带动了族人彭嵘、彭德邻、彭惟绍等参与讲学。蒙冈王氏[1]是东乡另一个参与讲学的家族：王学夔（正德九年进士）虽未见讲学记载，但亲近王学，其弟王学益（嘉靖八年进士）及族中子弟王世俊均师事阳明，王学益仲子王世构则师事刘阳。嘉靖年间，王学

---

[1]　蒙冈王氏为北宋王庭珪弟王庭玮后裔。

益筑蒙冈书屋，倡学东乡，并与东廓论学交游。至万历、崇祯年间，蒙冈王氏仍有王必彰、王应庠、王应序等诸生与刘元卿、邹氏兄弟等人举讲会。在北乡，澈源邹氏家族的讲学号召力自不必说，荷溪伍氏族人中，伍思韶师事邹东廓，受其影响，其子伍惟察、伍惟直，族子伍惟忠（万历五年进士）都参与讲学。伍氏族人参与讲学的情形持续三代，至万历年间，仍有伍承慰（伍惟忠子）、伍承参参与讲学。

学术的深入持久传播，除上述两个要素之外，还须有更广泛的受众基础，即学术不仅深入中下层士子，还能深入到一般百姓当中。阳明学在西乡不同宗族的传播状况很能说明这一点：安福西乡功名最显的是梅溪张氏家族，有张洪（正统进士）、张敷华（张洪子，天顺进士）、张鳌山（张敷华孙，正德进士）、张秩（张鳌山子，嘉靖进士）、张程（张秩弟，隆庆进士）一门四代五名进士，是西乡文教程度最高的家族。张鳌山是阳明弟子，在西乡建兼山书屋讲学，其子张秩师事邹东廓、罗洪先。但张氏家族似乎只与高级士人论学，很少见族人参与论学的情形。与之相反的是，西乡南溪刘氏尽管有科举功名的士人很少，但由于有刘元卿、刘孔当等士人在隆庆、万历年间大力推动讲学，并以家会、乡会的形式深入到宗族当中，带动了不少族人及当地士子参与讲学。对比北乡澈源邹氏与南乡三舍刘氏家族的学术传播也能说明，学术的深入持久传播须深入到宗族内部：尽管邹东廓家族的科举功名很高，但几乎未见族中中下阶层子弟参与讲学的记载。东廓及其子孙的文献中，鲜见如刘元卿、刘孔当文集中那样丰富的家约、家会、乡会会规，[1]北乡也几乎未见东廓家族主持的乡会，东廓本人倒是多次远赴南乡参与乡会。邹氏家族的讲学或许不具备在中下层传播的条件，因此更注重在上层士人中进行义理心性之研讨。而且就文献记载来看，东廓及其子孙在安福县城和南乡的讲学活动，比在本乡更为活跃。相比之下，南乡既有研讨义理的讲会，又有旨在道德教化的乡会，两个层面的受众则兼而有之，故讲学活动比北乡、西乡更为活跃持久。

此外，宗族对学术传播的直接影响还有两个表现：一是就宗族内部而言，学术的传播以最亲近的血缘关系为传播纽带。在"安福阳明学者暨邹东廓弟子一览表"可以看到，父子、兄弟、祖孙、叔侄等直系血亲关系的例子最多，书院的经营也往往是父子祖孙相继，由一个家族或宗族提供持续的经济支持。这与古代的宗法血缘秩序是一致的。二是阳明学者之间的宗族联姻也促进了学术传播。据张艺曦对东廓之子邹善房支的联姻对象统计，41人

---

[1] 只有东廓文集中收有一篇《家约》，见《邹守益集》卷一八，页870—871。

联姻名单中,参与讲学活动的有22人,占全表人数的一半以上,学术网络与家族网络应是同时存在,而不是非此即彼的。[1] 据拙著《邹东廓年谱》附录对邹义、邹善、邹美三个房支的婚配状况统计,参与讲学的姻亲人数共计48人。这说明,宗族联姻与学术传播是双向互动的关系:宗族间既通过联姻而加强了实力,也由于联姻而传播了学术。比如西乡横龙周氏为东廓母周夫人所出,先有东廓舅周参在致仕后参与讲会,后有周参族侄周以鲁、东廓外甥周悠等人师事东廓,参与讲学。非但邹东廓家族如此,这种情形在宗族氛围浓厚的吉安王门学者那里也是十分常见的,用吉水学者曾同亨的话说:"以其所得于师门者相与授受于家庭子弟之间……以所闻于父师者与从兄弟相与切劘,必以圣贤为规",[2]阳明学者之间是"道义之交而婚姻者也"。[3] 血缘关系是古代宗法社会关系中最基本的纽带,故宗族网络不仅为学术的传播与开展提供经济支持,更提供稳固的人脉资源,使学术开展具有了最可靠的保障。这些活跃在各个宗族中的不甚知名的草根学者们,又是如何使学术在乡间传播,并影响地方社会的?

三、草根学者对地方社会的影响

在中晚明的安福地方社会,阳明学者主要由三类人组成:一是如邹氏祖孙、刘邦采、王时槐、刘元卿这样有科举功名、有影响力的知名学者,他们是讲学活动的领袖和倡导者;二是地方宗族中有学识,但功名不高或没有功名的中下层士人,这些草根学者是参与讲学的主体;三是地方宗族的主事者、长老,他们或敏于事务,或德高望重,成为家族中有号召力的人物,对讲学活动也提供了重要的支持。笔者在此聚焦于后两类学者,展示他们的学术活动以及对地方社会的影响,有以下几方面:

第一,草根学者与知名学者一样,其学术热忱体现在究心阳明学义理并研磨心性的工夫上,这是阳明学的根基所在。在《安福县志》所录人物传记中,常能看到这些中下层士人早在青年时代就一心志于儒家圣贤之学:

> 王钊……初为诸生,弃去,求所为身心性命。
> 朱淑相……少攻举子业,旋弃去。纳贽邹守益、刘邦采,研心理学。[4]
> 王皦……少弃举业,乐道耽隐,师事刘邦采。

[1] 见张艺曦:《阳明学的乡里实践:以明中晚期江西吉水、安福两县为例》,页171—175。
[2] [明]曾同亨:《高塘王氏重修族谱序》,《泉湖山房稿》(据日本内阁文库藏明刊本影印),卷九,页15。
[3] 曾同亨:《寿封翰林编修东皋刘公偕配郭孺人墓表》,《泉湖山房稿》卷二十一,页1—6。
[4] 以上引文分别见同治《安福县志》卷十一《人物·儒林》,页14、15。

刘继华……邑庠生。已而弃举子业，一志性命之学。[1]

阳明学的核心在于真实体悟良知，如安福士子刘汝栋所说："吾侪为学，直以了性命为极……必真切于良知明照之体。"[2]故"一志性命之学"意味着在日常生活中改过迁善、实地用功。如南乡士人刘以身受学于从叔刘邦采，"解组归田，时赴惜阴会，性恬淡，惩忿窒欲，迁善改过，至耄不倦，有日记以自考。"[3]这一绵密恳切的工夫达到了精深隐微的心性深处，不仅知名学者如此，普通士人也是如此。南乡布衣学者朱淑相、朱调都是此类典型：朱调"神敛而志凝，静坐终日，不事言说"，"晚年更揭'敛气观心、忍欲成行'八字以示学者，欲令由此练习，以为入道之基"。[4]朱淑相"终日端坐，澄心省躬。尝曰：'人心虚故灵，灵故常精常明，常寂常运，吾致力在此，受用亦在此。'"其工夫显然有本于东廓戒惧于心体之说，王时槐称道其"精研远诣"。[5]朱淑相孙朱世宾，以"心在腔子里，眼顾丹田下"[6]为日常工夫。朱淑相侄朱意，"始去念，继守念，终克念，一以致知为宗"。他认为若工夫不用猛力，就不能洞见道体，于是和同里士子刘汝栋一同去玉霄山静坐：

　　矢以达旦不寐，务使此心精明，不少昏愦。两人相对危坐，设手板相戒，目稍瞑即板击之，尤苦未能清朗。而山故多虎，则出户外露坐，曰："学不成，何贵此身？直宜饲虎耳！"如是者月余。[7]

这种让乡人十分惊骇的举动，在阳明学者中并不鲜见。一些普通士子通过勤苦用功，也能有所体悟。如东廓门人周以鲁，精思力践久之，悟曰："盈宇宙皆性也，尽性外无学矣。"王时槐门人欧阳鸣凤，"习静白云，豁然有悟"，被称为"王门子舆"。[8]

有些学者因常年坚持用功，临终能神志清明地安然离世。刘阳高足朱汝昌，"目且瞑，神志不乱，第曰：'吾存此良知以俟命矣。'"[9]刘邦采弟子刘汝栋，于病危时一切置之度外，与家人绝口不提身后事。瞑目之际，其从

　[1]　以上引文分别见同治《安福县志》卷十三《人物·隐逸》，页3、5。

　[2]　[明]王时槐撰：《秋江刘君偕仲子邦桢墓表》，《王时槐集》（上海：上海古籍出版社，2015年）之一《友庆堂存稿》卷六，页183。

　[3]　同治《安福县志》卷十一《人物·儒林》，页18。

　[4]　王时槐：《易庵朱先生墓志铭》，《王时槐集》之一《友庆堂存稿》卷五，页149—150。

　[5]　刘元卿：《朱松岩先生外传》，《刘元卿集》卷七，页275。

　[6]　同治《安福县志》卷十一《人物·儒林》，页17。

　[7]　以上引文及事迹见王时槐：《五山朱君墓志铭》，《王时槐集》之一《友庆堂存稿》卷五，页147。

　[8]　以上引文分别见同治《安福县志》卷十一《人物·儒林》，页18、20。

　[9]　王时槐：《朱康夫墓志铭》，《王时槐集》之一《友庆堂存稿》卷五，页143。

兄问曰："形气解矣，灵明能无改乎？"汝栋"以手指其心，挥其妻，使勿近，遂卒"。[1] 其做派之洒脱，甚至与儒家的注重人伦不类。

在中晚明三教合流的思想背景下，阳明学者将佛道二教的修养工夫纳入良知学中，借鉴抑或并尊三教的情形往往有之。如东廓孙邹德溥就深受佛教影响：

> （邹德溥）间以余力泛滥二氏家言，释子道流常加接引，于长生之说亦若有所默证，以为其精者不悖于吾儒。即相知者或劝公（按，指德溥）门墙稍峻，公不谓然，曰："吾道至大，何必作藩篱？"[2]

草根学者也有三教兼取的情形。西乡士人赵师孔，[3] 早年先访方外服饵之术，后以闭关静坐炼气为事，"久之，复悔曰：'执有象不如还真空，其惟佛氏乎？'则历名山、礼禅宿、阅经教，冀有悟入。"至听闻邹东廓发明良知之旨，谓："道其在是乎！"后以五十之龄纳贽于王时槐门下。[4] 南乡士子周礼与其从侄周一濂，青年时代与刘汝栋结为至交，三人"流视群子……或造请，终不得一幸见之"，被人称为"三仙"。周礼"悟证敏速"，曾先后从学朱调、刘邦采、王时槐，"触声而悟，每通一义，送一难，四座厌心"，时人叹羡不已，争迎其教授弟子。但这些声誉并非周礼所好，传记生动描述了他的日常生活：

> 居常脱去巾袜行林间，见佳处，坐卧忘归。或穷途遇水石清雅，亦裴回竟日。性善酒，造人饮不记辞，或劝进，乃反辞，即不劝进，即又不辞。醉则据胡床酣睡，旁若无人。

其放浪形骸之状与儒者的温良形象相去甚远。周礼狂慧而不寿，三十四岁暴病而亡。卒前家人争问后事，答曰："生来死去，如脱故衣更新耳，第不得思极（按，周一濂）一见。"[5] 他临终惦念的同道兼从侄周一濂，从学于朱调、耿定向等人，偏好禅学，曾与其父手录佛典十万余言，"与人语，语多依禅"。[6] 另一位南乡布衣王时椿，早年与其弟王时槐一同师事刘邦采、刘文敏、刘阳诸人，一意儒家圣贤之学，甚至"不以乌帽袍带见客，惟角巾野服而已"，以示其志。然"晚闻净土之说，心悦之，尝素食持佛号不辍。病革，神

---

［1］ 王时槐：《秋江刘君偕仲子邦桢墓表》，《王时槐集》之一《友庆堂存稿》卷六，页184。

［2］ ［明］叶向高：《宫洗泗山公墓志铭》，《澉源邹氏七修族谱》卷八，页105。

［3］ 赵师孔，同治《安福县志》卷十一《人物·儒林》作"赵思孔"。

［4］ 王时槐：《赵中庵墓志铭》，《王时槐集》之一《友庆堂存稿》卷五，页144。

［5］ 以上引文及事迹见刘元卿：《周公典传》，《刘元卿集》卷七，页260—261。

［6］ 以上引文及事迹见刘元卿：《周山人墓志铭》，《刘元卿集》卷八，页331。

志不乱"。[1] 这些安福士子的所学所宗,是中晚明三教合流信仰状况的一个体现。

第二,与究心性理相伴随的是安福士人热诚的讲学传道活动。安福南乡金田王氏之王钊、王镜、王铸三兄弟,均受学于阳明、卒业于东廓,以布衣之身终生致力于讲学。同族后生王时槐在青少年时代就曾受王钊、王铸的教诲,从此有志于儒家圣贤之学。万历年间王时槐弃官归田后,王钊、王铸已经谢世,他联合已至耄年的王镜聚集族人于南乡元阳观讲学,并推行乡约。[2] 王氏三兄弟之讲学不倦为时人称道,被一并列入《安福县志》之《儒林传》中。[3]

南乡朱淑相、朱调终生以讲学、论学为志业,闻名乡间。朱淑相"终其身,无日不会友讲学,至世态之低昂、家计之赢诎,未尝以纤芥干其衷"。[4] 朱调除了勤于个人静修之外,还"远涉吴楚、新安诸郡,求友质订,经年忘归","每岁青原、复古、复真士友大会,先生虽祁寒暑雨必杖屦而赴"。他与朱淑相常年在南乡复真书院主持讲会,为安福二传阳明学者的中坚力量,被王时槐誉为邹东廓、刘邦采"两先生之真传密印、高第弟子"。[5]

像王氏、朱氏这样热衷讲学并影响一方的布衣学者在安福各乡并不少见。如南乡士子康士宾,师事刘邦采、王时槐,他秉承刘邦采之学,主悟修并进之功,每岁讲学于复真书院,"议论铿发,学者信从之"。南乡汶源王氏的王宗舜,"受业者常百数十人",为一方乡贤。西乡学者姚必连,"会讲中道书院,士林翕从"。[6]

还有一些无甚影响的学者,也把讲学传道作为他们不可或缺的生活方式:刘汝栋对于族中有动念于学者,"必密造其室,诱掖开导,惟恐其不入于善也"。[7] 南乡三舍刘氏的刘伯寅是东廓弟子,他长于处理事务,"性冲淡嗜学,老而弥笃","穷年居复古书院,置家事勿问"。[8] 西乡老者刘继美,"年九十,尚与刘元卿、刘喜闻诸名人往来讲学,郡县钦其德望"。[9] 西乡

---

[1] 以上引文及事迹见王时槐：《先兄吉府典膳人峰公偕配谢刘二孺人志铭》,《王时槐集》之一《友庆堂存稿》卷五,页163。

[2] 事见王时槐：《世德堂纪序》,《王时槐集》之二《友庆堂合稿》卷末,页630—631。

[3] 见同治《安福县志》卷十一《人物·儒林》,页14、25。

[4] 刘元卿：《朱松岩先生外传》,《刘元卿集》卷七,页275。

[5] 事迹及引文见王时槐《易庵朱先生墓志铭》,《王时槐集》之一《友庆堂存稿》卷五,页148—149。

[6] 以上事迹及引文分别见同治《安福县志》卷十一《人物·儒林》,页17、18、19。

[7] 王时槐：《秋江刘君偕仲子邦桢墓表》,《王时槐集》之一《友庆堂存稿》卷六,页183。

[8] 《三舍刘氏六续族谱》卷三十《家传五》,页671。

[9] 同治《安福县志》卷十一《人物·文学》,页34。

金滩王氏的王子应，"不甚敏慧"，青年时代便对阳明学津津向往，以为"此可学而至也"。他自嘉靖时代就受学于刘文敏、邹东廓，切磋于复古书院，"虽晏岁，不舍去"。三十年后刘元卿倡学西乡时，其参与讲学的热情仍不减当年。据刘元卿描述：

> 公时虽老，无一会不赴，赴必虚心咨询，若一无所启者。既病聋，犹日坐一小楼，置先正语录明窗下，琅琅诵之。或时发浩歌，若出金石。其好学一念，自少至老若凤植云。邑令吴怀溪公闻其贤，造庐见之，且欲致公宾席，为乡饮重，公谢不往。[1]

第三，这些士人还普遍重视将阳明学在家族中传播。他们通过举行家会、族会，对一般百姓进行劝善规过的道德教化，以期达到睦族和乡、稳定社会秩序的目的。万历年间在南乡金田王氏家族中，王时槐联合王镜于族中举行族会、推行乡约，此举得到同里大桥朱氏的呼应，朱调也率族中士子每年参与金田王氏的族会。[2]　王镜去世后，因王时槐已迁居庐陵县，金田王氏家族曾一度缺少德高望重的长者做讲会主盟，于是王时槐族叔王立吾出面，每月聚族人讲学于诚心堂。这样的宗族讲会不仅使王氏家族中的俊秀之士得以延续学术，也改进了族中的伦理风气。王时槐与王镜联手讲学的成效，如他所说："一时族之耆旧俊彦咸欣欣以仁让相勉，数年之间，族人不以一字鸣于官司，官司亦无以一役追呼及于吾族者。"[3]

北乡的荷溪伍氏家族，嘉靖时代有伍思韶受学于邹东廓，他辞官归田后于族中倡学。族子伍惟忠受其影响，也师事邹东廓、刘阳。后来两人联手聚集族中弟子每月举办德业、举业两会，分别由伍思韶、伍惟忠主持，"德业会，推九亭公（按，指伍思韶）主之；举业则亲甲乙其文，奖劝诱掖，期于成才"。伍惟忠告诫子弟读书不当以科举为目的，"动举王、杨、卢、骆戒之，闻者汗流竟趾。"[4]西乡洋溪赵氏之赵师孔，"岁联里之同门诸友为季会，家之子弟为月会，皆以正心修身谆切致勉"。他自撰《乡约十条》，"以孝弟、仁让、敦朴、守俭、惩忿、息讼，为一乡劝。一乡之中或有衅端赖以潜消默解者，殆不可一二数"。[5]

第四，阳明学者们还通过实际善举来教化宗族。在地方志的记载中，阳

---

[1]　刘元卿：《王箕峰公墓铭》，《刘元卿集》卷八，页325。
[2]　王时槐：《易庵朱先生墓志铭》，《王时槐集》之一《友庆堂存稿》卷五，页149。
[3]　以上引文及事迹见王时槐：《寿族叔立吾公七十序》，《王时槐集》之一《友庆堂存稿》卷二，页62。
[4]　以上引文见刘元卿：《进士尽吾伍先生行状》，《刘元卿集》卷八，页303。
[5]　王时槐：《赵中庵墓志铭》，《王时槐集》之一《友庆堂存稿》卷五，页145。

明学者赡亲睦族、修葺宗祠、筑桥修路、立保甲、置义仓、敦习俗、平忿争的善
举比比皆是，他们也因此赢得乡人尊重，成为当地德高望重的道德表率。如
师事邹东廓、刘阳的李挺，"里中有相构者，得公一言而释，至以过失闻于公
为耻"。[1]　赵师孔在岁饥之年分粟给族人，竟至"罄不自给"，"慈仁及物，
即毒虫微命不忍践伤"，赢得安福两任知县闵世翔、吴应明的礼重。[2]

阳明学者们也带动了许多并未以理学为志业的族人以良知学的精神为
善乡里，建设宗族。如东乡清陂邓氏三兄弟中，其父安排长子邓国总理家
政，仲子邓圉经商，季子邓周学儒，为庠生。邓周初学于阳明，卒业于东廓。
受其影响，邓国于四十岁时听闻良知学，于是：

> 犁然有省，一意和乡睦族，置胜负于弗较。家庭弟侄聚论，砺以躬
> 行，而以务名虚谈为戒。每岁出谷二百余石散贫者，不取息，而宗族施
> 有等差，行之三十年余矣……平生见道路之险也，则修理之；虑病涉之
> 艰也，则桥梁舟楫之；怜疟痢之困、行旅之渴也，则制药设茶济之；至老
> 而不倦。故其殁也，众咸哀而慕焉。[3]

邓圉受兄弟的影响，也能够敦伦笃行，"平心应物，无忮求机械。甫五十，敛
以家居，足迹罕入城郭"，于救济乡里之善事"尽其力不懈"。[4]　邓氏兄弟
还在家族中颁刻阳明的"谕善四条"作为道德规范。因邓周为东廓弟子的关
系，邓圉与东廓弟邹守蒙结为姻家，邹氏与邓氏家族的密切交往长达四十余
年。邹东廓曾亲至邓氏之堂揭"为善最乐"楹联，大力表彰邓氏"仁礼爱敬"
的家风。[5]

西乡人冯梦熊以敏于事务而著称乡里。他听刘元卿讲学后喜曰："吾乃
今知良贵固在我"，从此一心向道，以良知学的精神造福乡里。他多次举家
会，以道德规范约束子弟；族中有倚势欺人者，晓之以善恶利害，一时间族人
"争自濯其旧习"。冯梦熊因此赢得官府和百姓的倚重。对于乡约中不合理
的条目，他奉县令倪栋之命修订，令乡约"一洗故习"；遇到争议纠纷，乡人争
相请他调停，往往"纠纷立解"。在万历年间安福西乡再次举行丈田时，乡人
纷纷推举他做监督，他尽心尽力，"人人称平"。[6]　在中晚明的安福地方社
会，像邓国、冯梦熊这样以良知学的精神为善乡里的地方长老不在少数，也

---

[1]　王时槐：《一吾李君志铭》，《王时槐集》之一《友庆堂存稿》卷五，页169。
[2]　王时槐：《赵中庵墓志铭》，《王时槐集》之一《友庆堂存稿》卷五，页145。
[3]　《明故横溪邓君墓志铭》，《邹守益集》卷二三，页1081—1082。
[4]　《明故北山邓君偕配尹氏合葬墓志铭》，《邹守益集》卷二三，页1083。
[5]　《明故横溪邓君墓志铭》，《邹守益集》卷二三，页1081。
[6]　以上引文及事迹见刘元卿：《冯茶园墓志铭》，《刘元卿集》卷八，页345。

成为邹东廓、王时槐、刘元卿等知名学者撰文大力表彰的典型。

第五，阳明学者由宗族而社会，热心参与地方民生事业，协助官府管理地方公共事务。近年的研究表明，在中晚明社会，有经济及文化地位的地方精英、乡绅对地域社会起着重要的控制与影响作用。与一般的地方精英相比，阳明学者"化乡"的特点主要在以阳明学"万物一体之学"为精神指导，具有更为自觉和强烈的济世责任感。这些久居乡里的草根学者不仅究心学术，还熟知地方民生事务，了解民间疾苦，以其在地方社会的声望和号召力，成为官府与民众之间上下沟通的桥梁。在阳明学兴盛的嘉靖、万历时代，随着他们被官府和民众认可程度的不断提高，这些学者也因此拥有了影响地方社会的重要话语权。其中最辉煌的事件便是，邹东廓在安福率刘伯寅、刘肇衮、张崧、夏梦夔等四十余名阳明学者，历时三年，协助官府重新清查、丈量土地并造册（详见后文）。这几位提到姓名的学者不仅热衷参与讲学，而且通达地方事务，富有声望：

刘伯寅精于计算，通达经济，传记称其"孝友敦笃，勇足济事"。[1] 他协助东廓处理安福赋役事务前后长达二十余年，[2] 在嘉靖十一年开始的丈田活动中总管数据。东廓说："以丈量为是，则刘某为功之首。"嘉靖十五年阳明学者程文德出任知县期间，也向刘伯寅咨询里役制度之利弊。他建议的数项赋役改革举措被推广实行，使安福的里役制度在吉安府九县当中"尤称便"。程文德与邹东廓商议筹建复古书院时，也由刘伯寅总理经费支出，"周慎详密，省费亦以千计"。[3] 嘉靖二十四年，东廓联合王门学者上疏江西省官员请求减轻全省赋役、重刻《督赋条规》，他特意将刘伯寅推荐给都察院巡抚江西右副都御史吴鹏协理计算，最终查减全省赋役凤弊每年达一万六千两。十年后，蔡克廉出任都察院巡抚江西右佥都御史时，东廓再次推荐刘伯寅协助清查各县赋税欺隐之弊。[4]

刘肇衮在阳明赣州讲学时期趋而受业，在安福王门弟子中资历较老，深为东廓器重。刘肇衮性情刚严清峻，他为诸生时参加考试，见监考甚严，叹曰："士不自重，致所司防闲如此。"竟然放弃考试回乡养母。刘肇衮以布衣身份在乡间深孚众望，"衮于乡间民瘼有所闻，率以告守益，为之转闻当道，民感其惠"，东廓称他能"交修于人"。[5]

---

［1］《三舍刘氏六续族谱》卷三十《家传五》，页671。

［2］见聂豹：《均差简两院二司各道》，《聂豹集》卷九，页306。

［3］以上引文及事迹见《三舍刘氏六续族谱》卷三十《家传五》，页671。

［4］见《芹曝末议达蔡可泉诸公》，《邹守益集》卷一四，页707。

［5］以上引文及事迹见同治《安福县志》卷十一《人物·儒林》，页13。

　　张崧出自南乡望族书冈张氏，为阳明弟子，其弟张岩师事东廓。张崧虽无科名，然"敏干任怨"。面对盘根错节、牵动诸方利益的丈田事务，东廓言："任此盘错，非张君不可竟举。"他在西乡负责监督丈田，面对干扰持法益坚，虽被诬而心无所累。嘉靖二十四年安福受灾荒之际，他多次与东廓商议救济对策，著《保民蠡测》数万言上达官府，百姓最终得到救济。吉安知府靳学颜、张元谕都是亲学官员，他们在任时，采纳了多项张崧提出的治理建议。因其威望才干深孚人心，以至于"邑令长有大建置因革能为士庶福泽者，不能自信，信于公，必悉心翊成之"。[1]

　　夏梦夔与李挺一同师事邹东廓、刘阳，深得器重。二人为肺腑之交，常砥砺切磋。夏"时以见过为学"，李亦敬诺奉之，"刻志销磨，不遗余力"。[2]夏梦夔精于地方经济事务，他在丈田中辅佐东廓"剔弊除害，至今赖焉"。[3]万历六年张居正下令全国各县三年内完成丈量土地，时安福知县闵世翔所倚重的地方士绅，仍然是四十年前负责督丈的阳明学者，"儒生者，故东郭邹先生所造士，居然好修之夫也，依依老胶序中，无权贵可吓。侯（按，指闵世翔）独破崖岸优礼之，时与握手步庭，谈心计事"，[4]其中就包括夏李二人。"二公矢心公慎，册成，邑人胥服"。[5]闵世翔这次邀请参与丈田的士绅还包括朱调、朱淑相、刘元卿等阳明学者。朱淑相，"邑侯廉知其才名，属清税册事，至委琐条理，称邑侯指"。[6]朱调督丈时，"秉直持平，让能而晦迹，故终事而舆情胥服，亦其廓然顺应之一验也"。这些草根学者也因熟知民情、德高望重而为当地官员礼重，后者时常登门造访，以民生事务咨询请教之。如朱调，"先后邑侯钦仰高义，往往式庐问政，先生必悉闾阎疾苦，毕陈无讳"。[7]李挺，"邑令闵世翔高其行，凡利害兴除多取裁焉"。[8]

　　据学界研究，明清地方乡绅的来源大体有四类：第一类是通过科举入仕获得官员身份的高级士绅，第二类是无科举功名或功名低（如诸生出身）而以学问、道德名重乡里的士人，第三类是虽无功名但能力出众、为善乡里

[1]　以上引文及事迹见王时槐：《王塘南先生又譔秋渠张公传》，《王时槐集》附录二，页805。

[2]　以上引文及事迹见王时槐：《一吾李君志铭》，《王时槐集》之一《友庆堂存稿》卷五，页168。

[3]　同治《安福县志》卷十二《人物·义行》，页42。

[4]　刘元卿：《送闵父母凤环翁擢水部副序》，《刘元卿集》卷五，页141。

[5]　以上引文及事迹见王时槐：《一吾李君志铭》，《王时槐集》之一《友庆堂存稿》卷五，页169。

[6]　刘元卿：《朱松岩先生传》，《刘元卿集》卷七，页265。

[7]　以上引文均见王时槐：《易庵朱先生墓志铭》，《王时槐集》之一《友庆堂存稿》卷五，页150。

[8]　同治《安福县志》卷十一《人物·儒林》，页16。

而为乡人推重的士绅,第四类是因经济实力雄厚而有地方话语权的士绅。[1] 以上四类乡绅在安福阳明学者中兼而有之,第一类如邹东廓、刘邦采、王时槐等,第二类如朱调、李挺、刘伯寅等,第三类如夏孟虁、冯梦熊等,第四类如邓国、邓圉兄弟等。这说明阳明学在地方乡绅当中有着广泛的涵盖面,影响不可小觑。这些草根阳明学者尤以第二类居多,有的还兼具第三类乡绅的能力,是草根学者的主力。他们由讲学、研磨心性而扩展至教化乡族、博施广济,进而参与地方社会治理。越是掌握诸多丰富资源的高级士绅(如邹东廓),越是全面参与了讲学与化乡活动,为学术下化乡里的实践典范;而一般的乡绅或草根学者,也至少参与了上述活动的一项或几项。无论如何,他们之所行都是对阳明学"实致其良知"、"万物一体"精神的落实,是儒家士人对王道政治理想的一种践履方式。

第三节　化乡实践

一、撰谱序与倡乡约

明嘉靖朝以降,宗族制度由以往的"敬宗收族"转变为基层政权组织之功能,社会的经济、文化的发展都与宗族、乡绅密切相关。江右阳明学者们的化乡实践也以地方宗族为基本网络,由家而族,由族而乡,成为推行乡族教化的重要途径。邹东廓的化乡举措举其大者,于宗族体现为撰写谱序,于乡里则体现为推行乡约。

万历《吉安府志》言吉安地域的宗族状况是:"故家世胄,族有谱,家有祠,岁时祭祀必以礼",[2]面对"吉安多巨族"的地域民情,当地士人对建祠堂、修族谱十分重视,撰写族谱序成为吉安阳明学者传播思想、推行教化的一个重要方式。一个明显的例证是,邹东廓、罗洪先、聂豹、欧阳德等人的文集中均收录有多篇谱序(主要为吉安当地宗族所作),其中邹东廓28篇(另有为地方宗祠所作的祠记6篇)、罗洪先32篇、聂豹9篇、欧阳德12篇,[3]

---

[1] 学界早年的研究,将乡绅界定为有科举功名的士人,近年则将乡绅界定为参与地方公共事务、具有地方话语权的精英。本文所说的乡绅兼有这两个层面。见施由明:《论明清乡绅的产生——以江西为例》,《农业考古》2014年第4期,页94—100。

[2] 万历《吉安府志》卷十一《风土志》,页170—171。

[3] 分别见《邹守益集》卷二一五,《聂豹集》卷三,《欧阳德集》卷二十一、二十二,以及雍正本《念庵文集》卷十二。

这是其他地区的阳明学者文集中所罕见的。谱序之多，既因为他们有久居乡里的便利条件，也包含了阳明学者借重吉安世家大族的力量来治理基层社会、推行教化的意图。当时的乡村现状，诚如这些阳明学者所观察到的那样："法久已废，阙然不讲"，[1]"里胥惰废，渐失初制，世家大族各沿习俗安便，纵肆莫之检察……予慨然久矣"。[2] 面临里甲制废、社学失修、民风纵肆的现实，东廓认为："君子如欲敦俗以成化，其先明于谱系乎！"[3]在宗法制废除后，谱牒起到序昭穆、辨世系、识亲疏、敬宗睦族之作用，这是儒家士大夫的共识。东廓等吉安阳明学者的谱序内容，在此义的基础上更融入了阳明学的心性内容，思想上具有新的拓展。主要表现为两个方面：

一是提倡良知学的心性修养观。明代儒者对于谱牒的作用，基本不出"尊祖、敬宗、收族"的传统共识，如明人王直所说："自古大家世族必有宗法以属其子孙，使悠久而不紊。迨宗法废而族无所统，于是有谱牒以正其本，联其支，此尊祖睦族之大者也。尊祖，仁也；睦族，义也；尊祖睦族，而仁义之道行焉。"[4]罗钦顺认为："王化必自睦族始。而睦族之道，情以恩亲，分以义正。自宗法废而族无所统，犹赖世之仁人君子作为谱牒以联属之。"[5]一言以蔽之，谱牒的核心功能即尊祖睦族，尊祖为尊尊，睦族为亲亲，在血缘关系的基础上形成既有秩序差等又相互关爱的宗族共同体，以此维系和谐的社会伦理秩序。这一体制中，儒者们对于宗族的管理往往强调礼法并施，既通过惩戒性的族规对族人形成外在的约束，也强调血缘亲情，利用人性天然本有的忠孝仁爱来增进族人的道德自觉。在东廓的多篇谱序中，更强调后者的根源性地位，即宗族管理之本在于族人具有自觉的修身意识，所谓："人道莫大于尊祖，尊祖莫大于收族，收族莫大于立身……故知爱其父者，为能尊祖；知敬其兄者，为能收族。"[6]这一修身自觉来源于人人先天本有的道德意识，也即良知。东廓为关系亲近的宗族或阳明学者所在宗族撰写的谱序中，往往直接宣扬良知学。吉安府万安人郭持平与东廓同师事阳明于赣州，二人相交四十余年，东廓为郭氏宗族所写的谱序中说：

> 夫爱亲敬兄，不学不虑，天然自有之性也。充爱亲之心，则思以尊

[1]《立里社乡厉及乡约》，《邹守益集》卷一七，页790。

[2] 罗洪先：《秀川族约序》，万历本《念庵文集》卷十八，页25。

[3]《永丰平溪邱氏族谱序》，《邹守益集》卷三，页122。

[4]［明］王直：《泰和陈氏族谱序》，《抑庵文集》（《景印文渊阁四库全书·集部》1241册）卷六，页137。

[5]［明］罗钦顺：《南安林氏重修族谱序》，《整庵存稿》（《景印文渊阁四库全书·集部》1261册）卷九，页120。

[6]《尹氏通谱序》，《邹守益集》卷五，页299。

祖矣；充敬长之心，则思以睦族矣。古之君子，立家范，置宗会，营祠宇，修谱牒，汲汲若不暇者，亦曰顺而导之，俾同归于善而已矣。[1]

在此，爱亲敬长出自每个人先天本有、不学不虑的道德本心。尊祖睦族的秩序管理，祠宇谱牒的制度建设，无不是对其扩而充之、顺而导之的延伸。外在的条规内化为主体意识的内在自觉，这是基于阳明学强调良知本有、突显道德主体性的思想理路。东廓在给自家的《家约》中，直接以良知之教训示子孙：

> 良知之明，无异皎日，习俗所障，云雾滃集，得严父兄、良师友法语巽言，天机自动。苟能充之，忿惩欲窒，朗然本体，可圣可哲；不能充之，弗惩弗窒，阴浊日积，可夷可兽。呜呼，戒之哉！……吾夙夜戒惧，履薄临深，蕲以求内缵祖考，外副师友，仰对古宪，俯俟来哲，尔等勿以吾为迂也！[2]

乐安流坑董氏族人中，有董燧等多名子弟从学东廓、罗洪先、欧阳德，东廓在为其宗族所作的谱序中说：

> 良知之精明，本自大公，本自顺应，不以自私用智杂之，则蕴之为德行，发之为事功，宣之为言词……凡董之世，无汩尔私，无凿尔智，以自昭其明德，则科名可重，爵位可显，山川可灵，祖宗可格，族属可仁，子孙可覆焘，庶几式践先正之规。[3]

乐安东门邹氏与澉源邹氏亦为同宗，族中有子弟从学东廓，东廓在为东门邹氏重修的族谱所作谱序中说：

> 良知之精明真纯，不为嗜欲所壅，则天机发露，如源泉混混，东注而不竭。故生必尽养，没必尽哀，祭必尽诚，兄弟必尽翕，族里必尽仁，莅官必尽敬，是谓溥博渊泉，而时出之。先民戒慎恐惧之学，造次颠沛，参前倚衡，所以懋浚其源，惴惴虑其壅之也。是以蕴之曰德，发之曰功，述之曰言。彼续谱以昭先范后，则言辞之一端耳。子且以世之从事于谱者，咸能尽其孝敬已乎？修辞立诚，由盈科而放四海，是之谓有本。若以备门户，徼声誉，奚异于集沟浍以自盈也？凡我邹之世，幸相与深求其本。[4]

---

[1]　《万安郭氏续谱序》，《邹守益集》卷三，页121。
[2]　《家约》，《邹守益集》卷一八，页871。
[3]　《乐安董氏新谱序》，《邹守益集》卷三，页135—136。
[4]　《乐安东门邹氏重修族谱序》，《邹守益集》卷五，页305。

这两段文字表达了同一个思想，即光大宗族的根本不在世俗功利性的光耀宗族门户，真正的德行、事功、文章是"良知之精明真纯"所发而不以私意功利夹杂。修天爵而人爵可得，故"深求其本"，端在自昭其明德，自致其良知。永丰太平坊邹氏与澉源邹氏同宗，东廓在《永丰太平坊邹氏族谱序》中借与宗兄的对话表达了这样的观点：

> 子亦知吾之性与孔子同乎？良知良能，蒸民所具，直道而行，无异三代，亦同性而异世耳……圣人之仁，天下咸若视其弟子也，而况于同姓？……能尽其性，为能光其姓；能光其姓，为能重其谱。请以是励我子弟！其统宗联属之法，尚与诸宗共图之。[1]

明代中叶以来，同姓宗族为联合宗族势力而合谱或联宗的做法十分常见。在此，东廓将联宗合谱、光大宗族的世俗欲求加以引申，将基于血缘的宗族共同根基延伸为"良知良能，蒸民所具"、我与圣人共有的德性，如是，"能尽其性，为能光其姓"，血缘性的宗族共同体追求上升为同一道德本性的德性诉求，此为光大宗族之根本。永丰聂豹家族中有包括聂豹之子在内的数十位后辈从学东廓并参与青原讲会，东廓在为永丰聂氏所作的谱序中明确表示："喜新谱告成，其机可变而至道也"，这"可变而至道"之"机"即是良知之学："大哉学乎，其联属家国天下之规乎！"[2]在此，族谱族规已超越宗法制度的血缘界限，不再是一家一族的规范，而是天下这个大家庭的规范，也即是东廓在多篇谱序中反复宣说的良知学的核心精神：万物一体。

　　二是在谱序中提升宗族伦理，倡导"万物一体"观。在古代儒者所作的谱序中，由一家一族的天然亲情出发而延伸为族人万本一支的仁爱思想并不乏见，[3]这也是儒家仁学实践的基本途径。在阳明及其后学那里，更强调将同族一体的宗族伦理，藉由"仁之推"提升为超越血缘宗族限制的"万物一体"观。阳明在写给池阳陈氏的谱序中说：

> 去此疆尔界之见，合同姓为一家……各自其身推及于祖父，又自祖父推及于其所自出，以及于无穷，则凡自吾身而推者，虽有亲有疏，有远有近，有贫富贵贱，有智愚贤不肖，自祖宗视之，则皆子孙也，何有亲疏、远近、贫富、贵贱、智愚、贤不肖之分哉？遵斯道也，一人亲亲长长则身

---

[1]　《永丰太平坊邹氏族谱序》，《邹守益集》卷二，页 56。

[2]　以上引文均见：《永丰聂氏谱序》，《邹守益集》卷三，页 136—137。

[3]　如罗钦顺《泰和杨氏重修族谱序》云："万支一本，万派一源，视万犹一者，君子之本心，而谱者，所以会万于一也。"（《整庵存稿》卷九，《景印文渊阁四库全书·集部》1261 册，页 121）

以修,一家亲亲长长则家以齐,一国亲亲长长则国以治,天下亲亲长长则天下以平矣,岂特一宗之内和气周流、仁风霶霈已乎![1]

东廓等阳明后学的宗族伦理观皆有本于此。吉安是一个宗族文化浓厚的地域,面对当时同族间"彼我相形,贵富相轧"、[2]"阳示之形而阴夺其实"[3]的不良风气,东廓等吉安阳明学者的谱序中积极倡导同族一体进而推展至天下一体的道德教化。东廓在写给庐陵隆堂彭氏宗族的谱序中云:

> 古之君子,视其族也如一身,故无弗仁于族者;视天下也如一族,故无弗仁于天下者。何也? 气相通也。气之不通,则一膜之外,且将痿痹而身病矣。一宫之间,自为胡越,而家病矣。况于天下之远乎? 身之病者,汤焫针砭之可愈也,家与天下之病者,其何以药之? 吾尝闻诸《西铭》矣,人人夙夜匪懈,以无忝所生,尊其高年,慈其孤弱,隆其贤能,而抚绥其颠连无告者,慈爱恻怛之情洞然四达,而不使害仁济恶者奸于其间,此联属天下、联属宗族之"附子汤"也。[4]

宋明儒者"万物一体"说的思想渊源,一般都认为是张载《西铭》与程颢《识仁篇》,东廓之说也本于此。"气之不通"、"痿痹而身病"的说法源于《识仁篇》,同族一身的思想有本于《西铭》以天地为父母、万物为一家的一体观,东廓视之为联属天下、联属宗族之"针砭"、"附子汤",这是针对当时存在的功利性家族主义等弊病而提出的建设之方。这"医而瘳"[5]的良方,即以"万物一体"观作为宗族伦理的基础和来源。本来,宗族世系表达的是以血缘为基础、有差序格局的社会伦理秩序,如东廓所说:"爱亲敬长,达诸万邦,浑然理一,谓之仁;粲然分殊,谓之义。"[6]这其中既有同族间的相亲相爱,为仁,也有基于血缘亲疏的差等和秩序,为义(礼)。但阳明学者们显然更重视以"仁"为基础,并通过"仁之推",[7]扩展为同族一体、天下一体的万物一体观。东廓言:

---

[1] 王守仁:《池阳陈氏大成宗谱序》,钱明、吴光编校:《王阳明全集(新编本)》(杭州:浙江古籍出版社,2010 年)第五册,页 1907。

[2] 罗洪先:《泰和邓氏族谱序》,雍正本《念庵文集》卷十二,页 278。

[3] 罗洪先:《白沙陈氏族谱序》,雍正本《念庵文集》卷十二,页 266。

[4] 《油田隆堂彭氏族谱序》,《邹守益集》卷二,页 27。

[5] 《永丰聂氏谱序》,《邹守益集》卷三,页 137。

[6] 《大桥朱氏族谱序》,《邹守益集》卷三,页 129。

[7] 罗洪先《泰和邓氏族谱序》:"夫人所可重者,为能通天下为一身。彼其一身犹夫人,而天下至广,安在其能通之? 则仁之推也。"雍正本《念庵文集》卷十二,页 278。

　　缩而谱之，自吾始祖以至吾祖、吾父、吾身，咸一根也；拔其根，则戾于孝。衡而谱之，自吾身以及群从以至于无服之宗，咸千枝万叶也；剪其枝，则拂于仁……古之君子，视天下如一家，故匹夫失所，若推诸沟；视宗族如一体，故发肤之痛，通夕不宁。此无他，真诚恻怛，洋洋优优，是为全生全归之脉。

　　尊祖以明尊尊，故缩而谱之，以见本之一也；合族以明亲亲，故衡而谱之，以见支之同也。明于尊祖之义，则知吾之身即祖考之身，而保身慎行，继志述事，无所不用其孝矣；明于合族之义，则知吾兄弟之身即吾之身，而敬长慈幼，恤病振贫，无所不用其仁矣。谱也者，普也，所以普其仁孝之道，周流贯彻而无弗及焉者也。[1]

将血亲关系纵向推展，从我之一身延伸至父、祖父乃至始祖，为同一根系，"吾之身即祖考之身"；将血亲关系横向扩展，则从我之一身开展至同一族群的成员，"吾兄弟之身即吾之身"。推展的结果必然会超越宗族的血亲关系，"以至于无服之宗"，以至于国家、天下，超越个体间之亲疏、远近、贫富、智愚之差异，如罗洪先所说："故能同于族者，必能同于天下而无有乎亲疏远近、贫富众寡之分，是治谱之学也。""仁之推"的根基在于，"彼出于亲疏远近而无有乎贫富众寡之别，原所禀之良靡所加损，其休与戚通为一体，五服有所不能限，则其情也"。[2] 这"情"便是"所禀之良"的良知，也即阳明所说"大人之能以天地万物为一体也，非意之也，其心之仁本若是"。[3] 同族一体、天下一体具有人性原本的内在根据。因此，东廓将基于血亲关系的"谱系"引申为仁孝之道在宇宙天地间的"普及"，生命的意义即在于成全这一体之仁，使其真诚恻怛，"周流贯彻而无弗及焉者也"，如是，才能无愧于天地这个大祖宗。"这样儒家的'孝'文化最终与'仁'文化合流了，成为一种宇宙的宗族主义。"[4]这一思想在张载的《西铭》中最早点出，在王阳明那里，其与"良知人人本具"的普适性相结合，故得到了格外的重视和阐发。东廓等阳明后学阐发的谱牒之论，均自觉本于张载、阳明的万物一体之说。聂豹甚至给《西铭》赋予了"天下古今之全谱"的根源性地位：

　　天下之父兄皆吾之父兄，天下之子弟皆吾之子弟，天下强弱贵贱皆

［1］　以上引文分别见：《乐安钱街余氏族谱序》，《邹守益集》卷五，页301；《族谱后序》，《邹守益集》卷二，页40—41。

［2］　以上引文均见罗洪先：《泥田周氏族谱序》，雍正本《念庵文集》卷十二，页284。

［3］　王守仁：《大学问》，《王阳明全集》卷二十六，页968。

［4］　见陈立胜：《王阳明"万物一体论"——从"身—体"的立场看》（台北：台湾大学出版中心，2005年），页71。

吾身之强弱贵贱，况于其族之父兄子弟、强弱贵贱而有不孝敬慈爱、悲喜幸惧乎！……予尝谓《西铭》一篇为天下古今之全谱，即谓撰、述、叙为《西铭》之续传可也。[1]

邹东廓、罗洪先、聂豹等吉安阳明后学，都将天地为父母、万物为一家的一体之仁作为宗族伦理之基础和来源，将以往世次分明、亲疏清楚的宗族伦理观念转向同族一体的面向，进而向上提升为万物一体。如是，每个宗族成员的责任便是维系这一体之仁。这种努力，与阳明学对万物一体说的格外强调及其强烈的实践倾向相关联，也是万物一体说在宗族关系中的一个具体表现。

进而，一体之仁由家族伦理推展而至乡村治理，其重要的实践途径便是推行乡约。因学界已有不少关于吉安阳明学者推广乡约的研究，故本书重点在补其未逮之处。乡约制度由北宋蓝田吕大钧兄弟提出，南宋朱熹增订，通过乡村民众的自治组织将乡里社会组织起来，遵守共立的公约，所谓德业相劝、过失相规、礼俗相交、患难相恤，用以改善乡里风俗，维护乡间社会秩序。明嘉靖以前，随着里甲制的废弛，民间以及地方官已有尝试乡约的一些事例。尤其是王阳明在南赣推行乡约的实践，有力地推动了明政府实行乡约之政举。至嘉靖八年，兵部侍郎王廷相给朝廷的奏议中，提出运用乡约制度并结合明太祖朱元璋所颁布的教化基层的《教民榜文》四十一条，尤其突出其中《圣谕六言》的内容，使得以《教民榜文》为标志的教化政策在基层社会更加简明易行，得到了朝廷首肯。此后，嘉靖、隆庆、万历时期，明政府不断推行乡约。就嘉靖、万历年间的江西而言，乡约在吉安府非常盛行，方志载："（吉安府）约书颁而读法之声盈于四境"，[2]这又得自于本地学者的努力，[3]其中，"与王门学者的努力有很大关系"。[4]

从文献记载看，安福县乡约有影响力的推行，是由本地大儒邹东廓在嘉靖初年就开始倡导的。嘉靖元年，东廓北上复职前，在其家族所在的北乡设里社、乡厉及乡约，春秋两季举行社祭，清明、中元节举行厉祭，"祭毕会饮，

[1] 聂豹：《秀川罗氏族谱序》，《双江聂先生文集》（《四库全书存目丛书·集部》72册）卷三，页292。

[2] [清]宋瑛、彭启瑞等纂：《泰和县志》（清光绪五年重刻本），卷二《舆地·风俗》，页20。

[3] 早在明洪武年间，吉水人谢缙即曾向明太祖提出乡约一法，之后又有吉水人刘观（正统四年进士）、永丰人罗伦（成化二年状元）、吉水人曾昂（成化二十三年进士）各自在家乡行乡约。详见衷海燕：《儒学传承与社会实践——明清吉安士绅研究》第五章《士绅与乡约制度》，页123—124。

[4] 常建华：《明代宗族研究》（上海：上海人民出版社，2005年），第五章《乡约的推行与明朝对基层社会的治理》，页236。关于明代乡约推行的研究详见此章。

读誓文,参以牌谕乡约,章善纠恶,以安其人",[1]其中的读誓内容,即是保甲与乡约相结合的乡民自治公约。东廓推行乡约的动因,如他所说:"益始见阳明先师以乡约和南赣之民,归而慕之,以约于族于邻",源于其师王阳明在南赣推行乡约对东廓等江右弟子的典范作用。但此类民间自治的乡约之弊在于,"顾无官法以督之,故不能以普且久"。[2]没有官方力量介入的乡约,一是不能普及,二是不能持久推广,很快就停止了。乡约再次成功推行的契机,起于嘉靖十五年阳明学者程文德任安福知县。他在任职的短短八个月内与东廓联手将良知学的施政理念具体落实,乡约是其中的一项重要治理举措。程文德以知县的身份在上倡导并监督乡约的推行,邹东廓负责制定乡约并参与实地推行。东廓参考了阳明学者季本在广东揭阳任官时与当地同道薛侃联手合作的榕城乡约、永新知县陆粲推行的永新乡约,以及阳明在南赣实施的保甲之法,制定了安福乡约,并在全县推广。推行的效果,东廓在七八年后写给巡抚江西右副都御史张岳的建议中说:

> 程松溪立有乡约,敦请有行谊者为之长副,凡有争竞,即率约史、约保调解之。其有桀傲不从,始告诸官,而是非虚实已粲然众口矣。地近而难为欺,人众而难为贿,官又加察而劝惩之,故讼自衰息。各乡仍照阳明公保甲之法,互相纠察,盗发则各甲互救之。又严屠牛之禁,一年之间,牛无盗杀者。其后有司待约长不以礼,于是能者求退,而约几废。盗势日猖,讼风日滋,职此之由。[3]

乡约与保甲相结合的治理成效,既有乡里乡亲的人情因素,所谓"地近而难为欺,人众而难为贿",又兼有具道德威望的约史、约保"调解之",还有地方行政力量的劝惩纠察,使民间"盗息讼简",[4]秩序井然。但这种官督民办的乡约也有推行不利的因素,一是有官员介入,出现官员对约长无礼的状况,最终导致"能者求退,而约几废"。二是民间"狡且悍者,恶其害己,横肆谤沮",此时就需要"敦庞公直者,相与保守维持,不肯废坠"。[5]东廓说:"故乡约多废,独敝都守之,二十余年无敢弛。"[6]在东廓家族所在的安福北乡,因有东廓能这样沟通上下又有威望的大儒主持,乡约的推行竟长达二

---

[1]《立里社乡厉及乡约》,《邹守益集》卷一七,页790。此事又见宋仪望:《邹东廓先生行状》,《邹守益集》卷二七,页1368。

[2]《乡约后语》,《邹守益集》卷一七,页802。

[3]《再复十二条》,《邹守益集》卷一四,页695。

[4]《新昌乡约序》,《邹守益集》卷四,页203。

[5]以上引文均见:《书乡约义谷簿》,《邹守益集》卷一七,页818。

[6]《芹曝末议达蔡可泉诸公》,《邹守益集》卷一四,页709。

十年。乡约推行成功的因素中，有几点值得注意：

一是乡约在上有官府支持，在下以宗族为基础，通过宗族渠道推行。官府方面，那些阳明学者官员或者亲学官员，往往热衷倡导推行乡约。除前举嘉靖年间程文德主持推行乡约外，嘉靖十二至十三年陆粲任职永新期间，也在本县推行乡约。他虽非阳明学者，但与邹东廓、聂豹等阳明学者友善，乡约推行得到邹、聂二人的支持，他们还为永新乡约作序。[1] 万历年间吴应明（字以诚，号怀溪）任安福知县时，他"葺复古书院，会诸生讲学"[2]的同时，参照程文德指定的乡约及永丰、吉水乡约，于万历二十一年重新编订《乡约从先录》，在安福各乡推广。[3] 此外，在家族推广乡约，阳明学者也往往是主力。除前文列举的草根学者在族中推行乡约的例子外，再举几例说明之：东廓诗《秋入祖祠行约勉诸弟诸侄，时洪如之四友同会》云："万物由来同痛痒，矧从一本发群支？乡约更须家约始，共寻直道答黄羲。"[4]可知乡约首先是从其家族中开始推行，家族的宗祠活动与讲学相结合而完成道德教化。在安福南乡的永嘉乡，嘉靖三十三年秋，万、刘、欧阳诸大姓家族联合起来，共同推行程文德知县所定的乡约。[5] 在安福南乡的金田王氏家族，王时槐致仕归乡后于族中讲学的同时，万历六年，他"倡集金田两祠族人行乡约"。[6] 在聚族而居的吉安地方社会，乡约的推行途径往往是由族中长辈或有科名威望的族人主持，先在地方大族中推行。因有宗族力量的支持，乡约与宗族制相结合，通过宗族规约对族人实行控制和管理，往往行之有效。乡约由家而族、由族而乡，取得成功，同时也增强了宗族组织的自治化和政治化。

二是乡约与保甲、社仓、社学、讲学等相结合，良知学则是这些乡治措施背后的精神核心。乡约、保甲、社仓、社学是明代乡治的四大要素，乡约与其他要素的结合肇始于王阳明的南赣乡约。阳明以其心学理念为基本精神指导，构成他治理南赣的重要乡治措施：举乡约、兴社学以化导风俗，立保甲以禁奸止乱，礼法并用的成功经验也成为阳明弟子们参与乡治时纷纷效仿的典范。在程文德推行的乡约中，即是"以乡约寓保甲之法"，效果良好。不

---

[1]　见《叙永新乡约》，《邹守益集》卷二，页 54—55。

[2]　同治《安福县志》卷七《秩官·政绩》，页 23。

[3]　见王时槐：《安福乡约从先录跋》，《王时槐集》之一《友庆堂存稿》卷十，页 240—241。
　　　　按此文注云："《友庆堂存稿》卷五'跋'中有载，并注为'癸巳'（1593）。"

[4]　《秋入祖祠行约勉诸弟诸侄，时洪如之四友同会四首·二》，《邹守益集》卷二六，页 1265。

[5]　《明故永定县尹一洲刘君墓志铭》，《邹守益集》卷二二，页 1042。

[6]　王时槐：《明理学南太常寺卿王塘南先生恭忆先训自考录》，《王时槐集》之三，页 662。

仅如此,在地方发生饥荒等特殊情况下,乡约还往往与社仓等社会救济制度相结合。如嘉靖二十三、二十四年,安福接连发生饥荒。东廓携夫人及次子邹美等赈饥、建义仓,其救灾措施主要通过乡约来推行。他作《书乡约义谷簿》,与乡人商定"春散秋敛"、"约保分督"之制进行救济。[1] 当然,乡约与保甲、社仓相结合并非止于江西一地,也并非止于阳明学者。例如与阳明同时代的儒者黄佐,在他的《泰泉乡礼》中,明确提出以乡约为侧重,乡约与社学、社仓、乡社、保甲综而行之。乡治的核心——乡约、保甲兼行的例子,在嘉靖、万历以后尤为多见。吕坤的《实政录》和刘宗周的《乡保事宜》都有较完备的理论阐发。而真正从体制上理顺乡约与保甲、社仓、社学关系的,是明末清初学者陆世仪的《治乡三约》,指出"乡约为纲而虚,社仓、保甲、社学为目而实"的乡治三约,也就是一纲(乡约)三目(社学、保甲、社仓)的乡治体系。其中乡约提供的是指导人伦秩序的精神共识,为形而上的精神教化;社学、保甲、社仓维系乡村秩序,为具体的乡治措施,这可以说是最完善的乡治理论体系。[2] 当然,陆世仪只是对乡约与保甲、社仓、社学的关系进行了系统的论述,并没有具体实施。从东廓参与安福乡治的工作来看,他虽然没有提出系统的乡治理论,但全面参与了乡治具体工作,并将乡约与保甲、社仓、讲学等相结合,他的具体运用与陆世仪的思想几乎一致,甚至更为深刻。因为东廓等推行乡约的背后,有着自觉的良知学理念为指导。将讲学与乡治相结合,这可以说是阳明学者们独有的特色——史料文献中时常有这样的记载:学者们在讲会、书院中议论丈田、乡约、保甲等事务,如北乡的连山书院,安福县城的复古书院,也是邹东廓等学者商议各种乡治措施、提出建言方略的场所;[3] 西乡的复礼、识仁书院,则是万历年间西乡举行乡约的地点。[4] 这说明,这些乡治措施是当地阳明学者实践良知学的具体落实,良知学是其背后的精神核心。

三是乡约的推动主力是以阳明学者为主力的地方乡绅,其精神指导正是阳明学"万物一体之实学"精神。东廓言:"乡村者,天下之积也。使一乡一村皆趋善而避恶,则天下皆善人矣。"[5]在传统中国社会,"乡"这一行政单位兼有血缘与地缘相结合的特点,乡约则是明清社会中官方与民间、国家

---

[1]　见《书乡约义谷簿》,《邹守益集》卷一七,页818。

[2]　见曹国庆:《明代乡约推行的特点》,《中国文化研究》1997年第1期,页18—20。

[3]　《芹曝末议达蔡可泉诸公》:"保甲之法,连山书院与同志详观之。"(《邹守益集》卷一四,页708)又见《复古书院志序》,《邹守益集》卷二,页89。

[4]　见刘元卿:《书乡约彰善册》,《刘元卿集》卷十二,页480—481。

[5]　《立里社乡厉及乡约》,《邹守益集》卷一七,页791。

与宗族、官治与乡治相互衔接的结合点。乡约作为社会治理的重要一环，承载着教化与控制的双重职能。因此，对乡族社会的教化和治理成为儒者们关注的重心，如东廓所说："故古之善教天下者，必自乡始。"[1]同时，推行乡约受到理学家们格外重视的原因，如王时槐所说：

> 夫所贵于善治者，非徒以法制惩于违犯之后，而听断晰于微暧之情也。必也劝善使耻于蹈邪，崇让使耻于构讼，明分使耻于逞乱。其可乎？是故莫善于乡约之行矣。夫乡约所为禅于治者，以孝弟仁义耳提于里社之间，使人得习闻而知邪之未可蹈也；以平气修睦面释于衅隙之初，使人得息忿而知讼之未可构也；以什伍联盟预订于暇豫之日，使人思循分而知乱之未可逞也。且讼有可饰词于公庭，而不能逃于村曲之公议；盗有可诬指于胥吏，而不能掩于宗戚之真知。故善治者严整乡约而力行之，则耳目以集众而益明，词牒藉乡评而渐息，奸究无所潜踪，盗贼于焉衰止。愚故曰："莫善于乡约之行也。"[2]

说到底，乡约以"劝善、崇让、明分"的道德教化为优先，"绝恶于未萌，而起教于微眇"，[3]体现的是德治优先、化民成俗的儒家王道政治理想，故为理学家们所推崇。东廓不仅关注安福本县的乡约推行，他还为永新、永丰、新昌乡约作序。嘉靖十八年，广德州守夏臣（号弘斋）在广德举乡约，东廓将安福乡约送给夏做参考，并作《广德乡约题辞》，赞夏臣"志于一体一家之学"。[4]万历年间安福知县吴应明在全县推行乡约时，王时槐、刘元卿均为《安福乡约从先录》作序跋，并分别在南乡、西乡发挥了重要的倡导和表率作用。刘元卿亲自担任乡正，作《书乡约彰善册》，表彰乡民的善行义举。草根学者在本乡本族推行乡约的过程中，如前文所提到的西乡赵师孔、冯梦熊等人，也与知名学者一样不遗余力。乡约虽有地方政府的支持，但地方官的任期不过几年，这种自治组织更需要地方乡绅、长老的维持。明代乡约的成功推行，如朱鸿林所说，无论是源于政府命令还是民间自行推动的乡约，乡绅的参与都是常态，并且是它得以成立的重要因素，乡约的成效与它的内容和品质以及宗族和乡绅的参与程度是成正比的。[5]在阳明学盛行的江西安福县，邹东廓、王时槐、刘元卿等知名学者和众多草根学者，他们作为道德与能

---

[1]《叙永丰乡约》，《邹守益集》卷二，页58。

[2]王时槐：《安福乡约从先录跋》，《王时槐集》之一《友庆堂存稿》卷十，页240—241。

[3]《叙永丰乡约》，《邹守益集》卷二，页57—58。

[4]《广德乡约题辞》，《邹守益集》卷一七，页825。

[5]见朱鸿林：《明代嘉靖年间的增城沙堤乡约》，收入氏著：《致君与化俗：明代经筵乡约研究文选》（香港：三联书店，2013年），页244。

力集于一身的乡绅领袖，以其自觉的学术共识和使命，起到"乡人之心"的表率作用，如聂豹所说：

> 明德以亲民者，乡大夫之责也。大夫士者，乡人之心也。心者，神几而诚应，明吾孝友之德，以亲吾之父兄；明吾睦姻任恤之德，以亲吾之乡党宗族。使人之父兄，人之乡党宗族，无一而不在吾亲睦之中，则乡约今日之言，谓非井田之意乎？若夫明罚昭赏，使书示之言有所赖以行之无斁者，则有非乡大夫士所能责也。[1]

另外，就乡约体现的精神共识而言，明代的士大夫阶层，不论在官或不在官，都呈现了一种使社会文化一体化的共识，并且致力于将这个共识付诸实行。保甲制度体现了严厉的社会控制，乡约制度却在有限度的自治机制上给它提出了替换或缓和手段。观念上，士大夫阶层认为风俗是可以透过教化而改良和加以维持的。[2] 这一教化优先的共识，在阳明学者那里，正如东廓在《叙永丰乡约》中阐发的核心思想："夫教于乡者，其知一体之学乎！"王时槐也说："乡约即圣学也……夫天地以生物为德，人得之以为仁。仁者博爱兼体，故一体于亲而能孝，一体于长而能敬，一体于众而能慈，是谓上契天地生生之德。"[3] 可以说，推行乡约是阳明学万物一体精神在地方社会落实的最好途径，也是阳明学者实践儒家王道理想的重要途径。

二、丈田及赋役改革

东廓云："邑人之苦有二焉：曰虚粮，曰盗贼。"[4] 这是明代中期以来困扰吉安府百姓生计与安全的两大危害。盗贼指来自经济落后的闽广、南赣地区的流寇，他们对江右富庶的腹心地区常年不断地骚扰，严重影响了吉安地区的经济民生和地方治理。虚粮是指实际人口与黄册记载的税粮人口严重不符。江西的虚粮问题由来已久，主要表现有两个方面：一方面是赋役繁重而导致人口迁移，征不符实。明代，江西的税粮为全国十三个布政司中最重者之一，而佃户向田主缴纳的田租又远远高于田主向国家缴纳的田税。江西原本就"地产窄而生齿繁"，[5] 于是整个明代都有大量农民为逃避赋

[1] 聂豹：《永丰乡约后序》，《聂豹集》卷三，页52。
[2] 见朱鸿林：《明代嘉靖年间的增城沙堤乡约》，收入氏著：《致君与化俗：明代经筵乡约研究文选》，页244—245。
[3] 王时槐：《永乐会言》，《王时槐集》之二《友庆堂合稿》卷六，页605—606。
[4] 《叙靖寇录》，《邹守益集》卷二，页52。
[5] ［明］张瀚：《商贾纪》，《松窗梦语》（上海：上海古籍出版社，1986年），卷四，页75。

役而迁徙他乡（即逃户），[1]时有"江西填湖广"之说，从而人口锐减，产去税存，户逃役留，造成实际所存人口与黄册中注册的纳粮人口严重不符。这种情形在人口稠密的吉安府尤甚，加之征役制度屡变，虚粮问题则尤为严重。罗洪先云："窃惟征派之伪增，莫甚于吉安，规则之数易，亦莫甚于今日。惟数易，故伪增者得以高下其手，此吉安所以独坐困也。"[2]以吉水县为例，洪武初年，吉水成丁男子有二十四万余丁，其后减至十四万，嘉靖间只存九万，嘉靖二十八年知县王之诰进行了较为准确的统计，仅有七万余丁在册。但在嘉靖二十九年制定的《总会文册》中，吉水县仍被记载有九万旧丁。嘉靖三十一年吉安府的造册上仍为十四万，而盐钞一项则是七万，嘉靖三十六年编派的丁粮数额，竟然还是十四万，如是"彼此舛错，竟无归一"，[3]"将以往旧额尽行抹杀，任意更改"，[4]弊漏重重，给百姓生计带来沉重负担。虚粮问题的另一个表现是大户与官府串通而隐瞒、虚报田产，将负担转嫁给小户农民。按明制，赋役以记载土地和赋役数额的黄册为依据，由州县官吏会同地方富户编订，每当造册、科差之时，即有种种腐败勾结，出现"诡寄"（指富户以自己土地之税粮诡加于他人土地税粮中）、"飞洒"（指以自己土地之税粮，分为微数，加入他人土地税粮中，造成贫户名下有田而无实）等种种欺瞒虚假名目，造成赋役严重不均。虚粮问题也引发了一系列的社会问题，如东廓云："江右之民瘼，莫苦于虚粮。词讼日繁，追征日逼，逃亡日滋，皆虚粮之枝蔓流毒也。"[5]因虚粮问题直接关涉百姓生计，故邹东廓、罗洪先、聂豹等吉安王门学者不断地呼吁官府重新丈量土地。

从全国范围来看，土地失额问题也十分严重。明代曾经组织过两次全国范围的清丈土地，一次是在洪武初年至二十六年完成，第二次是在嘉靖与万历年间。第一次的丈田结果是编定鱼鳞册为地籍、黄册为户籍作为赋税征收的依据；但经过百余年的变迁，土地变更、人口流失而致征不符实，土地诡寄、飞洒、巨室大户与胥吏勾结等弊漏一如江右，导致嘉靖、万历年间有了第二次丈田活动。[6]嘉靖八年以来，霍韬、桂萼、郭弘化、唐能、简霄、顾鼎

---

[1]　自元末至清初，江西人口大规模地向湖广等地迁移，其原因除了上文所说的逃避赋役而迁徙外，还由于政府对移民政策的强制与提倡。相关研究见方志远：《明清湘鄂赣地区的人口流动与城乡商品经济》（北京：人民出版社，2001年），第二章，页37—79。

[2]　罗洪先：《与黄沧溪郡公论核丁》，万历本《念庵文集》卷十一，页27。

[3]　以上数字、引文见罗洪先：《与台省诸公书》，万历本《念庵文集》卷十一，页27。

[4]　罗洪先：《答王敬所大参》，万历本《念庵文集》卷十一，页40。

[5]　《与钟阳马公书》，《邹守益集》卷一一，页559—560。

[6]　见赖惠敏：《明代南直隶赋役制度的研究》（台北：台湾大学出版委员会，1983年），页10—37。

臣等朝臣先后上疏请重新丈量土地。嘉靖十年，明政府首先在江西安福、河南裕州两县推行丈量作为试点。是年适逢东廓任南京礼部主客司郎中之职考满，乞假回乡，此后居乡达八年之久，他率当地四十余名阳明学者参与了这一在全国推行最早的丈田活动。因东廓等阳明学者参与丈田及其他赋役改革的经过在张艺曦的著作和拙著《邹东廓年谱》中均有详述，[1] 故本书仅记其大概经过，重点分析学术因素在丈田推行过程中的作用。

丈田之前，东廓率诸生深入民间查访，二万余户赞同丈田，反对者仅百余人。然因丈田有利百姓而不利富户，颇受阻碍。丈田之初，即有乡绅上诉丈量不便，并诬告督丈士子"通贿曲法，任意增减"，[2] 欲沮其成。安福籍官员王文要东廓解释此事，东廓回书，表明若以为丈量不公，可由官方重新丈量，并希望王文出面劝说上诉者，平息纷争。另有一类乡绅，虽未公开反对，然亦不甚支持丈田，如当时位高权重的安福籍官员彭黯、赵璜（？—1532，字廷实，号西峰）都曾提出质疑：彭黯认为丈田有枉弊之疑，东廓回书明丈量之必要；[3] 赵璜以"在邦无怨，在家无怨"婉劝东廓，东廓答以"以公受怨不可无"，激励门人坚持督丈。[4] 一时异议纷起，众怨集于东廓。吉安知府杨彝亦开始动摇，欲以旧册征粮，并致书东廓云"未有抚按不乐行而郡县能直遂者"。东廓回书杨彝，恳请官府以民生为重，继续推行丈田，禁止奸人计谋得逞。[5] 谤言传至巡抚江西右副都御史高公韶处，高欲罪之，东廓书《简高中丞问丈量事宜》，请刘邦采递书申诉。高公韶以其事问于吉水籍官员毛伯温，毛向高陈情，事方得解。[6] 丈田完毕，登记汇总之时，再起风波。安福当地出现无名帖子，反对东廓等丈田。为此，东廓作《丈量告邑中父老文》，备述丈田利弊，指其"出于二三人之私"，"拂万姓以利一己"，并约邑中父老于当月初七、八日会于城隍祠下陈情，并愿与反对者同诉于官府。[7] 丈田毕，进入核实程序。时逢江西按察副使提督学政张时彻至安福考察，督丈诸生须参加考试，如是则将延误丈田核实工作，当年税粮若按旧册执行，将多纳万金。于是东廓致书张时彻陈述曲衷，请准诸生考毕继续

---

[1] 见张艺曦：《阳明学的乡里实践：以明中晚期江西吉水、安福两县为例》，页233—249；拙著《邹东廓年谱》嘉靖十一年条，页130—143。

[2] 《复王纯卿侍郎》，《邹守益集》卷一〇，页490。

[3] 见《简彭草亭中丞·二》，《邹守益集》卷一二，页625—626。

[4] 邹德涵：《文庄府君传》，《邹守益集》卷二七，页1363。

[5] 以上引文及事迹见《简杨几川郡侯·三》，《邹守益集》卷一四，页687—688。

[6] 见邹德涵：《文庄府君传》，页1363；《邹守益集》卷一四《简高中丞问丈量事宜》，页688—689。

[7] 以上引文及事迹见《丈量告邑中父老文》，《邹守益集》卷一八，页869—870。

督丈工作,并加奖掖以鼓舞其志;同时致书吉安知府杨彝陈情,请求支持,并呈若干核丈建议。[1] 由此可知,这一场牵动地方大户利益的丈田活动进展得并不顺利,"几成而败,败而复兴,兴而复摇,摇而复成",[2] 历经重重阻力,推行三年而后成。

丈田成功主要来自两股力量的推动:首先是在上得到了多位江西省、府级官员的支持。整个过程如东廓所述:

> 赖双江危侯受南津胡公简任,协于同志,涤脏濯胃而新之,津津然有生意矣。双江既没,而恶其害己者嗡嗡訕訕,以更生之良为断肠之酖,赖六峰李公酌于藩桌而力救之。六峰既去,而谤讪朋兴,乘墉叫呼,诬群医以私,将一网而祛之,赖秋崖朱公谋于竹虚屠侯,诸君子躬核虚实,以图其终。[3]

先有巡抚江西右副都御史胡瓒派遣危岳到安福负责主持丈田,危岳去世后,江西巡按监察御史李循义继续为之呼吁;李去任后,江西布政使司右参议朱纨谋于知府屠大山继续推行丈田。最终朱纨命吉安府同知吴少槐(号)督安福县主簿茹鏊,将丈田成果造册。至此,丈田终于划下了圆满的句号。此后,嘉靖十五年程文德任安福知县时,又将此册参照刻于正德十六年的《督赋条规》,刻为《安福县总》,东廓为作《县总后语》。县总的内容和作用是"以定各仓之派,均水推沙塞之利,而附以盐钞定额、里甲新规",[4]"按丈田之籍而提其要,以周民数,以核赋税,以均事役。奸豪无所觊,贫弱无所疚,而胥吏无所摇",[5] 即以丈田以后的户口、田亩为基础,作为重派各种赋税、差役之依据,使豪强、胥吏不得作弊。嘉靖二十二年,安福知县李一瀚造《安福邑粮总录》(黄册),备载以往丈田之绩,东廓为作《福邑粮总录序》。嘉靖三十二年,安福知县汤宾(1524—1585,字继寅,号交川)以李一瀚所造黄册为基础加以修订,造《安福三刻县总》,东廓为作《安福三刻县总序》。这两次重新造册是对以往丈田成果的继续巩固和完善。而上文所提的官员中,江西巡抚胡瓒是东廓少年时在南京从学的老师,胡瓒长子胡效才(字汝园,号双洲)为东廓讲学道友,[6] 这一关系也许是胡瓒支持丈田的一个因素。吉安府推官危岳是一位亲近王学的官员,将万物一体

---

[1] 见《邹守益集》卷一〇《简张东沙督学》,页489;卷一四《简杨几川郡侯·二》,页687。

[2] 《县总后语》,《邹守益集》卷一七,页809。

[3] 《县总后语》,《邹守益集》卷一七,页809。

[4] 《县总后语》,《邹守益集》卷一七,页809—810。

[5] 《安福三刻县总序》,《邹守益集》卷三,页95。

[6] 见《简复胡双洲》,《邹守益集》卷一〇,页528—529。

之学作为其推行丈田的理念和动力（详见本书第二章第二节之四）。巡按监察御史李循义、[1]江西布政使司右参议朱纨，以及前文提到的江西提学副使张时彻都是亲学官员。吉安知府杨彝、屠大山在任期间都与东廓有学术往来，安福知县程文德则是东廓的少年之交兼王学同道，知县李一瀚在任期间多次向东廓问学、问政，知县汤宾是欧阳德的弟子。这些官员或与东廓有私人交谊，或与阳明学有相契或亲近的关系，这些人脉关系也是他们支持丈田的因素之一。

推动丈田的第二股力量，是在下有阳明学者联合地方乡绅和生员在各乡主持公正，实地监督丈田，所谓"诸君子躬核虚实"。其中"选于山林、学校诸生以分其劳"，[2]是指乡的布衣士人和学校的青年士子。东廓在给王畿、钱德洪的书信提到有四十余名王门同道参与了丈田：

> 敝邑虚粮之害，甚于焚溺，赖当道以丈量振之，庶曰有更生之望。故内重（按，指刘肇衮）、宜充（按，指刘文敏）、子懋（按，指王钊）、仲瞻（按，指张岩）诸友及同志四十余人，共任其功，数月之间，渐已就绪矣。[3]

这里提到的刘肇衮、刘文敏诸人都是当地有影响的阳明学者，还有包括东廓门生在内的青年士子，在丈田和之后的清理赋役活动中发挥了重要作用。因丈田的关键在于有正直之士主持公正，以定土地之大小肥瘠作为征税依据，避免大户与胥吏勾结作弊，而这些居乡的阳明学者既是乡人的道德表率，同时也有不少人是有经济实力和话语权的地方乡绅，最适合充任丈田督导的角色。除阳明学者外，丈田还得到一些主持地方公义的乡绅的支持。如东廓的同年进士兼好友刘泉（1491—1533，字应占，号蒙庵）当时赋闲在乡，当丈田涉及其家族利益时，他说："终不可以一身之私而废一邑之公"，当丈田谤讪四起、某些官员也开始动摇之时，他向江西布政使司右参议朱纨上书数千言辨析利害，丈田"竟赖其力以济"。[4] 还有一些没有直接参与丈田、在外居官的安福籍官员，如先后任大理寺寺丞、少卿、都御史等职的周煦（？—1545，字启和，号弓冈），在谤议声中"屹立中流，扶持公论"，[5]以其声望和影响力支持了丈田。

---

[1] 见《简李六峰》，《邹守益集》卷一一，页 544。
[2] 《简高中丞问丈量事宜》，《邹守益集》卷一四，页 688。
[3] 《简钱绪山王龙溪》，《邹守益集》卷一二，页 617。
[4] 《蒙庵刘君应占墓志铭》，《邹守益集》卷二一，页 979。
[5] 《简周弓冈都宪》，《邹守益集》卷一二，页 604。

安福以外，嘉靖年间吉安府其他诸县的丈田也依次进行。"永新，首告成功；而安福、永丰、庐陵、吉水，以次告成"。[1] 这些丈田活动多由当地阳明学者所推动：在安福丈田之先，永新县早在嘉靖初年由知县胡伟（嘉靖元年至五年任）主持过一次丈田，[2]后由当地讲学主力李伋与同道多次上疏请命，最终完成了丈量。[3] 永丰的丈田继安福之后不久，由聂豹与知县金清（嘉靖九年至十二年任）联手推动而成。[4] 庐陵丈田是否有阳明学者参与，尚缺考证。吉水县曾于正德十六年、嘉靖二十年、二十一年举行过数次由官方主持的丈田，然"诡寄"、"飞洒"之弊不绝。常年居乡的罗洪先联合当地乡绅不断向官府申诉，终在嘉靖四十一年在其居所同水乡进行丈田试点，由罗洪先率领门人士子亲自督丈。由于这些正直之士主持公正，"宿弊顿除，贫苦者欢若更生"，[5]这一经验继而在全县推行。除上述诸县外，吉安府下辖的万安县丈田曾因阻力推行八年而未果，阳明弟子、万安籍士人郭持平在嘉靖二十四年致仕归田后，向官府申诉丈田。[6] 嘉靖二十八年，吉安府同知、亲学官员李人龙亲莅万安推行丈田，[7]仅五个多月就告成，得到官府表彰。此外，与吉安府比邻的抚州府乐安县的丈田活动，也由东廓联合当地门人推动而成：在嘉靖三十二年的青原讲会上，乐安诸生论及虚粮之弊，引起东廓等人的重视。东廓又派乐安籍门人董焕等亲至省府申诉，请求尽快在乐安丈田，并致书江西按察使马森、巡抚江西右副都御史翁溥等官员请予丈田。马森少从阳明弟子林致之学，于南京太学为诸生时，尝从欧阳德、邹东廓、罗洪先讲学，任江西按察使期间与东廓、罗洪先等阳明学者多有往来，翁溥也是阳明弟子。东廓在给马森的信中说："天假良机，明公以一体

---

[1] 《万安丈田奖绩序》，《邹守益集》卷四，页216。
[2] 见万历《吉安府志》卷三《秩官表》，页38；卷十七《贤侯传》，页237。
[3] 见张艺曦：《阳明学的乡里实践：以明中晚期江西吉水、安福两县为例》，页248。
[4] 见宋仪望：《双江聂公行状》，《聂豹集》附录，页647。又据罗洪先《代赠李侯序》："嘉靖辛卯、壬辰之间，古之安福、永丰、临之峡江，相继言履亩之善。"（万历本《念庵义集》卷十七，页9）可知永丰丈量的开始时间不晚于嘉靖十一年。
[5] 胡直：《念庵先生行状》，《衡庐精舍藏稿》卷二十三，页534。罗洪先参与吉水丈量的实践，见拙著《罗念庵的生命历程与思想世界》（北京：生活·读书·新知三联书店，2009年），页139—143、272—273。
[6] 见《明故南京刑部右侍郎浅斋郭公墓志铭》："邑中举丈田，豪势莫挠其成……力为书条利病，以请于当道。"《邹守益集》卷二二，页1015。
[7] 万历《吉安府志》卷三《秩官表》载李人龙的任职起始时间是嘉靖三十八年，有误。据罗洪先《代赠李侯序》，万安丈田的时间始于"己酉"即嘉靖二十八年。另据邹东廓《匡庐吏隐引》，李人龙参与了嘉靖二十七年的青原讲会（《邹守益集》卷一八，页885），故推断李至晚于嘉靖二十七年已任吉安府同知。

一家之学,适司其柄,梦山公(按,即翁溥)同道主张之,此乐安更生之缘也。"[1]他将马、翁二人视为同道,以阳明学万物一体的精神来鼓舞他们关怀民瘼,推行丈田。乐安丈田得到允准后,乐安县令郭謏派士子到安福咨询经验,开始推行丈田。丈田期间,东廓多次写信勉励乐安门人董燧(1503—1583,字兆明,号蓉山)、董明建(字)等协助丈田。丈田历经四个月十八日,于次年完成。郭謏离任后,马森又命乐安继任县令王鼎继续完成归户、差役编派等事,事成,东廓作《抚州府乐安县丈田记》一文备述经过。[2]由此可见,吉安府其他各县丈田的推行途径,一如安福:上有亲学官员的支持,下有阳明学者为主力的实地运作。阳明学者的作用如罗洪先所说,起到了沟通上下的"从曳导达之责"。[3]可以说,丈田在吉安府一带取得的成功,离不开阳明学者与亲近王学的官员们的共同合作,这也是阳明学万物一体之精神在地方社会实践的体现。

各地丈田的结果"虽醇疵有差,而户无虚贩,都无虚额,翛然若倒悬而解也"。[4]它带给当地百姓的利益毕竟是长久的。在安福丈田二十年后,东廓写给马森的信中说:

> 敝邑与永新、永丰,二十年来得以官无雒敛、民无逋负,而流徙渐归者,皆丈量之余惠也。[5]

从更广阔的范围看,嘉靖年间的丈田活动尚在局部地区举行。江西之外,江南赋税重地南直隶下辖的各府在官方的主持下也陆续完成了丈田。这些丈田活动为万历八年在全国范围内举行的大规模丈田进而推行一条鞭法提供了基础。[6]

丈田完成后,东廓参与安福县赋役改革的另一项工作就是协助解决安福复沙米、复水夫常数及差役带征等问题。沙米指明初赋役制度所规定的新开发土地的租税,较一般土地租税低。嘉靖十七年,吉安知府何其高将沙米税额与其他土地征收的税额等同一致,导致安福每年上缴税额增加五百余两,至嘉靖二十一年时,上缴税额累计增加了两千余两,致使百姓认为是丈量所致,怨归于东廓等人。嘉靖二十一至二十三年,东廓先后致书巡抚江西右副都御史汪玄锡、继任张岳等,请求复沙米旧额。这一问题尚未解决

[1]《与钟阳马公书》,《邹守益集》卷一一,页560。
[2]乐安丈田经过详拙著《邹东廓年谱》嘉靖三十二年条,页362—365。
[3]罗洪先:《答王西石邑令》,万历本《念庵文集》卷十一,页13。
[4]《万安丈田奖绩序》,《邹守益集》卷四,页216。
[5]《与钟阳马公书》,《邹守益集》卷一一,页560。
[6]见赖惠敏:《明代南直隶赋役制度的研究》,页10—37。

时,嘉靖二十三年,吉安府又下帖文,将安福县水马夫役名额比之明初旧额增加了135名,合计比明初多缴银万金。适逢嘉靖二十三、二十四年安福县接连遭受灾荒,民不聊生,于是东廓分别致书巡按江西监察御史魏谦吉(1509—1560,字子惠,号槐川)、江西按察副使任辙(？—1552,字子明,号竹坡)、江西布政司参议王梃(1498—?,字子长,号同野)等,请求复水马夫役旧额并论量带征,同时建议官府实施保甲法以确保地方治安稳定。申诉得到了这些省府官员的允准。嘉靖二十三年,安福沙米旧额得以恢复,水马夫役数额有所降低,差役带粮征收得到实施。[1]

以上问题解决后,由于明代江西省赋役一直繁重,东廓等阳明学者开始筹划减轻全省赋役的问题。嘉靖二十四、二十五年前后,东廓曾向巡按江西监察御史魏谦吉、江西左布政使何鳌申诉此事,未及解决,便以二人离任而未果。嘉靖二十七年阳明学者聚讲泰和县云津书院时,东廓再次与同道商议此事,欲以正德十六年由江西御史朱节(1475—1523,字守忠,号白浦)、江西布政司左参议陆溥(字原博)刊刻的《督赋条规》作为赋役依据。嘉靖二十九年,东廓联合聂豹、罗洪先等同道上疏巡抚江西右副都御史吴鹏请求重刻《督赋条规》;同时,东廓还致书巡抚江西右佥都御史张时彻,并亲自向巡按监察御史曹忭申诉此事,得委派罗闇斋至吉安府重新清查赋役。同年,江西省新的《派粮节略》得以刊刻,其中为安福县每年节省三千余金。[2]

《派粮节略》刊行后,安福"过江"一项派粮依旧,嘉靖三十八年,东廓致书巡抚江西右佥都御史何迁(1501—1574,字益之,号吉阳),就此项赋税和安福传驿税之不合理再次申诉,请求重新定税额。直至嘉靖四十一年去世前,因当时官府督税甚急,东廓还遣门人至官府申诉,请缓收税。[3]

由于赋役问题直接关系百姓生计,故一直是东廓等阳明学者在乡族建设中的关注重点。从邹东廓、罗洪先给江西各级官员的大量申诉书信中看,他们非常熟悉地方各种赋税项目,并深知其实施过程中的利弊,也能够提出有建设性的改革措施。当然在整个的丈田及赋役改革过程中,他们的关注重点和身份认同毕竟与朝廷官员有别。其"亲民"重点并不是全国性的财税制度如何良好运作这类官府考虑的制度实施问题,而首先是怎样有效解决当地百姓的生计困苦;他们参与这些工作的身份也不同于官府的官员,以履

---

[1]　以上事迹见拙著《邹东廓年谱》嘉靖二十二年条,页252—256;嘉靖二十三年条,页258—265。

[2]　以上事迹见拙著《邹东廓年谱》嘉靖二十九年条,页348—351。

[3]　以上事迹见拙著《邹东廓年谱》嘉靖三十八年条,页415—416;嘉靖四十一年条,页434—436。

行行政职责为主，而是以有威望的地方乡绅身份协助行政工作，起到主持公义、推动工作进展的辅助作用。同时在他们看来，这些工作的精神旨归是实践阳明学"万物一体之实学"的具体体现，改善赋税制度以养民固然重要，而以道德教化来明心性、化民成俗，才是治道之根本。

三、地方社会救济

东廓参与乡治建设的其他活动，如本章开头所述："赈贷周族、睦邻施义、缮道桥、广陂堰"，这些善举也是古代儒者或乡绅参与地方社会救济常有的表现。就邹东廓而言，笔者择其重要事件集中述之。

首先是参与灾荒时期的救济活动。邹东廓在安福两次发生重大灾荒时期，利用其德高望重的地位和广泛的人脉实施地方社会救济，起到重要的作用。第一次在嘉靖二十三年春，吉安一带大旱，夏秋无收成。这是一次重大的旱情，以至于《安福县志》留下记载："（嘉靖）二十三年大旱，疫，二麦不收。"[1] 东廓一方面携夫人及次子邹美等在乡间赈饥、建义仓；一方面上书巡按江西监察御史魏谦吉，提出了非常具体的赈济建议：或买北方之米，或截留上年南京仓米用以救急，或改重灾县所应纳之税米为纳银，或将吉安"过湖过江之银"留与本府及安福用以赈济等。[2] 他同时向安福县令潘玙（1494—?，字鲁珍，号瑞泉）建言，潘玙采纳了东廓的建议并呈给上级官府，得允准实施，安福百姓得以度过当年的饥荒。[3] 然而紧接着的二十四年春，吉安府一带转为淫雨成灾，"吉郡之荒，庐陵、安福、吉水为甚，泰和次之"，导致稻粮无收，东廓再次致书巡抚江西右副都御史虞守愚（1483—1569，字惟明，号东崖）请求赈济，[4] 并再次致书潘玙痛陈民情，建言赈贷之策：

> 其灾甚于旧岁。旧岁之荒，小民犹有钗珥可用，衣裳可典，牛猪可准折，今则罄然矣！凤储既竭，新债日迫，中人之产，十室九空。其闭粜索价、坐拥利权者，特豪家猾贾耳……如俯采狂言，以为非一己之私，亟报旱伤，求如旧岁多折兑淮南粮之例，而赈济之颁，务核虚实，赈粜之分，务酌多寡，日夜讲究，次第举行，庶哺赤子之乳而并生之。其万姓之感，世世且永藏焉！抚按郡公处，当为一邑请命。[5]

---

[1]　同治《安福县志》卷一《天文·灾异》，页6。
[2]　见《简槐川柱史论旱灾》，《邹守益集》卷一一，页567—568。
[3]　见《简潘瑞泉邑侯论旱灾》，《邹守益集》卷一四，页696—697。
[4]　以上引文及事迹见《简虞东崖中丞论赈粜事》，《邹守益集》卷一四，页697—698。
[5]　《简潘瑞泉邑侯论旱灾》，《邹守益集》卷一四，页697。

是年暮春，东廓因安福饥荒亲自到吉安郡城请求官府赈贷。时安福县令潘玙、庐陵县令吴祯、吉水县令王霁也到郡城请赈。值吉安知府何其高寿辰，东廓应三县令之请，作《寿对赠白坡郡公》。何其高是亲近王学的官员，他还邀东廓到迁址重建的白鹭洲书院聚会，并嘱作记。东廓为作《聚秀楼记》。此次赈贷结果未见文献记载，但从东廓与这些官员的交往来看，他颇受礼遇，而他参与救济活动的根本动因，也借着写给何其高的寿文传递给官员们："为生民立命曰寿，为天地立心曰仁。"[1]

嘉靖三十八、三十九年，安福春涝夏旱，秋种不得入土，痢疾肆虐。是年春，东廓与同志聚讲石屋山房时，商议赈灾策略。东廓一方面在家乡建义仓、联保甲，进行民间救济，一方面致书巡抚江西右佥都御史何迁，让其孙邹德涵亲自至南昌呈递，请求实施赈贷、减税、引水济旱等措施，得何迁允准。东廓还动用多重人脉资源，先后致书工部尚书欧阳必进、都察院左都御史周延、吉安知府张元谕、吉安府同知陈瀚等请求赈贷并减税。这些官员中，何迁是湛若水弟子，与阳明学者一向交好；李遂是阳明学者，与东廓往来较多；张元谕、陈瀚是本地实际运作的官员，二人都有亲阳明学的倾向；欧阳必进是安福人，周延是吉水人，虽然居官在外，也可利用其高位为家乡赈贷提供方便。这些官员或者掌控地方实权，或者官居高位，都能够切实地帮助赈灾。[2] 这些救济措施也往往是东廓与讲学同道一起商议策划而成，良知学理念始终是阳明学者们乡族实践的根源性动力。

邹氏家族救济乡里之举最为人称道的，就是邹氏数代子孙先后修缮凤林桥的故事。因此事在张艺曦的著作及拙著《邹东廓年谱》中均有详述，[3]本书为保持叙事完整之故，在此简述其原委与修桥经过。

安福县西有巨水发源于武功山（原名泸潇山），自西向东流经县治北门外，宽三百尺，环绕而过，南下经庐陵（今吉安县），汇入赣江。此地不仅是安福北乡与县城之间往返的必经之地，亦是江西通往湖南的咽喉要津。自古以来，往来交通除船渡外，"大率涉江浮航于水，加板其上，联属绵亘，以达于岸。"[4]每至洪水季节，便须停渡。即便如此，船溺人亡之惨剧往往有之。有史料记载的修桥工程自北宋即已有之。宋神宗元丰年间（1078—1085），县令上官公颖在任时，造小船数十条以木板连接为浮桥，沟通南北，安福籍

---

[1]　以上引文及事迹见《寿对赠白坡郡公》，《邹守益集》卷五，页281—282。

[2]　以上事迹见拙著《邹东廓年谱》嘉靖三十八年条，页410—413。

[3]　见张艺曦：《阳明学的乡里实践：以明中晚期江西吉水、安福两县为例》，页217—219；拙著《邹东廓年谱》嘉靖三年条，页64—68。

[4]　［宋］周必大：《修凤林浮桥记》，同治《安福县志》卷十七《艺文·记》，页6。

太学生王炎午作《修浮桥疏》，颂其善政。徽宗崇宁（1102—1106）年间，上官公颖之子上官洽亦任安福县令，再次增修。二十年间上官父子两代县令致力于斯，故邑人名之曰"上官桥"。然因木制材料不固，虽年年加固，每春洪水泛滥，即被冲毁，渡河问题仍为官民心头一大纠结。南宋高宗绍兴元年（1131），县令韩邦光莅任。[1] 是年三月，泸水暴涨，啮河堤，毁浮桥，于是韩邦光举全县之力，官民同协，费数十万之资，历三月之余，固筑河堤，重修浮桥：其下以二十舟鱼贯相连，上搭长三百尺、宽十二尺的浮桥，又于桥心建一亭，名曰"跨虹亭"，泸水南岸河堤上建"彩虹亭"，以供路人休闲。为此，安福致仕官员王庭珪特作《修凤林浮桥记》褒扬之，因此地名凤林，故以"凤林桥"名之。[2] 至孝宗淳熙年间（1174—1189），县令徐辉又修之，庐陵籍官员周必大谓"才百余年，四修而四坏"，[3] 盖自上官公颖修桥算起的百余年间，屡修屡坏，乃有莫可奈何之叹。其后，宁宗庆元年间（1195—1200）县令施广厚、嘉泰年间（1201—1204）县令徐谦亨均重修之。元末桥废，重以船摆渡。[4] 明天顺间，知县李会再修浮桥。正德十六年东廓在安福时，尝谋于本县士人刘祚、僧人本传等重修凤林桥，由知县俞爕（嘉靖一至二年任）、继任魏景星（嘉靖二至五年任）与士民协力，于嘉靖二年完工木制浮桥，然隐患仍在。至万历年间，邹善回乡后协同知县闵世翔（万历八年至十二年任）[5] 捐建凤林桥，为石制拱桥，坚固耐用。此后三十年，士民赖此桥以沟通南北。万历四十二年，邹善子邹德溥经多年呼吁奔走，再次倡修，德溥之子邹匡明捐银一千两助修。至崇祯十二年知县叶子发再修凤林桥时，德溥孙邹世祚又捐银四百两。若从正德十六年东廓倡修算起，邹氏父子于百二十年间，历经五代助修凤林桥，可谓"一体之仁"的理念在其家族中的贯彻。入清以后，凤林桥经过数次重修，助修名录中仍有邹氏族人。在今天的安福县城，凤林桥横跨泸水，舟车络绎不绝，仍然是重要的水路要道。风雨栉沐，遗泽犹在。

四、讲学、化乡与心性工夫

在阳明学者那里，人伦日用皆本于良知才是学问之根本。欧阳德认为："良知致，而天地之道立，人之能事毕矣。艺文宦业，莫非良知之用，然必根

---

[1] 见同治《安福县志》卷七《秩官·政绩》，页18。
[2] 见［宋］王庭珪：《修凤林浮桥记》，同治《安福县志》卷十七《艺文·记》，页2—3。
[3] 周必大：《修凤林浮桥记》，同治《安福县志》卷十七《艺文·记》，页6。
[4] 见同治《安福县志》卷二《舆地·桥梁》"凤林桥"条，页26—27。
[5] 见万历《吉安府志》卷三《秩官表》，页39。

诸心,得乎其实。"[1]良知融摄了一切人伦日用,故吾人一切视听言动皆应本于良知,将良知推展于事事物物当中,则一切人伦事物、学问知识莫非良知之用。东廓也说:"良知为足以开物成务。"[2]这开物成务并不在追求外在的事功,如王畿所说:"随其力之所及,在家仁家,在国仁国,在天下仁天下,所谓格物致知,儒者有用之实学也。"[3]换言之,阳明学者的讲学和乡族实践活动背后,其精神指向必然是敛归良知心体,并从中自觉磨砺致良知的心性工夫。心性工夫是一切外在活动的精神内核。就邹东廓而言,于实践中打磨心性工夫,是他早年从学阳明时就努力践行的。东廓于嘉靖初年谪官广德期间,曾至绍兴拜谒阳明。据《明儒学案·邹东廓传》载:

> (东廓)又自广德至越,文成叹其不以迁谪为意,先生(按,指东廓)曰:"一官应迹,优人随遇为故事耳。"文成默然良久,曰:"《书》称允恭克让,谦之信恭让矣,自省允克如何?"先生欿然,始悟平日之恭让不免于玩世也。[4]

关于这段典故,东廓曾在《简李六峰》一书中论及:

> 昔岁待罪广德,常请教先师。先师称古圣之德曰允恭克让,恭而弗允,让而弗克,虽外面矫揉安排,终非本体流行,毕竟有渗漏出来。[5]

阳明引《尚书·尧典》"允恭克让"语,意谓东廓对自己仕途迁谪所表现出来的不介意态度,固然有恭让之风,然未能"允克"。允者,信诚也,意即恭让不体现于外表的事相,根本上是发自内心的真诚,只从良知本体是否全然真诚恻怛而论其行事。阳明于心性隐微之处的提点,令东廓顿然醒悟平日之恭让其实尚且有私欲夹杂。数年后,东廓在家乡率领本地学者协助官府完成了极其复杂的丈田工作,此时他已经自觉地将督丈之事视为心性的磨砺之机,学问之功的实际检验。他在写给王畿、钱德洪的信中说:

> 诸友之协心秉公,而任事之际,尚有参差不齐。此见学问之功,真无穷已,一有意必,则病痛立见。古人所以历试诸艰者,正为见诸行事乃见实学。[6]

---

[1]　欧阳德:《英山县重修儒学记》,《欧阳德集》卷八,页257。
[2]　《赠南海方子之商河序》,《邹守益集》卷四,页172。
[3]　王畿:《王瑶湖文集序》,《王畿集》卷十三,页351。
[4]　黄宗羲:《邹东廓本传》,《明儒学案》卷十六,页332。
[5]　《简李六峰》,《邹守益集》卷一一,页544。
[6]　《简钱绪山王龙溪》,《邹守益集》卷一二,页617。

同道们在"任事之际，尚有参差不齐"的原因，在于内心有"意必"之私意夹杂，故东廓特别强调"见诸行事乃为实学"的工夫。嘉靖三十二年，乐安县开始核查丈田。东廓鼓励乐安流坑董氏家族的门人董兆时等参与督丈，指点他们在实地中践履戒惧工夫："学者果能戒慎恐惧，常精常明，而纵横酬酢，无一毫间断，则即此是善"，"忧患艰危，正动心忍性、增益不能境界。就此砥砺，方是对景实学，不是浮泛口说"，[1]在实践的当下反观内心，戒慎恐惧，保持良知时时精明、不为外境扰动而间断，遇困之际更要加倍砥砺，方是致良知之实功。心性工夫如何在实地磨砺，东廓文集中表述不多。同样在家乡吉水县参与督丈的罗洪先，对其用功状况有详细描述：

> 即如均赋一事，吾辈奉行当道德意，稍为乡里出力，只得耐烦细腻。故从六月至今半年，终日纷纷，未尝敢憎厌，未尝敢执着，未尝敢放纵，未尝敢张惶，未尝敢褒侮，未尝敢偏党。自朝至暮，惟恐一人不得其所。虽甚纷纷，不觉身倦，一切杂念不入，亦不见动静二境。自谓此即是静定工夫，非止纽定默坐时是静，到动应时便无着静处也。[2]

这是嘉靖四十一年罗洪先率门人参与本乡监督丈田工作的心境自道。半年间，罗洪先虽处终日纷纷的劳碌中，却能"一切杂念不入，亦不见动静二境"，但又不是枯守一己之静，其用心则是"惟恐一人不得其所"的儒家济世之怀。他常年不辍的静坐工夫在繁忙的丈田工作中得以检验，臻于打通动静、运用自如的境地，于程明道之"动亦定，静亦定"之旨真有自得。在他写给门生王养明的信中，也有一段详细的用功描述：

> 大凡处人之道，当委曲调停，不得与物为敌，真能前后左右均齐方正，始是絜矩，始能使人无怨。如是而犹有怨，非我致之矣。自始至今，幸绝未尝有厌心。故终日纷纷，绝未尝觉劳顿。缘动神而后有劳神，气不动，即动应与静中无有异境，此中虚而无物故也。经此一番，又极领益。只自处与处人未动丝发意，便自无事。稍涉动意，未有不应者。此学问印证处也。[3]

"不得与物为敌"即物我一体，"絜矩"即止于良知心体。一切行为举止乃承体起用，"绝未尝有"厌心、劳顿、私意夹杂，做到处事公正，人人各得其所。由于心地廓然大公，故虽繁忙而能身心自在，不为所累，这是罗洪先自身的

---

[1]　以上引文均见《与董生兆时六章》，《邹守益集》卷一〇，页531。

[2]　罗洪先：《松原志晤》，雍正本《念庵文集》卷八，页181。

[3]　罗洪先：《与王养明》，雍正本《念庵文集》卷四，页95。

收摄保聚之功臻于打通动静境地的真实印证。

由于讲学活动本身不仅是口耳之学的讲说，更是心性工夫实地磨砺的场所。故东廓多次申明讲会的作用："良朋四集，天机相触，无往非学，无往非乐"，"同志四集，磨偏去蔽，甚有警发"，"同志咸集，贴身洗刷"。[1] 同道间辨析义理的讲论，劝善规过的提携，默坐澄心的静修，都助益于心性工夫。东廓工夫境界突破性的提升也发生在嘉靖三十年的武功山讲会期间（详见第五章第四节）。

嘉靖四十一年秋，由安福阳明学者尹一仁、刘阳编订，黄旦、邓周等人校刻的《复古书院志》完成，"其附录曰丈田，曰粮长，曰水夫，曰机兵，曰绝军，曰额丁，曰驿递舡，曰沙米，曰乡约。是惟乡父老所图回，而诹俗询政所稽察也。"[2] 在书院志中备载地方之经济民生要事者实属罕见，这说明安福阳明学者们对于这些经济民生要事的探讨与建言，很多时候都是在书院讲学期间进行的，书院也是安福士民讨论地方民生事务的公议中心，体现了阳明学者们践行良知、将讲学与实践打通的实学精神。同时，无论是义理之讲论还是化乡之实践，于心术之微用功始终是阳明学者们一切活动的精神依归，如东廓言："先师良知之教，正欲学者用力于心术之微，充其精明真纯，去智与私，以立大本而经纶大经，盖圣门肫肫其仁之縠率绳墨也。"[3] 黄宗羲在《明儒学案序》中说："夫苟工夫着到，不离此心，则万殊总为一致"，[4] 讲学与化乡之万殊，同归于良知本心，可谓良知学精神之实质。

———————

[1] 以上引文分别见：《简聪弟道契》，《邹守益集》卷一一，页575；《简王龙溪》，《邹守益集》卷一二，页618；《简聂双江·二》，《邹守益集》卷一二，页584。

[2] 《复古书院志序》，《邹守益集》卷二，页89。

[3] 《书胡生卷》，《邹守益集》卷一七，页798—799。

[4] 黄宗羲：《明儒学案》，页7。

第四章 戒惧说的思想脉络：
须从戒惧识中和[1]

晚明刘蕺山对东廓之学有精当的概括："东廓以独知为良知，以戒惧慎独为致良知之功。"[2] 前一句指本体，后一句指工夫。东廓以独知为良知的思想本于阳明，发挥不多；戒惧说则是东廓独具特色的为学宗旨，学界对其思想的梳理也基本在此范围。[3] 这位被刘蕺山、黄宗羲推为阳明真传的学者，学界对其思想义理的分析却不够系统，对其学术的定位评价不一，甚至与中晚明学者之推崇相左，原因何在？本章及下一章从思想脉络、工夫路径、义理构造、工夫历程、思想定位等方面来解析戒惧说的理论特色，重新评价其思想意义。本章先从戒惧说的思想脉络说起。

第一节 《学》《庸》合一、戒惧慎独合一

"戒惧"一词，出自《中庸》"君子戒慎乎其所不睹，恐惧乎其所不闻"，意谓君子应时时刻刻做修养工夫，尤其在无所睹闻之时也要戒慎恐惧，精察内心的隐微活动。不过历代诸家对于"不睹不闻"的解释并不一致。东廓以戒惧为致良知之功，究其思想渊源，盖由其早年关注《大学》言"格物"与《中庸》言"戒惧慎独"之宗旨不一而来。东廓接受良知学后，其戒惧说形成了独具特色的解释系统。宋仪望《邹东廓先生行状》载：

> 先生既受徒山房，乃以闻于王公者精思力行，沛然有得。既又探之周、程以遡孔、颜，考之濂洛诸书以证六经，若同轨合辙，无复疑二，于是

---

[1] 《宿吴生从本家题竹山春窝》，《邹守益集》卷二六，页1272。

[2] 黄宗羲：《明儒学案·师说》，页8。

[3] 如劳思光先生即以"戒慎恐惧"之工夫论为其学之大概。见氏著：《新编中国哲学史》（卷三上），页351—355。

作《学说》，以警同志。[1]

宋仪望所述是东廓在赣州从学阳明回到安福后首次提出戒惧说的思想过程，虽记载的是东廓拜师之初的为学情况，然其日后成熟的为学宗旨及思想依据，大体不出这一脉络线索。若将"闻于王公者""沛然有得""考之濂洛诸书"置于东廓思想的整体构架下考虑，正可对应戒惧说形成的三个思想脉络：首先，"闻于王公者"，即发挥阳明学彻底的一元论思路，将《大学》《中庸》的格致、慎独、戒惧工夫合一，总归于戒惧工夫；其次"沛然有得"，将《中庸》"戒慎恐惧以致中和"[2]的义理结构转化为"戒惧以致良知"的自家为学宗旨；再次"考之濂洛诸书"，以濂洛之学会通戒惧说，取得学统上的合法性。本节先述第一个思想脉络。

一、朱子释戒惧、慎独

《中庸》之"戒慎恐惧"作为宋明儒者体认天理的共法和基本功，历来受到重视。但在不同的思想脉络中，思想家依其理论体系和用功方式而有不同的解释内容。东廓早年的困惑由朱子之释《大学》《中庸》而起，故先从朱子对《大学》《中庸》以及戒惧、慎独的诠释说起。

东廓的疑问在于：《大学》首章指出，欲止于至善之境，道德实践的起点始自致知、格物，而《中庸》首章则以戒慎、慎独作为至达天命之性的修养工夫，二者工夫名目、内涵均不同。那么，如何解读《大学》《中庸》之文本差异？东廓最初的理解，是依照当时官定的朱学解释脉络而来的。朱子改本的《大学》特地补"格物致知传"，尤其强调了格致之功：

格，至也。物，犹事也。穷至事物之理，欲其极处无不到也。

所谓致知在格物者，言欲致吾之知，在即物而穷其理也……是以大学始教，必使学者即凡天下之物，莫不因其已知之理而益穷之，以求至乎其极。[3]

这种即事即物去穷究物理的路子，"基本精神是要求人通过对外在对象的考究以把握义理"。[4] 虽然最终的目的是明善，[5]然其途径则有明显的向

---

[1]　宋仪望：《邹东廓先生行状》，《邹守益集》卷二七，页1368。

[2]　《复夏太仆敦夫》，《邹守益集》卷一〇，页493。

[3]　朱熹：《大学章句》，《四书章句集注》，页4、6、7。

[4]　陈来：《朱子哲学研究》（上海：华东师范大学出版社，2000年），页295。

[5]　朱子云："如《大学》致知、格物，所以求仁也；《中庸》博学、审问、慎思、明辨、力行，亦所以求仁也。"［宋］朱熹，黎靖德编，杨绳其、周娴君校点：《朱子语类》（长沙：岳麓书社，1997年），卷六，页103。

外探求各种知识、事理的倾向，而且朱子本人也明确反对把格物归结为反省内求：

> 格物须是到处求，"博学之，审问之，谨思之，明辨之"，皆格物之谓也。若只求诸己，亦恐有见错处，不可执一。[1]

再看朱子对于《中庸》"戒惧慎独"的解释：

> 道者，日用事物当行之理，皆性之德而具于心，无物不有，无时不然，所以不可须臾离也。若其可离，则为外物而非道矣。是以君子之心常存敬畏，虽不见闻，亦不敢忽，所以存天理之本然，而不使离于须臾之顷也。
>
> 独者，人所不知而己所独知之地也。言幽暗之中，细微之事，迹虽未形而几则已动，人虽不知而己独知之，则是天下之事无有著见明显而过于此者。是以君子既常戒惧，而于此尤加谨焉，所以遏人欲于将萌，而不使其滋长于隐微之中，以至离道之远也。[2]

在朱子之前，对《中庸》《大学》慎独之"独"的理解以郑玄、孔颖达最为著名。郑玄注曰："慎独者，慎其闲居之所为。小人于隐者动作言语，自以为不见睹，不见闻，则必肆尽其情也。"孔颖达疏曰："故君子慎其独也者，以其隐微之处，恐其罪恶彰显，故君子之人恒慎其独居。"[3] 郑注、孔疏均从空间意义的"闲居""独居"来解释"独"。朱子则将"独"敛归"人所不知而己所独知之"的意识活动。戒惧即内心常存敬畏，于己之所不见闻处小心把持。慎独则于"人虽不知而己独知"的念头刚刚萌动之初（几）便加以谨慎检点，做去欲复性之功，从而使吾心所体认之天理须臾不离。很显然，朱子将戒惧、慎独工夫敛归于内在的心理活动。尤其在朱子强调"格物须是到处求"的格致论框架下，至少在形式上，格物、致知之向外考究与戒惧、慎独之内敛倾向，在方式和方向上确有不同。

那么，这一问题在朱子那里如何处理？这在朱子并不构成矛盾。朱子将《大学》列为《四书》之首，"《大学》是为学纲目。先通《大学》，立定纲领"[4]，

---

[1] 朱熹：《朱子语类》卷十八，页377。

[2] 朱熹：《中庸章句》，《四书章句集注》，页17—18。按，以上两段引文是朱熹对《中庸》"道也者，不可须臾离也，可离非道也。是故君子戒慎乎其所不睹，恐惧乎其所不闻。莫见乎隐，莫显乎微，故君子慎其独也"的注解。

[3] ［汉］郑玄注、［唐］孔颖达疏：《礼记正义》卷五十二，李学勤主编：《十三经注疏》（北京：北京大学出版社，1999年），页1422、1424。

[4] 朱熹：《朱子语类》卷十四，页224。

将《论语》《孟子》《中庸》所述修养工夫都纳入《大学》的框架、纲领中去，如云："《论语》《孟子》都是《大学》中肉菜，先后浅深，参差互见。若不把《大学》做个匡壳子，卒亦未易看得。"[1]又说："如读《中庸》求义理，只是致知功夫；如谨独修省，亦只是诚意。"[2]如是，《中庸》之义理与《大学》之致知打通，《中庸》之慎独与《大学》之诚意打通。同时，工夫各有主次轻重之别。朱子谓：

> "知至而后意诚"，已有八分。恐有照管不到，故曰慎独。
>
> 致知者，诚意之本也；慎独者，诚意之助也。致知，则意已诚七八分了，只是犹恐隐微独处尚有些子未诚实处，故其要在慎独。[3]

故朱子仍以《大学》格致之功为基础，而格物致知的根本目的仍要回归于修身[4]——格致是诚意的基础，慎独为"隐微独处"、格致"照管不到"时的工夫，为"诚意之助"。以上是朱子协调《大学》《中庸》工夫名目的方式。不仅如此，在朱子重分析的思路框架下，《中庸》之戒惧、慎独也分疏为两个不同的工夫内容。此在前文所引《中庸章句》中只是简要提揭，而在《中庸或问》中，朱子以设问、回答的形式，于戒惧、慎独之区别阐发尤详：

> 或问：既曰"道也者，不可须臾离也，可离非道也，是故君子戒慎乎其所不睹，恐惧乎其所不闻"矣，而又曰"莫见乎隐，莫显乎微，故君子慎其独也"，何也？
>
> 曰：此因论率性之道，以明由教而入者，其始当如此，盖两事也。其先言道不可离，而君子必戒谨恐惧乎其所不睹不闻者，所以言道之无所不在、无时不然，学者当先其事之未然而周防之，以全其本然之体也。又言莫见乎隐，莫显乎微，而君子必慎其独者，所以言隐微之间，人所不见而己独知之，则其事之纤悉无不显著，又有甚于他人之知者。学者尤当随其念之方萌而致察焉，以谨其善恶之几也……盖不待其征于色、发于声，然后有以用其力也。夫既已如此矣，则又以谓道固无所不在，而幽隐之间，乃他人之所不见而己所独见；道固无时不然，而细微之事，乃他人之所不闻而己所独闻。是皆常情所忽，以为可以欺天罔人而不必

---

[1]　见朱熹：《朱子语类》卷十九，页384。按"匡壳子"，《朱子全书》作"匡纲了"，见《朱子全书》第十四册，页644。

[2]　朱熹：《朱子语类》卷六十二，页1322。

[3]　朱熹：《朱子语类》卷十六，页296—297。

[4]　朱熹：《朱子语类》卷十四："问：'《大学》一书，皆以修身为本。正心、诚意、致知、格物，皆是修身内事。'曰：'此四者成就那修身。修身推出，做许多事。'"（页224）

谨者……而于此尤不敢不致其谨焉，必使其几微之际，无一毫人欲之萌，而纯乎义理之发，则下学之功尽善全美，而无须臾之间矣。二者相须，皆反躬为己、遏人欲、存天理之实事……

曰：诸家之说，皆以戒慎不睹、恐惧不闻即为谨独之意，子乃分之以为两事，无乃破碎支离之甚耶？

曰：既言道不可离，则是无适而不在矣，而又言"莫见乎隐，莫显乎微"，则是要切之处尤在于隐微也。既言戒谨不睹、恐惧不闻，则是无处而不谨矣；又言谨独，则是其所谨者尤在于独也。是固不容于不异矣。若其同为一事，则其为言，又何必若是之重复耶？……

曰：子又安知不睹不闻之不为独乎？

曰：其所不睹不闻者，己之所不睹不闻也，故上言道不可离，而下言君子自其平常之处，无所不用其戒惧，而极言之以至于此也。独者，人之所不睹不闻也，故上言"莫见乎隐，莫显乎微"，而下言君子之所谨者，尤在于此幽隐之地也。是其语势自相唱和，各有血脉，理甚分明。如曰是两条者皆为谨独之意，则是持守之功无所施于平常之处，而专在幽隐之间也，且虽免于破碎之讥，而其繁复偏滞而无所当，亦甚矣。[1]

以往的解释中，多将戒慎不睹、恐惧不闻与慎独视为同义，朱子则依据《中庸》先言戒惧、后言慎独之文字区别，不厌其烦地三设问三解答，以明戒惧与慎独的实际侧重内容不同。进而，朱子又结合《中庸》"中和"之义，将戒惧、慎独分别与中、和相对应：

方其未发，浑然在中，无所偏倚，故谓之中；及其发而皆得其当，无所乖戾，故谓之和……惟君子自其不睹不闻之前，而所以戒谨恐惧者愈严愈敬，以至于无一毫之偏倚，而守之常不失焉，则为有以致其中，而大本之立日以益固矣。尤于隐微幽独之际，而所以谨其善恶之几者愈精愈密，以至于无一毫之差谬，而行之每不违焉，则为有以致其和，而达道之行日以益广矣……至于静而无一息之不中，则吾心正，而天地之心亦正，故阴阳动静各止其所，而天地于此乎位矣。动而无一事之不和，则吾气顺，而天地之气亦顺，故充塞无间，欢欣交通，而万物于此乎育矣。[2]

结合以上两段文字看，戒惧和慎独工夫的区别在于，戒惧之功用于事为、念虑未发之前（自其不睹不闻之前），于此谨慎敬畏、无一毫之偏倚，即所谓

---

[1] 朱熹：《中庸或问》上，《朱子全书》第六册，页558—559。

[2] 朱熹：《中庸或问》上，《朱子全书》第六册，页554—556。

"事之未然而周防之"，守之不失，则能"全其本然之体"，此即致中、立大本、天地位；慎独之功用于事为、念虑已发的隐微幽独之际（人之所不睹不闻），于此作谨独工夫、无一毫之差谬，即所谓"随其念之方萌而致察焉，以谨其善恶之几"，行之不违，即是致和、达道、万物育。总之戒惧是"施于平常之处"的工夫，然人所不知而己独知的隐微之处最易为常情所忽，故慎独是"专在幽隐之间""要切之处""尤在于独"的特定工夫。朱子也明确说：

> 戒慎一节，当分为两事。"戒慎不睹，恐惧不闻"，如言"听于无声，视于无形"，是防之于未然，以全其体；"慎独"，是察之于将然，以审其几。[１]

如此来看，戒惧和慎独工夫分别对应于念虑未发与念虑已发、静与动时的两节工夫，这也符合朱子一贯将已发、未发分说的理路。然而有时候朱子关于戒惧、慎独的观点，又与上述不一致。《朱子语类》载：

> 黄灏谓："戒惧是统体做功夫，谨独是又于其中紧切处加工夫，犹一经一纬而成帛。"先生以为然。
>
> 问"谨独"。曰："是从见闻处至不睹不闻处皆戒谨了，又就其中于独处更加谨也。是无所不谨，而慎上更加谨也。"[２]

在此，朱子又认为戒惧不只是未发工夫，而是"统体做工夫"，"是从见闻处至不睹不闻处皆戒慎了"，"是无所不谨"，慎独只是就"独处""紧切处"的一个"慎上更加谨"的特定工夫——此义在《中庸或问》中已说之。问题是，朱子又说戒惧贯通了已发、未发，那么《中庸或问》中又谓慎独是已发工夫——戒惧与慎独工夫岂不重合了吗？若慎独只是于戒惧工夫处"更加慎也"，其于已发处的独立意义就被消解掉了。那么，戒惧与慎独究竟是一个还是两个工夫呢？朱子又云：

> 已发未发，只是说心有已发时，有未发时。方其未有事时，便是未发；才有所感，便是已发，却不要泥着。谨独是从戒慎恐惧处无时无处不用力，到此处又须谨独。只是一体事，不是两节。[３]

如是，朱子关于戒惧与慎独工夫"分为两事"与"只是一体事"的讲法看似相互矛盾，如何理解？[４]　如果站在朱子的理路来看，可作如是理解：

---

［１］　朱熹：《朱子语类》卷六十二，页1343。
［２］　朱熹：《朱子语类》卷六十二，页1342—1343。
［３］　朱熹：《朱子语类》卷六十二，页1349。
［４］　对此陈来先生也认为："朱子学中也有一些理论上说不清楚的地方。"氏著：《有无之境——王阳明哲学的精神》，页300。

其一，将戒惧、慎独视为"两事"的原因，朱子之说有从用功的阶段上强调的针对性，即为工夫未熟、未臻圣贤境界的学者提供一个阶梯。《或问》中说得很清楚："此因论率性之道，以明由教而入者，其始当如此，盖两事也。"由教而入即从学者位上用功，须分动静、体用，"二者相须"，方能保证工夫于动静之间须臾不离，从而"无一毫人欲之萌，而纯乎义理之发"。

其二，戒惧工夫在朱子那里乃是一切工夫之底色。陈立胜对朱子之戒惧与慎独的关系有一精彩分析：就其发生作用的时段来说，戒慎恐惧是彻头彻尾、无时无处不下工夫，而慎独则通常"限定"在念虑之将萌这一"独知"时段上，特针对关键环节（"几""人最易堕落处"）而论，是戒慎恐惧的猛然加力，故变成"慎上加慎"的慎独工夫。要之，戒惧（静存）与慎独（动察）乃是两轮一体之工夫。两事说强调同中之异，一事说突出异中之同。善观者自不会因其言异而将两者固化为不相干之两截，亦不会因其言同而泯灭两者之分际。[1] 因为说到底，两事、一事不过是言语名相上的差别，朱子也说"不要泥着"，说两事也是为了让学者搞清工夫理路的言说方便，这也符合朱子重分析、重体系对应的表述方式。

其三，从体用观上看戒惧与慎独，朱子将其分别对应于"中"之体与"和"之用：

> 自戒惧而约之，以至于至静之中无少偏倚，而其守不失，则极其中而天地位矣。自谨独而精之，以至于应物之处无少差谬，而无适不然，则极其和而万物育矣。盖天地万物，本吾一体，吾之心正，则天地之心亦正矣；吾之气顺，则天地之气亦顺矣，故其效验至于如此。此学问之极功、圣人之能事，初非有待于外，而修道之教亦在其中矣。是其一体一用虽有动静之殊，然必其体立而后用有以行，则其实亦非有两事也。[2]

在此，戒惧以致中、明体，慎独以致和、达用。中与和、体与用最终仍然要合一，因此，戒惧与慎独也必然是一体的。同时，这也是工夫到了"学问之极功、圣人之能事"的境界时，体涵摄用，道涵摄教，体用一源，动静一体，自然戒惧、慎独之功合一。

总体而言，把戒惧与慎独的关系放在朱子的体用观理路中来看，可以得到最全面的解读。戒惧与慎独的关系如同朱子对体用一源的理解，是体用有别而又不离的关系：就体用有别而言，在朱子以静动、体用、未发已发有

---

[1]　见陈立胜：《作为修身学范畴的"独知"概念之形成——朱子慎独工夫新论》，《复旦学报》2016 年第 4 期，页 76—78。

[2]　以上引文见朱熹：《中庸章句》，《四书章句集注》，页 18。

别的思路框架下,戒惧与慎独各有其用功时节和侧重点;就体用不离而言,则戒惧与慎独乃是两轮一体之工夫。当然,朱子的这一思路,从阳明学的体用观来看,仍嫌过于剖析,阳明谓:"即体而言用在体,即用而言体在用,是谓体用一源。"[1]阳明将朱子之体用动静彻底打并归一,为彻底的一元论理路,自然也将戒惧与慎独打并归一为"独知"的致良知工夫。

二、阳明释戒惧、慎独

东廓早年对于朱子论戒惧、慎独的困惑,文献未记载其具体内容,但他疑惑的原因无非有二:"若非对朱子思想了解之不透彻,便是对朱子思路之不契。"[2]正德十四年东廓初次见到阳明时,即以此疑问请益。阳明谓:

> 致知者,致吾心之良知于事事物物也。致吾心之良知于事事物物,则事事物物皆得其理矣。致吾心之良知者,致知也。事事物物皆得其理者,格物也。独即所谓良知也。慎独者,所以致其良知也。戒谨恐惧,所以慎其独也。故《大学》《中庸》之旨,一也。[3]

在阳明的彻底一元论思路中,致知不再具有朱子学的知性扩充意味,而是推致吾心之良知于事事物物,致良知即致知,亦即格物。同时,《中庸》慎独之"独"也不再是朱子学中"人所不知而己所独知"的或善或恶的"念头",而是"人虽不知而己所独知者,此正是吾心良知处"[4]。独知即良知(心体),慎独即戒慎恐惧,慎独即是致良知,从而将《大学》之格物与致知、《中庸》之戒惧与慎独工夫全都收归于"致吾心之良知于事事物物"的致良知教中。[5]因此,《学》《庸》宗旨合一,戒惧是通达良知(独知)圣境的工夫方法。以阳明的思路,他对朱子将戒惧、慎独分为"两事"的做法自然是不满意的,从他答弟子黄洛村之问可以得知:

> 正之(按,即黄洛村字)问:"戒惧是己所不知时工夫,慎独是己所独知时工夫,此说如何?"先生曰:"只是一个工夫。无事时固是独知,有事时亦是独知。人若不知于此独知之地用力,只在人所共知处用功,便

---

[1]　王守仁:《传习录》上,《王阳明全集》卷一,页31。
[2]　朱湘钰:《平实道中启新局——江右三子良知学研究》,页32。
[3]　徐阶:《邹公神道碑铭》,《邹守益集》卷二七,页1379。按,这段论学内容在耿定向《东廓邹先生传》(《邹守益集》卷二七,页1382—1383)亦有记载。
[4]　王守仁:《传习录》下,《王阳明全集》卷三,页119。
[5]　按,阳明致良知教的正式提出当在正德十五年,但早在正德七年阳明与徐爱论学时就已提出"良知"的概念,此后答门人问中亦显露出"致良知"思想的萌芽。故此时"阳明已知宗旨,只是未为主张耳"。见陈来:《有无之境——王阳明哲学的精神》,页162、164。

是作伪，便是见君子而后厌然。此独知处便是诚的萌芽。此处不论善念恶念，更无虚假，一是百是，一错百错，正是王霸义利诚伪善恶界头。于此一立立定，便是端本澄源，便是立诚。古人许多诚身的工夫，精神命脉，全体只在此处。真是莫见莫显，无时无处，无终无始，只是此个工夫。今若又分戒惧为己所不知，即工夫便支离，亦有间断。既戒惧即是知，己若不知，是谁戒惧？如此见解，便要流入断灭禅定。"（正之）曰："不论善念恶念，更无虚假，则独知之地更无无念时邪？"（阳明）曰："戒惧亦是念。戒惧之念，无时可息。若戒惧之心稍有不存，不是昏聩，便已流入恶念。自朝至暮，自少至老，若要无念，即是己不知，此除是昏睡，除是槁木死灰。"[1]

这里，戒惧与慎独既无朱子那样分为已发与未发的时段先后，而是"无时""无终无始"，也无朱子那样分为"人所共知"与"已所独知"的空间之别，而是"无处"。在阳明看来，一分疏"工夫便支离，亦有间断"。不仅如此，按阳明已发未发、寂感动静合一之思路，这种支离还会带来另外的问题。他在《答汪石潭内翰》一信中即指出：

> 朱子于未发之说，其始亦尝疑之，今其集中所与南轩论难辩析者，盖往复数十而后决，其说则今之《中庸注疏》是也。其于此亦非苟矣。独其所谓"自戒惧而约之，以至于至静之中；自谨独而精之，以至于应物之处"者，亦若过于剖析。而后之读者遂以分为两节，而疑其别有寂然不动、静而存养之时，不知常存戒慎恐惧之心，则其工夫未始有一息之间，非必自其不睹不闻而存养也……动无不和，即静无不中。[2]

文中"自戒惧而约之……"即前引朱子《中庸章句》所言，为静中戒惧、动中慎独的工夫。阳明注意到，朱子并未将戒惧与慎独、未发与已发断然分为两节，而是认为朱子"过于剖析"的思路容易导致学者"遂以分为两节"，不仅导致工夫支离，而且导致学者以为在心体之外"别有寂然不动、静而存养"的工夫。故阳明有意打破朱子分体用、动静、已发未发的分析式思路，强调心体为动静一体，将朱子的两节工夫合为一节工夫，[3] 如王畿所说："存省一

---

[1]　王守仁：《传习录》上，《王阳明全集》卷一，页34—35。
[2]　王守仁：《答汪石潭内翰》，《王阳明全集》卷四，页147。
[3]　陈立胜对朱王"独知"工夫论之异同有精彩的分析：戒慎恐惧无间于动静乃朱王两人工夫论之共识，二人之不同在于，阳明将在朱子那里只是心之已发的"独知"工夫、一节工夫提升为全体工夫，如此，独知工夫不仅与朱子未发前之"涵养工夫"合并，而且也与朱子"格物穷理"之工夫会通。见氏著：《王阳明"独知"工夫论——兼论王阳明与朱子工夫论之异同》，《中山大学学报》2016年第5期，页90。

事,中和一道,位育一原,皆非有二也。晦翁随处分而为二,先师随处合而为一,此其大较也。"[1]因此工夫亦当是"动无不和,即静无不中",无一息停顿。故而,在阳明彻底的一元论思路中,戒惧与慎独只是一个工夫:独知,即无分动静、时时提撕心体(良知)保持明觉精察的状态,使之不流于昏睡、枯槁、恶念,所谓"戒惧之念,无时可息"。

需要说明的是,阳明论戒惧、慎独往往随弟子设问而答,故而不同的语境中,对戒惧、慎独的解释重点也是不同的。上文阳明之论,均针对朱子分戒惧、慎独为两事而论二者合一,并释良知为独知、独体。在另外的语境中,阳明则谓:

> 自视听言动以至富贵贫贱、患难死生,皆事变也。事变亦只在人情里。其要只在致中和,致中和只在谨独。
>
> 直问:"颜子'择中庸',是如何择?"先生曰:"亦是戒慎不睹,恐惧不闻,就己心之动处,辨别出天理来。"[2]

此是就《中庸》原本的文义脉络,论致中和之功只在戒惧、慎独。阳明又谓:

> "戒慎不睹,恐惧不闻"者,时时自见己过之功。
>
> 防于未萌之先,而克于方萌之际,此正《中庸》"戒慎恐惧"、《大学》"致知格物"之功,舍此之外,无别功矣。[3]

此是就具体工夫方法而言,论戒惧、慎独之功是在防欲于未萌之先、克欲于方萌之际,时时检点己过。总之,阳明以"'致良知'是学问大头脑,是圣人教人第一义"[4],故而对戒惧说随具体语境而发,并不特别提揭。

三、东廓论《学》《庸》合一、戒惧慎独合一

邹东廓特别发挥了阳明论《学》《庸》合一、慎独与戒惧合一、戒惧慎独即是致良知的观点,并提揭戒惧说为致知工夫和学术宗旨。嘉靖三十六年,东廓应江西提学王宗沐之请讲于白鹭洲书院,著有《白鹭书院讲义》,集中阐发了这一思想:

> 圣学之裂也久矣,而谁与一之?《大学》《中庸》,天下童而习之也,

[1]　王畿:《书婺源同志会约》,《王畿集》卷二,页39。
[2]　以上引文分别见王守仁:《传习录》上,《王阳明全集》卷一,页15;《传习录拾遗》第26条,《王阳明全集》卷三十二,页1175。
[3]　以上引文分别见王守仁:《寄诸弟》,《王阳明全集》卷四,页172;《传习录》中,《王阳明全集》卷二,页66。
[4]　王守仁:《传习录》中,《王阳明全集》卷二,页71。

谓抖去外物而后可入道，则有物有则者裂矣；谓即物以穷理，则万物皆备于我者裂矣；谓先知而后行，则知至至之、知终终之者裂矣；谓静存而动察，则逝者如斯、不舍昼夜者裂矣。孔、曾、思、孟，师友之授受也，而几若分门以立，将奚从而趋之？阳明先师以《大学》古本约来学，将一以所趋也，而异者犹如聚讼。其证诸《中庸》，曰"子思子撮一部《大学》作《中庸》首章"[1]，良工苦心，协于克一。千载精一之蕴，可以涣然冰释矣！

　　诸生请于王子曰："幸究其一。"曰："《大学》以家国天下纳诸明明德，《中庸》以天地万物纳诸致中和。天地万物者，家国天下之总名也；中和者，明德之异名也。明德即性也。明明德、亲民而止至善，安焉谓之率性，复焉谓之修道，而本本原原，不越慎独一脉。独知之为德也，其神矣乎！天行合健，向夕不见息；杲日合明，容光必照，周流六虚，弥亘万古，而推之无始，引之无终，超然声臭，不可度思。故自其独知之真切，乐行忧违确乎不可拔也，命曰思诚；自其忧乐之精明炯乎不可昧也，命曰致知；自其忧乐之所在森乎不逾其则也，命曰格物；物不逾其则，则知复其精，意复其真，夫是以忿懥好乐无所滞而心得其正，命之曰中；亲爱贱恶无所辟而身得其修，命之曰和。立中达和，溥博而时出之，以言乎家庭曰齐，以言乎闾里曰治，以言乎四海九州曰天下平，以言乎天地万物则备矣。故人人有家，人人有国，人人有天下，人人有天地万物，则自天子至于庶人，更无二学……自唐虞至于洙泗，更无二功……凡我同志，各从独知之神，自戒自惧，正目倾耳，顾諟明命，日用三千三百，无非明哲之流贯……"[2]

东廓首先批评了摒弃人事（抖去外物）的工夫方式，这是宋明儒者对佛道二教的惯常批评，进而又批评了即物穷理、知先行后、静存动察的修养方法，这是批评朱子之学，他认为二者均有支离割裂之弊。他将《学》《庸》宗旨打通，《大学》之"家国天下"即《中庸》之"天地万物"，《大学》之"明德"即《中庸》之"天命之性"，《大学》之"明明德"即《中庸》之"致中和"；能"明德亲民止于至善"即《中庸》之"率性"，明明德之功，即《中庸》之慎独。东廓沿用了阳明对"独"的解释，慎独为"独知"之功。"独知"又同于《中庸》之"思诚"、《大学》之"格物""致知"；工夫成就时，《大学》"忿懥好乐无所滞而心得其

---

[1]　《传习录》上："澄问《学》《庸》同异。先生曰：'子思括《大学》一书之义，为《中庸》首章。'"（《王阳明全集》卷一，页16）

[2]　《白鹭书院讲义》，《邹守益集》卷一六，页753—754。

正"即《中庸》之"中"，《大学》"亲爱贱恶无所辟而身得其修"即《中庸》之"和"。一言以蔽之，《大学》《中庸》的修养德目和方式都可收归于慎独、独知之功："《大学》《中庸》论有详略，而慎独一脉，炯然无异。"[1]从言说方式看，东廓论"物不逾其则，则知复其精，意复其真"，亦沿袭阳明将"心、意、知、物"敛归于"心"之结构，从而将《学》《庸》修养德目都敛归到内在心性的观照之中，也即是慎独之功。东廓"自其……命曰……"的言说方式，也与阳明以"心"统摄心、意、知、物、格、致、诚、正的一元论思路完全一致。阳明谓："理一而已，以其理之凝聚而言则谓之性，以其凝聚之主宰而言则谓之心，以其主宰之发动而言则谓之意，以其发动之明觉而言则谓之知，以其明觉之感应而言则谓之物。故就物而言谓之格，就知而言谓之致，就意而言谓之诚，就心而言谓之正。"[2]稍有不同的是，阳明致良知教紧扣《大学》，故"一心"之贯通偏重在《大学》诸德目，东廓则以慎独将《学》《庸》的修养德目全部贯通。除《白鹭书院讲义》之外，东廓将《学》《庸》贯通的讲法还有很多，内容及论证方式与上文基本类似，只是具体德目稍有变化。[3]　总体上看，其心学的出发点和彻底的一元论思路与阳明是一致的。

进而，在《学》《庸》合一的思想脉络中，东廓将戒惧与慎独贯通为一个工夫。其谓：

> 戒慎恐惧便是慎，不睹不闻、莫见莫显便是独。[4]

> 慎字从心从真，独知精明，戒惧常存，不肯以一毫私伪障吾本体，日用人伦庶物，须臾勿离，方是真心，方谓之慎独。[5]

"不睹不闻便是独"即是以"独"为本体、"独知"为良知。保持"独知精明"，即是戒惧，即是慎。此与阳明"独即所谓良知也。慎独者，所以致其良知也。戒慎恐惧，所以慎其独也"的理路一致。具体的义理阐发，容后第五章论之。

---

[1] 《寄孙德涵德溥》，《邹守益集》卷一三，页662。
[2] 王守仁：《传习录》中，《王阳明全集》卷二，页76—77。
[3] 如《浙游聚讲问答（费浩然等录）》："自戒惧之灵明无障，便是致知；自戒惧之流贯而无亏，便是格物。故先师云：子思子撮一部《大学》作《中庸》首章，圣学脉络通一无二，净洗后世支离异同之窟。正心是未发之中，修身是发而中节之和，天地位万物育，是齐家治国平天下，词有详略，工夫无详略。"（《邹守益集》卷一六，页771）再如《艮斋说》："《大学》《中庸》，圣门授受之源流也，中和有异名，而戒惧无二功，发育万物，峻极于天，只自戒惧不离致之。仁敬慈孝，止之位也；切磋砥磨，止之功也，自戒惧之瑟僩为恂慄，自戒惧之赫喧为威仪，三千三百，皆不睹不闻流出，而乌能二之？"（《邹守益集》卷九，页485）
[4] 《浙游聚讲问答（费浩然等录）》，《邹守益集》卷一六，页770—771。
[5] 《濮致昭录会语》，《邹守益集》卷一六，页773。

第二节　依托《中庸》展开戒惧说

一、阳明学建构的思想背景

一种学说的产生，往往与相应的时代背景有对应点。自明初始，程朱理学成为官方意识形态并以程序化的教育及科举制度与政治、经济利益直接挂钩。如此一来，"本来是批评性相当深刻的程朱学说，一方面深入社会生活，成了一般思想世界普遍接受的知识和原则，另一方面渐渐地失去了站在政治体制外的超越和自由立场，成了政治权力与意识形态的诠释文本"[1]，儒学异化为谋求仕途的"俗学"和只知训诂辞章的"支离之学"，"希圣"精神被剥落、俗化，这是阳明所处时代的学术背景。就阳明个人的经历来看，他十六岁因格竹致疾而对朱子学产生怀疑，三十七岁于龙场大悟"心即理"，将朱子之"格物穷理"敛归内在心体。故阳明立说之缘起在于扭转朱子具有认知倾向的格物致知论，同时亦本孟子学之精神，提出"致良知"的为学宗旨。众所周知，朱子关于修养工夫的核心思想体现在其对《大学》的注解中，其中，"特别注重其格物致知说，以作为朱子儒学思想的基本工夫论"[2]。牟宗三先生亦云："自朱子后，《大学》成了讨论底中心，故阳明之致良知亦套在《大学》里说，以扭转朱子之本末颠倒。《大学》有正心、诚意、致知、格物，故言良知亦须在心意知物之整套关联中而言之。"[3]这表明，阳明立说的思想背景之中，主观上有早年的格竹之困，客观上有扭转当时思想界惯依朱子学思维定势之需要，故阳明立论仍以朱子格致说所依托的《大学》为脉络和基本语境，其致良知教的四句教纲领——"无善无恶是心之体，有善有恶是意之动，知善知恶是良知，为善去恶是格物"，便是套用《大学》正心、诚意、致知、格物之关联作为理论构架，就道德实践本身讲出另一套格物致知论。虽然，阳明将《大学》所言之"致知"转为"致良知"，不一定符合《大学》原义，但能言之成理，自成一完备的理论和工夫系统。

到了阳明弟子这里，已然接受了阳明学的基本宗旨，他们的论学内容处于心学思想体系之内，其关注点很多时候不再是阳明那样与朱子学对话的问题

---

[1] 葛兆光：《七世纪至十九世纪中国的知识、思想与信仰》，《中国思想史》（上海：复旦大学出版社，2000 年）第二卷，页 400。

[2] 陈来：《论朱熹〈大学章句〉的解释特点》，《文史哲》2007 年第 2 期，页 107。

[3] 牟宗三：《从陆象山到刘蕺山》，页 163。

意识，故不必然以朱子释《大学》的基本语境来阐发思想。同时，因良知因个体差异不同的境遇性与独创性，良知之教并非承袭陈说便可传承，[1]而具有以学者之工夫自得来阐发致良知教的自主性，此亦契合阳明学强调主体创造性的工夫教法特点。这种创造性，在东廓的思想体系中体现为，虽以《学》《庸》合一为思想背景，但言说的基本语境、概念诠释重点、义理体系则以《中庸》为核心，依托《中庸》之义理构造来建立戒惧说的义理体系。这是东廓自身独特的思想脉络，与阳明致良知教的理论建构依托于《大学》而展开有所不同。

二、戒惧以致中和（良知）

虽然东廓将《大学》《中庸》的工夫会通为一，然而，如果从《大学》之格物致知转出致良知，不似《中庸》戒惧、慎独说那样揭示心性工夫来得直接，这大概是东廓依托《中庸》而提揭戒惧说的一个原因。东廓诗云："千年位育真丹诀，细订《中庸》一卷书。"[2]把《中庸》视为道体之极则。东廓常常阐发的《中庸》义理有：

> 中以言乎体也；和以言乎用也；戒惧以言乎功也；位育以言乎变化也。
> 天命之性，诚也；率性之道，诚者也；修道之教，诚之者也；戒慎恐惧，须臾不离，诚之者之功也。[3]

这些言说，表面看来与先儒所论无别。然东廓所论不仅如此，他注重以《中庸》为理论依托框架，将良知学的内容和思想方法纳入进来，故其戒惧说已非《中庸》原义：

> 良知一脉，自先师发之，明德明命，远有端绪。古之人昧爽丕显，顾諟明命，小心翼翼，昭事上帝，正是戒慎不睹、恐惧不闻源流。
> 不睹不闻，是指良知本体。戒慎恐惧，所以致良知也。
> 良知之旨，其天命之性乎？是性也，不睹不闻，无声无臭，而莫见莫显，体物不遗。不睹不闻，真体常寂，命之曰诚；莫见莫显，妙用常感，命之曰神。常寂常感，常虚常灵，有无之间，不可致诘，命之曰几……慎哉，其惟独乎！独也者，几也。于焉戒慎，于焉恐惧……[4]

这是将作为本体的良知溯源到《中庸》，良知即天命之性、不睹不闻、诚，为超

---

[1]　这一点已有学者论及，参吉田公平：《解说〈邹东廓〉》，《阳明门下（上）》，页42。
[2]　《上清宫遇濮冬官致昭话旧》，《邹守益集》卷二六，页1315。
[3]　《诸儒理学语要序》，《邹守益集》卷二，页80；《辰州虎溪精舍记》，《邹守益集》卷七，页398。
[4]　以上引文分别见：《简梦坡敔翰学》，《邹守益集》卷一一，页580；《答曾弘之》，《邹守益集》卷一〇，页522；《青原赠处》，《邹守益集》卷三，页103—104。

越的形上本体，工夫即是戒慎、慎独，以此为良知学确立了合法性依据。进而，东廓以《中庸》之中、和为体用结构来重新诠释戒惧说的义理结构：

> 千古圣哲，建学立教，一是以中和为的。[1]
>
> 古之人裁成天地，辅相万物，皆自戒惧中和出来。中也者，大公之体，和也者，顺应之用，皆良知之别名。[2]

如是，《中庸》之中、和与良知异名而同实。那么，"道以中和为至，学以中和为的"，"戒慎恐惧以致中和，则可以位天地，育万物"，[3]便是以良知为宗旨，戒惧便是致良知之功。《中庸》之"戒惧以致中和"的义理结构转化为"戒惧以致良知"的体用结构，既印证阳明学说为儒家圣人之学无疑，也证成了自身学说的合法性。此在阳明那里虽有类似表述，但属随问随答的泛说，而以《中庸》为主轴建立其学说体系，则是东廓独特的思想义理框架。同时，依照阳明学体用一源、即体即用的致思理路，东廓将戒惧说常表述为"戒惧中和，中和位育"：

> 戒惧中和，命词虽殊，而学脉融契。
>
> 戒惧中和，中和位育，原无先后次第。
>
> 戒惧中和，中和位育，此是圣门相传正脉。[4]

在朱子那里，戒惧与慎独、中与和、天地位与万物育有着历然分明的层次和体用结构。东廓依阳明学彻底的一元论思路言"戒惧中和"，意味着将"中"之本体、"和"之发用与"戒惧"之工夫打通为一，即本体即工夫即境界，故云"常戒常惧，常寂常感，以亲父子，以肃君臣，以信朋友，以发育万物而峻极于天，是谓中和位育之学"[5]。

东廓在《学》《庸》宗旨合并为一的前提下，还将《大学》工夫敛归《中庸》之戒惧工夫："自戒惧之灵明无障，便是致知；自戒惧之流贯而无亏，便是格物。"[6]不仅如此，嘉靖三十年的武功山讲会上，东廓"默识心体"的飞跃性突破，理论上同样依《中庸》发明之：

---

[1] 《袁郡重修儒学门记》，卷七，页 395。类似的说法又如《寄建安程栗之上舍》："道以中和为至，学以中和为的。"（《邹守益集》卷一七，页 822）

[2] 《简叶旗峰秋卿》，《邹守益集》卷一一，页 574。

[3] 以上引文分别见：《薛文清公从祀疏》，《邹守益集》卷一，页 17。《复夏太仆敦夫》，《邹守益集》卷一〇，页 493。

[4] 以上引文分别见：《濂洛遗祠记》，《邹守益集》卷六，页 350；《复吴峻伯秋官》，《邹守益集》卷一三，页 638；《简复胡双洲》，《邹守益集》卷一〇，页 529。

[5] 《辰州虎溪精舍记》，《邹守益集》卷七，页 398。

[6] 《浙游聚讲问答》，《邹守益集》卷一六，页 771。

默而识之，是不厌不倦宗旨。《中庸》一书，正是发明"默"字脉络。"默"之一字，圣人只在"天何言哉"数句见之。子思戒慎不睹，恐惧不闻，正是默识工夫。不睹不闻，非无睹无闻也，即视之而不见，听之而不闻，莫见莫显，即体物而不遗，故曰"微之显"。"微"字是从唐虞相传"道心惟微"来。末章"上天之载，无声无臭"，正发此默识极则。[1]

"默而识之"出《论语·述而》："默而识之，学而不厌，诲人不倦，何有于我哉！"在宋明儒者的语境中，多以默识指示对道体的最高领悟，因道体超言离相，故云"默识"。东廓之"默识"，是指戒惧于形上超越心体，是对良知心体的直接契会。他对"默识"之旨的理论解释，亦以《中庸》印证之："不睹不闻""微"表明心体为一超越思维、语言的存在，"微之显""体物而不遗""无声无臭"表明心体之发用隐微而无所不为、无所不在。

东廓依托《中庸》建构戒惧说的理论原因，盖有两个方面：一是《中庸》首章言"天命之谓性，率性之谓道，修道之谓教"，天道与心性直接贯通，比之《大学》，《中庸》的修养路径是直从心性悟入的顿教路数，[2]被宋明儒者公认为彰显了儒家思想的最高心法，故依《中庸》立说具有最高意义的合法性。二是东廓的戒惧工夫不从经验意识之层面用功，直从不睹不闻的形上心体下贯至形下经验层，此与《中庸》的理路具有内在的一致性。故以《中庸》之高明一路立说最为近便。总之，东廓的戒惧说一方面依托《中庸》的基本概念、义理结构而建立，另一方面又不是简单照搬，而是结合阳明的良知说及彻底一元论的致思理路，融成新说。

第三节　以濂洛之学会通戒惧说

一、濂洛之学与阳明学的关系

宋仪望《校编邹东廓先生文选序》云：

其（按，指东廓）溯元公（按，指周濂溪）、明道以追颜子，一篇之中，

---

[1] 《答洪生谦亨论学》，《邹守益集》卷一六，页777。

[2] 马一浮即云："教有顿渐，《大学》说先后次第，明是渐教；《中庸》显天人一理，君子笃恭而天下平，中和即位育，方是顿教。"《复性书院学规》，《复性书院讲录》卷一，《马一浮集》（杭州：浙江古籍出版社、浙江教育出版社，1996年）第一册，页111。

未尝不三致意焉。[1]

的确，东廓文集中援引濂洛之学的论说非常之多。"濂洛"分指宋儒周敦颐（1017—1073，号濂溪）及程颢（1032—1085，号明道）、程颐（1033—1107，伊川），为理学的开山人物。朱子继二程之后重提儒学道统，推崇濂洛之学，直以继承道统自任。朱子之后，后学常将濂、洛、关、闽之代表人物周、程、张、朱一同视为儒学道统传人，[2]北宋诸子尤其推崇"濂洛之学"或"周程之统"[3]为绍继道统者。虽然，濂洛的代表人物及其学问宗旨在理学和心学的认同系统中往往各有侧重，但总体而言很难加以泾渭分明的区分。毋宁说，濂洛之学的意义主要在于，其为宋明理学共认的儒学道统，故理学家们往往援引其说以证成自身学术的合法性。进而，濂洛之学在后世逐渐成为区别于功利性儒学和章句训诂之学的代名词，成为"心性之学""道统"的代名词。故而在明代儒者的传记中，往往看到"以濂洛之学自任"[4]"究心濂洛之学"[5]的记载，有时并非指究心濂洛之学本身，而在于"究心性理之学"。濂洛之学获得了超越自身学术内涵的合法性、普遍性意义。在此意义前提下，理学家们援引其说的内容是各有侧重的。

东廓对濂洛之学的重视，究其渊源，当本于阳明。阳明在《朱子晚年定论》中说：

洙、泗之传，至孟子而息；千五百余年，濂溪、明道始复追寻其绪。[6]

阳明学以对抗朱子学而兴起，为确立其学术的合法性依据，阳明上溯孔孟，续之以周濂溪、程明道之学，并以接续道统者自任。之后阳明一系的学者都将孔孟——周濂溪——程明道——王阳明一系视为儒家传心法脉。如王畿云："阳明先师生千百年之后，首倡良知之说以觉天下，上溯濂洛以达于邹

---

[1]　《邹守益集》卷二七，页1351。

[2]　黄榦："窃闻道之正统，待人而后传，自周以来，任传道之责，得统之正者，不过数人，而能使斯道章章较著者，一二人而止耳。由孔子而后，周、程、张子继其绝，至先生而始著。"[宋]黄榦：《朱子行状》，《勉斋集》（《景印文渊阁四库全书·集部》1168册）卷三十六，页428。

[3]　[宋]陈淳《杂著·师友渊源》："朱文公又即其微言遗旨益精明而莹白之……盖所谓集诸儒之大成，嗣周、程之嫡统，而粹乎洙、泗、濂、洛之渊源者也。"氏著：《北溪大全集》（《景印文渊阁四库全书·集部》1168册）卷十五，页615—616。

[4]　[清]刘于义等监修、沈青崖等编纂：《人物志·名宦三·孙应鳌传》，《陕西通志·四》（《景印文渊阁四库全书·史部》554册）卷五十二，页215。

[5]　[清]迈柱等监修、夏力恕等编纂：《乡贤志·夏茂传》，《湖广通志·三》（《景印文渊阁四库全书·史部》533册）卷四十九，页79。

[6]　王守仁：《朱子晚年定论》，《王阳明全集》卷七，页240。

鲁，千圣之绝学也。"[1]罗洪先云："孔孟之后，千余年而有濂洛。濂洛之兴，师友之道一光矣。及其衰也，数百年而有阳明王先生。"[2]东廓亦云：

> 非濂洛之真，力排异说，揭学圣之要，辨定性之功，则绵绵一线，几于无所矜式。先师之学，其继濂洛而兴者乎！[3]

那么，阳明认肯了濂洛之学的哪些方面并视之为儒学正脉？按牟宗三先生对宋明儒学的分系，陆象山——王阳明一系与周濂溪——张横渠——程明道一系的共同特点是"天道性命通而为一"，均为纵贯系统，相比于伊川——朱子一系的横摄系统，前者体现了天道与性命的直接贯通。[4] 不过在阳明文集中，似未见此义，亦未见阳明将濂洛之学视为儒学正脉的具体理由。阳明往往是直接援引、吸纳濂洛之学的具体内容，结合到良知学中来。

濂洛之学为后儒所重视者，具体而言，在周濂溪为"主静""无欲"之说。《太极图说》云："圣人定之以中正仁义而主静，立人极焉。"濂溪于"主静"下自注"无欲故静"。《通书·圣学章》又云："圣可学乎？曰：可。曰：有要乎？曰：有。请闻焉。曰：一为要。一者，无欲也。无欲则静虚动直。静虚则明，明则通；动直则公，公则溥。明通公溥，庶矣乎！"濂溪意谓，由无欲而入静，藉由主静而契合道体，即所谓"立人极"。程明道之学则以《识仁篇》《定性书》为思想核心，确立"识仁""动亦定，静亦定""廓然而大公，物来而顺应"之旨。濂溪、明道的这些论述，成为宋明儒者工夫实践的共法，被不同学派的儒者结合自身的为学宗旨加以援引。阳明对濂洛之学的发挥也基本是以如上内容为基础的。

阳明之前，以濂洛之学作为学统者，如朱子重视周濂溪《太极图说》及《通书》、二程之天理论等思想；宋儒道南一脉（程明道——杨龟山——罗豫章——李延平——朱晦庵）吸取了濂洛之学的主静传统，如明儒陈白沙所论：

> 此一"静"字，自濂溪先生主静发源，后来程门诸公相传授，至豫章、延平二先生，尤专提此教人，学者亦从此得力。[5]

阳明大弟子王畿亦有相同说法：

> 颜子没而圣学亡，后世所传，乃子贡一派学术。濂溪"主静无欲"之

[1]　王畿：《艮止精一之旨》，《王畿集》卷八，页185。
[2]　罗洪先：《东廓公六十序》，雍正本《念庵文集》卷十一，页240。
[3]　《辰州虎溪精舍记》，《邹守益集》卷七，页398。
[4]　牟宗三：《心体与性体》（上海：上海古籍出版社，1999年）第1册，页42—43。
[5]　[明]陈献章：《与罗一峰·二》，《陈献章集》（北京：中华书局，1987年）上册，页157。

旨，阐千圣之秘藏，明道以"大公顺应"发天地圣人之常，龟山、豫章、延平递相传授，每令"观未发以前气象"，此学脉也。[1]

晚明刘蕺山亦云：

自濂溪有主静立极之说，传之豫章、延平，遂以"看喜怒哀乐未发以前气象"为单提口诀。[2]

蕺山还将明道《定性书》视为"此伯子发明主静立极之说，最为详尽而无遗也"。[3] 以此可见，宋代以来，将濂洛之学视为主静传统的看法是相当流行的。同时，道南一脉延至明初的陈白沙、晚明的刘蕺山，对于主静、静坐的修养方式也都十分重视。但阳明对于濂洛之学的认肯，又与之不同。阳明曰：

至宋周、程二子，始复追寻孔、颜之宗，而有"无极而太极""定之以仁义中正而主静"之说，"动亦定，静亦定，无内外，无将迎"之论，庶几精一之旨矣。[4]

阳明曾在赣州亲笔书写周子《太极图》及《通书》"圣可学乎"一段，末云：

按濂溪自注"主静"云"无欲故静"，而于《通书》云："无欲则静虚动直"，是主静之说，实兼动静。"定之以中正仁义"即所谓"太极"。而"主静"者，即所谓"无极"矣。旧注或非濂溪本意，故特表而出之。[5]

阳明将濂溪的无欲主静说、明道的定性说均视为儒门正宗，然与道南一脉偏于"主静"不同，阳明特别强调此非濂溪本意，而是主张体用动静一贯，"心之本体固无分于动静也"[6]，心体是一超越经验层之寂与感、动与静、内与外的对待区分的本体。故阳明最喜发挥周子《通书·动静第十六》"动而无动、静而无静、神妙万物"之旨，此在《答陆原静书》中备述之。因此，阳明解释濂溪"主静"与前儒不同，其谓：

心一而已。静其体也，而复求静根焉，是挠其体也；动其用也，而惧

[1]　王畿：《答吴悟斋·一》，《王畿集》卷十，页248—249。
[2]　[明]刘宗周撰、吴光主编：《刘宗周全集》（杭州：浙江古籍出版社，2007年）第二册，《学言中》，页412。
[3]　黄宗羲：《宋元学案》（北京：中华书局，2018年），卷十三《明道学案》上，页547。
[4]　王守仁：《象山文集序》，《王阳明全集》卷七，页245。
[5]　王守仁：《语录》，《王阳明全集》卷三十二，页1183。
[6]　王守仁：《传习录》中，《王阳明全集》卷二，页64。

其易动焉，是废其用也。故求静之心即动也，恶动之心非静也，是之谓动亦动，静亦动，将迎起伏，相寻于无穷矣。故循理之谓静，从欲之谓动。欲也者，非必声色货利外诱也，有心之私皆欲也。故循理焉，虽酬酢万变，皆静也。濂溪所谓"主静"，无欲之谓也。

"无欲故静"，是"静亦定，动亦定"的"定"字，主其本体也。[1]

阳明认为，"静"为心体之静，并不从形式上的动静而论，外在形式上的求静恶动都会随外境而流转，以致于心思憧憧往来，相寻于无穷。故将"静"归结于本体上的无欲、循理，如是，虽外在形式上酬酢万变，而心体则能一于理，不为人欲扰动，此即明道《定性书》"动亦定，静亦定"之义。故而，"主静之说，实兼动静"，"君子之学，无间于动静"。[2] 概言之，良知学主寂感动静一体，阳明对濂洛之学的认肯、发挥也都结合进这一宗旨当中。

二、濂洛之学与戒惧说的会通

阳明后学援引濂洛之说的情形十分常见。在介绍东廓对濂洛之学的援引之前，先看其他阳明后学对濂洛之学的阐发。王畿云：

明道所传，本于濂溪主静之学。"无欲故静，一者无欲也"，无欲则静虚动直，此即孔门克己持敬之功。动静以时言，静者心之本体，主静之"静"，实兼动静之义，圣学之要也。

夫主静之说，本于濂溪无极所生真脉路，本注云："无欲故静。圣学一为要，一者，无欲也。"一为太极，无欲则无极矣。夫学有本体，有工夫，静为天性，良知者，性之灵根，所谓本体也。知而日致，翕聚缉熙以完无欲之一，所谓工夫也。良知在人，不学不虑，爽然由于固有，神感神应，盎然出于天成，本来真头面，固不待修证而后全……贞晦者，翕聚之谓，所以培其固有之良，达其天成之用，非有加也。[3]

王畿不从外在形式和时间先后上说静，谓"静者心之本体"，将静归结为心体之无欲，故"主静之静，实兼动静之义"，此与阳明的观点一致；同时，在论及"翕聚缉熙"的主静之功时，王畿认为，此无欲之体即"不学不虑""不待修证而后全"的良知本体，"翕聚"则是"培其固有"，从而将主静说放在王畿着重

---

[1]　以上引文分别见王守仁：《答伦彦式》，《王阳明全集》卷五，页182；《传习录》下，《王阳明全集》卷三，页91。

[2]　王守仁：《答伦彦式》，《王阳明全集》卷五，页182。

[3]　以上引文分别见王畿：《竹堂会语》，《王畿集》卷五，页111；《书同心册卷》，《王畿集》卷五，页121。

提揭的见在良知说的思想脉络中加以阐发。

再看罗洪先的阐发。罗洪先早年曾认同王畿的见在良知主张，然实践多年而未有所得，故中期转而认同聂豹归寂说，重视涵养心体之工夫。他对周濂溪的无欲主静之学极为推崇。其曰："周子所谓主静者，乃无极以来真脉络"，"诸儒之所宗者，濂溪也。濂溪学圣，主于无欲……欲希圣，必自无欲始；求无欲，必自静始。"[1]罗洪先于濂溪——道南一系——陈白沙的主静涵养心体之工夫路数心有契会，且与聂豹归寂说治为一炉，主张静坐以涵养良知心体的工夫宗旨。其曰：

> 道心之言微，性心之言定，无欲之言静，致虚之言立本，未发之言寂，一也。[2]
>
> 感无常，寂有常，寂其主也。周之"静"、程之"定"，皆是物也。其曰静虚动直、曰静定动定，以时言也。[3]

在此，程明道之定性，周濂溪之无欲主静，陈白沙之致虚立本[4]，聂豹之主静归寂统为一说。其援引濂洛之学，显然与阳明将主静扭转到"无间于动静"的工夫方法不同。罗洪先中期的主静说与聂豹的归寂说一样，[5]以濂洛之学为其主静说作注脚，返回到宋儒道南一脉于静中观喜怒哀乐未发之中的路子。罗洪先晚期为学又进，提揭收摄保聚说，在良知的体用观上主张良知寂感动静一体，与阳明思路一致。此时他援引濂洛之学与中期又不同。罗洪先晚期对濂溪的主静之说偏重发挥"动而无动、静而无静、神妙万物"之义[6]，于明道之学，其收摄保聚之方援引明道《识仁篇》"诚敬存之，不须防检，不须穷索""未尝致纤毫之力"之语，谓"此其存之之道，固其准则也"。[7]概言之，罗洪先是将周濂溪之无欲主静、程明道之识仁定性说结合进自身的学说宗旨当中加以解释，并随着为学工夫的日益推进而在不同时期有着不

---

[1]　以上引文分别见罗洪先：《答门人刘鲁学》，雍正本《念庵文集》卷三，页60；《答高白坪》，雍正本《念庵文集》卷三，页42。

[2]　罗洪先：《困辩录序》，雍正本《念庵文集》卷十一，页214。

[3]　罗洪先：《答郭平川》十四条，《念庵罗先生文集》（包括内集八卷、外集十五卷、别集四卷，明隆庆元年胡直序刊本，以下简称隆庆本《念庵文集》），内集卷一。

[4]　白沙云："夫动，已形者也，形斯实矣。其未形者，虚其本也。致虚所以立本也。"（《复张东白内翰》，《陈献章集》卷二，页131。）

[5]　双江自云其学之渊源有三："一本先师之教而细绎之，节要备录之矣。已乃参之《易传》《学》《庸》，参之周、程、延平、晦翁、白沙之学，若有获于我心，遂信而不疑。"（《答陈明水》，《双江聂先生文集》卷十一，页486。）其中即包括了宋儒道南一脉之学。

[6]　见罗洪先：《答董蓉山》，雍正本《念庵文集》卷三，页57—58。按，此信写于嘉靖二十三年，即念庵提揭收摄保聚说的同年。

[7]　罗洪先：《甲寅夏游记》，万历本《念庵文集》卷十二，页36。

同的解释重点。

由上可知，王门诸子援引濂洛之学往往既非濂洛之学的照搬，亦非对其师阳明援引濂洛的重复，而是以其所自得，将濂洛之学结合进自身的学术主张，随各自学术宗旨之不同而于濂洛之学有不同的解释重点，此在东廓亦然。宋仪望论其师之学脉曰：

> 终身师事其（按，指阳明）说，平日著为文章，发为述答，自《六经》《学》《庸》《语》《孟》之外，惟元公《圣学篇》、纯公《定性书》亟为学者称之。[1]

具体而言，东廓最喜发挥周濂溪《通书·圣学篇》"无欲"、程明道《定性书》"大公顺应"之旨。其谓：

> 学圣之要，一者无欲。定性之学，大公顺应。至于先立其大而致良知，不剿群说，不眩旧习，虽所入有异，而所趋则同。[2]

嘉靖十三年，东廓召集吉安府九邑士人于青原山第二次举讲会。东廓言：

> 学圣之要，濂溪先生所以发孔孟之蕴也。一也者，良知之真纯而无杂者也。有欲以杂之，则二三矣。无欲也者，非自然而无也。无也者，对有而言也。有所忿懥好乐，则实而不能虚；亲爱贱恶而辟，则曲而不能直。故定性之教，曰"君子之学，莫若廓然而大公，物来而顺应"。大公者，以言乎虚静也；顺应者，以言乎动直也。自私用智，皆欲之别名也。君子之学将以何为也？学以去其欲而全其本体而已矣。学者由濂溪、明道而学，则纷纷支离之说，若奏黄钟以破蟋蟀之音也。[3]

结合以上两段引文来看，东廓承袭了阳明动静一体的思路，故其于濂溪之学的论述重点不取主静，而取无欲说。濂溪《通书·圣学章》所谓"一者，无欲也"，即是"良知之真纯而无杂者"。能无欲，则是明道《定性书》之"廓然而大公，物来而顺应"。"大公"为良知之体，也即濂溪所谓"虚静（静虚）"；"顺应"为良知之用，也即濂溪所谓"动直"。以此，濂溪之无欲说、明道之定性说与阳明之良知说相会通。在东廓看来，濂溪、明道、阳明之学虽工夫入路有异，然均以"去其欲而全其本体"作为根本宗旨，"所趋则同"。为学之方在东廓这里，即是戒惧工夫。其谓：

---

[1] 《邹东廓先生行状》，《邹守益集》卷二七，页1373。
[2] 《尊道书院记》，《邹守益集》卷六，页337。
[3] 《录青原再会语》，《邹守益集》卷八，页443。

> 善乎纯公定性之功，以大公顺应学天地圣人之常，无将迎，无内外，无动静；而川上一叹，揭天德王道之要归诸慎独，宛然圣门宗旨也……凡我同志，各从独知之神，自戒自惧，正目倾耳，顾諟明命，日用三千三百，无非明哲之流贯……[1]

这是《白鹭书院讲义》中的一段讲语。论及明道"无将迎，无内外，无动静"的定性之旨，东廓话锋一转，转到以慎独、戒惧作为圣学宗旨，其中有深意存焉。"川上一叹"出《论语·子罕》："子在川上曰：'逝者如斯夫！不舍昼夜。'"朱子《论语章句》注曰："天地之化，往者过，来者续，无一息之停，乃道体之本然也。然其可指而易见者，莫如川流。故于此发以示人，欲学者时时省察，而无毫发之间断也……（程子）又曰：'自汉以来，儒者皆不识此义。此见圣人之心，纯亦不已也。纯亦不已，乃天德也。有天德，便可语王道，其要只在谨独。'[2]愚按：自此至篇终，皆勉人进学不已之辞。"[3]东廓引《论语》"川上一叹"，意在发明天地大道生生不已、无一息之停，圣人之心与道体相应，亦如道体一般生生不息，因而精勤不已、纯然无杂地修德进学方合于大道，其间工夫即是慎独。东廓认为，明道所论定性、大公顺应即是道体流行的圣贤境界，须以慎独、戒惧之功方能至达，此在朱子、明道那里已有阐发。故而，戒惧之学为"圣门宗旨"。东廓又云：

> 吾之所闻于师也，古圣相传之方也。定性之学，无欲之要，戒慎战兢之功，皆所以全其良知之精明真纯而不使外诱得以病之也。[4]

在此，东廓将闻于阳明的戒惧说与明道之定性说、濂溪之无欲说一同视为"古圣相传之方"，使戒惧说获得了学脉上的正统地位。当然，这并非是对濂洛之学的简单重复，戒惧（也即定性、无欲）之功的目的指向"全其良知之精明真纯"。这说明，戒惧说是以良知学为论说语境的，戒惧以致良知是东廓之学的论述核心，从而将濂洛之学结合到戒惧以致良知的良知学叙述语境中。总体而言，濂洛之学在对抗俗学异学、彰显儒家道统这一公认前提之下，被东廓及其他宋明理学家各有偏重地加以援引，纳入自身的理论体系中，目的无不在于证成自身学术的合法性。

---

[1] 《白鹭书院讲义》，《邹守益集》卷一六，页754。

[2] 明道原话出《河南程氏遗书》卷十四，程颐、程颢：《二程集》（北京：中华书局，1981年），页141。

[3] 朱熹：《论语章句》，《四书章句集注》，页113。

[4] 《赠廖曰进》，《邹守益集》卷二，页64。

第五章　戒惧说的义理与实践：
好从瑟僴栽根本[1]

　　阳明后学各自的为学宗旨，建立在学者对良知本体和致良知工夫的基本理解这一基础上。故有关东廓戒惧说的义理结构，本章以本体——工夫——境界这一宋明理学的基本理论框架为线索：先讨论戒惧工夫所依之本体、戒惧之工夫内容、本体与工夫之关系，此即第一节、第二节的内容；接着分析东廓戒惧说的其他工夫名目，即第三节之内容；最后梳理戒惧工夫的实践历程和所达境界，也即第四节之内容。

第一节　戒　惧　真　体

一、良知至善

　　本节所说的良知本体，是东廓对戒惧工夫意义上的良知本体之界定。林月惠将阳明学者对良知的理解，依本体——工夫的理学结构，区分为本体意义上的良知和工夫意义上的良知两个层面。[2] 前者是一本然层面、具有公共性的普遍存有，后者则是一实然层面，关乎每个阳明学者自身"致良知"的途径和实践。盖就前者而言，王门诸子的分歧不大，如言良知融寂感、动静、体用为一体，良知本自具足，本自天机活泼等义，阳明已有阐发，后学多能认同；然对工夫意义上的良知之界定，诚如黄宗羲所谓"心无本体，工夫所至即其本体"，[3] 故论说各异，诸多"良知异见"也因之而起。比如阳明、王畿以"无善无恶"言良知，东廓则以"至善"言良知；王畿

---

[1]《赠东庐林郡丞兼讯见峰九冈四首·二》，《邹守益集》卷二六，页1252。
[2]　见林月惠：《良知学的转折——聂双江与罗念庵思想之研究》，页211—217。
[3]　黄宗羲：《明儒学案原序》，《明儒学案》(北京：中华书局，1985年)，页9。

喜言良知的妙用流行义，聂豹、罗洪先则重视良知的本体义；王畿、聂豹喜言良知"虚明"、"虚寂"，东廓则喜言良知"精明"等等。这些差异，反映了阳明学者因其各自对良知的体认程度、用功方式不同，而对本体内涵有不同的界定。邹东廓对良知本体的界定，有一个特别的称谓，即"戒惧真体"：

> 古人发育峻极，只从三千三百充拓，不是悬空担当。三千三百只从戒惧真体流出，不是枝节检点。
>
> 发育万物，参赞天地，只从戒惧真体流出。[1]

"戒惧"指工夫，"真体"指本体，二者合并使用，一方面表明戒惧工夫直接著力于本体，即"戒惧于真体"；另一方面具有本体与工夫合一的意思，即本体是"戒惧之真体"。那么这个"真体"有何特点？

东廓界定良知的一个显著特点，即规定良知本体为至善。嘉靖二十七年夏季的青原山讲会结束后，东廓与钱德洪等作别，作《青原赠处》一文，其中记载了天泉证道的内容：

> 阳明夫子之平两广也，钱王二子送于富阳。夫子曰："予别矣，盍各言所学？"德洪对曰："至善无恶者心，有善有恶者意，知善知恶者是良知，为善去恶是格物。"畿对曰："心无善而无恶，意无善而无恶，知无善而无恶，物无善而无恶。"夫子笑曰："洪甫须识汝中本体，汝中须识洪甫工夫。二子打并为一，不失吾传矣。"[2]

在钱德洪所记《传习录》《年谱》以及王畿的《天泉证道记》中，天泉问答的基本内容都包括三部分：即阳明的四句教、王畿的四无说和钱德洪的四有说。东廓与钱德洪、王畿所记之不同在于：一是钱、王二人均明确记载四句教之"无善无恶心之体，有善有恶意之动，知善知恶是良知，为善去恶是格物"为阳明所说，东廓则未提及；二是钱、王二人的记载中，钱德洪也认可"无善无恶心之体"，东廓则将钱德洪的观点记作"至善无恶者心"。东廓非天泉问答的当事人，所记为间接材料，学界对其真伪评价不一。例如彭国翔认为东廓并非天泉证道的当事人，所言不足采信。[3] 木村庆二认为"至善无恶者心"正揭示东廓对良知现成说的深刻反省，从而排除"无"的要素，更改了阳

---

[1]　以上引文分别见：《龙华会语》，《邹守益集》卷一五，页731；《答东山诸友》，《邹守益集》卷一六，页758。

[2]　《青原赠处》，《邹守益集》卷三，页103。

[3]　见彭国翔：《良知学的展开——王龙溪与中晚明的阳明学》，页171。

明的四句教。吉田公平亦认为东廓有意识更改了四句教。[1] 陈来先生认为，从逻辑上说，钱德洪的"四有"说应当不赞成"无善无恶心之体"，应当主张心体有善无恶，故主张为善去恶，以复其本体之善，故东廓所述正是钱德洪的观点，《青原赠处》对于了解钱德洪的全部主张是一个有力的补充。[2] 笔者认为，无论东廓是否更改了四句教，这个材料都是有价值的。可以说，"至善无恶者心"不仅是东廓对钱德洪观点的记载，实际上也是东廓自己对良知本体的理解。因为检诸东廓文集，绝无"无善无恶"的字眼，其对本体的规定，往往名之以"至善"：

> 至善者，良知之真纯而无杂也。
>
> 天命之性，纯粹至善，昭昭灵灵，瞒昧不得。
>
> 至善也者，心之本体也，自无声臭而言曰不睹不闻，自体物不遗而言曰莫见莫显，其曰止仁止敬、止孝止慈，皆至善之别名也。[3]

良知、天命之性、心之本体异名同实，同是对本体的称谓，其根本规定即是"至善"。至善非但是心之本体的本质内容，而且是工夫修养所至达的最高境界，所谓"圣门事业在止至善"。[4] 故东廓常直接用"至善"来指代本体："父止慈，子止孝，耳止聪，目止明，皆至善流贯。"[5]因此在东廓这里，良知本体的本质内容即至善，或至善无恶。

据钱德洪、王畿所记，学界一般都认为"无善无恶心之体"确是阳明的思想，连同四句教中其他三句在内，成为阳明教法的核心内容。而东廓之"至善无恶"与阳明之"无善无恶"，虽仅一字之差，反映的却是对心体的不同理解。无善无恶说经王畿四无论的发挥，在中晚明思想界形成影响广泛且持续日久的讨论，许孚远、顾宪成以及刘蕺山、黄宗羲等皆以是说有悖于孟子的性善论而持反对观点，与赞同无善无恶说的周汝登、管志道、陶奭龄等王门后学辩难不止。黄宗羲就引用东廓《青原赠处》所记来证明四句教并非阳明的立教宗旨，四句教之第一句应是"至善无恶心之体"：

---

[1]　分别见木村庆二：《关于邹东廓思想形成的一点考察》，《中国哲学论集》第 19 号（日本九州大学出版社，1993 年），页 32—33；吉田公平：《（解说）邹东廓》，《阳明门下》，收入宇野哲人、安冈正笃监修：《阳明学大系》第 5 册（东京：株式会社明德出版社，1973年），页 40—41。

[2]　见陈来：《有无之境——王阳明哲学的精神》，页 200—201。

[3]　以上引文分别见：《复戚司谏秀夫》，《邹守益集》卷一〇，页 499；《简郭平川》，《邹守益集》卷一一，页 545；《寄孙德涵德溥》，《邹守益集》卷一三，页 661—662。

[4]　《复戚司谏秀夫》，《邹守益集》卷一〇，页 499。

[5]　《答黄逊斋时熙》，《邹守益集》卷一〇，页 508。

此与龙溪《天泉证道记》同一事，而言之不同如此。蕺山先师尝疑
阳明天泉之言与平时不同。平时每言"至善是心之本体"，又曰"至善
只是尽乎天理之极，而无一毫人欲之私"，又曰"良知即天理"；《录》中
言天理二字，不一而足，有时说"无善无恶者理之静"，亦未尝径说"无
善无恶是心体"。今观先生（按，指东廓）所记，而四有之论，仍是以至
善无恶为心，即四有四句亦是绪山之言，非阳明立以为教法也。今据
《天泉》所记，以无善无恶议阳明者，盍亦有考于先生之记乎？[1]

有关中晚明思想界的无善无恶之辨，兹不详述。[2] 这一争议所反映的实
质是诸家学者对心体乃至对阳明思想的不同理解。故须了解阳明所谓"无
善无恶"以及东廓所谓"至善无恶"的实际内涵和区别何在。"无善无恶心
之体"，其核心内涵可归结为两点：一是就本质内容而言，良知作为超越的
形上本体，是判断是非善恶的终极标准，其本质是纯善无恶的，与经验层面
善恶相对的善不在同一层面，故谓之"至善"。王畿对此有清晰的表述："性
无不善故知无不良。善，与恶相对待之义。无善无恶是谓至善，至善者，心
之本体也。"[3] 阳明谓："至善者，心之本体"，"天命之性，粹然至善，其灵昭
不昧者，此其至善之发见，是乃明德之本体，而即所谓良知也"，[4] 即是此
义。东廓所谓"天命之性，纯粹至善"发明的也是这一层意思。此"至善"因
超越了经验层的善恶对待，既无恶可对，亦无善名可立，善恶双泯，故可称
"无善无恶"。无善无恶的说法，是为了不使对作为超越形上本体的至善之
理解落入经验层善恶相对之中。二是就良知的流行发用而言，良知具有不
执着于善恶意念、喜怒哀乐情绪的无执无滞性，即阳明所谓"心体上著不得
一念留滞"，"太虚之体，固常廓然其无碍也"，[5] 体现了终极自由的心灵境
界。此一境界上的无执无滞，与宋儒以来吸收佛道二教心灵境界上"无"的
智慧纳入儒家思想的追求一致。只不过，宋儒程明道等人所说的"廓然大
公，物来顺应"只论境界而未谈本体，阳明则将其推进到本体的规定当中。
合而言之，就良知在本体意义上为至善的实存而言，可谓之"有"；就良知在

---

[1]　黄宗羲：《邹东廓本传》，《明儒学案》卷十六，页332—333。

[2]　见彭国翔：《良知学的展开——王龙溪与中晚明的阳明学》，页394—420；陈立胜：《王
阳明"四句教"的三次辩难及其诠释学义蕴》，收入氏著：《"身体"与"诠释"——宋明儒
学论集》，页229—282。

[3]　王畿：《与阳和张子问答》，《王畿集》卷五，页123。

[4]　以上引文分别见王守仁：《传习录》下，《王阳明全集》卷三，页97；《大学问》，《王阳明全
集》卷二十六，页969。

[5]　以上引文分别见王守仁：《传习录》下，《王阳明全集》卷三，页124；《答南元善》，《王阳
明全集》卷六，页211。

发用流行意义上为无执无滞而言，可谓之"无"。概言之，阳明对良知的规定，即"以有为体，以无为用"。[1]

以此来看，东廓的至善无恶说相应于阳明无善无恶说的第一层含义。至善，即指超越了经验层善恶对待的善，[2]当无异议。另一方面，对于良知发用流行意义上的无执无滞，东廓亦有相当的认可，只是未使用"无善无恶"的表达方式，如云：

> 良知之本体，本自廓然大公，本自物来顺应，本自无我，本自无欲，本自无拣择，本自无昏昧放逸。若戒慎恐惧不懈其功，则常精常明，无许多病痛。

> 无所喜怒哀惧者，廓然大公，中也；亲爱贱恶无辟者，物来顺应，和也；中以立天下之大本，和以成天下之务，此内圣外王之实学也……戒慎恐惧，无须臾之离。[3]

以上六个"本自"，意指良知发用的无执无滞性，阳明在《答舒国用》一书早有阐发。[4] 东廓对良知的无执无滞性之表述，最多见的便是引用程明道《定性书》"廓然大公，物来顺应"之语，以明良知之流行为顺任万物而无所拣择，不执着于喜怒哀惧、亲爱贱恶的意念与情绪，此与阳明无善无恶说的第二层含义亦能相应。那么，东廓何以从不使用"无善无恶"的表述方式，这反映了东廓怎样的思想意图？因东廓论"至善"往往只是一个结论性的断语，没有细致的义理分疏，仅就字面而言，实难窥其深意。在此援引刘蕺山对心体"至善"的解释以说明之。其谓：

> 后之言《大学》者曰"无善无恶心之体"，盖云善本不与恶对耳。然无对之善，即是至善；有善可止，便非无善。其所云心体是"人生而静"

---

[1] 以上对"无善无恶心之体"的解释，笔者参考了陈来先生《有无之境——王阳明哲学的精神》第八章之五"有与无"（页222—229）、彭国翔《良知学的展开——王龙溪与中晚明的阳明学》第六章之五"无善无恶之辨"（页394—419）的观点。

[2] 这一点，即便是反对阳明之说的刘蕺山等人也是认可的。如蕺山云："无善而至善，心之体也"，"万性，一性也。性，一至善也，至善本无善也。"均见刘宗周：《人谱·人极图说》，《刘宗周全集》第二册，页3。

[3] 以上引文分别见：《复石廉伯郡守》，《邹守益集》卷一○，页511—512；《励政堂说》，《邹守益集》卷九，页469。

[4] 阳明在《答舒国用》一信中论敬畏与洒落的关系："戒慎恐惧之功无时或间，则天理常存，而其昭明灵觉之本体无所亏蔽，无所牵扰，无所恐惧忧患，无所好乐忿懥，无所意必固我，无所歉馁愧怍。和融莹彻，充塞流行，动容周旋而中礼，从心所欲而不逾，斯乃所谓真洒落矣。"王守仁：《答舒国用》，《王阳明全集》卷五，页190。东廓所云六个"本无"与阳明所言的六个"无所"意同。

以上之体，此处不容说，说有说无皆不得。《大学》言"止至善"是工夫
边事，非专言心体也。必也"上天之载，无声无臭"，至矣乎！[1]

所谓"后之言《大学》者曰'无善无恶心之体'"，显然指阳明四句教中的第一
句。蕺山借此表达了他对心体理解的两个层面：一是就本体而言，心体作
为超越的本体，是"人生而静"以上的性体，超越了经验层的善恶对待之分，
为"无对之善"，故"说有说无皆不得"。二是就至达本体的工夫而言，由于
吾人受气禀物欲的熏染，处于形下善恶交杂的状态当中，需要以为善去恶的
工夫以复本体，故就工夫实践的目标而言确立一个"至善"本体，此即蕺山所
谓"'止至善'是工夫边事"的意思。为了强调本体的超越义，蕺山又转回去
表达第一层意思：若就本体自身而言，说"无声无臭"才最恰当，也即超越了
善恶对待之"无对"。此"无对"既是本体的本然状态，亦是实现本体所呈现
的境界。盖就本体和境界意义上言心体之无善无恶，蕺山均能认同；而对工
夫实践意义上的本体他则特别提揭"至善"，认为必须确立一个"至善"的目
标来落实为善去恶之道德践履。刘蕺山反对无善无恶说，除了批判王学末
流借无善无恶说冒认自然、流荡情识之现实需要外，理论上也是就这一层面
而阐发的。[2]

　　从前引文来看，东廓强调良知"廓然大公，物来顺应"的无滞与流行时，
也往往连带提及"戒慎恐惧不懈其功"、"无须臾之离"的工夫作为保证，故
而，就工夫意义上强调良知"至善"，是东廓尤其重视的。因为说到底，"无
善无恶心之体"是良知心体完全实现后方至达的化境，阳明发于居越之晚年
时期，类似表达"无滞"的思想亦多见于阳明晚年，可谓阳明实现良知化境后
的工夫自道。而处于学者位的东廓，自然偏重于工夫层面的"至善"义、
"有"义，这是东廓论及境界上的"无"时往往要以工夫上的"有"（戒惧）连
带论及的原因。

　　另一方面，就境界上论"无善无恶"，阳明、王畿显然是主动吸纳了佛道
二教"无"的智慧。[3] 而东廓的为学历程中几乎看不到主动接触佛道二教
的经历，其言论中固然亦有沿袭阳明关于儒释道三家关系的"三间厅
喻"[4]之说，所谓"吾儒之教，若三间正堂，圣圣相传，洒扫以为业，圣人

---

　　[1]　刘宗周：《大学古记约义》，《刘宗周全集》第一册，页646—647。
　　[2]　见王瑞昌：《论刘蕺山的无善无恶思想》，《孔子研究》2000年第6期，页76—86。
　　[3]　见陈来：《有无之境——王阳明哲学的精神》第八章之五"有与无"（页222—229）、彭国
　　　　翔：《良知学的展开——王龙溪与中晚明的阳明学》第六章之五"无善无恶之辨"（页
　　　　394—419）。
　　[4]　三间厅喻见《年谱三》，"嘉靖二年十一月"条下，《王阳明全集》卷三十五，页1289。

不作,而堂无主矣! 老氏入其左角,指天画地,曰'此吾之堂也'。释氏入其右角,指天画地,曰'此吾之堂也'",但他更多是对佛道二教的批评:"于是堂中之人眩然迷乱,而不知其真",[1]"(浮屠氏之学)外人伦,遗事物,毕竟非天然自有之中,而不免于自私自利。"[2]可见东廓并不像阳明、王畿那样对佛道二教采取主动吸纳的更为包容的态度,而是严守儒家价值立场。自然其言论中也就不见"无善无恶"这类具有佛教意味的表达,而代之以更有儒学意味的表达:"廓然大公,物来顺应"。有趣的是,在中晚明思想界关于良知的"无善无恶之辨"中,"几乎所有赞同或同情'无善无恶'说的儒家学者都对佛道两家持较为开放的态度,而'无善无恶'说的批评者们,则几乎无不严守儒释之辨,对佛老采取排斥的保守态度。"[3]

总之,东廓对良知本体"至善"的规定,在本体和发用流行两个方面与阳明之说在实际内涵上是基本一致的。然其言良知本体为"至善"而不是"无善无恶",其所偏重的言说层面和用意与阳明仍然有所不同:就工夫实践的目标而言确立"至善"义,体现了他重视工夫实践之必要性;对本体发用流行之无滞性不取"无善无恶"却代之以"廓然大公,物来顺应"的表达方式,表明了他严格的儒家价值立场。这两点也相应于晚明刘蕺山、黄宗羲等人对阳明学流弊的反思,如良知学脱略工夫、掺杂佛老等等,这大概也是东廓受蕺山、黄宗羲竭力表彰的原因之一。

二、天然自有之规矩

在东廓对良知的诸种规定中,他十分重视良知的规矩(规范)义。这一思想可追溯到《大学》的"絜矩之道":

> 所谓平天下在治其国者,上老老而民兴孝,上长长而民兴弟,上恤孤而民不倍,是以君子有絜矩之道也。所恶于上,毋以使下;所恶于下,毋以事上;所恶于前,毋以先后;所恶于后,毋以从前;所恶于右,毋以交于左;所恶于左,毋以交于右:此之谓絜矩之道。

"絜"的原义是度量;"矩"的原义是指画方形的用具,"絜矩"引申为法度。郑玄注《大学》谓:"君子有挈法之道,谓当执而行之,动作不失之。"[4]故"絜矩之道"在《大学》中的原义是指君子推己及人来处事,必能上行下效,

---

[1]　以上引文均见:《答周道亨》,《邹守益集》卷一三,页645—646。
[2]　《临川县改修儒学记》,《邹守益集》卷六,页362。
[3]　见彭国翔:《良知学的展开——王龙溪与中晚明的阳明学》,页420。
[4]　郑玄注、孔颖达疏:《礼记正义》卷六十,李学勤主编:《十三经注疏》,页1600。

治国、平天下的王道政治原理不外乎此。此后，"絜矩"在儒家的一般语境中指道德规范。朱子《大学章句》云："上行下效，捷于影响，所谓家齐而国治也。亦可以见人心之所同，而不可使有一夫之不获矣。君子必当因其所同，推以度物，使彼我之间各得分愿，则上下四方均齐方正，而天下平矣。"[1]朱子是借"推己及人"以明此一道德规范是"人心之所同"，也即一切存在的普遍理据，从而将"絜矩"的解释纳入其理学的论述框架中。东廓则将这一道德规范纳入心学的义理框架，归结为内在的良知，良知即是"矩"：

> 矩也者，天然自有之中，即所谓良知，即所谓至善。加焉则过，损焉则不及，不及与过虽异科，其逾矩均也。
>
> 闻诸父师曰：良知也者，天然自有之规矩也；致良知也者，执规矩以出方圆也。果能致其良知，常精常明，不为自私用智之所障，则执规以为圆，执矩以为方，虽千变万状，无往非天德之流行矣！[2]

这里"天然"指良知作为超越的道德本心，其根源不是来自后天的经验，而是先天本有；"天然自有之中"、"天然自有之规矩"指这种先天道德本心原本内在地具有道德尺度、规范，不容后天人为性的加损和自私用智，而能所作皆善。若能时时持守良知（常精常明）以应对万事，则吾人的所作所为就如"执规以为圆，执矩以为方"那样无不中规中矩，一切千变万状的事为都是良知之"规矩"的外化与流行。

东廓关于良知先天规范义的阐释，在阳明思想中是有依据的。阳明谓："至善之发见，是而是焉，非而非焉，轻重厚薄，随感随应，变动不居，而亦莫不自有天然之中，是乃民彝物则之极，而不容少有议拟增损于其间也"，[3]即是此义。至如"执规矩以出方圆"之说，亦本于阳明。顾璘（号东桥）曾对良知是否能应对具体生活持有疑问，认为"所谓良知良能，愚夫愚妇可与及者。至于节目时变之详，毫厘千里之谬，必待学而后知"。阳明在《答顾东桥书》中解释说：

> 节目时变，圣人夫岂不知？但不专以此为学。而其所谓学者，正惟致其良知，以精察此心之天理，而与后世之学不同耳……夫良知之于节目时变，犹规矩尺度之于方圆长短也。节目时变之不可预定，犹方圆长短之不可胜穷也。故规矩诚立，则不可欺以方圆，而天下之方圆不可胜

---

[1] 朱熹：《大学章句》，《四书章句集注》，页10。

[2] 以上引文分别见：《答汪周潭中丞问学》，《邹守益集》卷一六，页775；《简陆真山》，《邹守益集》卷一二，页633。

[3] 王守仁：《大学问》，《王阳明全集》卷二十六，页969。

用矣；尺度诚陈，则不可欺以长短，而天下之长短不可胜用矣；良知诚致，则不可欺以节目时变，而天下之节目时变不可胜应矣。毫厘千里之谬，不于吾心良知一念之微而察之，亦将何所用其学乎？[1]

"节目时变"泛指因时势变化而需要的处理具体事务的知识和技能。顾东桥认为，仅有先天的良知是不够的，还需要后天去学习种种知识和技能来应对各种具体事务。对此，阳明并不否认其重要性，但指出"不专以此为学"，而将各种知识技能之学的根本敛归"精察此心之天理（良知）"。良知之于节目时变，就有如规矩尺度之于方圆长短那样，具有根本的主宰作用。只要能够致良知，外在的节目时变自能应对自如，不待外求。在此，阳明是针对顾东桥之疑而论良知与具体知识技能的关系，以"规矩尺度"比喻"吾心良知一念之微"之于具体节目时变的主宰义和根本性地位。东廓对这一问题的理解与其师一致，《冲玄录》载：

> 江懋桓问天下事变必须讲求。（东廓）曰：圣门讲求，只在规矩。规矩诚立，千方万圆自运用无穷。平天下之要不外絜矩。[2]

此处的问答与阳明《答顾东桥书》的基本语境一致，"规矩"所强调的重点也与阳明一致，指良知之于外在事变的主宰义。不过在多数情况下，东廓将"闻诸父师"的基本语境和强调重点稍稍转移，"执规矩以出方圆"除了表示良知之于具体事为的主宰义之外，更强调良知之于具体事为的规范义。其谓：

> 《大学》之书，扩忠恕之教以教天下者也。天下之平亦大矣，而不出于絜矩。矩也者，天然自有之中，而千方万圆率由以出者也。"天生烝民，有物有则"，孰无是矩者？患在逾之而不能絜之耳。[3]

在此，"矩"是诸多具体事为的准则，所谓"千万方圆率由以出"。此"矩"指天然的道德本心、良知，"絜"作动词，有度量、限定、规范之义。不难看出，东廓对"絜矩"的解释重点在于"矩"的"絜之"作用，即良知是各种具体事为的度量、规范准则，故"规矩之外无他术也……良知之教，操规矩以出方圆也"。[4] 在东廓文集中，他用"矩"字形容良知的说法非常之多，所谓"自矩之大公曰中，自矩之顺应曰和"，"矩者，天然自有之善也"，"志学者，志不逾

[1]　以上引文均见王守仁：《传习录》中，《王阳明全集》卷二，页49—50。
[2]　《冲玄录》，《邹守益集》卷一五，页742。
[3]　《炯然亭记》，《邹守益集》卷六，页326。
[4]　《九华山阳明书院记》，《邹守益集》卷六，页322。

矩之学也"，为政则是"为絜矩之政"。[1] 因"矩"字本身就具有规范、限制的意思在，对"矩"的重视正说明东廓对良知之规范义、尺度义的重视。

相比而言，阳明对此论及不多，亦少见"不逾矩"的说法，晚年更是喜言良知的妙用流行义：

> 良知即是易，其为道也屡迁，变动不居，周流六虚，上下无常，刚柔相易，不可为典要，惟变所适。此知如何捉摸得？[2]

与此相应，王畿描述其师晚年已臻于良知的熟化境界："所操益熟，所得益化，信而从者益众，时时知是知非，时时无是无非，开口即得本心，更无假借凑泊"，[3] 良知作为"规范"、"尺度"的有为痕迹已被消解。王畿本人亦少言对"规范"的执守，而喜言良知的活泼妙用：

> 人心虚明湛然，其体原是活泼，岂容执得定？惟随时练习，变动周流，或顺或逆，或纵或横，随其所为，还他活泼之体，不为诸境所碍，斯谓之存……"出入无时，莫知其乡"，正指活泼之体神用无方，以示操心之的，非以入为存、出为亡也。[4]

这里阳明、王畿所说良知"变动周流"、"活泼之体神用无方"均指良知的终极化境。东廓因从学者位上立言，故他每每强调："故戒惧于未病，谓之性；戒惧于已病，谓之复……先言戒惧，后言中和，中和自用功中复得来，非指见成的。"[5] 无论是未病的圣人还是已病的凡夫都需要用戒惧之功，在圣人是性之，在凡夫是反（复）之，没有无须工夫的"见成"本体。为保证吾人行为不受物欲气禀的扰动，"圣门讲求，只在规矩。规矩诚立，千方万圆，自运用无穷"，[6] 以此彰显良知之于具体事为的主宰义、规范义，以及吾人通过修养工夫以合于规矩的必要性。

三、帝规帝矩

当然，此"规矩"不容后天人为性的加损和自私用智，东廓常用"上帝降衷"、"帝规帝矩"、"帝则"来形容之：

---

［1］ 以上引文分别见：《复古书院赠言》，《邹守益集》卷三，页 98；《斗山书院题六邑会簿》，
　　　《邹守益集》卷一五，页 737；《赠霍山路君严夫考绩序》，《邹守益集》卷四，页 185。
［2］ 王守仁：《传习录》下，《王阳明全集》卷三，页 125。
［3］ 王畿：《滁阳会语》，《王畿集》卷二，页 34。
［4］ 王畿：《华阳明伦堂会语》，《王畿集》卷七，页 161。
［5］ 《复高仰之诸友》，《邹守益集》卷一一，页 549。
［6］ 《冲玄录》，《邹守益集》卷一五，页 742。

上帝降衷，而蒸民受之，天然自有之矩也。

本体戒惧，不睹不闻，帝规帝矩，常虚常灵。

维皇降衷，烝民受之，良知良能，炯然天机。[1]

"上帝降衷"语出《尚书·汤诰》："惟皇上帝，降衷于下民，若有恒性。"类似的说法又见《诗经·大雅·烝民》："天生烝民，有物有则。民之秉彝，好是懿德。"孟子引此诗证明性善论，宋明理学家也依此与《中庸》"天命之谓性"相发明，证成吾人的至善本性是天然之本有、形上天命之所赋，为一超越的实存性本体，所谓天、帝、鬼神、本体、本性、天理、良知等，均是同一指称。如程子曰："心也、性也、天也，一理也。自理而言谓之天，自禀受而言谓之性，自存诸人而言谓之心。"[2]阳明谓："性一而已。自其形体也谓之天，主宰也谓之帝，流行也谓之命，赋于人也谓之性，主于身也谓之心……名至于无穷，只一性而已。"[3]东廓亦有类似表述："盈宇宙间，一气耳。统体曰天，主宰曰帝，功用曰鬼神，命于人曰性，率性曰道，修道曰教，善养曰浩然之气。"[4]诸说统为一事，只依语境不同而立为不同名相。不过，相比于一般理学家们更多以天、天命、天理言本体，东廓则往往喜用"上帝"言本体，"上帝临女，无贰尔心"、"小心翼翼，昭事上帝"（《诗经·大明》）等语被东廓频频引用：

> "上帝临汝，毋贰尔心。"无往而非上帝，则无往而非鬼神，故曰："神之格思，不可度思，矧可射思。"呜呼，道之不可须臾离也，若是其严也！
>
> 相聚切磋直求帝降真体，古人昧爽丕显，顾諟明命，小心翼翼，昭事上帝，正是学术正脉络。[5]

有学者据此认为，东廓与其师王阳明可谓大相径庭。王阳明悟入之路在于人心、在于人的一念"良知"，其学更需要学者有更大的力量与气魄来承当。阳明本人之宗教情怀亦往往湮没于其力量、气魄之中。然东廓之悟入进路实与其师不同，其所彰显者在于儒教之宗教维度，或者说，在宋明理学的话语系统内彰显儒教之宗教维度，其本人亦有很强烈的宗教情怀。[6]　笔者

［1］　以上引文分别见：《絜矩篇赠纪山曹柱史》，《邹守益集》卷四，页199；《录诸友聚讲语答两城郡公问学》，《邹守益集》卷一五，页734；《积庆堂记》，《邹守益集》卷六，页367。

［2］　朱熹：《孟子集注·尽心章句上》，《四书章句集注》卷十三，页356。

［3］　王守仁：《传习录》上，《王阳明全集》卷一，页15。

［4］　《枝江县文昌精舍记》，《邹守益集》卷六，页359。

［5］　以上引文分别见：《日惺斋说》，《邹守益集》卷八，页439；《简洪觉山》，《邹守益集》卷一二，页619。

［6］　任文利：《天德与王道之间——作为儒教传统士大夫典型的邹守益》，张海晏、熊培军主编：《国际阳明学研究（第一卷）》，页32。

认为，以"上帝"、"帝规帝矩"等话语形式上的"宗教"意味来论其思想实质的宗教性，结论恐过于匆忙。与那些有着深厚佛道因缘的王门同道相比，东廓的思想与行事风格均谈不上有明显的佛道色彩，他的工夫进路是否具有儒家意义上的宗教情怀呢？这里涉及对儒学的宗教性或者"儒教"的理解。在20世纪80年代以来学界关于儒学宗教性的诸多讨论中，一般认为，儒学并非像西方宗教那样，除了精神信仰外还有一套完整的教主、仪式、组织、教规体系，儒学并非西方宗教意义上的"儒教"，毋宁说儒学是一种"人文宗教"。尽管"上帝"是自先秦时代起包括儒家、道家在内的文化传统中共有的观念，但在此后的儒学传统中，"上帝"、"天"（超越性）并不像一般宗教中的上帝、天帝那样具有显著的人格特征，关于上帝、鬼神的讨论也没有成为儒学的主流传统。尤其在宋明理学传统中，最高的本体以天、性、理、心等命名，"天命之谓性"意味着"天道性命通而为一"，将最高的本体诠释为人文的性理，儒学的宗教性特征体现为"天人之间的互动性使我们有可能把超越体察为内在"。[1] 笔者认为，东廓所言的"上帝"也是基于这一内涵而阐发的。

首先，从其戒惧说的工夫路线上看，走立根于形上心体的高明一路，与此相应，东廓在理论上依《中庸》之形上天道下贯性命的理路。而"帝规帝矩"、"上帝临汝"恰与良知本体的超越性内涵一致，也与由形上心体下贯形下经验层的工夫路线一致。

其次，从东廓对"上帝"内涵的界定来看，如言："良知炯然，上帝其临之！"[2]他在写给一位丰城县令的考绩诗中也说："懋哉上帝临，奇绩在自考"，[3]在此，上帝并不是一般宗教中所指的赏善罚恶的最高主宰、人格神，而是良知的代名词，"自考"意谓行为者和审判者合而为一，这基于阳明所谓"心自然会知"的道德自明性。在这个意义上，再看作为最高审判者的"上帝"如何决断吾人之言行：

> 子臣弟友，庸德庸言，兢兢不敢放过，便是孔门自叙功课。一念不敢，则与上帝陟降；一念而敢，则与夷貊禽鸟伍。
>
> 今若信吾至善真体原是帝衷，则种种习气不肯勇除，直是获罪上帝，无可躲闪，更觉切琢瑟僴，不是剩语。[4]

---

[1] 见杜维明著、段德智译：《论儒学的宗教性——对中庸的现代诠释》（武汉：武汉大学出版社，1999年），页110—111。

[2] 《示伯子义及二孙》，《邹守益集》卷一八，页867—868。

[3] 《赠丰城尹胡东岩考绩二首·二》，《邹守益集》卷二五，页1150。

[4] 以上引文分别见：《复初亭说》，《邹守益集》卷八，页448；《简刘晴川》，《邹守益集》卷一二，页590。

无论是"与上帝陟降"还是"获罪上帝"，都是良知的自我涵养与救赎。相比之下，王门后学中的罗汝芳也常常用"上帝日监"来描述工夫，但就有很明显的人格神特征：

> 帝固尊高难见，则实日监在兹。
> 上帝时时临尔，无须史或离，自然其严其慎。[1]

吴震认为，从罗汝芳文集中的大量描述可以看出，在罗汝芳的观念中，上帝、天公完全是一个有意志的人格神，是凌驾于人类之上的至高存在，而且无时无刻不在监视着人类的活动，说明罗汝芳的思想中存在着宗教信仰倾向，对前儒家时代的中国宗教传统有自觉认同——即对皇天上帝的信仰。这与宋代新儒学所主导的通过修身以成就理想人格的儒学主流格格不入，显然与心学的义理方向发生了偏离。罗汝芳的这一思想特色，除了他自身经历中具有浓厚的佛道宗教因缘外，就心学工夫的意义而言，他意在针对当时的阳明学者中存在的"敬畏天命处未加紧切"甚至导致以情识冒认良知的弊病，提出必须重振人们对天心、天命的信仰和敬畏，而不能光靠内心良知的力量。[2] 其实，东廓提揭戒惧工夫也有与罗汝芳同样的用意：

> 敬畏工夫，正是千圣全归脉络。《大学》《中庸》，皆是提起慎独，蕴之为天德，发之为王道。
> 孔子何等天纵，及十五便志于学，然忘食忘忧，未尝少懈。观其自责自修，曰不敢不勉，不敢尽。连说"不敢"字，是何等警惕！何等敬畏！吾侪之学，只是一"敢"字便坏了。若能以不敢为心，常戒常惧，常若对越神明，何学不成？[3]

但与罗汝芳不同的是，这种敬畏、戒惧是良知本体的自我要求、自我规范。"对越上帝"意味着于心体上作惺惺警惕的戒惧之功，所谓"小心翼翼，昭事上帝，正是戒慎不睹、恐惧不闻源流"，"为学大要，在戒慎恐惧，常精常明，不使自私用智得以障吾本体。故曰：'上帝临汝，毋贰尔心'，战战兢兢，如临深履薄。"[4]"上帝临汝"意谓时刻保持心体的戒慎恐惧，保持心体之精明的

---

[1] 以上引文分别见[明]罗汝芳撰、方祖猷等编校：《罗汝芳集》（南京：凤凰出版社，2007年），《近溪子续集》，页275；《近溪子集》，页6。

[2] 见吴震：《罗汝芳评传》（南京：南京大学出版社，2005年），页417—429。

[3] 以上引文分别见：《简李南屏》，《邹守益集》卷一二，页608；《濮致昭录会语》，《邹守益集》卷一六，页773。

[4] 以上引文分别见：《简梦坡敖翰学》，《邹守益集》卷一一，页580；《寄龙光书院诸友·二》，《邹守益集》卷一七，页803。

照察功能，不使气禀之性中的私智障碍本体之精明。

另外，东廓喜用"上帝"形容良知本体，也与他的文风有关。东廓家传经学的学术背景使其文风古雅，常引《诗》《书》《易》《春秋》经典中的大量语汇、典故，化入心学语境中，"上帝"等语不过是其文集中大量使用的、以经证经的表达方式之一而已。总之，"帝规帝矩"、"昭事上帝"的言说方式，并非彰显东廓的宗教情怀，而是与其对良知和戒惧说的基本界定直接相关。东廓言："精神命脉融结凝聚，以依中庸而达帝则。故天命谓性，指降衷也；戒慎不睹，恐惧不闻，指实功也。"[1]因此，"帝规帝矩"意味着东廓所理解的良知本体具有超越、规范、鉴临、昭察之内涵，这同时也是戒惧工夫的内涵。

四、本体精明

唐君毅先生注意到，东廓喜用"精明"二字形容良知，[2]这的确是东廓言良知的一个重要特点。所谓：

> 良知本体，原自精明。
>
> 良知之精明，人人具足。
>
> 夫良知之教，乃从天命之性指其精明灵觉而言。[3]

"精明"是一个同义合成词，"精"的本义是纯净的好米，引申义有纯粹、精细、光明、洁净、专一等；"明"的本义指日月的光亮，引申义有光明、洁净、明察、敏锐等。[4] 以"精明"形容良知的特性，甚至直接以"精明"指代良知，所谓"充其精明真纯之本然"、"使精明呈露"[5]等等，这在东廓文集中屡见。在东廓这里，"精明"至少有三义：

一是光明洁净义。作为超越的形上本体，良知光明洁净，无物欲、思虑之杂。东廓云："良知精明，肫肫皓皓，不粘带一物"，"良知二字，精明真纯，一毫世情点污不得，一毫气质夹杂不得，一毫闻见推测穿凿附会不得，真是

---

[1]　《复古书院赠言》，《邹守益集》卷三，页98。

[2]　唐君毅：《中国哲学原论·原教篇》，《唐君毅先生全集》卷十九，页383。

[3]　以上引文分别见：《答詹复卿》，《邹守益集》卷一三，页650；《与董生兆时六章》，《邹守益集》卷一〇，页531；《复夏太仆敦夫》，《邹守益集》卷一〇，页493。

[4]　"精"、"明"字释义，见《汉语大辞典》（湖北辞书出版社，四川辞书出版社，1995年），页1312—1313、627。

[5]　以上引文分别见：《婺源县新修紫阳书院记》，《邹守益集》卷六，页332；《简周顺之·二》，《邹守益集》卷一二，页619。

与天地同运,与日月同明",[1] 即指此义。这一思想与阳明一致,阳明谓:"此人心本是天然之理,精精明明,无纤介染着","能致得良知,精精明明,毫发无蔽",[2] 均明良知本体无物欲之染着、遮蔽。

二是明察义,指良知对万事万物的觉照、精察,起到指导视听言动的作用。东廓云:"精明炯乎不可昧也,命曰致知","良知之明也,譬诸镜然,廓然精明,万象毕照"。[3] 良知的这种觉照、精察作用,阳明喜用"昭明灵觉"、"虚灵明觉"来形容:"良知是天理之昭明灵觉处","心之虚灵明觉即所谓本然之良知也"。[4] 良知不是一般经验意义上的知觉、认知活动,而具有超越经验认知的觉照功能,是一种"智的直觉"。[5] 东廓则将这种觉照义形容为"吾心本体,精明灵觉"。[6]

那么,良知"精明"反映了东廓怎样的思想意图? 为了说明这个问题,在此将王门后学王畿和聂豹的良知思想作为对照。王畿和聂豹虽然就良知"见在"的问题往复十几年争论不休,然二人对于良知本体的"虚明"、"虚寂"特性却是一致认同的。通过与"他者"的对比,可以更清楚地了解东廓的思想意图。王畿谓:

> 虚寂者,道之原。[7]
>
> 寂照虚明,本有天然之机窍。
>
> 虚寂原是良知之体,明觉原是良知之用。[8]

王畿以虚明、虚寂形容本体,并赋予其"道之原"的根源性地位,其意图诚如王畿之自道:"只此一点虚明便是入圣之机,时时保任此一点虚明,不为旦昼

---

[1]　以上引文分别见:《冲玄录》,《邹守益集》卷一五,页 744;《再答双江》,《邹守益集》卷一一,页 542。

[2]　以上引文分别见王守仁:《传习录》下,《王阳明全集》卷三,页 125、123。

[3]　以上引文分别见:《白鹭书院讲义》,《邹守益集》卷一六,页 754;《复夏太仆敦夫》,《邹守益集》卷一〇,页 493。

[4]　以上引文分别见王守仁:《传习录》中,《王阳明全集》卷二,页 72、47。

[5]　牟宗三先生谓儒家的德性之知即康德的道德形上学中所无法彰显的"智的直觉":"无限的道德本心之诚明所发之圆照之知,则此知是从体而发(本心之诚明即是体),不是从见闻而发,此即康德所谓'只是心之自我活动'的智的直觉(如果主体底直觉只是自我活动的,即只是智的,则此主体必只判断它自己)……它不是感触的直觉。因不是感触的,所以是纯智的,在中国即名曰'德性之知',言其纯然是发于诚明之德性,而不是发于见闻之感性也。"见氏著:《智的直觉如何可能? 儒家"道德的形上学"之完成》,《智的直觉与中国哲学》(台北:台湾商务印书馆,1971 年),页 188。

[6]　《简君亮伯光诸友》,《邹守益集》卷一〇,页 493。

[7]　王畿:《阳明先生年谱序》,《王阳明全集》卷三十六,页 1360。

[8]　以上引文分别见王畿:《南游会纪》,《王畿集》附录二《龙溪会语》卷五,页 762;《滁阳会语》,《王畿集》卷二,页 35。

牿亡，便是致知。只此便是圣学，原是无中生有。"[1] 故此"一点虚明"体现的是良知本体的无执不滞之"无"的作用，时时保任并贯通于意、知、物，如是，"无心之心则藏密，无意之意则应圆，无知之知则体寂，无物之物则用神"。[2] 本体虚寂与王畿的四无论在思想义理上一脉相应，更能说明良知之无执不滞的作用形式。良知"虚寂"的思想与王畿主动吸纳佛道两家"无"的思想密切相关。"虚"、"寂"本有空无、虚无、寂静之义，佛道两家中，《老子》云"致虚极"、"寂兮寥兮"，佛家云"寂灭"等，都有"虚"、"寂"之思想特性。王畿在以儒家思想为本位的基础上，一向不讳言儒释道三家本体的一致性："虚寂之旨，羲黄姬孔相传之学脉，儒得之以为儒，禅得之以为禅"，[3] 他本人亦被推为"三教宗盟"。

再看聂豹，亦以"虚寂"论本体：

> 寂者，性命之原。
>
> 良知者，虚灵之寂体。
>
> 止也者，吾心之体，万化之原也。至虚而备，至静而章，至寂而神。[4]

聂豹以虚、寂、静论良知本体，并同样赋予其"性命之原"的根源性地位，意在彰显"寂体"便是喜怒哀乐未发之前的存有状态，须"于未发之时，而见吾之寂体"，[5] 此一心体便是与"感"有别的"寂然不动"、"未发之中"。聂豹云："寂者，天之德，未发之中。"[6] 于是，至达本体的工夫便是"归寂"："知止定、致虚极、守寂笃，是谓未发之中，大本之立。"[7] 也即是说，聂豹以虚寂论良知本体，这与其"归寂"工夫在义理脉络上是一致的。

同理，东廓以"精明"论良知，也与其工夫宗旨相应。这即是"良知精明"的第三点含义，即"戒惧"的工夫义。东廓常将"精明"与戒惧工夫并列而论：

> 戒慎恐惧之功，如临深渊，如履薄冰，所以保其精明，不使纤尘之或蒙之也。

---

[1]　王畿：《留都会纪》，《王畿集》卷四，页93。

[2]　王畿：《天泉证道记》，《王畿集》卷一，页1。

[3]　王畿：《南游会纪》，《王畿集》附录二《龙溪会语》卷五，页760。

[4]　以上引文分别见聂豹：《答唐荆川太史二首·一》，《聂豹集》卷八，页273；《赠王学正云野之宿迁序》，《聂豹集》卷四，页95；《留别殿学少湖徐公序》，《聂豹集》卷四，页98。

[5]　聂豹：《答欧阳南野太史三首·三》，《聂豹集》卷八，页246。

[6]　聂豹：《答王龙溪》，《聂豹集》卷十一，页406。

[7]　聂豹：《赠周以道分教青阳序》，《聂豹集》卷四，页91。

善学者致其心体之精明,戒慎恐惧,以复其初。[1]

这是说,时时戒慎恐惧,不使物欲气禀染着良知,是良知之觉照精察功能实现的保证。简言之,戒惧工夫是本体"精明"的保证。另一方面,东廓言"精明"与王畿、聂豹言"虚明"不同,"精明"本身就体现了觉照、精察是一工夫内容,诚如唐君毅先生所论:"言精明不同虚明。虚明中可无警惕义,精明中有精察善恶之几之义。则此中有一念善恶之先之戒惧在……即此中自以道德生活之严肃义为本。"[2]故本体"精明"本身即有戒惧工夫的内在要求,本体与工夫合一。东廓论学常常体现此义:

> 惕然收敛,湛然精明。
>
> 戒惧之功是圣门兢兢业业一派源流,自戒惧之精明为知,自戒惧之流贯为行。[3]

在此,精明之体离不开"惕然收敛"之工夫,惕然收敛之工夫必有精明之体的观照。戒惧工夫与精明本体相互融摄,知与行合二为一,"即此是本体,即此是工夫。"[4]以此来看,相比于王畿以"四无论"为基础的"虚寂"、"虚明"之说,东廓言良知"精明",意在申明致良知工夫的必要性和以道德生活之严肃义为本;相比于聂豹以良知为形而上的"虚寂"之体,东廓则谓:"凡日用酬酢,事上使下,从前先后,一皆精明之流行",[5]意在强调致知工夫之体用相即的、体现于日用常行的中道义。

综上所述,东廓对良知的界定绝无"无善无恶"、"不学不虑"、"虚寂"等具有佛道色彩的字眼,而是在认肯良知发用具有无执无滞之自由境界的同时,偏重规定良知之为"至善无恶",以凸显其道德价值之实存义;为"上帝降衷"、"帝规帝矩",以凸显其为先天道德准则的规范义和超越义;为"精明"而非"虚明"、"虚寂",以凸显其明察万物的觉照义和警惕义。简言之,东廓更偏重言良知"超越性之有"的面向,彰显良知之为道德实践最高目标所具有的内在严格和践履工夫之必要性。与阳明、王畿等范围三教的态度相比,东廓体现出更严格的儒家立场和兢业笃实的学风。

---

[1]　以上引文分别见:《九华山阳明书院记》,《邹守益集》卷六,页322;《长洲县儒学乡贤祠记》,《邹守益集》卷七,页393。

[2]　唐君毅:《中国哲学原论·原教篇》,《唐君毅先生全集》卷十九,页383。

[3]　以上引文分别见:《岷川说赠刘司谏》,《邹守益集》卷八,页450;《复李南屏·二》,《邹守益集》卷一二,页609。

[4]　《寄季子善·四》,《邹守益集》卷一三,页660。

[5]　《答彭子阎》,《邹守益集》卷一三,页652。

第二节　戒　惧　之　功

一、自戒自惧与安排、警惕

戒慎恐惧是一种庄敬、警惕、谨慎的心灵状态，它是不是一种人为性的刻意执着？它与自然流行、无所执着的良知本体是否矛盾？二者是什么关系？这些问题是东廓与其他阳明学者经常讨论的，也是理学家工夫实践中具有普遍性的问题。先从这一问题的理论渊源说起。

宋明理学家一方面吸收佛道二教"无"的智慧作为排除闲思杂念的方法，纳为自家修养境界上的无滞无累，另一方面又认为，不能在思虑上排除外物，那样势必与佛老之虚无无异，故须在"有"与"无"之间保持中道。阳明在答欧阳德的疑问中论及良知之思索发用与私意安排的区别时，就本于这一理路：

> 来书云："师云：'《系》言何思何虑，是言所思所虑只是天理，更无别思别虑耳，非谓无思无虑也。心之本体即是天理，有何可思虑得？学者用功，虽千思万虑，只是要复他本体，不是以私意去安排思索出来。若安排思索，便是自私用智矣。学者之蔽，大率非沉空守寂，则安排思索。'……但思索亦是良知发用，其与私意安排者何所取别？"
>
> "思曰睿，睿作圣"，"心之官则思，思则得之"，思其可少乎？沉空守寂与安排思索，正是自私用智，其为丧失良知一也。良知是天理之昭明灵觉处，故良知即是天理，思是良知之发用。若是良知发用之思，则所思莫非天理矣。良知发用之思自然明白简易，良知亦自能知得。若是私意安排之思，自是纷纭劳扰，良知亦自会分别得。盖思之是非邪正，良知无有不自知者。[1]

阳明认为，《易经·系辞》所指示的"何思何虑"并非"沉空守寂"式的不思虑，而是天理之思、良知发用之思，所思莫非天理。欧阳德的疑问是：如此一来，天理之思与经验意识的私意安排思索有何区别？阳明引用《尚书·洪范》、《孟子·告子上》等经文，先说明致良知工夫并非是消灭思虑，"良知即是天理，思是良知之发用"，即形上心体统摄形下念虑之思，则所思皆由良知

---

[1]　王守仁：《传习录》中，《王阳明全集》卷二，页72。

（天理）发出，所思皆是天理。同时，良知"自能知得"、"无有不自知者"，说明良知具有鉴别"思之是非邪正"的自知自证的能力。良知之思明白简易而无纷扰，而私意安排之思难免纷繁扰乱，这两种不同性质的"思"，是良知自能分辨的。总之，沉空守寂则堕入虚无，经验层面二元对待式的安排思索又难免囿于私意安排，两者均是理学家们所批评的自私用智。一方面要保持合于天理的、自然的、顺应无滞的正思正念，同时又要避免出于后天的、私意的、人为性的刻意执着，这也是宋明理学家讨论修养工夫的一个共同话题。在理学家的话语体系中，前者体现的是工夫之"有"的一面，多以《孟子》之"必有事焉"、"勿忘"，《中庸》之"戒慎恐惧"说之；后者体现的是工夫之"无"的一面，多以《易经·系辞》之"何思何虑"、《中庸》之"不睹不闻"、《庄子》之"无将迎"、《论语》之毋"意必固我"、《孟子》之"勿助"、程明道之"未尝致纤毫之力"说之，合起来就是做到在"有"的境遇和作为中同时能够顺应无滞，用阳明的话说："正心之功，既不可滞于有，又不可堕于无。"[1]究其理论渊源，阳明学论工夫之"有"，源于其存有论上持心体为实存本体的实体观；论工夫之"无"，源于其境界论上吸纳了佛道二教"无"的智慧。

就戒惧说而言，工夫之有无问题在阳明学者当中同样存在争议。湛若水弟子洪垣（1507—1593，字峻之，号觉山）就曾提出，"居常体察，究竟此身，尚赖执持"，这是不是人为刻意之功？"其于无声无臭、性与天道之妙未尽豁然"，这与无执的终极境界是否相矛盾？东廓回答说：

> 高明之所谓执持，其果戒慎恐惧乎？抑涉于安排而臆料也？戒慎不离，常精常明，去自欺以求自谦，此文王亦临亦保、亦式亦入之学。故其诗曰"上天之载，无声无臭。仪刑文王，万邦作孚"，言文王之纯，即天命之於穆不已也。一涉于安排，则便是大声以色，长夏以革，非性道之本体矣。[2]

首先，东廓区别了戒慎恐惧与安排臆料是两种不同的心灵状态。"戒慎不离，常精常明，去自欺以求自谦"意味着，戒惧之"有"发自常精常明的形上本体，东廓特举《诗经》文王之例证明之。因此，戒惧是在本体上做去除私意的工夫，以保持本体的常精常明，而安排臆料是在经验意识层面人为地加以执持、安排。在东廓答曾弘之"以戒惧为涉于起意"的同类问题时，他的论述更为充分：

---

[1]　王守仁：《大学古本傍释》，《王阳明全集》卷三十三，页1195。
[2]　《简洪峻之道长》，《邹守益集》卷一〇，页520。

> 良知一也，自其无昏昧谓之觉，自其无放逸谓之戒惧，自其无加损谓之平等，其名言虽异，其工夫则一。今若以觉与平等为简易，而以戒惧为涉于起意，非特误认戒惧，亦误认觉与平等矣。今且试察戒慎恐惧时，此心放逸乎？不放逸乎？昏昧乎？不昏昧乎？有加损乎？无加损乎？得则俱得，失则俱失，未有得其一而失其二者也。自尧舜以来，曰兢兢，曰业业，曰克勤克俭，曰不迩不殖，曰亦临亦保，曰忘食忘忧，曰不迁不贰，皆是学也……小人之起私意，昏昧放逸，作好作恶，至于穿窬剽劫，何往非心？特非心之本体耳……戒惧以不失其本体，禹之所以行水也。堤而遏之，与听其壅横而不决不排，是二者，胥失之矣。[1]

东廓认为，无昏昧（觉）、无放逸（戒惧）、无加损（平等）都是良知本体天然本有且同时并存的特性，得则俱得，失则俱失。为此，他还举出大量经典依据证明儒家工夫之"有"的向度。"戒惧以不失其本体"有如大禹治水那样顺水性而疏导之，而人为性的起意、安排、私欲或如筑堤遏水，或如放任逐流，"特非心之本体"。换言之，戒惧是本体自身之戒惧，超越了一切经验世界之能所、分别的二元对待制约，就不是经验意识层面起于私意的对待之念，也即戒惧是本体自身所容有的"有"的向度。在这个意义上，东廓常将"戒惧"称为"自戒自惧"：

> 自学自习，自戒自惧，自诚自正，是端本澄源，建中达和，以发育万物，峻极于天。

> 凡我同志，各从独知之神，自戒自惧，正目倾耳，顾諟明命，日用三千三百，无非明哲之流贯。

> 学问之道，孳孳在存天理，一有私欲即去之，自戒自惧，顾諟明命，正是圣门相传兢兢脉络。[2]

东廓文集中"自戒自惧"的说法有十五处之多，至少有九处与"顾諟明命（或帝则）"连用。"顾諟明命"语出《尚书·太甲》"顾諟天之明命"，为伊尹告诫太甲之语，原意是顾念上天所赐予的光辉使命。《大学》引用此语来论证明明德"皆自明也"，意谓自我观照自身的明德。因此，"自学自习，自戒自惧，自诚自正"是良知本体指向自身的自我提撕，与经验意识层面的人为执持、安排无涉。

其次，戒慎恐惧体现为一种庄敬、警惕的心灵状态时，与自然流行、无所

---

[1] 《答曾弘之》，《邹守益集》卷一〇，页522—523。

[2] 以上引文分别见：《简许大尹》，《邹守益集》卷一三，页649；《白鹭书院讲义》，《邹守益集》卷一六，页754；《濮致昭录会语》，《邹守益集》卷一六，页773。

执着的良知本体是否矛盾？这一问题，在东廓与浙中阳明学者季本讨论"龙惕"说时体现得最为充分。

季本之学，主要针对王门后学径任自然而导致流于情识、陷入物欲之弊而提揭龙惕说，以龙的警惕义和变化义比喻心体，明心体警惕主宰而不放荡，变化流行而不拘执。季本以《易经》之乾卦比喻心体的主宰、坤卦比喻心体的流行，强调乾对坤的主宰，从而偏重突出心体的警惕义、主宰义，所谓"贵主宰而恶自然"，"以警惕而主变化者也"。[1] 对此，王畿、东廓等均持批评意见。[2] 东廓文集中收录有答季本的三通书信，[3]其中就警惕与自然的关系指出：

> 警惕变化、自然变化，其旨初无不同者。不警惕不足以言自然，不自然不足以言警惕。警惕而不自然，其失也滞；自然而不警惕，其失也荡……夫阴阳、刚柔、仁义，本一道也，因三才而六其名耳。故自其流行中节处，便是善；其偏重处，便是过与不及，便是恶。若必以阴阳、刚柔分善恶，不知仁义又将安属之乎？[4]

东廓认为，犹如阴阳、刚柔、仁义本于一体那样，对于致良知工夫而言，心体的警惕义与自然流行义当平等齐观，"其旨初无不同者"是说二者同出于一个心体，"警惕"之"有"与"自然"之"无"为一体两面。在这个意义上，东廓认为："戒慎恐惧与浴沂风雩气象，原不相离，孟子有事勿忘助，意正如此。"[5]尽管季本的"龙惕"说立根于本体而立论，但如果偏于警惕，则导致学理与实践均产生偏颇，工夫实践不免掺杂经验意识之人为性的刻意、拘束，这是龙惕说的局限所在。东廓评价季本之学："强探力索，终与圣门明睿所照不同。"[6]这里的"明睿所照"即良知本体的自然觉照与主宰，与经验层面人为刻意的"强探力索"不同。本体的运行有如"乾德之变化，时而出之，不可以纤毫人力增损"。[7] 这一点，王畿弟子查铎（1516—1589，字子警，号毅斋）与东廓的观点同调：

[1] 黄宗羲：《季彭山本传》，《明儒学案》卷十三，页271、272。

[2] 王畿有《答季彭山龙镜书》，反对将"自然"与"警惕"对立起来："若以乾主警惕，坤贵自然，警惕时未可自然，自然时无事警惕，此是堕落两边见解。"见《王畿集》卷九，页212。

[3] 见《复季彭山使君》，《邹守益集》卷一〇，页518；《再简季山》，《邹守益集》卷一〇，页519；《心龙说赠彭山季侯》，《邹守益集》卷八，页457—458。

[4] 《再简彭季山》，《邹守益集》卷一〇，页519。

[5] 《复章介庵》，《邹守益集》卷一六，页756。

[6] 原文见《简复聂双江》："近作《心龙说》赠彭山公，大意谓渠精思妙契，直追横渠，然强探力索，终与圣门明睿所照不同。"《邹守益集》卷一一，页541。

[7] 《复季彭山使君》，《邹守益集》卷一〇，页518。

> 戒惧原是本体：觉悟而不戒惧，则所悟者犹是虚见；戒惧而非觉悟，则戒惧者犹是强制。殊不知戒惧即觉悟，觉悟不息则戒惧自不息矣。非觉悟之后复有戒惧，亦非觉悟之后无复有所谓戒惧也。[1]

说到底，戒惧是本体自身所容有的向度，"是中精明，着纤毫不得"，[2]与"龙惕"之强探力索、掺入主观造作不同。虽然季本亦因强调警惕义而主敬、主戒惧，如言："凡人所为不善，本体之灵自然能觉。觉而少有容留，便属自欺，欺则不惺惺矣。故戒慎恐惧于独知之地，不使一毫不善杂于其中，即是惺惺而为敬也。"[3]但若将其戒惧主敬之功放在龙惕说的理路中来理解的话，实与东廓戒惧说的内涵不同。[4] 当然，另一方面，"自然而不警惕，其失也荡"，若径任自然而不言警惕，则有认欲为理、情识放荡的危险。在东廓看来，心体之警惕戒惧与自然流行为一体两面，他用"精明之流行"[5]表达体用相即、并行不悖的中道主张，强调工夫之"有"并不导致向"有"倾斜而降低"无"的地位。

东廓"戒惧以不失其本体"、警惕与自然一体的观点也同样有本于阳明。阳明与弟子陈九川论学时，针对陈九川以静坐来屏息念虑的用功方法，阳明答：

> 实无无念时……静未尝不动，动未尝不静。戒谨恐惧即是念。何分动静？……"无欲故静"，是"静亦定，动亦定"的"定"字，主其本体也。戒惧之念是活泼泼地。此是天机不息处。所谓"维天之命，於穆不已"。一息便是死。非本体之念即是私念。[6]

通过静坐屏息念虑并不是理学家追求的自由境界，理学家们将这种无念等同于他们所批评的佛道二教的死灰枯槁。阳明认为，戒慎恐惧是无分于动静的工夫，戒慎恐惧为本体所发之念，不是经验意识活动中的私意之念（非本体之念），因此是活活泼泼、天机不息的。问题是，戒慎恐惧本身即包含有防检提撕、庄重严肃的心性内容，又如何能够活活泼泼？ 在《答舒国用》一书

---

[1] 查铎：《会语》，《毅斋查先生阐道集》卷四，《四库未收书辑刊》（北京出版社，2000年）第七辑，第16册，页482。

[2] 《简林子仁》，《邹守益集》卷一一，页563。

[3] 季本：《说理会编》，《明儒学案》卷十三，页276。

[4] 唐君毅先生谓东廓戒惧说"与季彭山之警惕义不相远"（氏著：《中国哲学原论·原教篇——宋明思想之发展》，《唐君毅先生全集》卷十九，页384），若就二人均强调警惕、严肃的工夫修养一面来看，此论诚是，然就戒惧说的完整内容看，二人实有不同。

[5] 《赠郑景明归徽》，《邹守益集》卷二，页70。

[6] 王守仁：《传习录》下，《王阳明全集》卷三，页91。

中,阳明详细讨论了敬畏与洒落的关系:

> 夫君子之所谓敬畏者,非有所恐惧忧患之谓也,乃戒慎不睹、恐惧不闻之谓耳。君子之所谓洒落者,非旷荡放逸、纵情肆意之谓也,乃其心体不累于欲,无入而不自得之谓耳。夫心之本体,即天理也。天理之昭明灵觉,所谓良知也。君子之戒慎恐惧,惟恐其昭明灵觉者或有所昏昧放逸,流于非僻邪妄而失其本体之正耳。戒慎恐惧之功无时或间,则天理常存,而其昭明灵觉之本体,无所亏蔽,无所牵扰,无所恐惧忧患,无所好乐忿懥,无所意必固我,无所歉馁愧怍。和融莹彻,充塞流行,动容周旋而中礼,从心所欲而不逾,斯乃所谓真洒落矣。是洒落生于天理之常存,天理常存生于戒慎恐惧之无间。孰谓“敬畏之增,乃反为洒落之累”耶?惟夫不知洒落为吾心之体,敬畏为洒落之功,歧为二物而分用其心,是以互相抵牾,动多拂戾,而流于欲速助长。是国用之所谓“敬畏”者,乃《大学》之“恐惧忧患”,非《中庸》“戒慎恐惧”之谓矣。程子常言:“人言无心,只可言无私心,不可言无心。”戒慎不睹,恐惧不闻,是心不可无也。有所恐惧,有所忧患,是私心不可有也。尧舜之兢兢业业,文王之小心翼翼,皆敬畏之谓也,皆出乎其心体之自然也。出乎心体,非有所为而为之者,自然之谓也。敬畏之功无间于动静,是所谓“敬以直内,义以方外”也。敬义立而天道达,则不疑其所行矣。[1]

阳明区分了《大学》之“恐惧忧患”与《中庸》“戒慎恐惧”是两种不同的心灵状态,前者为私欲起念,是偏离了心体本然之正的、有具体的恐惧忧患内容的经验意识,后者为本体起念,是保任本体之正、不流于昏昧放逸的心体之功,是心体自觉的防检提撕。这种防检提撕并非一种对象化的经验意识或反思性的意识,而是形上心体对自身的自我戒惧,自我提撕,为心体之自证,故能超越经验界二元对待的动静之别,“无时或间”,也超越了经验意识在二元分别状态之下体现出的牵扰、恐惧忧患、好乐忿懥、意必固我、歉馁愧怍等具体的意识纠结。正是这一超越对象的心灵的自我戒惧,方能显现出同样超越对象的“洒落”,是为心体之本然境界。陈来先生认为,阳明所说“洒落为吾心之体,敬畏为洒落之功”,表明洒落是人心本然之体,而敬畏的戒慎恐惧是实现和获得洒落境界的工夫与手段。[2] 笔者认为,从上段阳明的文义来看,以体与用、手段(工夫)与目的来界定洒落与敬畏的关系恐有待商榷。因为,戒惧如果只是通向洒落(本心)的手段、工夫,意味着戒惧尚在心

---

[1]　王守仁:《答舒国用》,《王阳明全集》卷五,页190—191。
[2]　陈来:《有无之境——王阳明哲学的精神》,页246。

体之外，戒惧就不能说是"出乎其心体之自然"，也就不能脱离经验人为的把持。换言之，洒落与戒惧犹为二物。阳明说洒落与敬畏不能"歧为二物而分用其心"，这是理解二者关系的关键点。从阳明与弟子之间、阳明后学之间就此问题的反复讨论来看，此处极其容易引起义理滑转和工夫误用。戒惧是一种心灵深处极其隐微精密的操存活动，用功的"火候"要求极高，用力过度则容易掺入私意揣度或人为把持，放手过度则容易陷入无所操存的粗疏浮泛，甚至滑转为情识流荡。说到底，"助"与"忘"的工夫都不曾脱离经验意识的二元对待。从阳明学体用相即的理路来看，洒落与敬畏（戒惧）是心体的一体两面，即洒落即敬畏，二者既是本体也是工夫，如此方契合阳明彻底的一元论理路。阳明的这一思想东廓是心领神会的。

　　另外需要说明的是，就学理而论，致良知工夫上的戒惧与安排、洒落与自然等关系，阳明学者们大都认同有无合一的中道观。但就工夫实践而论，从上述比较可知，阳明学者们各依其所自得而对工夫之"有"或"无"体现出不同的偏重，进而影响到各自学说的立论重点。王畿强调自然对警惕的统摄作用，所谓"夫学当以自然为宗，警惕者，自然之用"，[1]偏重发挥工夫之"无"的面向，体现了与其"四无论"一致的高明进路。季本针对情识流行之弊而强调警惕对自然的统摄作用，提揭工夫之"有"不免过度，导致学理上的偏颇。东廓对这一问题的认识，同样可从学理主张和实践倾向两个层面来分析。就学理主张而言，东廓的戒惧为本体之自然戒惧、警惕与自然乃一体两面等观点均继承了阳明的思想。他对季本的批评也本于此，所谓"戒慎恐惧之学，不放纵，亦不拘迫。放则忘，拘则助"，[2]忠实地体现了阳明"不滞于有，不堕于无"的中道观。但就工夫的实践倾向而言，他与季本具有相同的用心：同样是从学者位上立言，同样是欲矫正阳明后学中"良知现成、无须工夫"的主张，而侧重工夫之"有"的一面。但他与季本的不同之处在于，他在继承有无一体、戒惧与洒落一体的学理基础上，更强调本体的戒惧义、工夫之"有"的一面。东廓批评当时的学风："近来讲学，多是意兴，于戒惧实功全不着力，便以为妨碍自然本体，故精神泛浮，全无归根立命处。"[3]就学者位上强调工夫之"有"是境界之"无"的保证。因此，"以性上不可添戒惧者，是猖狂而蹈大方之说误之也"。[4]他与季本的工夫主张看似相近，但学理基础、工夫方法并不一致。

---

[1]　王畿：《答季彭山龙镜书》，《王畿集》卷九，页212。
[2]　《答汪周潭中丞问学》，《邹守益集》卷一六，页776。
[3]　《简余柳溪》，《邹守益集》卷一一，页551。
[4]　《复高仰之诸友》，《邹守益集》卷一一，页550。

二、戒惧不离与寂感动静

东廓的"自戒自惧"工夫常常与"不离"、"无须臾离"等术语连用：

> 凡我同游，自戒自惧，孳孳无须臾离，以无愧于帝衷。
>
> 戒惧不离，炯然灵明，视于无形，听于无声，三千三百，无往非真体之贯彻。[1]

如果说，自戒自惧之"自"主要体现良知心体自我警觉的工夫样态，那么戒惧之"不离"体现的就是良知心体恒常警觉、无分于体用动静的工夫样态。这一问题在阳明后学那里，即是良知本体与"寂感动静"的关系问题，为一重要的讨论热点。盖就终极意义上的本体而言，王门诸子都认肯良知具有"无内外动静先后"的一体性；但就致知工夫实践意义上的良知本体而言，则存有不小的争议，具体包括两个方面：良知是静（寂）是动（感）？与之相应，致良知工夫是采取与日常生活保持隔越的"主静"，还是在日用常行之"动"中用功？因江右聂豹反对王畿的见在良知说而主张良知本体为"寂体"、工夫为"主静归寂"，罗洪先亦曾一度应和其说，从而与多数亲炙阳明的学者观点相左，于是，王畿、钱德洪、邹东廓、欧阳德、陈九川、黄洛村等人纷纷就已发未发、寂感动静等问题与之往复辩论，成为王学思想史上的一个热点议题。[2] 因本书以东廓思想为叙述中心，故以东廓等王门诸子与聂豹的辩论作为问题背景，重点讨论戒惧说与寂感动静之关系。东廓谓：

> 慎独之义，圣门于《大学》《中庸》皆揭此二字……独知之真，无分动静，十目十手与屋漏，皆灵明独觉，莫见莫显。于此须臾不离，乃为致良知之学。[3]

独知即良知，"独知之真，无分动静"是说良知本体因超越了经验时空的二元对待制约，为一绝待本体，超越了经验时空的动静寂感之分别；因此，慎独

---

[1] 以上引文分别见：《广信讲语》，《邹守益集》卷一五，页726；《赠永丰凌侯考绩序》，《邹守益集》卷五，页238—239。东廓关于戒惧不离的表述极多，又如：《社布王氏重修族谱序》："顾諟明命，戒惧不离，显仁藏用，举天地万物而位育之，是之谓合敬同爱之学。"（《邹守益集》卷三，页127）《艮斋说》："发育峻极于天，只自戒惧不离致之。"（《邹守益集》卷九，页485）《简宋望之》："使果能顶天立地，全生全归，戒惧不离，不肯以一毫俗态自濡，以一毫气禀自杂，以一毫闻见测度自凿，朴朴实实，直完皭皭肫肫本体，则死生如旦暮，穷通如寒暑，而何毁誉得失之足计耶?"（《邹守益集》卷一三，页667）

[2] 相关辩论可参林月惠：《良知学的转折——聂双江罗念庵思想之研究》，第六章第一、二节，页406—459。

[3] 《答洪生谦亨论学》，《邹守益集》卷一六，页777。

（戒惧）工夫也要在任何场合或动或静的状态下须臾不离。换言之，工夫亦无分动静。东廓继承了阳明本体与工夫合一的思维方式，故本体之无分动静与工夫之无分动静往往合说，统为一事。为了表述上的方便，以下将本体与工夫两个层面分别说之。

首先看本体之无分动静。在宋儒那里，关于形上本体的性质，周濂溪有"无欲主静"之说，程伊川有心体"寂然不动"之论，[1]道南一脉则重视"观喜怒哀乐未发前气象"，朱子亦有"寂然者，感之体；感通者，寂之用"[2]的观点。这些具有"主静"倾向的主张均被聂豹援引。同时，聂豹发挥《易传》之"寂然不动"、《中庸》之"不睹不闻""未发之中"、《大学》"知止"之"止"等义，以寂然不动、未发之中为形上本体，以感而遂通、已发之和为本体之发用。良知之虚寂、未发、止的本体义具有首要的意义，良知之感应外物的发用为末，居从属地位，所谓"天下之感皆生于寂，不寂则无以为感"。[3]良知具有体用、寂感、已发未发二分的特性，所谓"寂感动静，犁然为两端"。[4]聂豹之说引起同门"环起而议之"，[5]良知的寂感动静问题遂成一讨论热点。东廓认为：

> 濂溪主静之静，不对动而言，恐人误认，故自注云"无欲"。此静字是指人生而静真体，常主宰纲维万化者。在天机，名之曰无声无臭，故揭无极二字；在圣学，名之曰不睹不闻，故揭无欲二字。天心无言，而元亨利贞无停机，故百物生；圣心无欲，而仁义中正无停机，故万物成。知太极本无极，则识天道之妙。知仁义中正而主静，则识圣学之全。[6]

东廓对周濂溪"无欲主静"之"静"的解释有二义：首先将"静"解释为"人生而静以上不容说"[7]的形上、先天之静，即本体（真体）之静。此本体之静就天而言是万物的本源（无声无臭），就人而言是心性的本质（不睹不闻）。其根本特质是无欲，因无欲而不为外界扰动，故名"静"，故能发为仁义中正之道德。其次，"静"作为形上本体，便不是时空格套内与"动"相对之"静"。周濂溪《通书·动静第十六章》言："动而无静，静而无动，物也。动而无动，

---

[1]　《与昌大临论中书》："心一也，有指体而言（自注：寂然不动是也）；有指用而言（自注：感而遂通天下之故是也）。"见《河南程氏文集》卷九，《二程集》，页609。

[2]　朱熹：《周易本义·系辞上传第五》，《朱子全书》第一册，页132。

[3]　《答邹东廓司成四首·一》，《聂豹集》卷八，页261。

[4]　《答胡青厓》，《聂豹集》卷九，页293。

[5]　《再答双江》，《邹守益集》卷一一，页542。

[6]　《录诸友聚讲语答两城郡公问学》，《邹守益集》卷一五，页733。

[7]　"人生而静"语出《乐记》："人生而静，天之性也；感于物而动，性之欲也。"《河南程氏遗书》卷一云："'人生而静'以上不容说，才说性时，便已不是性也。"见《二程集》，页10。

静而无静,神也。"周濂溪以"动而无动,静而无静"之吊诡表述,来与时空格套内的二元对待"动而无静,静而无动"相区别。东廓在答门人彭沦(字丽川,号鹅溪)之问时,即是对濂溪这一思想的阐发:

> (彭沦)曰:"愿闻心体之静。"(东廓)曰:"天之普万物也,鼓以雷霆,润以风雨,经以寒暑,若是乎时变也,而曰'上天之载,无声无臭',是天地之静也。人之顺万物也,容以宽裕,执以刚毅,敬以中正,别以密察,[1] 若是乎时出也,而曰'戒慎不睹,恐惧不闻',是心体之静也。"(彭沦)曰:"既静矣,何以观焉?"(东廓)曰:"……戒慎不杂,去私与智,则廓然大公,所存神矣;物来顺应,所过化矣。[2] 所存者神,是谓静而无静;所过者化,是谓动而无动。无静无动,是谓至静。"[3]

东廓先言人顺应天地之变,随动随静(时出)地戒慎不睹,恐惧不闻,施以仁义礼智之德,此是从戒惧工夫无分动静上言心体之静。就本体自身而言,此心体之静则表现为:无事之时,心体虽是寂然(廓然大公,所存神矣)而仍具感通、顺应外物之用,是谓静而无静;有事之时,心体感通、顺应外物(物来顺应,所过化矣)的同时依旧寂然不动,是谓动而无动。因心体之静超越了形而下的动静对待,故谓至静。以此,东廓对周濂溪的动静观备极称赞,并用来界定良知本体:"良心虚灵,昼夜不息,与天同运,与川同流,故必有事焉,无分于动静……元公谓静而无静,动而无动,其善发良心之神乎!"[4]

　　东廓之说有本于阳明。在东廓的论说中,往往直截了当地沿袭阳明思想之结论,而省略了思想构造和推论过程,这些构造和推论过程在阳明那里则表述得更为充分。例如阳明在《答陆原静书》一信中,一反程朱学者将体用、动静二分的思路,而言良知为寂感动静一体:

> "未发之中"即良知也,无前后内外而浑然一体者也。有事无事,可以言动静,而良知无分于有事无事也。寂然感通,可以言动静,而良知无分于寂然感通也。动静者所遇之时,心之本体固无分于动静也……有事而感通,固可以言动,然而寂然者未尝有增也。无事而寂然,固可以言静,然而感通者未尝有减也。动而无动,静而无静,又何疑乎? 无

---

[1] 《中庸》第三十一章:"唯天下至圣,为能聪明睿知,足以有临也;宽裕温柔,足以有容也;发强刚毅,足以有执也;齐庄中正,足以有敬也;文理密察,足以有别也。"朱熹注谓:宽裕、刚毅、中正、密察"乃仁义礼知之德"。见《中庸章句》,《四书章句集注》,页38。

[2] "存神过化"出《孟子·尽心上》:"夫君子所过者化,所存者神,上下与天地同流,岂曰小补之哉?"

[3] 《静观说赠彭鹅溪》,《邹守益集》卷九,页484。

[4] 《答伍九亭请教语》,《邹守益集》卷一六,页764。

前后内外而浑然一体，则至诚有息之疑，不待解矣。未发在已发之中，而已发之中未尝别有未发者在；已发在未发之中，而未发之中未尝别有已发者存。是未尝无动静，而不可以动静分者也……太极生生之理，妙用无息，而常体不易。太极之生生，即阴阳之生生。就其生生之中，指其妙用无息者而谓之动，谓之阳之生，非谓动而后生阳也。就其生生之中，指其常体不易者而谓之静，谓之阴之生，非谓静而后生阴也。若果静而后生阴，动而后生阳，则是阴阳动静截然各自为一物矣……所谓动静无端，阴阳无始，在知道者默而识之，非可以言语穷也。[1]

在此，阳明将周子《通书》的动静观套在良知学中加以阐释：所谓"动而无静，静而无动"，是指动静有别，为经验层之万物的存在状态，即周子所谓"物也"；所谓"动而无动，静而无静"，是指动静一体，诠表超越层之心体，即周子所谓"神也"。合而言之，"动静者所遇之时，心之本体固无分于动静也"。未发与已发、内与外的关系亦如是。因此，良知本体不落入经验层之寂与感、动与静、内与外的对待区分，所谓"无前后内外而浑然一体者也"。因为在根本上，良知为一创生万物的超越性本源，是"太极生生之理"，其"妙用无息"（动）而又"常体不易"（静）的存在须通过"默而识之"的实证，非是经验层之言语、意识所能说明的。然而以吾人经验意识去理解良知的超越义颇难，落入经验对待之中往往是吾人的思维定式。故当聂豹、罗洪先等人以体用、动静有别的思维理解良知时，王畿、东廓等王门诸子发挥师说进行辩驳。王畿谓："寂是心之本体，不可以时言，时有动静，寂则无分于动静。濂溪云'无欲故静'，明道云'动亦定，静亦定'，先师云'定者心之本体'，动静所遇之时，静与定即寂也"，[2]说得再明白不过。东廓则认为，聂豹的思路"有隐然意见默制其中而不自觉，此于未发之中，得无已有倚乎？"[3]其"有倚"之语即是批评聂豹以分言体用、寂感的思路来表述超越层之心体，其实已落入了经验界的时空格套中。

其次，再看辩论双方对致良知工夫意义上之寂感动静的看法。聂豹吸取了周程以来以静坐来涵养未发心体的工夫方法，[4]认为致良知工夫的

---

[1] 王守仁：《传习录》中，《王阳明全集》卷二，页64。

[2] 王畿：《致知议辨》，《王畿集》卷六，页140。

[3] 《再答双江》，《邹守益集》卷一一，页542。

[4] 双江说明其学之渊源为："某不自度，妄意此学四十余年，一本先师之教而绅绎之，节要备录之矣。已乃参之《易传》《学》《庸》，参之周、程、延平、晦翁、白沙之学，若有获于我心，遂信而不疑。"（《聂豹集》卷十一，页412。）可知双江之学是从以上经典和思想家那里汲取了养料，当然，他所理解的是否为经典或思想家本人的原义，则另当别论。

关键即在于："只致养这个纯一未发的本体。"[1]主静工夫至极，同样能够达到内外两忘、无动无静之化境，"动静无心，内外两忘，不见有炯然之体，此是静养工夫到熟处"，[2]"必收摄翕聚得这个虚明之体，无时无处不是这个充塞，更不须假人力安排，方可言熟"。[3]　在与聂豹的辩论中，东廓与王畿等都认为，与良知本体无分动静的观点相应，致知工夫自然无分动静，他们尤其强调在日用常行中用功。东廓谓：

> 夫时有动静，学无动静者也。疲精外骛，汲汲焉以求可求成，是用智者也，命之曰动而动；凝神内照，而人伦庶物脱略而不理，是自私者也，命之曰静而静。戒慎恐惧，无繁简，无内外，无须臾之离，以求复其性，是去智与私而大公顺应者也，命之曰动而无动、静而无静。动静定，而中和备矣；中和备，而礼乐兴矣。[4]

东廓首先批评了两种为学倾向：一是汲汲外求而不知存养心体，即所谓"动而动"；一是一意内守而不顾人伦日用，即所谓"静而静"。在与聂豹的论辩当中，这是东廓反复强调的主张，如云："若倚于感，则为逐外；倚于寂，则为专内。虽高下殊科，其病于本性均也。"[5]"倚于感"对应于五伯之学，"倚于寂"对应于佛道二教。在东廓，正确的工夫方法当是无分内外动静地戒慎恐惧，以去欲除私，恢复本体。

当然，若将聂豹之学归于"倚于寂"之列，自然是不能让他心服的。因为聂豹之学除有"归寂以通感"的体用结构作为保证之外，还有一个为学次第：对一般学者而言，终极境界的寂感一体难以立至，故须先从时间上、体用上的寂感有别做工夫——毕竟，吾人无事与有事时的心灵状态不同，有事时心灵容易受外物干扰，无事时心态相对宁静。故先从静中涵养心体做起，工夫熟后，自然动静一体。然而，东廓对这样的先后次第仍然是不赞同的。有学者与东廓论学，所提出的观点与聂豹的思路如出一辙："学者先须杜绝人事，闭门静坐，收敛身心，习静之后，随事精察，至于动静两忘，圣学其庶几乎！"

---

[1]　聂豹著、罗洪先批注：《双江聂先生困辩录·辨诚》（《四库全书存目丛书·子部》第9册）卷八，页471。

[2]　《答欧阳南野太史三首·三》，《聂豹集》卷八，页248。

[3]　《答王龙溪·二》，《聂豹集》卷十一，页402。

[4]　《南京礼部主客司题名记》，《邹守益集》卷六，页324。

[5]　《再答双江》，《邹守益集》卷一一，页542。按，类似的意思见《双江聂子寿言》："夫倚于毁，则绝物；倚于誉，则合污；倚于出，则溺而不止；倚于处，则往而不反；倚于寂，则不能以有为为应迹；倚于感，则不能以明觉为自然。故曰'德辅如毛'，言未化也；'无声无臭'，则至诚而化，焉有所倚？"《邹守益集》卷三，页113。

东廓则谓："是不察始学、成德之无二项工夫矣……其非先习静以至于动静两忘也。"[1]初学者与成德者都只有"学无动静"一个工夫，"分动分静，不是圣门脉络"。[2] 说到底，"倚于感"或"倚于寂"的根本局限在"病于本性"，还是对良知本体超越动静对待的本质无从把握。以此，东廓针对聂豹寂感二分的工夫方法，明确提出"寂感无二时、体用无二界、戒惧无二功"：

> 寂感无二时，体用无二界，如称名与字然。称名则字在其中，称字则名在其中。故中和有二称，而慎独无二功。

> 学无寂感，寂感以言乎所指也。譬之日焉，光其体也，照其用也。而以先天后天分，是以体用为先后也。

> 中和有异名，而戒惧无二功。发育峻极于天，只自戒惧不离致之。[3]

东廓将寂与感的关系用名与字、光与照作比喻，表明他是从阳明学即体即用的体用观上看待寂感动静为一体的关系，而不是聂豹那样，从时间先后、体用先后的关系上理解寂感动静。相应地，"学无寂感"，致知工夫（在东廓即是戒惧慎独工夫）也要保持寂感一体。东廓还指出，聂豹"归寂以通感"思路的局限在于"以体用为先后"，而体用关系原本如名与字、光与照一样是无分先后的，点出了聂豹与阳明及其亲炙弟子为学思路的根本性差异。说到底，"戒惧不离"意味着"戒惧无二功"，戒惧之功必须打破时间意义、体用意义上的先后区隔，才能保证工夫一贯。东廓言："若曰岑居颇得静养，遇事便觉搅扰，只是欠却戒惧不离，亦临亦保，故不免喜静厌动耳。静而无静，动而无动，天运日照，自强不息，吾辈今日'附子汤'也。"[4]

进而，东廓强调"戒惧不离"的目的则在于，侧重在"感"上也即日用常行当中用功，如此方合儒家的人伦关切。自然，东廓等王门诸子对于聂豹的"格物无工夫"之说是不能认同的。[5] 东廓类似的论述极多，如谓："寂感无时，体用无界，第从四时常行、百物常生处体当天心，自得无极之真。""戒慎不睹，恐惧不闻，便是致良知工夫……祇在庸德之行，庸言之谨，何尝有玄

---

[1]　以上引文均见：《答林掌教朝相》，《邹守益集》卷一〇，页506。

[2]　《龙华会语》，《邹守益集》卷一五，页732。

[3]　以上引文分别见：《再答双江》，《邹守益集》卷一一，页542；《双江聂子寿言》，《邹守益集》卷三，页113；《艮斋说》，《邹守益集》卷九，页485。

[4]　《复李郡丞云亭》，《邹守益集》卷一三，页669。

[5]　东廓《简复聂双江》云："格物无所用其功，则矫枉过直，其于'致知在格物'五字终有未莹。先师之旨亦云'致吾心之良知于事事物物之间'，'寂感内外，通一无二'，故庸德之行，庸言之谨，便是圣门致知格物样子。"见《邹守益集》卷一一，页540。

妙径捷?"[1]东廓之说正是阳明体用相即、因用见体思想的体现。工夫意义上的无分寂感动静,前引阳明《答陆原静书》已备述之;至于工夫在日用常行上用,当弟子黄直问如何做戒惧工夫时,阳明有明确表示:

> 直问:"戒慎恐惧是致知,还是致中?"先生曰:"是和上用功。"曰:"《中庸》言致中和,如何不致中,却来和上用功?"先生曰:"中和一也。内无所偏倚,少间发出,便自无乖戾。本体上如何用功? 必就他发处,才着得力。致和便是致中。万物育,便是天地位。"直未能释然。先生曰:"不消去文义上泥。中和是离不得底。如面前火之本体是中,火之照物处便是和。举着火,其光便自照物。火与照如何离得? 故中和一也……子思说发与未发,正要在发时用功。"[2]

阳明之意有二:一是中和一体、体用一源,二者有如火与照的关系——东廓将寂与感的关系用光与照作比,思路与阳明一致;二是静态的良知本体难以著力,工夫著力的关键在本体发用的日常当下,就中与和而言是"和上用功",就已发与未发而言是"在发时用功"。故云:"随时就事上致其良知,便是格物","致吾心良知之天理于事事物物,则事事物物皆得其理矣",[3]由此亦体现儒家主于经世的宗旨。阳明的思路多数弟子都能相应,如王畿云:"性体自然之觉,不离伦物感应,而机常生生。"[4]欧阳德云:"致知之功,致其常寂之感,非离感以求寂也;致其大公之应,非无所应以为寂然也。"[5]

话说回来,东廓虽然主张在日用常行中用工夫,但并不反对将主静、静坐作为一种收敛身心的工夫手段。《文庄府君传》载东廓"冬不炉,夏不扇,宴坐如泥塑人",[6]可见东廓本人是经常静坐的。其诗云:"跌坐天犀岩","矮檐跌坐商真诀",[7]亦能证明之。从宋明理学史上来看,宋明儒者在吸纳佛老理论的同时,也吸纳其静坐法作为心性修养的一种工夫形式。[8]

---

[1] 以上引文分别见:《再简双江》,《邹守益集》卷一一,页541;《简杨道亨》,《邹守益集》卷一三,页677。

[2] 王守仁:《传习录拾遗》第24条,《王阳明全集》卷三十二,页1174。

[3] 以上引文分别见王守仁:《传习录》中,《王阳明全集》卷二,页83、45。

[4] 王畿:《致知议辨》,《王畿集》卷六,页141。

[5] 欧阳德:《寄聂双江·三》,《欧阳德集》卷四,页130。

[6] 邹德涵:《文庄府君传》,《邹守益集》卷二七,页1364。

[7] 以上引文分别见:《双江、念庵二兄聚行窝简诸同游四首·一》,《邹守益集》卷二五,页1197。《九月望日石屋山观月二首·二》,《邹守益集》卷二六,页1255。

[8] 关于宋儒静坐的研究,可参杨儒宾:《宋儒的静坐说》(《台湾哲学研究》2004年第4期,页39—86)、《论"喜怒哀乐未发前气象"》(《中国文哲研究所通讯》第15卷第3期,页33—67)二文。

周濂溪"主静立人极"说成为宋儒主静理论及静坐工夫的主要依据。至二程，则据《中庸》明确将静坐法用于"观喜怒哀乐前未发气象"，静坐被赋予了儒家心性论的内涵而成为一种工夫教法，此"默坐澄心体认，天理若见"[1]之法延续为道南一脉的工夫法门。学宗濂洛的明儒陈白沙，更是以静坐为"造化之枢机"，"求吾之约，惟在静坐"，[2]将静坐之地位提高到无以复加的地步。至如以格物穷理为主要实践方式的朱子，对静坐也很重视，有"半日静坐，半日读书"之名言。因为就工夫实践而言，去除渣滓、提纯意识、变化气质，最终达到天道与性命相贯通，这是宋明理学所有派系的根本实践目标，因此"就工夫的实践程序而言，涵养意识本身的静坐在学习程序上，具有优先的地位"。[3] 故理学家的静坐实践堪为平常之事。那么，静坐对于东廓修养工夫的作用与意义何在？

　　首先，东廓继承了阳明对静坐的态度。阳明的主要工夫教法是本体直贯日用常行而无分于寂感动静，故一般情况下阳明以静坐为悟入良知之前的一种手段，静坐并非究竟工夫，所谓"补小学收放心一段功夫耳"。[4] 东廓的一首《静修》诗即表明了他对于主静的态度：

　　　　盆水贮幽几，湛然光明镜。须臾或挠之，眩瞀如泥泞。所以好修士，务以静自胜。振衣丘壑中，一洗朝市病。我传千金方，无动亦无静。廓然大公心，万变皆顺应。寒暑互推迁，化机自凝定。至哉太极翁，无欲可希圣。[5]

心体原本宁静如水、湛然如镜，然一旦受到外界的扰动就很容易被遮蔽，如陷泥泞，难以出脱。因此学者多采取与外界保持隔越的静坐工夫，以远离尘世纷扰的方式求得心体的宁静湛然。东廓认为，"务以静自胜"的阶段固然必要，但只具权法地位。根本目标是心体宁静（千金方），无论外界的动静变化如何，心体均能无动无静，顺应无滞。因此，东廓将濂溪主静说的根本精神收归于无欲，所谓"至哉太极翁，无欲可希圣"，并结合进自身的戒惧工夫当中。但无欲又不是空虚、虚无：

　　　　程子主一之旨，传诸濂溪。濂溪圣学之篇，以一为要。一者，无欲

---

[1]　此是朱子引其师李延平之语，见朱熹：《延平先生李公行状》，《朱子全书》第二十五册，页4518。
[2]　陈献章：《复赵提学金宪》，《陈献章集》卷二，页145。
[3]　杨儒宾：《主敬与主静》，《台湾宗教研究》第9卷第1期（2010年6月），页11。
[4]　《年谱一》，《王阳明全集》卷三十三，页1230—1231。
[5]　《静修》，《邹守益集》卷二五，页1189。

也。知无欲之为一，则主一之功可知矣。故读书而不失其精明，便是读书之一；静坐而不失其精明，便是静坐之一……所谓光景者，乃测度想象出来，非目前实得之学，亦未可以夜气当之也。[1]

"主一无适"最先由程伊川提出，原指在经验意识中的提撕警觉。东廓将经验意识之"主一"提升为本体之"主一"，即安住于无欲之心体。此心体既不是一片虚无，也不是静坐中恍然见到的"光景"——这些都是理学家们反对的静坐之弊病。主一在东廓的语境中即要求时刻保持戒慎恐惧，无论是读书之动，还是静坐之静，均能保持心体之警觉精明。因此，静坐之于东廓便是涵养、保持心体精明的一种方式。根本的实得之学仍是心无动静、学无动静。《文庄府君传》载"（东廓）临大事，虽有势，如山不动"，[2]可谓东廓思想的实践注脚。

三、一体两面、全生全归

在理学家那里，所有的工夫实践内容无外乎宋明理学的核心思想：存天理，灭人欲。用阳明的话说，"圣人之所以为圣，只是其心纯乎天理而无人欲之杂"。[3] 故而，"只在此心去人欲、存天理上用功便是"。[4] 前者是消极防治人欲，后者为积极存养德性，一体两面，构成道德实践的基本内容。东廓谓："慎独也者，去其夹杂以复其洁净之本体而已矣"，[5]正对应于这两项内容。由于各人资质和为学进路不同，理学家在各自具体的工夫方法上对这两面工夫的偏重各异。东廓戒惧之功的具体内容，可从内/外、正/负两个层面说之。就戒惧工夫之内外而言，东廓云：

> 圣门自迩自卑之学，翕兄弟，宜妻孥，顺父母，以达于鬼神。自其内尽于己而恂栗不摇焉，谓之斋明；自其外备于物而威仪不违焉，谓之盛服。是以愉愉勿勿，如亲听命，而若或飨之。古之人受命如大舜，无忧如文王，继志述事如武王、周公，是孝弟以通神明之觳率也。神明之交，莫尊于上帝，莫亲于祖庙，而仁孝一脉，事亲飨帝，精神贯彻，洋洋优优，运天下于掌。

> 敬畏工夫，正是千圣全归脉络。《大学》《中庸》，皆是提起慎独，蕴

---

[1]　《答彭鹅溪》，《邹守益集》卷一三，页681。
[2]　邹德涵：《文庄府君传》，《邹守益集》卷二七，页1364。
[3]　王守仁：《传习录》上，《王阳明全集》卷一，页27。
[4]　王守仁：《传习录》上，《王阳明全集》卷一，页2。
[5]　《再简洪峻之》，《邹守益集》卷一○，页521。

之为天德,发之为王道。

圣门之学,只从日用、人伦、庶物兢兢理会自家真性,常令精明流行。从精明识得流行实际,三千三百,弥满六合,便是博文;从流行识得精明主宰,无形无声,退藏于密,便是约礼。[1]

简言之,戒惧之对内一面即是在心体上戒慎恐惧;贯通于外,即是爱亲、敬兄、宜妻孥等外在仪节。东廓喜用以经证经的方式将戒惧工夫会通儒家经典中的其他工夫德目:戒惧之内尽于己即是《大学》之恂栗,《中庸》之斋明,《论语》之约礼;戒惧之外备于物即是《大学》之威仪,《中庸》之盛服、三百三千,《论语》之孝弟、博文。自然,在阳明学高扬道德主体性的思想主旨下,戒惧之外备于物并非对外在道德规范的形式化的被动遵守,而是内尽于己之工夫的外用和显现,所谓"三千三百,只从戒惧真体流出,不是枝节检点","礼也者,天然自有之中也"。[2] 如是,外在仪节内在化、本体化为自家本性,由自家本性贯通于人伦庶物,由孝弟以通神明,内蕴之为天德,外发之为王道,戒惧之功完成了内外一体、上下一致的完整性。这一理论结构,东廓称之为"全生全归"。[3]

"全生全归"语出《礼记·祭义》:"天之所生,地之所养,无人为大。父母全而生之,子全而归之,可谓孝矣。不亏其体,不辱其身,可谓全矣。"后来张载在《西铭》中则将父母之于吾人的全生全归关系推衍到"天地父母"之于个体生命的关系,意谓"天地父母"对于吾人之"全生",吾人当以全其德性为报,是为"全归",以成就德性作为个体生命在天地间最高的孝道,从而证成了个体生命得以安身立命的最高价值和终极意义,这一思想得到理学家们的普遍认同。东廓在此基础上,更将"全生全归"的理论形式用以表达戒惧工夫彻上彻下的理路。所谓:

天地全而生之,人全而归之,是为仁。父母全而生之,子全而归之,是为孝。获罪于天,不可以为人;忝其所生,不可以为子。

圣门之学,曰戒慎不睹,恐惧不闻,而无须臾离。故出言举足,不敢以遗体行殆,事亲之至也;昧爽丕显,顾諟明命,事天之至也。[4]

---

[1] 以上引文分别见:《潮州林氏祠堂记》,《邹守益集》卷七,页 428;《简李南屏》,《邹守益集》卷一二,页 608;《冲玄录》,《邹守益集》卷一五,页 743。

[2] 以上引文分别见:《龙华会语》,《邹守益集》卷一五,页 731;《好学篇赠五台徐柱史》,《邹守益集》卷四,页 198。

[3] 《简吕巾石馆长》,《邹守益集》卷一二,页 614。

[4] 以上引文分别见:《题安和里小会籍》,《邹守益集》卷一八,页 867;《望亭记》,《邹守益集》卷七,页 409。

对于天地、父母之于吾人的全生之恩,吾人"全归"之回报方式分为事天之仁与事亲之孝的两端工夫:前者为形上涵养本体之功(顾諟明命),也即上文提到的内尽于己,后者为日常之出言举足不敢辱没其亲的诸多仪节修为,也即外备于物,"事亲"是外备于物之仪节修为的总称。上下两端以戒惧于本体之功一以贯之:"本体戒惧,不睹不闻……念虑事为,一以贯之。是为全生全归,仁孝之极",[1]从而,戒惧工夫不仅具备了通贯于内外、形上形下的完整性,也借"全生全归"的理论形式获得了理论高度和终极意义。

另一方面,就戒惧于本体之工夫的具体内容而言,包含正面充养本体与负面防治人欲两方面,东廓谓:

> 学者从明德本明处时时充拓,如火燃泉达,真机勃勃。平日气禀偏重,俗态胶固,猛自克治,不敢轻易放过,方是致良知朴朴实实课程,不落虚见浮说。

> 戒惧勿离,时时操存,时时呈露,若须臾不存,便失所止。[2]

"明德本明处"即是良知本体,"时时充拓"即是充养本体。东廓关于充养本体的说法还有:"古之人如恶恶臭,如好好色,真诚恻怛,以充其良知之量,则忿懥好乐无所滞,而大本立矣。"[3]"如恶恶臭,如好好色"本是《大学》对诚意之功的比喻,因东廓用功于本体,故此"真诚恻怛,以充其良知之量"便是充养心体之"诚",时时操存,本体便时时呈露。同时,因吾人的气禀之偏和世俗环境的强大惯性(俗态胶固),"若须臾不存,便失所止",人欲之私时时有遮蔽良知的可能,故存养本体的同时还须"猛自克治,不敢轻易放过","一有障蔽,便与扫除,如雷厉风飞,复见本体"。[4]简言之,戒惧即是在良知本体上时时充养与省察克治人欲之私的一体两面之功同时并重。

四、与朱子、阳明、蕺山之比较

戒慎恐惧是儒学的基本修养工夫,很多儒者都曾对此加以诠释。邹东廓的戒惧说体现了怎样独具特色的工夫内容和思想特色? 在此,笔者将东廓与朱子、阳明、蕺山关于戒惧、慎独的论说加以比较,以期勾勒戒惧工夫在宋明理学中的流变。如本书绪论所述,在以往的研究中,有不少学者认为东

---

[1]　《录诸友聚讲语答两城郡公问学》,《邹守益集》卷一五,页734。
[2]　以上引文分别见:《同志请书》,《邹守益集》卷一六,页779;《寄孙德涵德溥》,《邹守益集》卷一三,页662。
[3]　《观光赠言》,《邹守益集》卷二,页90。
[4]　《答徐子弼》,《邹守益集》卷一〇,页508。

廓的戒惧说与朱子学的主敬说类似，其义理性格和工夫内容与朱子之主敬工夫的关系究竟如何，这是了解东廓戒惧说的一个必要的思想背景。在阳明学内部，东廓的戒惧工夫与阳明的"独知"工夫最为近似，二者具有怎样的关系？逮至晚明学者修正王学之流弊时，刘蕺山、黄宗羲等将邹东廓视为王学正传，而刘蕺山的诚意、慎独工夫与东廓的戒惧说又有何内在关联？由于上述各家的理论体系不同，若将戒惧说置于各自的理论体系中论述恐过于庞杂，因此，笔者将各家的思想体系作为了解其各自戒惧工夫的基本背景，重点阐释各家对戒惧工夫的不同解说。

先看朱子的戒惧工夫。本书第四章第一节已经分析过，朱子解《中庸》时，将戒惧与慎独分为两节工夫：戒惧为念虑未发时的静中涵养，慎独为念虑萌发之初的克治省察。同时，"未发已发，只是一件工夫，无时不涵养，无时不省察耳……如恐惧戒谨是长长地做，到谨独是又提起一起。"[1] 因此就其工夫作用的时段来说，戒慎恐惧其实是通贯动静的工夫，在朱子"静养动察，敬贯动静"的工夫框架中，戒惧实际上就是朱子工夫论的核心——"主敬"："圣门之学别无要妙，彻头彻尾只是个'敬'字而已。"[2] 主敬工夫的基本内容，朱子延续了程伊川"主一无适"[3]的讲法。统观朱子所说，可将主敬(戒惧)工夫按用功时段区分为如下几个要点：

第一，未应物之际、念虑未发时的静中涵养。朱子云：

> 静坐非是要如坐禅入定，断绝思虑。只收敛此心，莫令走作闲思虑，则此心湛然无事，自然专一。
>
> 当静坐涵养时，正要体察思绎道理，只此便是涵养。
>
> 心要精一。方静时，须湛然在此，不得困顿，如镜样明，遇事时方好。[4]

静中涵养不是断绝思虑，而是屏去闲思杂虑，以体察思绎内心蕴含的先验理则，朱子称这种境界是"白的虚静"，断绝思虑为"黑的虚静"。[5] 因此静中的戒惧是要通过屏息收敛杂念，"只是频频提起，久之自熟"，"心常惺惺，自无客虑"。[6] 通过"唤醒"、"提"、"常惺惺"、"湛然"等心灵训练，引发并保

---

[1] 朱熹：《朱子语类》卷六十二，页1354。

[2] 朱熹：《答程允夫六》，《朱文公文集》卷四十一，《朱子全书》第二十二册，页1873。

[3] 伊川释为"端庄严肃"、"主一无适"，见《河南程氏遗书》卷十五，《二程集》，页143。

[4] 以上引文见朱熹：《朱子语类》卷十二，页193—195。

[5] 程朱也认肯无思量的静坐，但认为其与佛道两教的静坐相似，思量的静坐才是程朱所侧重的。见杨儒宾：《主敬与主静》，页5。

[6] 以上引文分别见朱熹：《朱子语类》卷十二，页179、178。

持内心的"虚灵不昧"状态，如明镜般湛然，方能清晰地体察内外世界的理则，所谓"须是真个不昧，具得众理，应得万事"。[1] 这样的静中涵养，朱子说："戒慎不睹，恐惧不闻，如言'听于无声，视于无形'，是防之于未然。"[2]

第二，念虑将动未动之初的慎独审几。在朱子那里，尽管意识活动有未发、已发的深浅层次不同，但这只是意识层面的深浅之别，并不是心学系统所强调的"知"（良知）与"识"（意识）之别、形上心之本体与形下念虑的区隔。朱子明确把"几"视作经验意识层面的意识萌动之初，所谓：

> 几是动之微，是欲动未动之间，便有善恶，便须就这处理会。若至于发着之甚，则亦不济事矣，更怎生理会？所以圣贤说"戒慎乎其所不睹，恐惧乎其所不闻"。盖几微之际，大是要切。[3]

因为此时念虑已动，善恶混杂，故慎独工夫是"就其中于独处更加谨也。是无所不谨，而慎上更加谨也"。[4] 需要格外地醒觉、防检、克治、审察，避免流于自欺。这样的慎独工夫，如朱子所说："察之于将然，以审其几"。[5]

第三，应物之际的戒惧工夫，发之于念虑、发之于身体、发之于应事应物，身心肃然整齐，内外一致，不随事随念走作。如云：

> 只收敛身心，整齐纯一，不恁地放纵，便是敬。
>
> "坐如尸，立如齐"，"头容直，目容端，足容重，手容恭，口容止，气容肃"，皆敬之目也。
>
> 无事时敬在里面，有事时敬在事上。有事无事，吾之敬未尝间断也。
>
> 问敬。曰："一念不存，也是间断；一事有差，也是间断。"[6]

要之，在已发之动中，无论有事无事，事大事小，须将本心之惺惺清明、收敛专一的状态贯穿于内在的念虑、外在的形体乃至事为之中，持续而不间断，不随私意、习气走作。这个过程中，既有本心的自觉提撕，也有对外在规范的强制性遵守与自我克制，最终自身意识与形体、自身人格与事为达到完整的整合与统一，[7]也即主一，所谓"敬，莫把做一件事看，只是收拾

---

[1]　朱熹：《朱子语类》卷十四，页235。

[2]　朱熹：《朱子语类》卷六十二，页1343。

[3]　朱熹：《朱子语类》卷九十四，页2151—2152。

[4]　朱熹：《朱子语类》卷六十二，页1342—1343。

[5]　朱熹：《朱子语类》卷六十二，页1343。

[6]　以上五段引文分别见朱熹：《朱子语类》卷十二，页186、189、190、188。

[7]　见杨儒宾：《主敬与主静》，页14。

自家精神专一在此"，"能存得自家个虚灵不昧之心，足以具众理，可以应万事"。[1]

总之，在朱子分体用、动静而后合一的思路框架下，戒惧工夫之时段体现为未发、已发之初、已发之念虑、已发之事为的多个阶段。工夫内容体现为两面：一方面是"能存得自家个虚灵不昧之心"，为涵养、提持本心的正面工夫；一方面是检防人欲，"禁止其苟且自欺之萌"，为克治私欲的负面工夫。尽管此虚灵不昧之心不同于善恶混杂的经验意识，但由于此心并不体现形上心之本体的超越性，故属于更为隐微、精密、深层的有对待的经验意识，因此"防恶"始终是工夫的一大主题。朱子有一形象比喻："敬是守门户之人"，[2]戒惧工夫侧重于提防性的、防御性的一面是显而易见的。[3] 朱子甚至多次强调，在学者位上，工夫的"勉强"克治是必要的，[4]这既包括努力地自我克治私欲，也包括努力地遵循外在的礼仪秩序规范。虽然朱子也说持敬必然打通已发未发、内外动静，所谓"日用之间，以敬为主……此心之全体皆贯乎动静语默之间，而无一息之间断，其所谓仁乎！"，"人能存得敬，则吾心湛然，天理粲然，无一分着力处，亦无一分不着力处"，"常常存个敬在这里，则人欲自然来不得"，[5]对人欲的克治防检最终要消融到心之全德当中，但那毕竟是持敬工夫纯熟至极的境界。

其次看阳明与东廓的戒惧工夫。因东廓与阳明之论戒惧的内容基本一致，故将二人合并与朱子加以比较。犹如朱子将戒惧纳入自家的主敬工夫中论述一样，阳明也将戒惧、慎独合并纳入其良知学的工夫框架中论说："独即所谓良知也。慎独者，所以致其良知也。戒谨恐惧，所以慎其独也。"[6]就工夫特点而言，阳明、东廓与朱子之戒惧工夫有如下区别：

第一，慎独之"独"不是朱子之"人所不知而己所独知"的经验意识，而是"无声无臭独知时，此是乾坤万有基"[7]的形上心体、良知，故工夫的着力点在形上心体，而不是形下的善恶意念。阳明谓："人之心神只在有睹有

[1] 以上引文分别见朱熹：《朱子语类》卷十二，页192；《朱子语类》卷十四，页236。

[2] 朱熹：《朱子语类》卷九，页137。

[3] 见陈立胜：《王阳明思想中的"独知"概念——兼论王阳明与朱子工夫论之异同》，《中山大学学报》2016年第5期，页84。

[4] 朱子云："'反身而诚'，则恕从这里流出，不用勉强。未到恁田地，须是勉强。"（《朱子语类》卷六十，页1282）"方集义以生此气，则须要勉强。"（《朱子语类》卷五十二，页1123）"天地亦只是这个忠恕。但圣人熟，学者生。圣人自胸中流出，学者须着勉强。"（《朱子语类》卷二十一，页441）

[5] 以上引文均见朱熹：《朱子语类》卷六十二，页185。

[6] 徐阶：《邹公神道碑铭》，《邹守益集》卷二七，页1379。

[7] 王守仁：《咏良知四首示诸生》，《王阳明全集》卷二十，页790。

闻上驰骛,不在不睹不闻上着实用功。盖不睹不闻是良知本体,戒慎恐惧是致良知的工夫。学者时时刻刻常睹其所不睹,常闻其所不闻,工夫方有个实落处。"[1]东廓忠实地继承了阳明的说法,其谓:

> 人不及知而己独知之,此正善学者之所用力处也。近来悟得日用工夫尚是就事上点检,故有众寡,有大小:大事则慎,小则忽;对众则庄,寡则忽。是境迁而情异者也。虽欲不息,焉得而不息? 若从心体上点检,使精明呈露,勿以意必障之……稍有障蔽,即与扫除。虽欲顷刻息之而不可得,方是无众寡、无大小、无敢慢之学。[2]

"人不及知而己独知之"说的正是朱子之"独知",在经验意识层面,因善恶是非之对待交错,"境迁而情异",工夫自然费力。东廓认为从心体上点检,以心体精明扫除私意,工夫才究竟。

因此,第二,戒惧之念虑在阳明虽是已发之念,但为本体起念,是保任本体之正、不流于昏昧放逸的心体之功,阳明谓"戒惧之念是活泼泼地,此是天机不息处",[3]东廓谓"精明之流行"。因此,同样的戒惧之功,在朱子那里具有外在强制性甚至勉强性的克治特点,在阳明、东廓这里则融归心体之自觉与自然,具有更为强烈的道德主体性。阳明谓:"尧舜之兢兢业业,文王之小心翼翼,皆敬畏之谓也,皆出乎其心体之自然也。出乎心体,非有所为而为之者,自然之谓也。"[4]东廓谓:"向所谓不睹不闻即是独,戒慎恐惧即是慎,谓由中以应外则可,谓制外以养中则不可。"[5]

第三,这种"由中以应外"的戒惧之功表现在工夫内容上,体现为涵养本原与克治私欲的一体两面。阳明谓:"天理人欲,其精微必时时用力省察克治。"[6]这一克除私欲之功,因其立根于形上心体,故强调涵养心体的正面工夫具有第一义的地位。阳明反复说:"人但要识得心体","只要成就自家心体","须常常保守着这个真己的本体。"[7]说到底,克治私欲也是在良知中的克治,正面充养本体的工夫消融了私欲,"(工夫)久久成熟后,则不须著力,不待防检,而真性自不息矣",[8]更凸显道德主体义和积极义。阳明

---

[1]　王守仁:《传习录》下,《王阳明全集》卷三,页122—123。

[2]　《简周顺之·二》,《邹守益集》卷一二,页619。

[3]　王守仁:《传习录》下,《王阳明全集》卷三,页91。

[4]　王守仁:《答舒国用(癸未)》,《王阳明全集》卷五,页190—191。

[5]　《答龙云东》,《邹守益集》卷一〇,页525。

[6]　王守仁:《传习录》上,《王阳明全集》卷一,页24。

[7]　以上引文分别见王守仁:《传习录》上,《王阳明全集》卷一,页17、21;《传习录》中,《王阳明全集》卷二,页36。

[8]　王守仁:《传习录》下,《王阳明全集》卷三,页123。

晚年多言"无工夫"之熟化境界，"开口即得本心，更无假借凑泊"，[1]当然
这是东廓思想中几乎未见的。因为东廓立言多从未悟学子的角度出发，体
现为谨慎严密的工夫风格，所谓"庸德之信，庸言之谨，兢业不肯放过，如织
丝者丝丝入筘，无一丝可断，乃是经纶大经"。[2] 即便东廓日后"默识"良
知，其工夫风格依然是严谨持重的：

> 圣门端本澄源之学；戒慎恐惧，须史不离。视于无形，听于无声，以
> 保天命之纯，而不使一毫杂之。[3]

东廓言天命之纯、常精常明的本体时，总是连带着"不使一毫杂之"的提撕警
觉，总是搭挂着戒惧工夫作为保障。换言之，时时充养本体与警惕人欲之私
并行不悖。因东廓戒惧说之严密、谨慎、笃实的工夫风格与朱子之戒惧说形
式上相似，以至于学界历来有以其偏于程朱学的看法。然东廓与朱子的工
夫立足点与内容均有别。朱子的戒惧之功具有在经验意识中克制私欲的防
范性，乃至勉强遵循外在礼仪规范的强制性面向，而东廓的戒惧之功是立根
于良知心体的提撕、警觉、存养、扩充，其根本在于提升正面的存养天理之
功，不以消极防范人欲为主旨。东廓将朱子学中"制外以养中"的消极义转
化为"由中以应外"的积极义，不仅更加凸显道德主体的能动性，而且将原本
具有外在规范性特点的礼制仪节也内化为良知心体的自然呈现，所谓"礼
者，天然自有之中也……礼也者，己之所本有也"。[4] 这一即心即礼的思
路，基本是阳明学者们的共识。

　　第四，戒惧的工夫时节。在阳明因用见体、即体即用的彻底一元论思路
框架下，戒惧之功超越了经验界的寂感动静之分、已发未发之别，时时处处
遍在，故阳明常有这样看似吊诡的说法："此处须信得本体原是不睹不闻的，
亦原是戒慎恐惧的。戒慎恐惧，不曾在不睹不闻上加得些子。见得真时，便
谓戒慎恐惧是本体，不睹不闻是功夫。"[5]"不睹不闻是本体，戒慎恐惧是
工夫；戒慎恐惧是本体，不睹不闻是工夫。"[6]这在朱子学先分体用而后合
一的思路框架中，大概是难以理解的。在阳明"无之不一"[7]的彻底的一

---

[1]　王畿：《王畿集》卷二，页34。
[2]　《龙华会语》，《邹守益集》卷一五，页731。
[3]　《寿莲坪甘郡侯先生七十序》，《邹守益集》卷三，页131。按，此文作于嘉靖三十年
　　　（1551）。
[4]　《论克己复礼章》，《邹守益集》卷一五，页739—740。
[5]　王守仁：《传习录》下，《王阳明全集》卷三，页105。
[6]　王守仁：《王阳明全集（新编本）》第五册，页1691。
[7]　黄宗羲：《明儒学案·师说》，页7。

元论框架下,戒惧工夫更具浑化之特色。

最后来看刘蕺山的慎独之功。蕺山早年以朱子学之主敬为工夫,三十七岁悟心以后,强调在心体(即独体)上用功。四十八岁确立慎独宗旨,五十岁对阳明之学由疑而信,五十九岁提出"诚意"说,并开始批评阳明学。他对《大学》"诚意"这一概念的创造性解释与其慎独说完全一致:"《大学》言心到极至处,便是尽性之功,故其要归之慎独。《中庸》言性到极至处,只是尽心之功,故其要亦归之慎独。"[1]可以说,慎独是蕺山哲学思想和修养工夫的核心宗旨。蕺山四十七岁所作《重刻尹和靖先生文集序》云:

> 圣人之道即圣人之心是已……是心也,仲尼传之子思子,以作《中庸》,则曰:"君子戒慎乎其所不睹,恐惧乎其所不闻。"而约之曰"慎独",遂为万世传心的旨。[2]

以此可知,《中庸》之戒慎恐惧在蕺山那里也等同于慎独。对"独"和慎独工夫的理解,蕺山明确批评朱子之说:

> 《大学》言慎独,《中庸》亦言慎独,慎独之外,别无学也……朱子则析之曰"涵养须用敬,进学则在致知",故于《大学》分格致、诚正为两截事,至解慎独,又以为动而省察边事,先此更有一段静存工夫。则愈析而愈支矣,故阳明子反之,曰"慎独即是致良知",即知即行,即动即静,庶几心学独窥一源。[3]

蕺山认为,朱子将戒惧与慎独分作静存与动察两段工夫,越分析则越陷入支离。又批评说:"乃朱子以戒惧属致中,慎独属致和,两者分配动静,岂不睹不闻与独有二体乎? 戒惧与慎独有二功乎? 致中之外复有致和之功乎?"[4]阳明将戒惧与慎独都归入致良知的心性工夫,保证了心体之知行、动静合一,得到蕺山的肯定。同时,蕺山也不满朱子以经验意识之"独念"来解释慎独之独,认为朱子"以独为动念边事,不为无弊"。[5] 他归纳朱子的诚意与慎独工夫是"实其心之所发,不过是就事盟心伎俩,于法已疏矣。至慎独二字,明是尽性吃紧工夫",[6]就事盟心则难免在经验意识中起起伏伏,他批评朱子"于法已疏"。故蕺山的慎独之功是于本体处吃紧用功,

[1]　刘宗周:《学言上》,《刘宗周全集》第二册,页389—390。

[2]　刘宗周:《重刻尹和靖先生文集序》,《刘宗周全集》第四册,页6。

[3]　刘宗周:《经术六·大学古记约义》,《刘宗周全集》第一册,页650。

[4]　刘宗周:《学言上》,《刘宗周全集》第二册,页372。

[5]　刘宗周:《学言中》,《刘宗周全集》第二册,页412。

[6]　刘宗周:《学言下》,《刘宗周全集》第二册,页451。

"独"是超越的形上本体。阳明也将形上心体称为"独知"，在阳明学的语境中此"独知"之本体是心性合一的。但由于蕺山误解阳明之良知为念起念灭，以情识为良知，导致情炽而肆；又以良知之"无善无恶"等同佛老，流为玄虚而荡。为了避免这两种工夫流弊，他重新创立了不同于程朱也有别于陆王的心性之说，将"独"视为宇宙的最高本体，也是最高的道德本体，分性与心两面说之："独，一也，形而上者谓之性，形而下者谓之心"，"夫性，本天者也。心，本人者也。天非人不尽，性非心不体也。"[1]从究竟处而言，性与心为一，都指独体。但就独体的两个层次来说，性是就独体作为一形而上的宇宙实体、本体而说，心是就独体作为一超越的道德本体而未至宇宙之形上实体而说。性体需要透过心之自觉（心体）来体证之，蕺山以"思虑未起，鬼神莫知时"说性体，以"思虑既起，吾心独知时"[2]说心体（又称"意根"，并确立诚意工夫）——当然此"思虑既起"并不是形而下的经验意识，而是本体起念，类似阳明"无声无臭独知时"之知。工夫即在于不断扩充形上心体，尽心而成性，最终心体与性体由二而一。蕺山的慎独工夫也从性体与心体的两重框架下展开，这集中体现在他著名的著作《人谱》中。黄敏浩以《人谱》之《证人要旨》为中心，对蕺山慎独工夫的两重框架有一精彩分析：

首先，《证人要旨》所言"六事功课"的第一事"凛闲居以体独"，此独即独体、性体。闲居以体独的方法主要是通过静坐法来体证"此心便与太虚同体"，故此第一事对应"一念未起"时的性体境地。第二事"卜动念以知几"，用功于"动念其端倪"，即心体之念初萌之"几"，工夫内容是"惩窒之功，正就动念时一加提醒，不使复流于过而为不善。才有不善，未尝不知之而止之。止之而复其初矣"。此中一加提醒之功，通过心性隐微处的惩窒之功，回复"念如其初，则情返乎性"的独体境界，故第二事对应心体之念初萌的心体境地。蕺山还提出诚意工夫之要旨："化念归思，化思归虚，学之至也。"[3]其中"意根"是心之主宰，具有特定的道德意向，"思"是心之所发，为"良知之别名"。"化念归思"即是将憧憧往来的经验意识融归本体所发之念，以保证其道德意向，这对应于心体之境地；"化思归虚"即是要化去本体之念归于宇宙本体（太虚）。"化念还虚，化识还虚，化气还虚。虚中受命，德合无疆"，[4]这对应于性体之境地。以此可知，蕺山的慎独和诚意工

---

[1]　以上引文分别见刘宗周：《学言上》，《刘宗周全集》第二册，页390。《易衍·第八章》，《刘宗周全集》第二册，页138。

[2]　刘宗周：《学言上》，《刘宗周全集》第二册，页381。

[3]　刘宗周：《治念说》，《刘宗周全集》第二册，页317。

[4]　刘宗周：《学言中》，《刘宗周全集》第二册，页424。

夫,皆以性体、心体之两重构架展开。[1]

蕺山慎独、诚意工夫之核心与阳明、东廓的"戒惧以致良知"工夫有很多相同之处：首先,同样将"独"视为本体,阳明谓之独知,蕺山谓之独体,分性、心两层。其次,同样著力于本体而非形下经验意识用功。蕺山解释《中庸》"是故君子戒慎乎其所不睹,恐惧乎其所不闻"时说：

> "其"指此道而言,道所不睹不闻处,正独知之地也。"戒慎恐惧"四字下得十分郑重,而实未尝妄参意见于其间。独体惺惺,本无须臾之间,吾亦与之为无间而已。[2]

朱子将"不睹不闻"理解为"虽不见闻,亦不敢忽",[3]是个体无所睹闻的念虑思索。蕺山则认为"不睹不闻"是一般人在经验状态中无法睹闻的道体,就是独体。因此戒慎恐惧(慎独)不是一种经验性、对象性的情绪,而是本体自身的自我提撕,保持本体惺惺警惕无间断,而不妄参私意于其间。此与阳明、东廓对戒惧工夫的理解是一致的。当然阳明经常是应机设教,他既有主张著力于心体的说法,也有就一般人而言在经验层面扩充"知善知恶"之良知的讲法,而后一层面因容易与情识混淆,故为蕺山所不取。

再者,蕺山同样立根于本体做涵养与省察的一体两面之功,并以心体的正面涵养来收摄负面的省察工夫。蕺山言：

> 今非敢谓学问真可废省察,正为省察只是存养中最得力处,不省不察,安得所谓常惺惺者？存又存个甚？养又养个甚？
>
> 明处是心,暗处是过。明中有暗,暗中有明,明中之暗即是过,暗中之明即是改,手势如此亲切。但常人之心,虽明亦暗,故知过而归之文过,病不在暗中,反在明中。君子之心,虽暗亦明,故就明中用个提醒法,立地与之扩充去,得力仍在明中也。[4]

因为"工夫吃紧总在微处得力"(《人谱》),此微处即心体,故改过之功就不是形下意念上有对待的为善去恶,而是立根于至善心体,"得力仍在明中",故云："省察是存养之精明处。"[5]省察的工夫总要收入存养本体的工夫之中。这与阳明所谓"须常常保守着这个真己的本体",东廓所谓"从明德本

---

[1]　见黄敏浩：《刘宗周及其慎独哲学》(台北：学生书局,2001年),页196—203。

[2]　刘宗周：《中庸首章说》,《刘宗周全集》第二册,页299。

[3]　朱熹：《中庸章句》,《四书章句集注》,页17。

[4]　以上引文分别见刘宗周：《答叶润山四》,《刘宗周全集》第三册,页374—375;《人谱·改过说二》,《刘宗周全集》第二册,页18—19。

[5]　刘宗周：《会录》,《刘宗周全集》第二册,页517。

明处时时充拓"也异曲同工。此外，蕺山反对朱子之分动静两节工夫，主张动静一贯："识得心一性一，则工夫亦一。静存之外，更无动察；主敬之外，更无穷理。"[1]这也与阳明、东廓一致。一言以蔽之，就工夫而言，戒惧、慎独在阳明、东廓、蕺山那里的核心内容是一致的，即谨慎警惕地涵养、保持心之本体，并依心体发用行事。

那么，蕺山与阳明的戒惧、慎独工夫的差异何在？先看蕺山对阳明的批评："阳明只说致良知，而以意为粗根，故于慎独二字，亦全不讲起，于《中庸》说戒慎恐惧处亦松。"[2]又批评阳明学："失之粗且浅也"。[3] 这浅、粗、松之论，虽于阳明有误解的成分，但也体现了蕺山与阳明工夫路径和内容上的不同。与阳明在已发处、日用常行处因用见体的路径相比，为了避免在念起念灭的经验层将情识误认为良知，蕺山始终从"渊渊静深之地"[4]的形上心体著力，而误认阳明失之于浅。就心性内容而言，无论是性与心的二重结构，还是意与思、念之别，与阳明较为笼统的心性合一的说法相比，蕺山的独体、性体、意根直透心性之隐微深奥处，体现了对形上本体更加精微细致的区分。蕺山对心之所以为心的性体之充分彰显，恰恰是阳明在工夫重点上没有完全照顾到的，[5]故他谓阳明失之于粗。就形上心体的用功内容而言，在阳明、东廓那里笼统表达为涵养本原与克治私欲的一体两面工夫，在蕺山那里则细致分疏为很多极其严格、严正的道德实践内容。在古代儒者的著作中，极少有蕺山《人谱》之"记过格"那样，对过恶的种类区分得如此之细，对过恶之隐微洞察得如此之深的。其幽暗意识愈深，愈说明其慎独工夫严密到了极端精微的程度，将道德严格主义发挥至极。其谓阳明"说戒慎恐惧处亦松"当以此来理解。

综上所述，关于儒家最基本最核心的修养工夫——戒惧、慎独，各家的阐释体现了一个由外而内、由浅入深、由分解至浑一、不断深化而超越的过程。就"独"的内容与慎独工夫的著力点而言，从郑玄、孔颖达所说空间意义的"闲居"、"独居"，到朱子"人所不知而己所独知"的形下念虑，再到阳明的"独知"本体、蕺山心体与性体二而一的"独体"，其内涵由空间意义回溯至意识主体，并不断向内、向上提持至心性的幽深隐微至极处。就用功时节而言，由汉唐儒者所理解的单一、空间性的谨慎独居，到朱子分静养、洞察两节

[1] 刘宗周：《中庸首章说》，《刘宗周全集》第二册，页301。
[2] 刘宗周：《学言下》，《刘宗周全集》第二册，页451。
[3] 《蕺山刘子年谱》，《刘宗周全集》第六册，页147。
[4] 刘宗周：《中庸首章说》，《刘宗周全集》第二册，页302。
[5] 见黄敏浩：《刘宗周及其慎独哲学》，页250。

而后合一的分节用功，进而到阳明寂感、动静、内外的彻底一贯，再到蕺山以形上本体下贯至形下日用的动静内外一贯，路径由分解而合一，由合一而彻底浑一，由显而归密。戒惧、慎独工夫经由朱子—阳明—东廓—蕺山等宋明儒者的不断实践，对心性的认识愈来愈精深隐微，用功愈来愈精密严格，最终归显于密，彰显"性天之尊"的超越向度。[1] 尤其蕺山的慎独工夫，更彰显心性本体的完全实现即是宇宙本体的朗现，即心即性，即人极即太极，在四德流行中，生命的超越性和崇高性得以完整呈现，达到了最为精深严密的心性工夫之高峰，尽管蕺山的慎独学说和工夫源于自得，并不直接传承于哪一位阳明学者，但从工夫路径和风格看，东廓的戒惧说与蕺山的慎独工夫联结最密，故独得蕺山的大力表彰。其曰：

> 东廓以独知为良知，以戒惧慎独为致良知之功。此是师门本旨，而学焉者失之，浸流入猖狂一路。惟东廓斤斤以身体之……先生之教，率赖以不敝，可谓有功师门矣。后来念庵收摄保任之说，实溯诸此。[2]

东廓以独知为良知，以戒惧慎独为致良知之功，虽本于阳明，但其工夫著力点、由上彻下的路径、严密谨慎的工夫风格都有似于蕺山，罗洪先的收摄保任之说也属这一路数，故二人独得蕺山表彰并被其视为王学正传，盖理有固然也。

第三节　戒惧之功的其他德目

广而言之，戒惧说中所包含的存养德性与防治人欲的一体两面，也正是宋明理学理论基石"存天理，灭人欲"的核心实践内容。在这个意义上，东廓又以戒惧工夫来会通、统合儒家基本经典中的其他工夫德目，如言：

> 盖孔、颜、思、孟，原是一派源流，如曰修己以敬，曰主忠信，曰思诚，曰忠信笃敬，皆致良知之别名也。[3]

此外，无欲、克己复礼、不逾矩、复本体、研几等等，在东廓的语境中也是致良知之别名，正所谓"惩忿窒欲，迁善改过，皆致良知之条目也"，[4] 名目可多方，统只一工夫。这些工夫德目或源自先秦儒家经典，或源自先儒的教法，均是儒

---

[1] 见林月惠：《刘蕺山"慎独"之学的超越向度》，《两岸青年学者论坛——中华传统文化的现代价值论文集》（台北：法鼓人文社会学院，2000 年 10 月），页 55—75。
[2] 黄宗羲：《明儒学案·师说》，页 8。
[3] 《答季彭山》，《邹守益集》卷一二，页 592。
[4] 《复聂双江文蔚》，《邹守益集》卷一〇，页 494。

家修养实践的基本工夫，也常常出现在儒家学者的讨论当中。阳明学兴起后，学者经常讨论的问题便是：这些原有的、已成为公认典范的修养工夫与致良知教之间的关系如何？阳明的解决方法是将这些工夫德目纳入致良知教中，如以致知、诚意、戒慎恐惧等解释致良知工夫，一方面确立了致良知教在学理上的合法性地位，另一方面，这些工夫德目在心学的视野中亦被赋予了新的内容。东廓以戒惧说会通其他工夫德目的思想意图亦是如此。以下分别说之。

一、无欲

无欲、主静自北宋周濂溪提出后，常被后儒援引为基本的修养工夫。东廓将主静之静解释为本体之静，其根本特质是无欲。如是，主静的根本内涵敛归无欲，不但深化了濂溪主静的原义，而且突出了无欲为工夫之根本。东廓反复强调说：

> 《圣学》之篇，以"一者无欲"为要，是希圣希天、彻上彻下语。
> 故不从无欲而学，终不足以全归无极之真。[1]

进而，无欲之功即是戒慎恐惧之功：

> 说寡欲，即不消言戒慎恐惧。盖其名言虽异，血脉则同。
> 定性之学，无欲之要，戒慎战兢之功，皆所以全其良知之精明真纯，而不使外诱得以病之也。[2]

这是因为，戒惧工夫的内容之一——克除私欲即是无欲之功，故戒惧与无欲在这一点上是名异实同的。当然，在心学的系统中，无欲之功被赋予了新的内容。东廓谓：

> 戒欲、忘欲之机，只在真上讨明白。若是咽喉下刀，能透根淡去，方是忘欲。有丝毫系挂，真是戒惧不容，方说得戒欲。若系挂不断，时出时没，是攘鸡之念犹在，虽岁攘一鸡，偷心不断，连戒欲也说不得矣！[3]

无欲之功已不是一般意义的在形下意念上克治省察，在东廓看来这并不是去除欲根的根本方法，实有"系挂不断，时出时没"之虞，恐连戒欲亦难。"真上讨明白"、"咽喉下刀"都指直接在本体上克治，不容丝毫私欲，方是戒

---

[1] 以上引文分别见：《示诸生九条》，《邹守益集》卷一五，页729；《濂洛遗祠记》，《邹守益集》卷六，页350。

[2] 以上引文分别见：《复黄致斋使君》，《邹守益集》卷一〇，页497；《赠廖曰进》，《邹守益集》卷二，页64。

[3] 《简张景仁·二》，《邹守益集》卷一三，页654。

欲。进一步，更高意义上的无欲之功则是"透根淡去"，即从心体上彻底地无欲，此谓忘欲。这一点，东廓在给季本的赠文中说得更为清楚：

> 东廓子曰：昔者益闻之，龙以无欲为神，人以无欲为圣。欲也者，非谓世味之豢也，倚闻见，工思索，慕事功，稍以人力增损，便不免适莫。故亿中之敏，不如屡空之愚；列火之畏，不如德化之怀。侯（按，指季本）其缉熙戒慎，全体超脱，以与造物游乎！由不大声色，以跻于声臭俱泯，乾乾其至矣！[1]

"亿中之敏，不如屡空之愚"典出《论语·先进》："子曰：'回也其庶乎，屡空。赐不受命，而货殖焉，亿则屡中。'""由不大声色，以跻于声臭俱泯"典出《中庸·三十三章》："《诗》云：'予怀明德，不大声以色。'子曰：'声色之于以化民，末也。'《诗》曰：'德輶如毛'，毛犹有伦。'上天之载，无声无臭'，至矣！"东廓引用经典意在说明，究竟意义上的无欲之功，不是将人欲当作一个对象化的克除目标，而是于心体戒惧，自能全体超脱，臻于化境。此一化境中，一本良知心体而为，东廓谓："独知之明即是严师，为其所为，欲其所欲，无为其所不为，无欲其所不欲，便是终日在阳明洞中矣！"[2]无欲的内容转化为"无欲心体之所不欲"。简言之，在戒惧以致良知的心学体系下，无欲的实质内容和工夫路径都直接从心体之根本入手，无欲体现为戒惧于心体的克治省察。更高意义上的"无欲"之功，则完全消融了工夫的澄治义和对象化的目标，而内化为心体主动的作为，也即戒惧工夫的另一面：积极的扩充存养之功。此时，天理与人欲的二元对反关系也已消解。

二、不逾矩、絜矩

东廓依据《大学》"絜矩之道"而论"良知是天然自有之矩"（见本章第一节）。自然，致良知工夫就是《论语》之"不逾矩"、《大学》之"絜矩"。东廓在赠给巡按江西监察御史曹忭的序文中发挥此义：

> 圣门之志学，以不逾矩为极则，而平天下之至德要道，不出于絜矩。子之事父，臣之事君，方员（圆）不可胜数矣，而所求乎子，即事父之矩也；所求乎臣，即事君之矩也。上之使下，下之使上，方员（圆）不可胜数矣，而所恶于上，即使下之矩也；所恶于下，即事上之矩也。语有之：闭门造车，出门合辙。言矩之一也。故质鬼神而无疑，幽明一矩也；侯百

---

[1] 《心龙说赠彭山季侯》，《邹守益集》卷八，页457—458。
[2] 《复石廉伯郡守》，《邹守益集》卷一〇，页512。

圣而不惑，古今一矩也。君子之学，本诸身，征诸庶民，举天地万物而纳诸裁成辅相之中。矩行于家曰齐，矩行于国曰治，矩行于天下曰平。若工师之建清庙，门堂寝室、栋宇桁栌，巨细长短殊制异态，无一不协于轨则，而主宰纲维，举自吾矩时措之。[1]

"矩"不是外在强制的道德规范，而是内在本有的良知。如是，事父、事君、事上、使下、齐家、治国、平天下等一切事为均出于自家之良知。因"矩"本身具有对外在事为的主宰义、规范义，这使得"不逾矩"或"絜矩"体现为一种对内在道德法度的自觉、严格的持守，"不逾矩"意谓着依于良知而无违，内化为吾人主动的道德意识，所谓"举自吾矩时措之"。这种严格持守其实就是戒惧工夫。御史孙慎曾至复古书院与东廓切磋絜矩之义，东廓谓："富哉矩乎！能者以战兢葆之，则有猷有守，锡皇极以福万民。"[2] "战兢葆之"即以戒惧之功保任本体，"絜矩"即是对良知本体的兢业持守与保任。而东廓之所以经常强调"志学者，志不逾矩之学也"[3]的原因在于，"良知良能，虚明贞纯，若耳提面命，嘘吸一体，无智愚贤不肖，举具是矩。患在于逾之耳"。[4] "不逾矩"之要求实际上是基于"患在于逾之"，也即对人欲滋长的现实之担忧。以此来看，东廓虽然一方面将"矩"内化为良知，从而高扬吾人道德意识的主宰性、能动性；另一方面，"矩"的规范义、"不逾矩"的持守义表明，对人欲的克治防范始终是东廓致良知工夫的潜在目标。

三、克己复礼与修己以敬

"克己复礼"是孔子指示弟子颜回的达到"仁"之境界的根本方法，作为儒家学者的基本修养工夫，历来受到重视。在朱子的理解中，"己"即"身之私欲"，"礼"是"天理之节文"。己与礼的关系即是人欲与天理的关系，天理流行的最大障碍是"坏于人欲"。因此，克己复礼的工夫重点即在于对人欲之私的澄治，"日日克之"。[5] 私欲净尽时，自会天理流行。但包括东廓在

---

[1] 《絜矩篇赠纪山曹柱史》，《邹守益集》卷四，页199—200。

[2] 《复古书院赠言》，《邹守益集》卷三，页98。

[3] 《斗山书院题六邑会簿》，《邹守益集》卷一五，页737。此义又见《水西精舍记》(《邹守益集》卷七，页430)、《潜江县重修儒学记》(卷六，页342)、《冲玄录》(卷一五，页742)、《答汪周潭中丞问学》(卷一六，页775)等文。

[4] 《水西精舍记》，《邹守益集》卷七，页430。

[5] 以上引文均见朱熹：《论语集注》，《四书章句集注》，页131—132。另外，朱子的解释也和程颐一致。《河南程氏遗书》卷二十二《伊川先生语八》上："棣又问：'克己复礼，如何是仁？'曰：'非礼处便是私意。既是私意，如何得仁？凡人须是克尽己私后，只有礼，始是仁处。'"(页286)。

内的王门后学对朱子之解"克己复礼"纷纷质疑，提出了不同于朱子学的工夫意涵，对此林月惠撰文有精彩的分析。[1]　笔者在此简述东廓的主要观点。东廓著有《克复堂记》《论克己复礼章》等专文，结合自身的致良知工夫论，提出了与朱子不同的解释。东廓谓："克者，修治之义也"，[2]克己即是修己、修道；"礼者，天然自有之中也……礼也者，己之所本有也"，复礼即是回复己之所本有的良知。东廓又言：

> 历稽古训，曰为己，曰正己，曰求诸己，曰己所不欲勿施于人，未有以己为私欲者。问仁本章三言"己"字，曰为仁由己，正指己为用力处。[3]

他引用儒家经典论证"己"不是"己私"，"己"彰显的是吾人本有的道德主体意识，具有第一义的地位，对人欲之私具有主宰能力："心有主宰便是敬，便是礼。心无主宰便是不敬，便是非礼。"[4]相应地，克己复礼之功即是通过修己之道德实践以回复自身本有的至善本性。东廓巧妙地将"克己复礼"解释为"修己以敬"："克己复礼便是修己以敬……故曰'为仁由己'。"[5]修己以敬之说在东廓文集中频频出现，[6]足见他的重视。

修己以敬之"敬"，也即良知本体上用主敬、戒惧之功："（良知）原自警惕，故命之曰敬，曰戒惧。"[7]有不少学者都将东廓之主敬与程朱学者之主敬相比附，如唐君毅先生认为："（东廓）谓敬即良知之精明，其义皆甚美。亦可通朱子言主敬与阳明言良知不言主敬之隔。实则程朱所言敬之无间断，亦正是心之良知精明而已，岂果有二物哉。"[8]笔者认为，程朱之主敬与阳明之致良知、东廓所论之主敬固然有可以会通者，但细绎其端，二者之实际并不一致。如本章第二节论朱子之主敬工夫所述，"主一无适"即是于经验意识中警觉、谨慎地收敛身心，常提觉性，并贯通动静。东廓则在心学的理论体系中重新解释"主一"："主一之说发于程子。程子传之濂溪圣学

---

[1]　林月惠对古今学者对"克己复礼"的不同理解有一综述，并在此基础上讨论了王门后学对此的解释及其不同于朱子学的工夫论意涵，见氏著：《阳明后学的克己复礼解及其工夫论之意涵》，《法鼓人文学报》第二期（2005 年 12 月），页 161—202。

[2]　《克复堂记》，《邹守益集》卷六，页 365。

[3]　《论克己复礼章》，《邹守益集》卷一五，页 740。

[4]　《答林掌教朝相》，《邹守益集》卷一〇，页 506。

[5]　《冲玄录》，《邹守益集》卷一五，页 741。

[6]　见《简方时勉》（《邹守益集》卷一〇，页 504）、《简胡鹿崖巨卿》（卷一〇，页 507）、《答余汝定》（卷一〇，页 517）、《简复马问庵督学》（卷一〇，页 529）、《婺源县新修紫阳书院记》（卷六，页 333）。

[7]　《答詹复卿》，《邹守益集》卷一三，页 650。

[8]　唐君毅：《中国哲学原论·原教篇》，页 383。

之篇，以一为要。一者，无欲也。知无欲之为一，则主一之功可知矣。"[1]
在此，东廓不再按伊川原义理解，而是创造性地将"主一"与周濂溪《通书·
圣学篇》中的"一者，无欲也"相会通，从而，"一"不再指收敛形下的经验意
识，而翻转为形上的无欲心体。因此，"主一谓敬，无适谓一，直以大公顺应
发天地圣人之常视"，[2]"大公顺应"指良知心体，"主一"也即"主敬"之功
便转换为戒慎恐惧以存养心体之功：

> 克己复礼，即是修己以敬工夫。敬也者，此心之纯乎天理而不杂以
> 人欲也。杂之以欲，便为非礼。非礼勿视听言动，便是修己以敬之目。
> 除却视听言动，便无身矣。不杂以欲而视听言动焉，则目善万物之色，
> 耳善万物之声，言满天下无口过，行满天下无怨恶，即是修己以安百姓。
> 故曰天下归仁，与笃恭而天下平无二途辙。

> 向所讲论，皆提出修己以敬。敬也者，良知之精明而不杂以私
> 欲也。戒慎恐惧，常精常明，则廓然大公，良知之体；物来顺应，良
> 知之用。[3]

黄宗羲准确地抓住了东廓"主敬"说的这一特点，其云"先生之学，得力于
敬。敬也者，良知之精明而不杂以尘俗者也"，[4]即是从上引文转化而来。
在东廓，主敬即是戒慎工夫，著力于良知心体提撕、警觉、存养、扩充，以保持
心体不杂以私欲，故主敬之根本在于正面的存养天理之功，而不以消极防范
人欲为主旨。如能视听言动一于理而不杂于欲，以形上统合形下，自能视听
言动皆善，理欲的对立、紧张得以消融。如是，朱子主敬工夫之"克除己私"
的消极义被转化为阳明学中彰显吾人原本道德主体性的积极义。

四、"复"本体

上述几种是与戒惧之功联系密切且常被提揭的工夫德目。此外，在东
廓所论致良知的工夫中，还有一些工夫德目随具体论学语境而立，同时也是
戒惧工夫的别名，但论说颇简略，如"复"本体、思诚、研几等，以下简要述之，
作为考察戒惧工夫的一个补充视角。

东廓论及致良知工夫时，喜言"复"本体。此义在《复高仰之诸友》一书

---

[1]　《答同志》，《邹守益集》卷一六，页784。
[2]　《濂洛遗祠记》，《邹守益集》卷六，页350。
[3]　以上引文分别见：《简复马问庵督学》，《邹守益集》卷一〇，页529；《答余汝定》，《邹守益集》卷一〇，页517。
[4]　黄宗羲：《邹东廓本传》，《明儒学案》卷十六，页332。

中发挥最充分：

> 不观诸目乎？目之本明，不可添也，养其本明，而风障火翳举无以病之，是性焉者也；消风散火，至于剖决障翳，以全其本明，是复焉者也。若持障翳病症，不服药剂以消之、散之、剖决之，而冒认曰："吾目原与离娄同体，不容添一物"，将终归于盲，而奚以望其瘳耶？故戒惧于未病谓之性，戒惧于已病谓之复。复也者，复其天性之本明，非有添于性也。先言戒惧，后言中和。中和自功用中复得来，非指见成的。[1]

东廓以"目之本明"与"风障火翳"来比喻良知本体和遮蔽本体的私欲。相应于戒惧工夫，"戒惧于未病"是说戒惧于无欲之本体以保任其光明洁净，"养其本明"，故"谓之性"；"戒惧于已病"是说本体已为气习、私欲所染污，须戒惧于心体做去欲除私的工夫。东廓特别申明，本体之光明洁净是吾人天然本有，不假后天人为而成，犹如"目之本明，不可添也"，故去欲除私的工夫并非于本体上人为地加以增损，而是回复心体本有之光明，"剖决障翳，以全其本明"，故"谓之复"。东廓在《克复堂记》一文中，将两种工夫称为"性之"、"反之"，"其知之而成功，一也"，[2]基本观点与上引文一致。

在阳明学者的工夫语境中，"性之"是"即本体为功夫"，为立根于心体的顿悟进路；"复之"是"用功夫以复本体"的渐修进路。王畿在与罗洪先论及致良知工夫进路时就持这一主张。[3]在此将东廓与王畿的进路加以比较：从"性之"、"反之"的基本界定看，东廓、王畿均基本沿袭了阳明天泉证道中的思想；就"反之"的具体内容而言，东廓与王畿所述亦无大差异；然就"性之"的具体内容而言，东廓与王畿则发挥了各自的工夫主旨。在王畿，"性之"体现为见在良知说的基本主张，同样是在本体上兢业保任，王畿是"一觉便化，不致为累"，[4]也即王畿常说的不待经验人为的"无工夫"；然在东廓，"性之"之功即戒惧工夫，体现为严肃、谨慎的"有工夫"风格。这是因为，尽管立根于无病之本体，然私欲始终是一潜在的危险，且吾人又常常陷于不自知与自欺。东廓谓"圣学不明，往往以气质所近、习俗所尚，恬然安之而不自觉"，[5]从而"冒认曰吾目原与离娄同体"，加之当时已有误解见在良知说而导致情识冒认的现实流弊，故即便是立根于心体的"性之"之功，

[1]　《复高仰之诸友》，《邹守益集》卷一一，页549。
[2]　《克复堂记》，《邹守益集》卷六，页366。
[3]　见王畿：《松原晤语》，《王畿集》卷二，页42—43。
[4]　王畿：《松原晤语》，《王畿集》卷二，页43。
[5]　《赠范伯宁》，《邹守益集》卷二，页46。

仍须惺惺警惕，于私欲之蔽始终保持警惕，防患于未然。另一方面，东廓与王畿之强调"性之"工夫所不同的是，其立说的重点在于，强调用工夫以复本体的"反之"之功，故而他特别强调"先言戒惧，后言中和。中和自功用中复得来，非指见成的"。通过戒惧工夫去除私欲，渐渐恢复本体，这符合大多数未悟学子的实际情形。"非指见成"暗含了其对王畿"无工夫"主张的不认同。东廓又谓："本体而谓之良，则至明至健，无一毫障壅。工夫而谓之致，则复其至明至健，一毫因循不得。故精察者，不容有蔽也；磨洗者，不容有污也。"[1]致良知之"致"在东廓看来就是"精察磨洗"的"复"本体的工夫。即便是立根于心体的"性之"之功，仍须时时保任，时时回复本体。也即是说，"性之"之功仍然需要"复"本体的工夫来加以保任。故而，东廓对于"复"字尤其重视：他亲自主持或讲学的几个书院——复初书院、复古书院、复真书院，名称中都有一"复"字。其用意，诚如东廓在复初书院讲学时所言："明善而复其初"，[2]正见他对"复"本体之功的重视。在这一点上，东廓与罗洪先等江右学者同调，都强调"复心体之同然"需要一个艰苦的工夫打磨历程。因此，从工夫形态上看，东廓的"复"本体工夫兼取"即本体为功夫"与"用功夫以复本体"两者，为立根于心体的顿悟渐修进路，也即"渐中之第一义工夫"。[3]

五、思诚

东廓论及慎独（戒惧）工夫时，有时也用"思诚"来阐释：

> 往岁曾论思诚之学，以为孟子平生得力正在一思字……夫思诚之思，合知行、贯动静、彻始终者也。有不诚之念，便是欲，则当禁；照管不及而偶未诚焉，便是过，则当自讼。以此诚而行于父子君臣，则为五伦；以此诚而发于视听言动，则为四勿；以此诚而交于横逆，则为三自反。曰忍、曰恕、曰重定、曰庄谨，无往非思诚之目；曰读书，曰写字，曰居官莅民，无往非思诚之地。[4]

"思诚"语出《孟子·离娄上》："诚者，天之道也；思诚者，人之道也。"思诚之渊源出自《中庸·二十章》："诚者，天之道也；诚之者，人之道也。诚者不勉

---

[1] 《答马生遂世瞻》，《邹守益集》卷一一，页557。

[2] 《复初书院讲章》，《邹守益集》卷一五，页721。

[3] 对王门后学工夫形态的区分，见彭国翔：《阳明后学工夫论的演变与形态》，《浙江学刊》，2005年第1期，页28—35；林月惠：《本体与工夫合一》，《良知学的转折——聂双江罗念庵思想之研究》之附录，页665—668。

[4] 《简方阳山》，《邹守益集》卷一三，页643。

而中,不思而得,从容中道,圣人也。诚之者,择善而固执之者也。"两说的意思一致。在宋明理学家看来,"诚"是对天道本体之真实无妄的形容,朱子所谓"天理之本然",[1]阳明所谓"诚是心之本体","诚,只思一个天理"。[2]"诚"在阳明学的语境中即是良知的整全实现,思诚即是致良知。就工夫实践而言,在圣贤位上自能于天理"不勉而中,不思而得,从容中道",在学者位上则须有《孟子》之"思诚"、《中庸》之"诚之"工夫,择善而固执之,通过勤恳笃实的修养工夫以回复天理。思诚相应于致良知教"用功夫以复本体"的渐修路数,故为东廓所重视,即无分动静、贯彻始终地将"诚"(良知)落实于一切视听言动——如父子君臣、读书写字、居官莅民,无往而非思诚之地。根本上,思诚即是于一切事为做戒惧慎独的工夫:

　　真诚恻怛,以充其良知之量,是为思诚之学。

　　慎独正是思诚工夫。慎字从心从真,独知精明,戒惧常存,不肯以一毫私伪障吾本体,日用人伦庶物,须臾勿离,方是真心,方谓之慎独。[3]

简言之,思诚之功要一方面在日用常行中做到"真诚恻怛,以充良知之量",为正面充养本体之功;另一方面则于日用人伦庶物中以心体之"诚"来照察私欲,克治省察,"不肯以一毫私伪障吾本体",为防治私欲的负面工夫。思诚之功即等同于戒惧之一体两面工夫。

六、研几

东廓也用"研几"来讨论致良知工夫。知几、研几是儒家学者十分重视的修养工夫,典出《易传·系辞》:"几者,动之微,吉之先见者也。君子见几而作,不俟终日。""夫易,圣人之所以极深而研几也。唯深也,故能通天下之志;唯几也,故能成天下之务;唯神也,故不疾而速,不行而至。""几"之于事,指事物发展变化、吉凶善恶之先的细微前兆;"几"之于心,则指心念将动未动之初。知几、研几意谓圣人君子能够敏锐地把握心念萌动之端倪(几、微),深刻洞察事物发展变化之前兆(几、微),承体起用,知微知彰,见几而作,使行为处事合于天道。其后,宋明儒者多发挥知几、研几作为心性修养

---

[1]　朱熹:《中庸章句》,《四书章句集注》,页31。
[2]　以上引文分别见：王守仁:《传习录》中,《王阳明全集》卷二,页35;《传习录》上,《王阳明全集》卷一,页16。
[3]　以上引文分别见:《赠霍山路君严夫考绩序》,《邹守益集》卷四,页185;《濮致昭录会语》,《邹守益集》卷一六,页773。

之功的意涵。在阳明后学那里，研几多指保任、涵养心体的工夫。如罗洪先云："周子曰：'几者，动之微。'此千圣之命脉……万动俱微，是谓知几。稍涉于动，便是失几。兢兢业业，吃紧在此。"[1]"兢兢业业，吃紧在此"体现的是罗洪先立根于心体的收摄保聚工夫。在东廓，研几则与戒惧工夫关联，所谓：

> 帝降之衷，纯粹至善，戒惧以养之，则为研几而吉……程门所云"善恶皆天理，只过不及处，便是恶"，正欲学者察见天则，不容一毫加损，加损虽一毫，终不免逾矩，此正研几脉络。于此澄心体认，顾諟明命，则曰敬，曰诚，曰精，曰一，始不落影响，而趋吉避凶，祇在敬怠胜负之微。[2]

"敬怠胜负之微"指心体一念之微，故"研几"即是于心体一念之微上精察善恶之端倪，换言之，即戒惧恐惧之功。

第四节　戒惧工夫的实践历程

在宋明理学中，涉及理学家个人身心转化的工夫体验是一个重要而又难言的论题。除了个体性的内在经验难以作概念化界定的原因外，与佛道二教工夫系统所具有的完整阶次及理论总结相比，理学家们对工夫体系的知识性总结是少而模糊的，[3]研究界对此亦鲜有深论。笔者曾以王畿的《悟说》为理论框架，以王阳明、罗洪先体悟本心的完整历程为个案印证，探究心学工夫体系中，"悟前（解悟等）—证悟—保任—彻悟—忘悟"构成一个具有普遍性的体悟本心的完整工夫阶次，大体对应于身心转化的几个阶段：杂念纷飞、理欲相混（悟前）—证悟心体（证悟）—继续保任、扫荡杂念（保任）—工夫稳固，体用动静一如（彻悟）—脱略工夫痕迹，即事而真（忘悟）。这在罗洪先的工夫历程中呈现最为典型。[4] 东廓以"戒惧"为致良知工夫，他不像罗洪先那样大量描述个人体证经验，他的个人性体验不仅留痕不

---

[1]　《答双江公》，雍正本《念庵文集》卷四，页92。

[2]　《答仰子静》，《邹守益集》卷一二，页650。

[3]　杨儒宾认为："类似内丹学那样的传统在理学传统中是不存在的，至少是隐性的"。氏著：《论"观喜怒哀乐未发前气象"》，收入《中国文哲研究通讯》第十五卷第三期（台北："中央研究院"中国文哲研究所，2005年），页64。

[4]　见拙作《由凡至圣：王阳明体悟本心的工夫阶次——以王龙溪〈悟说〉〈滁阳会语〉为中心的考察》，《中国哲学史》2013年第3期，页92—99。《阳明学者罗念庵悟良知的工夫历程》，《中国哲学史》2014年第4期，页88—96。

多，而且往往被他客观化表达，因此，他在文献中表述出来的内在经验并不丰富与完整。不过，若参照罗洪先的工夫阶次，则东廓的戒惧工夫历程仍然可以划分为几个特征不同的工夫阶段，即：早年戒惧于形下念虑，嘉靖七年以后戒惧于形上心体，经年笃实用功后，嘉靖三十年默识心体，为其戒惧工夫及境界的一个突破性提升。

一、早年：戒惧于念虑

诚如本书第一章第三节所述，东廓的戒惧说早在正德十四年他初次谒见阳明后就已提出，但他如实契会良知本体则经历了漫长的工夫历程。若论其工夫理路及内涵的转变，可以嘉靖七年为一个大的分界。先看东廓早年《复初亭说》一文的解说：

> 天命之性，烝民同秉之初也，惟君子求复其初。故戒慎不睹，恐惧不闻，以致中和。惟圣人能复其初……无声无臭，只在人伦日用间。子臣弟友，庸德庸言，兢兢不敢放过，便是孔门自叙功课。一念不敢，则与上帝陟降；一念而敢，则与夷貊禽鸟伍。嘻，其机严矣![1]

这是东廓在嘉靖四至六年任职广德期间为刘宾朝所造复初亭而作，该文紧扣《中庸》经文，指出至达"天命之性"的工夫即在于"戒慎不睹，恐惧不闻"，工夫之落实，即于人伦日用间时时提撕、警觉：一念不敢为恶，则与天命之性同在；一念而敢为恶，则类同夷貊禽兽。东廓这里所提揭的戒惧之功有着很明显的防治恶念的倾向。因为在吾人日常生活的经验意识当中，总是处于理欲夹杂、善恶念头交缠的状态，习心、私欲时时遮蔽良知。理学家们对此有清醒的认识，如阳明谓良知不能作主的状态为"暂明暂灭"："常人之心既有所昏蔽，则其本体虽亦时时发见，终是暂明暂灭，非其全体大用矣。"[2]江右罗洪先亦形容其为"随出随泯"："故知善知恶之知，随出随泯，特一时之发见焉耳。"[3]以东廓早年的思想状况和以往所接触的程朱理学的修养工夫方法，此时最易着手的工夫便是在日常生活中心心念念提撕警觉。此"一念"指形而下的已经形成善恶、是非分别的念虑、念头，须作善念必充、恶念必除的工夫。这在东廓任职广德两年后所作的《赠云东龙君道亨之任南都序》中有更为清晰的表述："一念之善勿谓无益，必充之；一念之不

---

[1]　《复初亭说》，《邹守益集》卷八，页448。

[2]　王守仁：《传习录》上，《王阳明全集》卷一，页23。

[3]　罗洪先：《甲寅夏游记》，万历本《念庵文集》卷十二，页36。

善勿谓无伤,必克之。"[1]以此来看,东廓早年的戒惧工夫有如下特点：因对良知学的理解尚在初期阶段,对良知本体尚无真切的体认,故戒惧工夫著力于形而下的善恶念头上,善念必充、恶念必除,尤其侧重于对恶念的克治防检,兢兢不敢放过。

在形下经验层的意念上作除恶之功的问题是,相比于良知本体这一先天、恒常、绝对的存有,"恶念"本身并不具有实在性,[2]只是随境而起,生生灭灭,何时可以除尽？ 如东廓所说："一点灵明,倏如电光,乍明乍灭,毕竟何所结果？"[3]又如何可以至达超越的本体？ 嘉靖九年也即受学阳明十年后,东廓在给门人王仰(字孔桥)的信中,即谈到这种"好恶之念"难以扫荡廓清的困惑：

> (受学阳明)至于今庚寅,越十岁矣,而好恶之翳,犹未能扫荡而廓清之。盖赧然以愧,竦然以惧,悔吾才之不竭也。[4]

二、转变：戒惧于心体

实际上,从嘉靖七年开始,东廓对于在念头上用功的方法已经有所反省,并开始转变。这一年,东廓病于南京官署,同门王艮、薛侃、钱德洪、王畿前来探病并论学,东廓扶疾而卧听之。就在此次论学中,他的思想开始发生转变。《东廓邹先生传》载：

> 一日病,同门王心斋、薛中离侃、钱绪山德洪、王龙溪畿偕来商究。先生卧听之,尝自省曰：从前就事体念,尚非本体流行,不免起灭云。[5]

东廓在《简君亮伯光诸友》中亦曾提及这一转变：

> 近汝止(按,指王艮)、尚谦(按,指薛侃)、德洪(按,指钱德洪)、汝中(按,指王畿)诸兄枉教,扶疾而卧听之,乃知向来起灭之意,尚是就事上体认,非本体流行。吾心本体精明灵觉,浩浩乎日月之常照,而渊渊乎江河之常流,其有所障蔽,有所滞碍,扫而决之,复见本体。古人所以造次于是,颠沛于是,正欲完此常照常明之体耳。夙夜点检,益觉警惕。[6]

---

[1]　《赠云东龙君道亨之任南都序》,《邹守益集》卷四,页176。
[2]　陆九渊云："善却自本然,恶却是反了方有。"《语录上》,《陆九渊集》(北京：中华书局,1980年)卷三十四,页400。
[3]　《简张以敬》,《邹守益集》卷一三,页668。
[4]　《赠王孔桥》,《邹守益集》卷二,页43。
[5]　耿定向：《东廓邹先生传》,《邹守益集》卷二七,页1383。
[6]　《简君亮伯光诸友》,《邹守益集》卷一〇,页492—493。

东廓醒悟到以往戒惧之功只是就事上体认，不免念起念灭，与良知本体尚隔一层，必须直接在本体上"扫而决之"，才能保有此"常照常明之体"，故戒惧于良知本体方为究竟工夫。从阳明学本身的义理要求来看，"心即理"从本体论上规定了每个人"须从自己心上体认，不假外求始得"，[1]因此在工夫上，此心亦当是与本体保持内在一致的心本体，这是可以就势推出的。此前，东廓之所以用力于形下意念，一方面可能由于"旧习缠绕"——也即朱子学用功方式的强大惯性使然，另一方面，其于阳明之说也须有一消化、理解的过程。对于东廓工夫路径的转变，王畿在为东廓七十寿辰所写的序文中有一完整的总结：

> 尝曰："吾始也戒慎于事为，已而戒惧于念虑，其后则乃戒惧于本体。夫戒惧于事为者，点检形迹，所志末矣；戒惧于念虑者，虽防于发端，尚未免于生灭之扰；若夫戒惧于本体，则时时见性，以致于一。念虑者，本体之流行；事为者，本体之发用。圆融照察，日以改过为务，无复本末内外之可言矣。"此先生之学也。[2]

王畿所述工夫著力点的三层次总结，出自东廓的自述，在他的文集中有多处记载，在此略举两例：

> 戒慎恐惧之功，命名虽同，而血脉各异。戒惧于事，识事而不识念；戒惧于念，识念而不识本体。本体戒惧，不睹不闻，帝规帝矩，常虚常灵，则冲漠无朕，未应非先；万象森然，已应非后。念虑事为，一以贯之。
>
> 近来讲学，多是意兴，于戒惧实功全不著力，便以为妨碍自然本体。故精神泛浮，全无归根立命处。间有肯用戒惧之功者，止是点检于事为，照管于念虑，不曾从不睹不闻上入微。不睹不闻，无形与声，而乾坤万有，莫见莫显。千圣顾諟明命，昭事上帝，正是知微知显。故内省不疚，无恶于志，直是了得天地万物，更何愧怍？[3]

阳明说"身之主宰便是心，心之所发便是意，意之本体便是知，意之所在便是物"，[4]表明心学体系中，心物关系体现为一个"心—意—物"的纵贯结构，从超越层的良知心体到经验层的"意念"再到"意向之物"，每一个层面都可以构成工夫和立说的基点或着力点，戒惧于事为、念虑、本体即是依此而立

---

[1]　王守仁：《传习录》上，《王阳明全集》卷一，页21。

[2]　王畿：《寿邹东廓翁七袠序》，《邹守益集》卷二七，页1413。

[3]　以上引文分别见：《录诸友聚讲语答两城郡公问学》，《邹守益集》卷一五，页734；《简余柳溪》，《邹守益集》卷一一，页551—552。

[4]　王守仁：《传习录》上，《王阳明全集》卷一，页6。

的三个由浅入深的工夫层次，事（物）—念（意）—本体（心）在结构上恰相一致。戒惧于事为是指在外在事相行迹上用功，戒惧于念虑是指在形下已发的念头上用功。东廓在嘉靖七年以前的工夫著力于念虑层次，当然也涵盖戒惧于事为的层次，因为事上行迹总是要敛归"意之所在"的。然而，由下学而上达的工夫方法不免有艰涩不通的艰难——戒惧于事，识事而不识念；戒惧于念，识念而不识本体，这两个层面变动生灭不定，都非良知本体之流行。故"须从良知本体上体认，庶免毫厘千里之差耳"。[1] 当然话说回来，由于心体精深隐微，不易体认，吾人日常体认到的良知，往往处于私欲气习所包裹的经验意识层面，善恶交杂，一般学者即便认识到于心体上体认的根本性意义，但实践中仍然难免"工夫既难，愤怒之气习又起伏相寻"的困扰。对此，东廓认为：

> 然亦祇是欠却果确工夫……良知之精明不可障蔽也，如赫日当空，万象毕照，楼台淤渠，随物以应，而本体更何牵制？风雨霜露，随时以施，而本体更何起伏？方是动心忍性、增益不能之学。[2]

良知本体原自精明，不受气习、物欲等的障蔽，若能立根于心体，自能顺应万物而无滞，自能不受外界环境的牵制而有起伏。"果确工夫"即是指直接立根于心体的究竟工夫。只有在体用一贯、常虚常灵的本体上用功，上学而下达，由心体下贯于形下的意念及"意向之物"，念虑、事为一以贯之，则"念虑者，本体之流行；事为者，本体之发用"，"直是了得天地万物"。只有究竟工夫才是解决之道，必须不断尝试调整心灵的立足点，向心性深处开掘，不断向本体接近。嘉靖七年以后，东廓的戒惧说，无论是工夫进境，还是思想义理，都是在"本体戒惧"基础上的不断丰富与完善。

三、戒惧实功

戒惧之功以渐修为特点，不像王畿"见在良知"工夫那样，心体直下承当、扫荡私欲，即所谓"性之"之功。在东廓，著力于心体、扫荡后天经验意识和私欲需要一段工夫历程，即反之、复本体的渐进工夫，这即是东廓常提揭的"瑟僴之学"：

> 近来深信瑟僴之学，真是武公接续圣门正脉工夫，即此是主宰，即此是照管，即此是流行，即此是片段。须臾有息，便非良知本体。[3]

---

[1]　《答周顺之》，《邹守益集》卷一〇，页503。

[2]　以上引文均见：《简洪子明》，《邹守益集》卷一三，页679。

[3]　《复濮致昭冬卿》，《邹守益集》卷一一，页537。

"瑟僩"语出《诗经·卫风·淇奥》，有庄敬、严密、谨慎之义。《大学》引用此篇，以"切磋—琢磨—瑟僩—赫喧—不可諠"诸阶段分别对应君子"道学—自修—恂栗—威仪—盛德至善"[1]的整个修养工夫之历程。而东廓"举'瑟僩'二字以为千圣正脉"[2]的用意，并非朱子《大学章句》所指的"言其德容表里之盛"[3]（即恂栗）这一阶段的修养工夫。东廓将瑟僩之功与戒惧之功等同，并扩展为"道学"至"盛德至善"的整个工夫历程："自戒自惧，自濯自暴，事上使下，从前先后，交左交右，三千三百，无非瑟僩之弥纶。"[4]瑟僩是指著力于心体做涵养本原与扫荡私欲的一体两面之功，体现为兢业谨慎的工夫特点，实与戒惧同功。本章标题"好从瑟僩栽根本"乃取自东廓诗中的一句，也是对他严密谨慎的渐修工夫进路的形象描述。

阳明主张致良知于事事物物，不提倡避世静修。东廓忠实地继承了良知学的实践指向，用功不以避世静修为主，他的工夫提升也多得益于讲会上同道间的劝善规过、提携反省。在此列举数条：

嘉靖十年，东廓在告归养病的途中，经苏州、常州、徽州，至绍兴、杭州，拜谒阳明墓，于天真书院聚讲，并一路与同道论学。回到安福后他致书友人魏校：

> 扶病南归，获受药石之教，殊快瞻仰。别来趋天真，以吊兰亭，备闻师友绪论，甚有警悟。始知从前议论尚多逆料预想，纵说得是，只在亿则屡中下立脚，不若就眼前工夫步步说去，虽有所偏，犹是实际学问。[5]

嘉靖十三年春，邹东廓、聂豹、罗洪先等召集吉安府九邑士人参加青原山讲会。会后他致书王畿：

> 青原再会，同志四集，磨偏去蔽，甚有警发。始悟从前比拟想象，自以为功，而反生一层障矣。然须实见本心，乃知此味。若以闲图度虚凑泊认作本心，则去道愈远。此正吾兄师教铎者所宜精察而明辨也。[6]

以上两书反映出东廓早年阶段的反省，讲论义理不免"逆料预想"、"比拟凑泊"，反而是实地用功的障碍，这是东廓对"解悟"之局限的反省。此后数

---

[1]　朱熹：《大学章句》，《四书章句集注》，页5—6。
[2]　《书广德复初诸友会约》，《邹守益集》卷一五，页739。
[3]　朱熹：《大学章句》，《四书章句集注》，页6。
[4]　《水西精舍记》，《邹守益集》卷七，页431。
[5]　《简魏庄渠》，《邹守益集》卷一二，页614—615。
[6]　《简王龙溪》，《邹守益集》卷一二，页618。

年,东廓与友人的书信往来多强调戒惧实功,也是他用功状况的自道。

嘉靖十四年,后辈学者洪子明向东廓提出用功的困惑:"困穷拂抑,动得牵掣,离索之久,工夫既难,忿怒之气习又起伏相寻,虽良知之明卓尔不可泯灭,亦正如云间之日,猝难廓清之矣。"东廓回书:"只是欠却果确工夫……若一向局限不摆脱,则子明所恐,几骨剥削,终无由金精圆满,势所必至矣。"[1]

嘉靖十五年底,安福复古书院建成后,东廓"时与同志切磋其中",他在致友人书中谈及自身的工夫状况:

> 力断欲嗜,深求天机,而愧未之有成也。点检病症,尚落在因循窠臼中,故不能超然万物之表。[2]

东廓在这一时期的戒惧工夫,重在断除私欲、气习,然不免时时为之牵动。"因循窠臼"的具体表现是,"包漫于世情,摹拟于见闻,倚靠于思索,于惛惛皜皜真体,判然未之能凝也"。[3] 他在写给同道吴悌(1502—1568,字思诚,号疏山)的信中说:"向者因循不肯担当,只是认得敬胜怠,怠胜敬,境界鹘突耳。境界鹘突,志向浮泛,切磋功课,安能日严密、日武毅耶?"[4]这样理欲交战的状况既泛指一般学者,也同样是东廓自身工夫所面临的障难。因此,"吾辈今日更无别法,只要真切必为之志,则知善必迁,知过必改,更无因循,更无容隐。不然,旧习未消,新病又滋,毕竟不能无恶于志矣。"[5]解决理欲交缠的根本路径,还是要从真切立志上入手,如阳明所说"吾辈今日用功,只是要为善之心真切","务要立个必为圣人之心",[6]这可以说是阳明学者们的共识。《传习录》中阳明关于立志的语录很多,如弟子薛侃问"正恐这些私意认不真"时,阳明答曰:"总是志未切。志切,目视耳听皆在此,安有认不真的道理? 是非之心,人皆有之,不假外求。讲求亦只是体当自心所见,不成去心外别有个见?"[7]罗洪先论"辨欲之有无"时,也认为

---

[1] 《简洪子明》,《邹守益集》卷一三,页679。按此书云"扶疾南还,遂尔四载",故推知此书作于嘉靖十四年。

[2] 以上引文均见:《简吴黄洲》,《邹守益集》卷一三,页672。按此书云"敝邑赖松奚程侯之泽,书屋已落成",故推知此书作于嘉靖十五年以后。

[3] 《简翠厓黄柱史》,《邹守益集》卷一一,页552。

[4] 《复吴疏山》,《邹守益集》卷一二,页594。

[5] 《复赵尚莘》,《邹守益集》卷一二,页605。

[6] 以上引文分别见王守仁:《传习录》上,《王阳明全集》卷一,页27;《传习录》下,《王阳明全集》卷三,页123。

[7] 王守仁:《传习录》上,《王阳明全集》卷一,页27。

"以当下此心微微觉处为主。此觉处甚微，非志切与气定，即不自见"。[1]
要从理欲交缠的经验意识流中超拔脱出，须依靠心志真切的力量回溯到良
知的自明性中，由良知来统摄目视耳听及一切言行。以此，不因循私欲，不
容隐自欺，笃实地为善去恶。东廓又经数十年用功，渐从因循气习转为心体
做得主宰。

嘉靖二十四年春夏间，东廓与欧阳德等泰和同志聚讲于当地梅陂、古城
寺。会后，他在写给万安同道朱衡的书信中说："胥会古城，同志咸集，切己
砥箴。浮泛支撑，终不济事，须猛自怨艾，从肺腑洗刷，克销悖德，一毫不敢
苟，庶精神命脉有归宿处。"[2]这里除了体现东廓丝毫不苟且于气习的笃
实风格外，"庶精神命脉有归宿处"实在是一句很客观的表达，难以看出是同
道间的共勉，还是他个人的工夫自得。同一时期，他在另一封书信中说：

> 益受先师罔极之恩，得以不汩流俗，力追千古，虽升沉毁誉，殊形异
> 状，而吾昭明真纯，有以自定……聚华盖，入梅陂，良朋四集，天机相触，
> 无往非学，无往非乐，皆先师陶冶力也。[3]

此书写于东廓落职归乡后的四五年左右。经历了宦海沉浮的外境考验，兼
之数十年的笃实用功，他由先前以克治私欲为主的负面工夫转为心体做得
主宰的正面工夫。"昭明真纯"即心体，"有以自定"表明把握心体的工夫稳
固，"天机相触，无往非学，无往非乐"之语在这一时期他写给友人同道的书
信中非常之多，[4]意谓人天交战的煎熬状态渐已消退，心体本然之乐自然
呈现，且无论外界之升沉毁誉、动静寂感与否，心体已能不受其扰动。至此，
其工夫境界的提升是显而易见的。

东廓虽然主张在人伦日用的当下用功，但另一方面，静修也是他用功的
途径之一。工夫境界的提升，除了讲会上同道间的切己针砭，也受益于静中
涵养心体的工夫。不过因东廓坚持儒家的济世立场，不提倡避世静修，故他
的文集中关于静修的记载留痕甚少。广而言之，静坐之法虽因儒者的济世
本怀而往往被消纳为致良知教中的"小学"工夫，地位不高；冥契经验虽不必
然成为证悟心体的唯一征验，有此经验者也往往不轻易示人，然而许多理学
家经此觌体相见而创获巨大，甚至思想格局从此改观。他们之证悟心体几

[1]　罗洪先：《答李二守》，雍正本《念庵文集》卷三，页44。
[2]　《简朱镇山督学》，《邹守益集》卷一二，页615。
[3]　《简聪弟道契》，《邹守益集》卷一一，页575。
[4]　另参《简周顺之》《简复久庵黄宗伯》《简复梅养粹》(分别见《邹守益集》卷一一，页564、
　　　570、574)，《简吴学愚》(《邹守益集》卷一二，页632)，《简蔡可泉督学二章·一》(《邹守
　　　益集》卷一四，页711)。

乎无一例外地采用了静坐的方式，王阳明、罗洪先以及诸多有证体描述的理学家均如是，[1]东廓本人工夫进境的飞跃性提升，同样是在嘉靖三十年夏静修于武功山期间。

四、默识心体

从心性修养的历程来看，稳固心体之功并非一蹴而就，而是须时时保任，警惕私欲气习，时时对境磨砺。此中工夫要求更为精密严格，心性的提升也随之层层递进。

嘉靖二十六年夏，东廓与刘邦采等同游庐山，往返两月余，一路与同道聚讲。回安福后他致书刘邦采：

> 匡庐往返，寝食共之……昨语莲坪子，此行如熔金，熔一番又精一番。[2]

嘉靖二十八年，东廓的讲学活动非常密集：五月端阳节与罗洪先至永丰县，与聂豹会晤论学；秋，至吉水县，与罗洪先等会于玄潭；仲秋，与浙江、江西、南直隶等地学者大会于江西龙虎山冲玄观。赴冲玄讲会途中，在南昌与同道聚讲；返途中，一路与当地同道聚讲。历时三月，年底返回安福。他在给张岳的书信中，谈及此行一路讲学的收获：

> 端阳候双江兄归，登凌虚之阁，重阳前出游冲玄，偕念庵诸君聚于玄潭，切己箴砭，日就笃实，于圣门庸德庸言、愗愗蝇蝇，窥见脉络。[3]

嘉靖二十九年二月初一，东廓寿六十。吉安府九邑士大夫及门人、亲友赴复古书院，为他举办了千余人参加的仁寿之会。祝寿会上，东廓悟得"赤子之心，正是对境充养"。[4]这里与上述二十六年的"此行如熔金，熔一番又精一番"、二十八年的"窥见脉络"，其工夫显然不是思维知解意义上的领会，而是"切己箴砭，日就笃实"的真实受用，同时也伴随着对自家心性更为深刻的省察：

---

[1] 杨儒宾认为，在明代心学的体系中，静坐往往扮演强化精神动能的角色，而不是驱使它沈空滞寂(见氏著：《明儒与静坐》，页34)。同时，除程朱学派须另作解释外，大部分的理学家也都经历过"浑然与物同体"这样独特的经验。见氏著《理学家与悟——从冥契主义的观点探讨》，《第三届国际汉学会议论文集·中国思潮与外来文化》(台北："中央研究院"中国文哲研究所，2002年)，页215。

[2] 《简刘狮泉君亮》，《邹守益集》卷一一，页579。

[3] 《简张净峰中丞·一》，《邹守益集》卷一一，页546。

[4] 《简陈西山》，《邹守益集》卷一二，页606。

> 追念师门镕铸垂三十年，迄今安身立命尚未稳帖，只缘习染未尽洗涤，缠绊未尽斩截，故德輶如毛，与无声无臭殊科，况大于毛乎？
>
> 近与同志微省，视昔更精密，乃知从前浮泛，只是苟免显然悔尤，是中隐微，多少渣滓在。须是掀翻平日窠白，猛加刷洗，直寻肫肫皦皦面目，则旧习客气，纤毫容留不得。[1]

在这封嘉靖二十八年左右写给长子邹义的书信中，东廓对自己的工夫状况作了严格反省：这里的"习染未尽洗涤，缠绊未尽斩截"并不是早年初步用功时受人欲缠绕的状态，而是随着把握心体工夫的更加稳固，对欲望习气的反省更为深入隐微，用功程度也更为精密后的表达。有如罗洪先晚年闭关静修时，在他历经二十余年严格的工夫修养后，对人性隐微过恶的拷问依然严苛到使他几番汗流浃背、不欲久生的程度。[2] 东廓的反省，同样是道德意识与幽暗意识互为表里的深刻反思，超越了对人欲的浅层反思，是更高要求的道德严格主义。牟宗三先生认为："罪过、过恶，是道德意识中的观念。道德意识愈强，罪恶观念愈深而切，而且亦只有在道德意识中始能真切地化除罪恶。"[3] 心性隐微处更深入的反省，恰恰是心灵之镜更加明亮，是照察气习更为敏锐的体现。

如是笃实用功，终在嘉靖三十年获得突破。是年夏，东廓携诸生及三子邹义、邹美、邹善，孙邹德涵、邹德浚于武功山讲学兼避暑。东廓静坐百余日，其间"默识"心体。据《文庄府君传》庚戌条后载：

> 明年，走武功山中，坐百余日。一夕，喟然叹曰："夫学欲与神明伍，难矣哉！圣人之学，肫肫乎，渊渊乎，浩浩乎，而何所倚也！学非此则不可以教，教非此则不可以学。"于是与其门人言曰："孔子七十而不逾矩，吾其七十志于学。"始，不知者谓府君谦也。[4]

这里东廓对门人所说的"志于学"，并不是一种谦虚的说辞，而是与会悟心体有关。据耿定向《东廓邹先生传》载，东廓在此期间的教语多主默识：

> 时先生教语多主默识，曰："默识是不厌不倦宗旨。子思戒惧不闻不睹，正是默识工夫，此从唐虞相传道心惟微来。末章'上天之载，无声无臭'，正发此默识极则"云。有以出处尝先生者，先生云："顺逆境界，

---

[1] 以上引文分别见：《寄伯子义》四、五章，《邹守益集》卷一三，页657—658。
[2] 见拙作：《阳明学者罗念庵体悟良知的工夫历程》，收入拙著：《由凡至圣——阳明心学工夫散论》（北京：生活·读书·新知三联书店，2016年），页51—54。
[3] 牟宗三：《从陆象山到刘蕺山》，页375。
[4] 邹德涵：《文庄府君传》，《邹守益集》卷二七，页1365。

只是晴雨；出处节度，只是语默。此中洁净，乃无往不洁净也。"[1]

同年，东廓致书同道吕怀（1492—1572 左右，字汝德，号巾石），谈及避暑武功山所获："日夜怨艾，反观内省，始于全生全归脉络有循循进步处。"[2]同年，他写给同道欧阳瑜的信中也说："避暑武功，翛然有以自适，于全生全归、安身立命处，觉有进步，追悔虚见浮谈，真是耽阁光阴！"[3]次年，他写给聂豹的书信中也表达了类似的意思："去夏避暑武功，始透曰：默而识之，是不厌不倦根基。"[4]

东廓与同道多次谈及避暑武功山的收获，反复申明默识、全生全归，意味着什么？"默识"出自《论语·述而》，朱子释曰："默识，谓不言而存诸心也。"阳明释曰："'默而识之'，是故必有所识也，终日不违如愚者也。"[5]东廓孙邹德涵也说："予大父尝授涵默识之旨，戒毋以言传。"[6]简言之，在理学家的语境中，默识指对道体的领悟不待诉诸言语而直接由心会悟。默识在东廓就是于心体不闻不睹处戒惧的心性领悟。在答门人论学书中，东廓对默识的解释与上文耿定向所载一致，也是紧扣《中庸》的脉络：

> 默而识之，是不厌不倦宗旨。《中庸》一书，正是发明"默"字脉络。"默"之一字，圣人只在"天何言哉"数句见之。子思戒慎不睹，恐惧不闻，正是默识工夫。不睹不闻，非无睹无闻也，即视之而不见，听之而不闻，莫见莫显，即体物而不遗，故曰"微之显"。"微"字从唐虞相传"道心惟微"来。末章"上天之载，无声无臭"，正发此默识极则。[7]

于不睹不闻的形上心体戒慎恐惧，即是默识工夫。《中庸》末章"上天之载，无声无臭"，指对道体超越声臭之境的透悟，为默识工夫的最高境界。无论外境顺逆与否，保持心体洁净，贯彻上下内外，一切境遇融归洁净的心体。此外，默识心体的工夫境界，可与东廓答门人问之语参照发明之：

> 良知纯粹至善，如止水湛然，而万象毕照。吾侪能戒惧勿离，以复其初，虽倾罍注盎，无往不精明。[8]

---

[1] 耿定向：《东廓邹先生传》，《邹守益集》卷二七，页 1387。
[2] 《简吕巾石馆长》，《邹守益集》卷一二，页 614。
[3] 《简欧三溪》，《邹守益集》卷一二，页 621。
[4] 《简聂双江·二》，《邹守益集》卷一二，页 584。
[5] 王守仁：《梁仲用默斋说》，《王阳明全集》卷七，页 258。
[6] 邹德涵：《书文庄府君要语首》，《邹守益集》卷二七，页 1355。
[7] 《答洪生谦亨论学》，《邹守益集》卷一六，页 777。
[8] 《答伍九亭请教语》，《邹守益集》卷一六，页 764。

时时戒惧，保持心体之精明，世间万象、动静顺逆都敛归明镜止水般的心体。这未尝不是东廓自身的修养境界的写照。他又常常以"全生全归"表达戒惧工夫贯通形上形下的终极境界。工夫至此，颇类似阳明在江右平宸濠之乱后的"只此良知无不具足"，以及罗洪先在丈田工作中打通动静的境界。尽管东廓没有留下证悟心体的经验性描述，且儒家式的证体也不必然伴随着神秘经验，但从上述东廓对同道反复提及此事来看，他对嘉靖三十年夏的工夫进境颇为重视。由于东廓一贯主张于人伦日用中体悟，他本人也很适应在讲学、会友、乡族实践中历练的工夫路径，因此，从上述文献来看，我们基本可以确认，邹东廓是年在武功山讲学、静修期间，他通过戒惧工夫默识心体、贯通动静，其工夫进境有一个质的提升。

东廓在避暑武功期间的诗作有云："年来会得全归脉，培溉无忘奕叶功。"[1]后一句表明，此时工夫仍在有为法阶段，对照王畿总结的工夫阶次，尚未至于忘化之境。至东廓七十岁时，三位同道所写的祝寿序文中，对他的修养境界均有十分肯定的褒奖。东廓好友陈九川言：

> 余观东廓用工笃实精密，其语良知本体，真与皜皜同见，海内同志赖焉。[2]

东廓解释"皜皜"说："曾子之称圣人曰：'秋旸以暴之，江汉以濯之，皜皜乎不可尚已。'皜皜者，洁白昭融，莹然本体而已矣。"又说："良知之明，蒸民所同，本自皜皜，本自肫肫，常寂常感，常神常化，常虚常直，常大公常顺应。"[3]故"皜皜"指不杂习染、寂感一体的良知本体，九川以此盛赞东廓不仅工夫笃实精密，而且于良知本体实有所见。王畿则谓：

> 先师尝曰："戒慎不睹，恐惧不闻，则神住，神住则气住精住，而仙家长生久视之说不外于是。"是说也，人孰不闻？亦曰有为之言耳。先生独信之不疑，不淆于异术，故行年七十，视听不衰，而精气益强，非一于神守，能若是乎？[4]

"一于神守"之"神"并非道教中生理意义、精神意义上的"神"，它在良知学的语境中指的是良知心体。王畿称道东廓晚年表现在身体上的视听不衰、精气旺盛是戒惧之功的实际效用，"一于神守"意味着已能安住良知心体。

---

[1]　《携三儿及二孙德源德浚避暑武功二首·二》，《邹守益集》卷二六，页1279。

[2]　陈九川：《寿大司成东廓邹公七十序》，《邹守益集》卷二七，页1410。

[3]　以上引文分别见：《叙秋江别意》，《邹守益集》卷二，页48；《阳明先生文录序》，《邹守益集》卷二，页40。

[4]　王畿：《寿邹东廓翁七裛序》，《邹守益集》卷二七，页1413。

陈九川与王畿对东廓的评价基本一致，均认肯其于良知本体有真实体证。另外，在罗洪先为东廓所作的墓志铭中，对他四十余年践行良知学的成就有一总体评论：

> 己卯至壬戌，四十余年，学之不足，反而加密，盖进进不知几矣……道之衰矣，士无承禀，故不得不力振以为先驰。始而专求笃践，无少疑滞，既惟恐其说之不明；已而心与言俱，言与声应，惟恐其传之不广；久则精神意气无有二事，欣欣朝夕，不知孰为在我耶，孰为在人耶，与之俱忘，不自觉也。[1]

这里概括了东廓在王学分化的背景下，弘道与自修兼行不悖的整个为学历程：早年笃实用功与广兴讲学并行不悖；进而"心与言俱，言与声应"，心性之功与外在言行融为一体，为戒惧之功的进一步深化；进而"精神意气无有二事"，心体统摄意念及气习，贯通内外上下，臻于人我两忘的自得之境。根据这段文献，我们很难推论东廓晚年是否已如阳明、王畿那样臻于良知化境，毕竟能够体悟终极境界的儒者是极少数的。但有一个特征是东廓与阳明学者们所共同具有的——"进进不知几"，这是罗洪先对东廓一生用功精进不已的总评，颇类罗洪先弟子胡直论其师一生的工夫进境所云："若未见其止也。"[2]尽管阳明学者们的工夫方法及进路各异，境界不一，但总体趋势一致，都呈现了一个由形下经验意识向性天之境不断提升、飞跃的历程，呈现了心性的自我修养不断深化拓展的历程，它永无止境地向上开放，由有为而臻于无为，指向生生不息、大化流行的天德境界。

[1]　罗洪先：《东廓邹公墓志铭》，《邹守益集》卷二七，页 1376。
[2]　胡直：《念庵先生行状》，《衡庐精舍藏稿》卷二十三，页 537。

第六章 结语：敦于实行——东廓之学的意义

作为王阳明在江右的一传弟子之首、江右王学的领军人物,邹东廓一生学行的意义何在？本章即对此作一概述。

一、平生事业

邹东廓的家乡吉安府自宋代以来就是经济、人文发达之地。"文章节义"的江右人文传统、自幼受到的理学家教、严格的《春秋》家学训练,使他在学术和科举上成绩优异:年十七中乡举,年二十一中会试第一、廷试第三,授翰林院编修。他的人格气质也浸染着江右先贤正直自持的古风,与他日后对儒家道统的坚守一脉相承。

就学术思想而言,明中期以来,程朱理学制度化后儒学异化、功利之风竞起的弊端日益显现,当阳明学以"心即理"的方式将天理返回到内在自足的良知时,很快得到了有识之士的认同。邹东廓遭遇王阳明正是在阳明主政江西、阳明学派建立期间。东廓对朱子解《大学》《中庸》之工夫宗旨不一有所困惑,经阳明指点而于良知学豁然相契,从朱子学的思路中脱出,从此确立了"戒惧致良知"的为学宗旨。邹东廓可谓明中期朱学式微、王学兴起思潮中士人转向的一个典型,也是安福乃至江右最早一批阳明弟子的代表。此后至阳明逝世的九年间,东廓有较多亲炙阳明的机会,不仅有着师生共赴义军、平宸濠之乱的患难经历,还见证了阳明在平濠及遭谤议的艰难险境中冶炼良知学的全过程。这些经历于东廓有莫大裨益。东廓在阳明逝后弟子分化时能够"谨守家法",[1]亦是事理所宜。阳明对东廓也十分器重,曾以孔门颜子比之。

就仕途命运而言,邹东廓的政治际遇与正德、嘉靖朝政局以及阳明学的遭遇有直接关系:武宗、世宗失德败政,导致明中期以后官场党争逐利、士

---

[1] 王畿:《邹东廓先生续摘稿序》,《邹守益集》卷二七,页1349。

风浸坏，兼之世宗及阁臣均不同程度地排斥阳明学，这些冲突多次体现在东廓的仕途中：嘉靖初年"大礼议"起，嘉靖三年，东廓先后三次上疏指摘迎合世宗的桂萼、张璁等人，忤世宗，下锦衣卫狱，降为广德州判官。嘉靖三至六年谪官广德期间，他重教兴学，建复初书院聚讲。七至九年，转任南京礼部主客司郎中期间，聚讲不辍，讲学之风大盛。十年，因病不待报而归里，遭内阁首辅张璁作梗，十三年被革职，十七年始起任南京吏部考功司郎中。十八年，召为司经局洗马兼翰林院侍读。在京一年间，东廓与王门同道聚士子讲学，兴起甚众，招致反感阳明学的内阁首辅夏言之不满。十九年三月，升太常寺少卿兼翰林院侍读学士，掌南京院事，名为升职，实际上是被驱离权力核心。数月后改任南京国子监祭酒，其间东廓不顾夏言反对，讲学不辍。二十年夏，世宗以九庙灾事件诏百官自陈，东廓疏陈上下交修之义，再忤世宗。夏言趁机构陷东廓，使其遭落职闲住，此后再未出仕。观东廓一生仕途，三十年仕籍中实际为官时间不过十年，故他自嘲为"山林命局"，始终是游离于政治实权之外的一个"桐川散吏""南宫散吏"。[1] 他仕途多舛的一个原因，如徐阶所说是"以直言劲节屡进屡踬"。[2] 他一生中重要的三次上疏——嘉靖三年的《大礼疏》、嘉靖十八年的《圣功图疏》、嘉靖二十年的《九庙灾自陈疏》，均忤世宗，遭到下狱、贬官、革职等不公正待遇。他知其不可而为之的犯颜直谏，表明即便在君主失德的政治环境中，理学家们也没有放弃"尧舜其君"的卫道努力，恰恰是对道统、对天理良知的真挚信仰给予东廓犯颜直谏的动力。也正是由于这种真挚的信仰，仕途多舛并未带给他消极幽怨的情绪，反而是"正直自持，勿随人俯仰"的立朝守官之道、"无往而非超然自得之境"[3]的超越心境，以及超出他职守范围的诸多善政和奔走民间讲学的义举。总之，朝廷的政治生态之恶劣与阳明学在民间的蓬勃兴起，促使东廓和众多阳明弟子必然选择讲学传道的"下化"之路。

自师事阳明以后，讲学贯穿了东廓的整个人生。藉由讲学来明心性、正学术，进而带动社会建制的改善，这是宋代以来儒者基本的济世思路。阳明说："仆诚赖天之灵，偶有见于良知之学，以为必由此而后天下可得而治。"[4]良知学不仅开辟了直指本心的心性修养路径，更藉此明体达用，直

---

[1] 分别见《励政堂说》，《邹守益集》卷九，页 469；《赠陶敬斋改守扬州序》，《邹守益集》卷四，页 166。

[2] 徐阶：《邹公神道碑铭》，《邹守益集》卷二七，页 1380。

[3] 以上引文为东廓赞苏轼并自喻之语，见见《萃墨亭记》(《邹守益集》卷七，页 410)。此文是嘉靖三年，东廓在大礼议事件中被贬官南下途经徐州时为当地纪念苏轼的萃墨亭所作。

[4] 王守仁：《传习录》中，《王阳明全集》卷二，页 80。

指实践理想的经世向度。因此，万物一体、政学一体的实践指向在阳明学者的讲学中被格外重视。这绝非不谙时务的迂阔之举，而是他们从"实见本心"[1]"真能以天地万物为一体"[2]的体道经验中，迸发出对天地宇宙、人伦社会赤诚无伪的价值承诺。

正德十四年，东廓在赣州拜师后回到家乡安福，即开始与同道讲学。他与刘晓、刘邦采等同道成为安福最早一批推动讲学的阳明学者，他也一直是阳明一传弟子中的讲学主力。东廓落职回乡后的二十余年中，"唯有倡绝学以正人心最巨"，[3]"无一日众不与聚"，[4]讲学传道成为他后半生的全部使命。

本书附表一"邹东廓与江西官员交游一览表"统计与东廓交往的江西省、府、县级官员达 115 人，其中与东廓有论学往来或参与讲会的官员合计 84 人，占交游官员总数的 73%。无论是与官员的交游数量，还是亲学官员的数量，都是阳明学者中罕见的，显示出东廓向地方官员们讲学传道的巨大使命感，以及践行王道理想的不懈努力。在他与亲学官员的书信往来中，频频出现"以道谊相勉"[5]的表达，向官员反复申说政学一体、万物一体的执政理念："学"直指心之本体、良知，"政"是良知的推展和外化，"学"必发为社会政治关怀，"政"则是"学"的验证和落实，"一体"则是学与政的承载者和终极实践目标。这些努力对官员支持讲学起到重要作用：官员或亲自参与讲学，或支持官方或民间举办的各种讲学活动，他们提供了场地、资金、人脉、影响力乃至人际保护等方方面面的支持。同时，良知学对不少官员的学术思想、为政理念及政治措施、个人修养工夫等多方面都有或隐或显的影响力。不仅如此，东廓在与官员们的交游论学中，或隐或显地表达了这样一种意图：在士林中力倡阳明学精神，形成一个共同体，如阳明所说："诚得豪杰同志之士扶持匡翼，共明良知之学于天下"。[6] 这是朝廷之"上行"路线无法施展的形势下，东廓等阳明学者"下化"路线中势所宜然的一个重要选择。同时，阳明学者们将"得君行道"转为"得官行道"的努力，仍然是学术传播在地方社会施展"上行"路线的一个重要表现。

据本书附表六统计，东廓召集或参加的跨地域、人数众多的大型讲会计

---

[1] 《简王龙溪》，《邹守益集》卷一二，页 618。

[2] 王守仁：《大学问》，《王阳明全集》卷二十六，页 969。

[3] 邹德涵：《文庄府君传》，《邹守益集》卷二七，页 1364。

[4] 耿定向：《邹文庄公年谱序》，《邹守益集》卷二七，页 1356。

[5] 《赠白泉林侯陟临江序》，《邹守益集》卷三，页 224。

[6] 王守仁：《答聂文蔚》，《传习录》中，《王阳明全集》卷二，页 81。

11 个,一般地区性的讲会计 71 个,合计参与讲会计 82 个。讲学地点以安福、吉安地区最多,兼及江西其他九府十几县。江西以外,他的讲学活动延伸至南直隶、湖广、浙江、福建等东南数省,及门之徒数千人。讲会影响举其大者,有邹氏祖孙三代先后主盟的青原、复古、东山、复真等大型讲会,前后延续几十余年。尤其是东廓最先发起的青原山讲会持续八十余年,不仅是江右最负盛名的讲会,也是中晚明影响力最大的阳明学讲会之一,与阳明学讲会的兴衰相始终。同时,东廓还在家乡主持常规性的日常书院讲学活动,参与乡间举办的各种小型讲会及以教化百姓为目的的乡会。东廓也是创办书院的主力:例如嘉靖四年他任官广德时创办的复初书院,为嘉靖时代最早一批为讲学而兴建的书院。嘉靖十五年他在安福创办的复古书院,由邹氏子孙三代相继主持至明末。复初、复古均为当地最知名的书院,代有复修,续至清末。东廓尝言安福阳明学的讲学盛况:"吉郡视四方为胜,而安福视吉郡为胜。"[1]他的同道王畿评价当时阳明学传播的盛况云:

> 阳明夫子生平德业著于江右最盛,讲学之风亦莫盛于江右,而尤盛于吉之安成,盖因东廓诸君子以身为教,人之信从者众。[2]

由此可知,阳明学在地域社会传播规模最大、传播时间最久的,当属江右王学。其中吉安府成为江右王学开展的极盛地,安福又是吉安府中的极盛之地,这与邹东廓热诚的讲学推动之功密不可分。其愿力与身教,致信从者甚众。据本书的不完全统计,安福县有东廓弟子(包括其子孙后人)共计 71 人(见附表二),加上江西及其他省的东廓弟子 98 人(见附表四、附表五),两项合计 169 人,这在阳明后学中无疑也是罕见的。

江右王学持久传播的另一个原因,在于学术与地域社会有深入密切的结合。一个典型表现,即是以邹东廓为代表的江右学者均致力于以良知学为核心的乡族建设,尤其以吉安府为突出。吉安府自宋以来一直是世家大族聚集的地区,人文兴盛,宗族文化浓厚。阳明学在这样的地域社会开展,必须有地方宗族的支持和宗族子弟(草根学者)的参与。阳明学与地方宗族、地域社会的深入结合,是江右王学比其他地域王学(如浙中、泰州)传播时间更久、影响力更深的一个根本性原因。这是一个学术思想与地方宗族、地方社会文化深入地双向互动的过程:一方面,宗族网络作为古代宗法社会关系中最基本的纽带,为学术传播提供稳固的经济支持和人脉资源,提供了最接地气的保障;另一方面,良知学思想融入地方乡绅参与社会治理的诸

---

[1]　《彭子晋墓铭》,《邹守益集》卷二一,页 957。
[2]　王畿:《漫语赠韩天叙分教安成》,《王畿集》卷十六,页 467。

多实践措施中,成为邹东廓以及众多地方乡绅教化乡里的精神动力与内核。

据本书附表二的不完全统计,明代中晚期安福阳明学者有 212 人,其中进士 40 人,举人 40 人,诸生 73 人,总计 153 人,占总数的 72.1%,可知阳明学主要在掌控当地思想文教资源、社会地位高的官员及士人中传播,这些学者所在的宗族大都属于安福县文教程度较高的望族。阳明学深入宗族传播需要几个条件:一是本族知名学者以其号召力倡导讲学;二是宗族的文教程度高,有一批在乡族有影响力的诸生活跃于讲会;三是受众包括了一般百姓;四是宗族势力的支持,如为讲学提供书院、宗祠等场地和经济保障,一些德高望重的长老参与或支持讲学,等等。上述几个条件在安福南乡均具备,它因此成为安福阳明学传播时间最长、人员参与最多之地。北乡澈源邹氏家族的讲学,具备了以上的一、二、四三个条件,但族中中下阶层子弟参与讲学的记载很少,因此东廓祖孙在安福县城和南乡的讲学活动,反而比在本乡更为活跃。

学术扎根于地域社会的重要表现,是那些活跃在各宗族不甚知名的草根学者们积极推动学术在乡间传播,并影响地方社会。他们不仅从事讲明义理、研磨心性的学术活动,而且通过家会、乡会等讲学形式,通过撰写谱序、推行乡约等活动来推行道德教化,以期睦族和乡、稳定地方社会秩序。他们还热衷参与宗族事务、协助官府管理地方公共事务和地方社会治理。这些学者也因熟知民情、德高望重而为当地官员礼重,对地方的政治文化生态产生着实际影响。讲学与化乡是他们对阳明学万物一体观的具体落实,邹东廓则是其中最集中的体现和缩影。

邹东廓作为地方乡绅全面参与了安福地方的乡族建设,有如下几个方面:一是通过撰写谱序、推行乡约,以期确立地方社会道德教化之基础。二是通过参与丈田、赋役改革,以革除困扰百姓生计的弊病。吉安府虚粮多、赋役重是一个关乎百姓生计的头等民生问题,东廓四十年间多次向各级官员申诉江西省、吉安府和安福县的多项赋役问题。他联合罗洪先、聂豹等王门同道奔走多年,促成吉安府各县先后完成了重新丈田。他率安福四十余名阳明学者及士绅协助官府,经三年努力,完成了安福也是全国最早一批试点的丈田活动,部分赋役得以减轻。三是通过参与赈贷周族、建桥修陂等地方公益事业和社会救济,以保障良好的地方秩序。每逢重大天灾,总有东廓对上建言赈贷措施、对下亲率族人实施救济的身影;其他如建桥修陂等重要的公益建设,邹氏家族也每乐为之。最著名的事例便是自正德十六年起,东廓家族五代子孙于一百二十年间,多次倡导并捐修位于安福要津的风林桥。入清后数次重修风林桥的捐助者中,仍有邹氏族人,可谓家族"一体之仁"传统的延续。

以上乡族建设活动中，撰写谱序、推行乡约的道德教化最为东廓等阳明学者们重视。谱牒在宗法制废除后起到序昭穆、辨世系、识亲疏、敬宗睦族的重要作用，东廓等吉安阳明学者的谱序在此基础上有新的拓展：藉由"仁之推"，将同族一体的伦理观提升为超越血缘宗族限制的万物一体观，将基于血亲关系的"谱系"引申为仁孝之道在宇宙天地间的"普及"，生命的意义即在于成全这一体之仁，这才是"联属天下、联属宗族之附子汤"。[1] 这是东廓等吉安学者将万物一体说在宗族伦理观上的具体深化。

进而，万物一体观推展至乡村治理的重要实践途径，便是推行乡约。在明清社会，乡约是治理地方社会的一个重要手段，是国家与宗族、官治与乡治相互沟通、互补的结合点，承载着教化与治理的双重职能。王阳明在南赣推行乡约的实践，不仅有力地推动了明政府实行乡约之政举，也成为阳明弟子们效仿的典范。嘉靖、万历年间乡约在吉安府非常盛行，这与阳明学者的努力有很大关系。安福乡约有影响力的推行，最初由邹东廓于嘉靖元年在其家族所在的北乡开始倡导之。嘉靖十五年，阳明学者程文德任安福知县后与东廓联手，东廓负责制定安福乡约，程文德倡导监督，并与保甲相结合，在全县推广。乡约推行成功的机制，一是乡约在上有官府支持，在下以宗族为基础，以官督民办的形式通过宗族渠道推行；二是乡约与保甲、社仓、社学、讲学等相互结合，秩序维系、地方救济与道德教化等多种形式相互配合；三是乡约的内容、成效与宗族和乡绅的参与程度成正比。安福北乡因有东廓这样的大儒主持，乡约推行长达二十年。阳明学者们倡导乡约的核心动力正是"万物一体之实学"精神。相比于其他的乡治措施，乡约体现的是德治优先、化民成俗的儒家教化理想，故为理学家们所推崇。在上述学术与地方社会的深入互动中，邹东廓这样既有仕宦背景又出身地方望族的知名学者兼乡绅，是沟通地方官员、宗族网络、草根学者三者的枢纽，故能在阳明学影响地方社会的过程中发挥核心作用。

如何看待邹东廓等中晚明阳明学者的化乡实践及其对地方政治文化生态的影响？近年来史学界有关乡绅（地方精英）对地域社会之控制与影响的相关研究成果表明，在中晚明社会，乡绅在建立、运作和管理保甲、乡约、宗族等民间基层组织中发挥着关键性的作用，并在倡导、维持地方公共事务方面也发挥着重要作用，从而掌握着地方社会主要的经济政治资源。加拿大学者卜正民指出："晚明地方士绅的成长促使他们的兴趣差不多自然而然从

---

[1] 《油田隆堂彭氏族谱序》，《邹守益集》卷二，页27。

掌握国家级权力转移到地方级权力。因为获得功名的人认识到把他们的任职资格转换成正式的政治任命的可能性不大，于是他们选择在地方舞台上施展他们要求的权威。"[1]笔者认为，这一现代政治学角度的描述，侧重于政治经济权力和利益的再分配，而儒者参与地方治理的精神动力源于其济世理想和责任，学界对这一层面的探讨仍然不够充分。此一问题当依循理学的语境做几点分析。

首先，自明代以来，尽管儒学弘扬的路线从客观上看确由"得君行道"转变为"觉民行道"，其中也伴随着权力的下移，但东廓等阳明学者参与地方社会治理的精神动机，首先来自"一体之仁"的弘道使命和王道理想，而非谋求政治权力由上而下的转移和重新分配这一功利性目的。实际上，万物一体、实学、讲学、政学一体等，这些理念在宋代儒者那里已有不同程度的体现，但在王阳明及其弟子那里得到了格外的强调。[2] 这几个相互融摄的观念，其学理基础正是良知学：良知是一人人本具、万物同体的本体，也是创生宇宙万物的终极本源，故"实致其良知"的心性体认工夫乃是实学之切要。"学"直指心之本体、良知，是一切行为所由之基，也必然体现为"亲民之政"的自觉诉求，"万物一体"则是学与政的承载本体和终极实现。讲学的目的是为了唤醒人人本有的"一体之仁"，同时讲学也是体认良知的一种实践形式。故理学家参与地方治理的动机与自我定位，正如聂豹所说："明德以亲民者，乡大夫之责也。大夫士者，乡人之心也。"[3]面对王道政治在三代以后"未尝一日得行于天地之间"（朱熹语）的历史现实，尤其是在明代政治高压专制、学术功利异化这样非常糟糕的历史背景下，邹东廓等理学家们仍以巨大的传道热忱从事民间讲学与化乡实践，乃至不遗余力地在官员中推行良知学，这既非儒者不谙世事、不懂政治谋略的天真之举，也非从掌握国家级权力转移到掌握地方级权力的功利性算计，而首先是理学家"仁其身以仁天下"（东廓语）[4]的济世理路之实践，是他们从对天理良知的真诚信仰和体道经验中，迸发出对身心—家国—天下—宇宙这一整全"大生命"的自我承诺与责任担当。至于努力的结果，不应该仅仅以外在的成功、社会建制的改良作为标准。在此引用一段罗洪先的话，颇能代表理学家们对"内圣外王"理想的理解：

---

[1] ［加］卜正民著，张华译：《为权力祈祷———佛教与晚明中国士绅社会的形成》（南京：江苏人民出版社），2005 年，页 18。

[2] 吴震：《阳明心学与讲学活动》，《明代知识界讲学活动系年》引言，页 1—41。

[3] 聂豹：《永丰乡约后序》，《聂豹集》卷三，页 52。

[4] 《克复堂记》，《邹守益集》卷六，页 366。

　　天地生民固吾一体，未有一体而不知爱者……古者澹饮食、恶衣
服、轻财物、卑宫室、甘苦分余以求得此心者，正所以为煅炼之功，而必
与诸欲不并存者也。以此从事，随力所至，以为经纶，在家益家，在国益
国，在天下益天下，大用之不愧四海，小用之不愧四境，不用亦不愧四
壁，此不为磊磊大丈夫哉？[1]

北宋程明道亦言："择善修身，至于化成天下，自乡人而可至于圣人之
道。"[2]这是儒家意义上由"内圣"开出"外王"的取径。正是在这个意义
上，东廓说：

　　世俗通病，只认得个有才能、有勋业、有著述的圣人，不认得个无技
能、无勋业、无著述的圣人……程门谓唐虞事业自尧舜视之不过一点浮
云过太虚，假使舜不遇四岳之荐，终于耕稼陶渔以老焉，其将不得为天
地万物一体乎？[3]

因此，邹东廓等理学家们根植于心性的济世努力，不以外在功业之大小为成
功标准，而是"随力所至，以为经纶"。当外在政治环境不允许实践理想之
时，"小试于乡"[4]同样是对王道理想的践行。这一理路，并非像宋明理学
批评者们所说的那样，"内圣强而外王弱"，甚至"内圣"开不出"外王"来。

　　其次，东廓等阳明学者对地方政治及文化的实际影响，不是现代政治学
所预设的对政治制度、形态直接发挥作用的模式，也很难以现代政治的模式
和效应来考量之。故东廓等阳明学者建构理想政治秩序的努力，并不体现
为对政治制度的具体设计；他们对地方官员们的影响，主要在学术思想及执
政理念上；他们对地方社会事务的参与，很多是在国家政权机构之外的非权
力运作。他们在树立道德楷模、安顿良好民风等精神领域积极有为，对地方
社会秩序的平稳运行起到长久的、潜移默运式的"风教"影响。在古代社会，
"孝乎惟孝，友于兄弟，施于有政，是亦为政"（《论语·为政》），理想的政治
意味着从个人至家国社会和谐关系的建立与维系。因此，作为乡绅的儒者
们参与政事，其目的在于通过道德教化来维系良善的地方风俗与秩序。邹
东廓之所以受到普遍推崇，就在于他是实践这一理想的儒者典范。他一生
的成就不在朝堂之中的勋爵名位，而是在民间以传播良知学为核心的讲学
和化乡实践，而所有一切的社会历史实践都不过是良知的"应迹"。他在给

---

[1]　罗洪先：《答翁见海》，雍正本《念庵文集》卷二，页34—35。
[2]　程颢：《请修学校尊师儒取士札子》，《河南程氏文集》卷一，《二程集》，页448。
[3]　《再简洪峻之》，《邹守益集》卷一〇，页521。
[4]　《乡会祝言》，《邹守益集》卷三，页102。

同道王畿的信中说："自分此生惟此一事。"[1]在这个意义上，儒者的"外王"事业从来不曾缺位。

二、思想定位

东廓初见阳明，便将困扰他七年之久的疑问——朱熹解《大学》言格物致知与《中庸》言戒惧慎独之宗旨不一向阳明请教。阳明以其浑一性思路将《大学》之格物致知与《中庸》之戒惧慎独全都收归于"致吾心之良知于事事物物"的致良知教中，从而《学》《庸》之旨合一。这一解释不但使东廓信受了阳明心学，而且藉由《学》《庸》之疑的缘起而将学术宗旨落实在《学》《庸》之慎独、戒慎恐惧工夫上来，统为"戒惧"说，作为致良知的工夫宗旨。

东廓的戒惧说，已非《学》《庸》之原意，而是将其纳入到了心学的理论框架下加以创造性的诠释。戒惧说本诸阳明《学》《庸》合一的思路，主要依托《中庸》而立，将《中庸》的"戒惧以致中和"转化为"戒惧以致良知"的义理构架，"中以言乎体也，和以言乎用也，戒惧以言乎功也"。[2] 同时，在学术渊源上，上溯周濂溪《通书》"无欲"、程明道《定性书》"定性""大公顺应"说来会通其戒惧说，达到"无欲""定性"的为学之方即是戒惧工夫，以此取得学脉上的合法性。但这并非是对《中庸》抑或濂洛之学的简单重复，因为戒惧（也即定性、无欲）以致中和的目的在于"全其良知之精明真纯而不使外诱"，[3]戒惧以致良知才是东廓之学的基本叙述语境。

戒惧说之义理证成，可从戒惧之本体、戒惧之工夫内容、本体与工夫之关系三方面来陈述。与阳明及王畿等不同的是，东廓对良知本体的界定绝无"无善无恶""不学不虑""虚寂"等具有佛老色彩、偏于"无滞"境界的字眼，而是在认肯良知发用具有无执无滞之自由境界的同时，偏重规定良知之为"至善无恶"，以凸显其道德价值之实存义；为"上帝降衷""帝规帝矩"，以凸显其为先天道德准则的规范义和超越义；为"精明"而非"虚明""虚寂"，以凸显其明察万物的觉照义和警惕义：从而更偏重言良知"超越性之有"的面向，彰显良知之为道德实践最高目标所具有的内在严格性和践履工夫之必要性。与阳明、王畿等范围三教的态度相比，东廓具有更为严格的儒家立场。相应地，致良知工夫便是严肃谨慎的戒惧之功：由形上本体直贯形下日用，于心体戒慎恐惧，贯通于外，即是爱亲敬长、礼仪三百、威仪三千的外

---

[1]《简复王龙溪》，《邹守益集》卷一一，页572。
[2]《诸儒理学语要序》，《邹守益集》卷二，页80。
[3]《赠廖曰进》，《邹守益集》卷二，页64。

在仪节，体用内外兼该，正面充拓良知与负面防范气禀私欲并行不悖。其工夫之体用观也与阳明本体与工夫合一的思路一致，主张工夫形式与本体的作用形式一致，因良知是寂感动静合一之本体，戒惧工夫即无分于寂感动静。更进一步，本体内容亦与工夫内容一致：因良知具有精明、警惕、规矩的本质内容，相应的工夫便是主敬、戒惧、不逾矩。同时，因心体为警惕与自然的统一，故戒惧也是警惕与自然的统一，并不是后天的人为刻意与强力把持。东廓常以"戒惧真体""工夫本体通一无二"[1]来强调惺惺警惕的工夫实践为良知学的首出意义。

在以良知学为基本语境的基础上，东廓也以阳明学的浑一性思路，以戒惧说会通、统合儒家经典或先儒教法中的其他工夫德目，从另一个角度揭示致知工夫的基本主旨：无欲之功，东廓将周濂溪在一般意义上所言的无欲工夫转化为直接从心体上用功，无欲即是戒惧于心体以克除私欲，此为工夫之消极防治面；更高意义上的无欲之功则是"无为其所不为，无欲其所不欲"，[2]从而内化为心体主动的作为，也即工夫之积极面。东廓将《大学》《论语》中的不逾矩、絜矩之功收归良知学中，将"矩"的外在规范义内化为吾人主动的道德意识，所谓"矩也者，天然自有之中，即所谓良知"，[3]不逾矩、絜矩即是对内在良知的严格持守。在高扬道德主体性的同时，"矩"的规范义、不逾矩的持守义也体现了严肃的道德修养内容以及潜在的对私欲的克制防范意识。致良知工夫又是克己复礼之功，东廓将朱子释"己"为"己私"的消极义转化为阳明所谓"真己"的积极义，将朱子释"克己"为"克除己私"的消极工夫亦转化为"修己以敬"的积极工夫，彰显心体原本的道德主体性。主敬也不再是程朱理学于经验意识中的收敛身心，而是着力于心体、戒惧以充养良知心体的正面工夫。与戒惧相关的其他工夫，如对复本体之"复"、思诚之"思"的强调，都体现了东廓对致知工夫之必要性的重视。凡此种种工夫，皆彰显了道德实践的主体义、积极义及工夫之必要性。

在了解东廓之学基本轮廓的基础上，我们再看以往学界对东廓之学的评价。如本书绪论所述，学界关于东廓之学的思想定位主要有五种观点：一是王学正传（刘蕺山、黄宗羲、侯外庐等），二是王学正统派（嵇文甫、陈来等），三是非阳明宗子而偏于程朱学（容肇祖、冈田武彦、木村庆二等），四是王学为主兼融程朱学（唐君毅、钱明等），五是脱开传统"非朱即

---

[1]　以上引文分别见：《答东山诸友》，《邹守益集》卷一六，页 758；《答詹复卿》，《邹守益集》卷一三，页 650。

[2]　《复石廉伯郡守》，《邹守益集》卷一〇，页 512。

[3]　《答汪周潭中丞问学》，《邹守益集》卷一六，页 775。

王"的思想窠臼,在王学系统内部以阳明及其后学为参照的前提下,更重视东廓思想的独立性(张学智、朱湘钰等),认为东廓之学是对阳明思想平实一面的继承。当然这只是就东廓思想定位的大致分类,持同类看法的学者对东廓之学的梳理和评判也不尽相同。那么,应当如何看待学界对东廓之学的思想定位?

首先看上述第三种"偏于程朱学"和第四种"融合程朱学"之说。如前所述,东廓之学的基本理路是在致良知教的基本语境中展开的,其言"主敬"的含义是"敬也者,良知之精明而不杂以尘俗者也",[1]不过是戒惧以致良知的另一种说法。从阳明后学所处的思想环境看,后学诸子已然接受了心学的基本义理,故不须像阳明那样集中于回应朱熹格物穷理说所带来的工夫入路问题,而是著力在心学体系内解决"如何致良知"的工夫论问题。[2]也就是说,东廓的论述语境是阳明学而非朱子学,本书第五章对东廓"主敬"说的分析已经充分说明了这一点。我们还可以从东廓对朱子的基本评价中了解其对朱子学的态度。嘉靖二十九年东廓六十岁时,至徽州府城歙县谒紫阳书院,作《奠徽国朱文公文》:

> 益自童年,先大夫授以濂溪六君子赞,慨然有景星乔岳之仰……受教先觉,始知反身以求。而茧丝牛毛之间,尚若有未释然者。及考晚年深悔定本之误,刊落枝叶,收功一原,深有契乎玄天无言之脉,然后知世之尊信,尚醨糟粕而弃其醇也。往聚青原,梦与同志聚讲,举小成虚远之旨以为劝诫,窹而惕然曰:"此考亭公神明训我也!"世之安于小成者,沾沾自足而不求极致,故行而不著,习而不察;其骛于虚远者,嘐嘐自衒而不察实病,故人伦不察,庶物不明。其能切磋琢磨,瑟僩赫喧,以求大中至正者,鲜矣。[3]

在程朱理学为主流意识形态的明代,东廓幼承庭训之时即已受到朱子学的熏陶。东廓成年后对朱子解《大学》《中庸》宗旨不一"若有未释然者",转向阳明学后,他对朱子及其学说在情感立场上并不采取批判的态度。其论朱子"及考晚年,深悔定本之误,刊落枝叶",仍是以阳明《朱子晚年定论》所肯定的朱子为背景的。他甚至认为朱子晚年深契心学,后人对朱子的尊信,乃是"醨糟粕而弃其醇也"。当然,从东廓所记于青原会上梦见

---

[1] 黄宗羲:《邹东廓本传》,《明儒学案》卷十六,页332。

[2] 劳思光先生认为,王门诸子所关心的问题主要集中在工夫论上。见氏著:《新编中国哲学史》(卷三上),页345。

[3] 《奠徽国朱文公文》,《邹守益集》卷二〇,页941—942。

朱子开示教导之事，[1]可知东廓对朱子的肯定在于其不骛虚远、行著习察的笃实之风，而并无以朱子学为宗之意。因此，东廓之学并非如容肇祖所论，归于程朱理学所言"主敬"，亦非如冈田武彦所论"具有接近宋学的倾向"。若以几句词语上的相似就将东廓之学判为亲近朱学的形态，不免陷入"非王即朱"的理论预设或简单化之虞，而未能重视东廓之学的基本语境。至于"王学为主兼融程朱学"的观点似有同样的预设倾向，只不过较前者的说法更加温和而已。

近年的阳明学研究对于"非王即朱"或"朱陆异同"的思想模式已有重新反思，肯定阳明后学的基本论述语境是阳明学而非朱子学，包括东廓在内的大多数阳明后学之思想定位应属阳明学内部的问题，这一点毋庸赘述。而日本学者吉田公平以东廓"非阳明宗子"持论，理由主要是东廓的固守师说不符合阳明学的创造精神，笔者认为这一观点未能区分固守师说与良知学之凸显道德主体自主自由性、创造性是两个层面的议题，两者并不构成逻辑上的悖论。东廓的固守师说并不等于视良知为拘板不变的道德规矩，而恰恰包含对阳明良知学之自主性、创造性的忠实继承。[2]　如是，问题主要聚焦在东廓之学是否为王学正传、与王学的关系如何、如何看待东廓之学的思想意义等方面。

为了充分讨论这一问题，笔者把东廓与代表了阳明思想高明一路、"调

---

[1]　清人沈佳《明儒言行录》亦记载东廓梦朱子之事："邹文庄公守益，王文成公高足弟子也。年七十，时在青原，梦朱子曰：'小成与虚远，子当发明之。'公曰：'何也？'朱子曰：'事小成者，微有践履，不曾穷尽心性，行不著，习不察，于无声无臭之旨失矣。务虚远者，侈求幻妙，不慎操履，无庸德之行、庸言之谨，于有物有则之旨荒矣。'公醒而书壁曰：'考亭神授警策如此，余虽年迈，敢不自勉！愿诸同志共加深省！'因为文奠朱子，备载《东廓文集》。世儒分宗朱王，彼此反誓，曾不闻朱子自谓'青田原无陆子静，新安原无朱晦庵'之言乎！东廓师文成，晚年服膺朱子，至形梦寐，亦是觑破龙溪一辈虚远之病，故痛切警之耳。可知朱、王原无同异，末流偏病，互相救药。施四明谓'天下病虚，朱子救之以实；天下病实，阳明救之以虚'，此公论也。泾阳谓：'世人讲学，其高者只一段光景，次者只一副意见，下者只一场议论而已。'又曰：'宗考亭者，其蔽也拘；宗姚江者，其蔽也荡。拘者人情所厌，顺而决之为易；荡者人情所便，逆而挽之为难。与其荡也，宁拘。'此并勘定卓吾一派人矣。然正未可以邪慝议伊川也。"（《邹守益集》卷二十七，页1401）笔者认为，沈佳所记当出自《奠徽国朱文公文》。然其所记有误，如将东廓梦朱子年龄写为七十岁，以此认为东廓晚年服膺朱子，并发"朱、王原无同异"之论。沈佳宗朱子学，故有是见。

[2]　东廓对于良知本体之自主性、创造性、当下活泼呈现之意涵的论说相当多，如言："良知之本体，至虚至灵，至清至明者也。故其妙用之运行，事亲而能孝，从兄而能弟，交友而能信，联族而能惠，处乡而能和。"（《赠程郑二生》，《邹守益集》卷二，页42）"良知之明……常寂常感，常神常化，常虚常直，常大公常顺应。"（《阳明先生文录序》，《邹守益集》卷二，页40）"自快其良知……夫是之谓自信之学。"（《毁誉篇》，《邹守益集》卷二，页67）

适而上遂"[1]的王畿加以比较以说明之。王畿是王门诸子中难得一见的高才。早在嘉靖三年王畿二十六岁时,他通过短暂的静修而悟得心体,以后工夫以保任为主。故王畿立说每从致良知教的圆熟境界立根:良知本体为无执无滞,与本体相应,致知工夫便是"无工夫"的"见在良知"说。[2]其工夫内涵在于:由"信得及良知"的强大信力而带动起雄健的道德主宰力,当下彻底扫荡经验层面欲根习心、知解意识的束缚,将全副精神专注把持于心体将动之初的"几微",当意念稍有偏离心体而欲流于私欲、知解的倾向时,便立刻纠正之,从而始终安立于良知心体,此为"端本澄源第一义"[3]之功。见在良知的工夫要点也是其难点在于,须始终发挥"先天正心"的道德主宰力,所谓"时时保守此一念",[4]故欲根习心不待后天对治而自然消融于良知心体,犹如"太阳一出而魍魉潜消"。[5]因其不待经验人为的后天把持之力,故可谓之"无工夫中真工夫"。[6]根本上,本体之"无"、工夫之"无"与"心意知物"之"四无"一以贯之,始终直接彰显先天本心的道德主宰力,用以理化欲的方式消解了天理人欲的二元对反,确乎为阳明教法的向上一机,彰显出更强烈的道德意识,也是要求更高的工夫历程。故阳明在天泉证道时对王畿说:"汝中见得此意,只好默默自修,不可执以接人。上根之人,世亦难遇",[7]王畿自己亦说:"先天统后天,上根之器也"。[8]

故此上根之器的教法并不相应于东廓等大多数阳明后学。黄宗羲云:"越中流弊错出,挟师说以杜学者之口,而江右独能破之,阳明之道赖以不坠。"[9]在他看来,包括东廓在内的江右诸子于王畿之说持截然对立、驳斥的态度。其实不然。因王畿最能发挥阳明思想的最高宗旨,故江右一传弟子中,邹东廓、欧阳德、陈九川、罗洪先都曾受过王畿的指点和启发,邹东廓、欧阳德、陈九川等人对见在良知说的基本义理亦能认同。东廓对王畿之学

[1]　按"调适上遂"为牟宗三先生对王龙溪和罗近溪的评价,见氏著:《从陆象山到刘蕺山》,页211。

[2]　见在良知说的相关研究,见彭国翔:《良知学的展开——王龙溪与中晚明的阳明学》,页144;林月惠:《王龙溪"见在良知"释疑》,收入氏著:《诠释与工夫:宋明理学的超越蕲向与内在辩证》(台北:"中央研究院"中国文哲研究所,2012年),页210—216;拙作《"见在良知"说的核心焦点与体认维度》,《中山大学学报》2015年第2期,页121—131。

[3]　《答李渐庵·一》,《王畿集》卷十一,页271。

[4]　《桐川会约》,《王畿集》卷二,页53。

[5]　《闻讲书院会语》,《王畿集》卷一,页6。

[6]　《与存斋徐子问答》,《王畿集》卷六,页146。

[7]　《年谱三》,《王阳明全集》,卷三十五,页1306。

[8]　《答冯纬川》,《王畿集》卷十,页243。

[9]　黄宗羲:《江右王门学案序》,《明儒学案》卷十六,页331。

基本持肯定态度,其谓:"汝中兄,同志之隽,所得最深","(王畿)发明师门灵明一脉,可谓恳到。"[1] 只不过东廓等江右诸子未全盘接受王畿的主张。在东廓对良知本体的界定中,绝无王畿所谓"不学不虑、神感神应"这类偏于"无"的说法,而更偏重突出良知之为道德内容的实有义、规范义,以及道德实践的严肃性。在工夫论上,东廓亦反对忽略工夫的倾向,其谓:

> 年来一种高妙,开口谈不思不勉、从容中道精蕴,却怕戒惧拘束,如流落三家村里,争描画宗庙之美、百官之富,于自家受用无丝毫干涉。[2]

这未必是直接针对王畿本人,而是批评不善会王畿"无工夫"之旨而导致的流弊。故东廓言:

> 学者从明德本明处时时充拓,如火燃泉达,真机勃勃。平日气禀偏重,俗态胶固,猛自克治,不敢轻易放过,方是致良知朴朴实实课程,不落虚见浮说。[3]

"明德本明处"指良知心体,"时时充拓"即充养本体的正面工夫,此与王畿见在良知说"时时保守此一念"的内容一致,故东廓也称其戒惧之学为"端本澄源之学"。[4] 所不同的是,东廓认为,现实层面气禀物欲之私"俗态胶固"的强大力量,使吾人陷于其中而不自知,故而在彰显道德主体性和积极意义的同时,还须始终保持对私欲的惺惺警惕,须"猛自克制,不敢轻易放过"。简言之,就工夫内容而言,王畿见在良知说为全然彰显良知的当下"一念灵明",是以理化欲的正面工夫;东廓的戒惧说则是充拓良知的正面工夫与克除私欲的负面工夫同时并重,并特别强调做工夫之必要性,强调"先言戒惧,后言中和。中和自用功中复得来,非指见成的",[5] 言本体必与工夫相连,甚至言境界亦必有工夫之为保障:"三千三百只从戒惧真体流出"。[6] 总之,戒惧之内容于本体、工夫、境界一以贯之,而阳明、王畿言良知之"无"的熟化境界,在东廓那里是鲜有提及的。

再从工夫进路来看,研究者一般都以阳明天泉证道所指示的"即本体以为工夫"与"用工夫以复本体"两大进路来分判阳明后学:王畿、王艮、罗汝

---

[1]　以上引文分别见:《复戚司谏秀夫》,《邹守益集》卷一〇,页 499。《简贺义卿·五》,《邹守益集》卷一三,页 635。

[2]　《冲玄录》,《邹守益集》卷一五,页 743。

[3]　《同志请书》,《邹守益集》卷一六,页 779。

[4]　《寿莲坪甘郡侯先生七十序》,《邹守益集》卷三,页 131。

[5]　《复高仰之诸友》,《邹守益集》卷一一,页 549。

[6]　《龙华会语》,《邹守益集》卷一五,页 731。

芳等属于前者，为顿法；钱德洪、邹东廓、聂豹、罗洪先等属于后者，为渐法。这两条进路只是一个大致的分判，并非截然对立，顿悟之后，还须渐修以保任；渐修至久，则有顿悟之机。王畿曾依"悟"与"修"各有顿渐两种形态而将致良知之工夫类型区分更细：

> 本体有顿悟，有渐悟；工夫有顿修，有渐修。万握丝头，一齐斩断，此顿法也。芽苗增长，驯至秀实，此渐法也。或悟中有修，或修中有悟，或顿中有渐，或渐中有顿，存乎根器之有利钝。及其成功一也。[1]

王畿之说显然有取于佛教对工夫类型的顿渐之分判。[2] 儒家工夫内容固然与佛家不同，顿渐形式则有相似性。就致良知工夫而言，"悟"是指对心体的觉解，顿悟是当下对心体即能觉解，渐悟则是对心体须有一个渐渐了悟的过程；"修"是指实证心体的工夫，顿修指工夫当下即是心体之呈现，渐修指心体之呈现须经历一个修养历程。悟、修、顿、渐根据学者的不同资质而形成不同的组合，构成阳明后学致知工夫分化的多种形态。

就东廓的工夫路径而言，东廓有"戒惧于事、戒惧于念、戒惧于本体"的三层次论说。东廓早年的戒惧于事为、念虑都非直接著力于心体，均为渐悟渐修一路。嘉靖七年，他在王门同道的启发下醒悟到戒惧于良知本体方为究竟工夫。然东廓的工夫进路与王畿之"觌体承当""一了百当"[3]的顿悟顿修路径不同，也不同于罗洪先通过长年静坐而获得证体的冥契经验，他的工夫进路在阳明后学中更具典型意义：在立根心体这一王门同道公认的究竟工夫进路的前提下，东廓更重视后天的经验意识偏离于先天的心体也即经验意识与良知心体不一致之可能，因此他认为须扫荡私欲以复本体，需要一段工夫历程才能使心体完整呈露，故其工夫进路为顿悟渐修。他更强调渐修而致良知、体现于人伦日用间的戒惧实功，重视扫荡私欲的工夫历程以"复"本体，故常以"瑟僴之学"[4]申明其顿悟渐修的工夫特色。江右罗洪先在给东廓七十寿辰的贺诗中称赞云："惩彼尚自然，戒惧为之防。人慕超顿法，已诵瑟僴章"，[5]一语道出东廓的工夫主旨：反对"自然"的超顿之

---

[1] 《留都会纪》，《王畿集》卷四，页89。

[2] 华严宗五祖宗密将"悟"分为解悟、证悟二义，将"修"分为随相、离相二义，以此将工夫类型分为顿悟渐修、渐修顿悟、顿修渐悟、渐悟渐修、先悟后修之顿悟顿修、先修后悟之顿悟顿修、修悟一时之顿悟顿修等多种。详见宗密：《圆觉经大疏》卷二、《圆觉经大疏钞》卷三，《大藏新纂卍续藏经》（台北白马精舍印经会印），9册。

[3] 以上引文分别见王畿：《答谭二华》，《王畿集》卷十，页269；《三山丽泽录》，《王畿集》卷一，页10。

[4] 《复濮致昭冬卿》，《邹守益集》卷一一，页537。

[5] 《邹东廓先生七十》，雍正本《念庵文集》卷十九，页425。

法,强调兢业谨慎之功为不可或缺的修养工夫历程。"超顿"与"瑟僩"的对举,表明"瑟僩"意味着不同于见在良知说顿修进路的渐修法门。东廓所谓"战战兢兢,临渊履冰,以研皭皭一脉","庸德之信,庸言之谨,兢业不肯放过",[1]均显其渐修之风格。有趣的是,相比于王畿喜以孔门颜回之功比喻见在良知说,东廓戒惧说的确有孔门曾参"战战兢兢,如临深渊,如履薄冰"(《论语·泰伯》)之风。故在当时,同门对东廓即有"师门已共推曾子,函下谁当像伯淳"[2]之喻,唐君毅先生亦称东廓之学"与孔门曾子之学最近"。[3] 东廓自身的工夫历程,由最初的理欲交战转为克治私欲为主的负面工夫,再转为心体做得主宰的正面工夫,进而在心性隐微处更深入地反省,终于在嘉靖三十年于武功山避暑期间默识心体,为其戒惧工夫及境界的突破性提升。其为学经历提供了致良知渐修工夫形态的又一例证。

推广一步,顿悟渐修(渐中第一义工夫)非但为东廓所主张,江右王门一传弟子当中,欧阳德之"循良知"、陈九川之"知几"、聂豹之"归寂"、罗洪先之"收摄保聚",虽工夫名目和内容各异,然均是著力于心体的第一义工夫,同时他们也都重视对人欲之私、气习之类的防治,强调工夫之必要性,故同属顿悟渐修进路。换言之,在阳明学者以追求立根于心体的究竟工夫为共识的前提下,王畿的高明一路并不适合大多数学者,而顿悟渐修结合了著力于心体和复本体两种优长,扩充良知与克制私欲并重,用东廓的话说:"诚与思诚,只是一诚……率与修之非二功",[4]诚与思诚、率性与修道、性之与反之兼具,比王畿的高明一路更见平实,适合绝大多数普通学者。而在同属顿悟渐修进路的学者中,东廓主张在人伦日用间做戒惧实功,在庸德庸言中体认高明,这是对阳明致良知工夫进路笃实一面的继承,具有适合大多数学子的典型性,也是他被推为王学正传的一个重要原因。张学智先生认为"得阳明一贯之旨、平实功夫者,以邹守益为最",[5]确为的论。

三、学术价值

邹东廓并不是一个著述宏富、思想体系博大的思想家,就其发挥最多的戒惧说而言,既不像王畿之学那样善于精微地发挥阳明学旨,亦不像聂豹之

---

[1]　以上引文分别见:《阳明先生书院记》,《邹守益集》卷七,页 380;《龙华会语》,《邹守益集》卷一五,页 731。

[2]　邹德涵:《文庄府君行略》,《邹守益集》卷二七,页 1366。

[3]　唐君毅:《中国哲学原论·原教篇》,页 384。

[4]　《答余相之》,《邹守益集》卷一〇,页 518。

[5]　张学智:《明代哲学史》(北京:北京大学出版社,2000 年),页 164。

学那样特立独行、自成一家。且东廓思想定型较早，自嘉靖七年确立戒惧于本体的为学宗旨以来，此后思想无大改变。可以说，其思想基本上是对阳明平实教法的继承，乏新可陈。然而今人所论其"平实地继承阳明之学"，在王门同道那里却是一个极高的评价。迨至晚明思想家纷纷批评王学末流之弊时，刘蕺山、黄宗羲更将以东廓为首的江右王学视为正宗。刘蕺山谓：

> 东廓以独知为良知，以戒惧慎独为致良知之功，此是师门本旨，而学焉者失之，浸流入猖狂一路。惟东廓斤斤以身体之，便将此意做实落工夫，卓然守圣矩，无少畔援。诸所论著，皆不落他人训诂良知窠臼，先生之教率赖以不敝，可谓有功师门矣。后来念庵收摄保任之说，实溯诸此。[1]

黄宗羲追随师说，将邹东廓戒惧之说、罗洪先主静之学一同视为王学正传，并尤其推崇东廓之学："阳明之没，不失其传者，不得不以先生（按，指东廓）为宗子也。"[2] 盖罗洪先之主静、收摄保聚说不免有道教色彩，蕺山甚至认为罗洪先的收摄保聚说实际上源自东廓的戒惧说。因为收摄保聚与戒惧工夫都是著力于心体并谨慎把持的工夫，工夫内容几乎一致；且收摄保聚说发自罗洪先晚年，时间在东廓戒惧说之后，二人又交往密切，罗洪先受东廓之学的启发是有可能的。总而言之，蕺山、黄宗羲都认为，东廓之学最得阳明正传。如前所述，现代学界不乏持此传统说法者，如：侯外庐认为东廓的特色为"信守师说"，得王学正传。蔡仁厚将江右的邹东廓、欧阳南野、陈明水三人判为阳明嫡传，东廓更是"王学宗子"。陈来先生以邹东廓为保守阳明正传的正统派代表。那么，应当如何看待这些评价？如何全面看待东廓之学的意义？

首先，就东廓戒惧说的工夫特点而言，平和笃实，强调践履工夫之必要，其学理之正统性以及救弊补偏之功，对弘扬阳明思想之真义实有功焉，这是学界视之为正传的基本原因。东廓戒惧说的工夫进路，强调在立根于心体的基础上贯彻上下内外，强调工夫实践的严肃性和必要性。其规定良知之至善、规矩、帝规帝矩、精明等义，偏重言良知"超越性之有"的面向，彰显良知之为道德实践最高目标所具有的内在严格性和践履工夫之必要性。其工夫内容兼该体用内外，由形上本体下贯形下日用，正面充拓德性与负面防范气禀私欲一体两面并行不悖。凡此，既不失阳明思想之精义，又是对阳明致

---

[1]　黄宗羲：《明儒学案·师说》，页8。
[2]　黄宗羲：《邹东廓本传》，《明儒学案》卷十六，页332。唐君毅先生亦认为黄宗羲对东廓尤其推崇："梨洲谓阳明之学江右最得其传。其所指者，则在邹东廓与罗念庵，于东廓尤称道。"见氏著：《中国哲学原论·原教篇》，页382。

良知教笃实一面的继承。在阳明后学分化变异、脱略工夫之弊流行之时，东廓对某些王门后学的工夫之偏弊予以纠正。《东廓邹先生传》载：

> 晚近承学，有以纵任为性体自然者，先生肫肫焉申戒谨恐惧旨，明自强不息为真性，盖惧后之流于荡而约之于独知也。有以寂静方为知体之良者，先生肫肫焉示天运川流之几，明寂感动静无二界，盖惧后之倚于内而一之于独知也。又有以学从无极悟入方透向上一机者，先生肫肫焉揭庸言庸行，明下学上达无二途辙，盖惧后之离而流于邪而实之，必物格知乃致也。凡以弘师旨之传，广与人为善之量者，心独苦矣。[1]

"以纵任为性体自然者"指主张"良知自然现成"的泰州之学，东廓申严谨工夫而戒其流荡；"以寂静方为知体之良者"指以聂豹为代表的归寂说，东廓申工夫无分于寂感动静之旨而戒其偏重内守之弊；"以学从无极悟入方透向上一机者"指以王畿为代表的"四无论"，东廓申论应实用其力于人伦日用而与佛道二教相区别。凡此皆"弘师旨之传"，用心良苦。不仅如此，东廓作为江右王学的领军人物，在讲会中也力倡实学工夫。邹德涵记述嘉靖二十七年青原山讲会事云：

> 岁戊申，往青原山，聚九邑大夫士为会，凡几千人。时方竞谈玄虚，府君（按，指东廓）曰："即事即心，吾安知洒扫应对之外有形而上者乎？《中庸》三言微显，卒未有离显以谈微者，而今言微之微，何也？先师格物之说在耳，诸君其何忍背之？"自是学者不敢谈玄虚。[2]

以此可见，东廓对江右王学及讲会的笃实风格实有影响。[3] 逮至晚明王学流弊日盛，如刘蕺山所论："今天下争言良知矣，及其弊也，猖狂者参之以情识，而一是皆良；超洁者荡之以玄虚，而夷良于贼。"[4] "猖狂者参之以情识"指泰州王艮一系后学，"超洁者荡之以玄虚"指浙中王畿一系后学，相比之下东廓等江右诸子则以强调笃实工夫而赢得了敬意。

其次，从江右王学到蕺山之学，工夫风格和致思理路具有某种内在一致性，这是刘蕺山、黄宗羲将东廓为首的江右诸子视为王学正传的另一学理因素。黄宗羲不仅将东廓视作王门宗子，还将江右王学一系视为王学正传：

---

[1]　耿定向：《东廓邹先生传》，《邹守益集》卷二七，页1392。
[2]　邹德涵：《文庄府君传》，《邹守益集》卷二七，页1364。
[3]　关于江右王学的讲会风格见吕妙芬：《阳明学士人社群：历史、思想与实践》第九章，页369—416。
[4]　刘宗周：《证学杂解》二十五，《刘宗周全集》第二册，页278。

姚江之学，惟江右为得其传，东廓、念庵、两峰、双江其选也。再传而为塘南、思默，皆能推原阳明未尽之旨，是时越中流弊错出，挟师说以杜学者之口，而江右独能破之，阳明之道赖以不坠。[1]

客观来说，蕺山师徒对泰州、越中后学流弊的极力驳斥，实以"人病"而牵及于"法"，尤其对王畿之于阳明学向上一机的发挥未能善会，故其独以江右王学为宗子的评价并不客观全面。再则，以上黄宗羲所列的江右诸子，其学旨各有不同，尤其聂豹之学实与阳明致思理路相异，刘文敏晚年亦信之，将二人称为得王学正传，不免过甚其辞。笔者认为，蕺山师徒称道江右诸子的原因有二：一是如张学智先生所论，江右诸子"其间学术宗旨颇不一致，但大体倾向笃实用功，主张良知经锻炼后方可恃任，较少就王龙溪高明卓绝一路"，[2]可救王学流弊。其中邹东廓之学更显平正笃实，故蕺山师徒于江右诸子中最推崇东廓。二是在工夫进路上，江右诸子与蕺山之学具有内在一致性。蕺山以"意"为核心的慎独之学的建构，与江右诸子虽无直接的思想渊源，然邹东廓之"戒惧"、聂豹之"归寂"、刘文敏之"默坐反观"、罗洪先之"收摄保聚"、王时槐之"透性研几"、万廷言之"静摄默识"，均属收摄心体、笃实用功一路。此超越性、笃实性进路到蕺山那里达到了高峰，归显于密，建立了精密完整的心性理论体系和工夫方法。这应是江右王学受其表彰的重要原因。其中邹东廓与罗洪先之学的工夫著力点、由上彻下的路径、严密谨慎的工夫风格都有类于蕺山，故二人独得蕺山表彰，被其视为王学正传。尤其东廓的戒惧说，对本体之主宰义和工夫之严肃义的彰显，与蕺山的诚意慎独之学联结更密。劳思光谓东廓思想"与蕺山立说宗旨有关，黄宗羲宗蕺山'诚意'之说，而东廓之戒慎恐惧或慎独，亦是重'意'之发用前工夫。此处固属直接契合也"。[3] 可以说，东廓的戒惧说为刘蕺山修正心学提供了基础。

再次，就社会实践而言，东廓推动讲会、乡族实践等活动可谓实践阳明学"万物一体之实学"的典范，其学行是实践儒学真精神的典范。阳明学具有强烈的实践指向，在现实体制中实现"天下为一身"的"亲民"理想一直为阳明及其弟子所重视，阳明本人主政江西期间的政治军事功绩即是万物一体之学的真实体现。故王畿谓"阳明夫子生平德业著于江右最盛"，[4]黄

---

［1］ 黄宗羲：《江右王门学案序》，《明儒学案》卷十六，页331。

［2］ 张学智：《江右王门的儒学思想》，《中国儒学史·明代卷》(北京：北京大学出版社，2011年)，页245。

［3］ 劳思光：《后期理论之兴起及完成》，《新编中国哲学史》(卷三上)，页459—460。

［4］ 《漫语赠韩天叙分教安成》，《王畿集》卷十六，页467。

宗羲谓"盖阳明一生精神，俱在江右"，[1]都肯定阳明学注重事功之一面。阳明无疑为江右诸子树立了典范，以万物一体之精神推动讲会、参与乡族建设成为江右诸子的共识。而在江右诸子中，邹东廓参与讲会、乡族实践之活动最多，推动之力最大。其"学不离事，事不离学"[2]的宗旨对于江右尤其是吉安王学的社会关怀面向实有带动之力，在王学深入地域社会传播的过程中起到了至关重要的表率作用。以往学界对东廓的社会实践活动关注甚少，然而东廓于此用力实多，颇见精彩，这也是他获得明代学者推崇的一大原因。

综上所述，东廓之学行可用"敦于实行"[3]来概括，他也是阳明学在江右地域开展的一个缩影：他的良知学思想是对阳明平实教法的遵循，他"无一日众不与聚"的讲学推动了阳明学在江右地域的深入传播，他与江右诸子的化乡实践则是良知学精神和理想的落实。凡此，皆如他所说："不堕支节，不骛高远，平平荡荡，就人伦日用间实用其力"，"实地工夫，只从孝弟真切处学……从此充拓将去，便是中和位育之道。"[4]故而，他的坚守师说是对阳明学整体精神的继承，同时也是儒学真精神的彰显，这正是东廓之学平实背后的不平实处。此外就个人气象而言，邹东廓其人"宽弘博厚"，[5]为世仪表，孙奇逢谓"文成门人，品行议论醇乎不杂者，必以公为第一"。[6] 凡此皆合古儒品题人物之准则，故王学宗子之称，东廓可当之矣。

最后简单谈谈古今学者对东廓之关注与评价差异甚大的原因，以及东廓之学的当代意义。首先，就学术思想而言，若以现代学术追求创新的标准看，东廓不免因对阳明思想的全面信从而看似丧失了自身的独特性，乏新可陈。故现代学界对他关注不多，而往往聚焦于王畿、王艮、聂豹等思想有创新的阳明后学。然王门同道所论东廓"一惟师说之守"、"谨守家法"、[7]"不能增一新谛、特标一异帜"[8]的平正笃实特色，在当时的语境中，却是对"良知之传得赖以不坠者"[9]的称颂之辞。因为"守旧（道）"、"不违如

---

[1]　黄宗羲：《江右王门学案序》，《明儒学案》卷十六，页331。

[2]　《寄季子善·四》，《邹守益集》卷一三，页660。

[3]　《读胡伯行行实》，《邹守益集》卷一八，页882。

[4]　以上引文分别见：《答徐子弼》，《邹守益集》卷一〇，页509；《濮致昭录会语》，《邹守益集》卷一六，页773。

[5]　按此是阳明评价东廓之语，见陈九川：《寿大司成东廓邹公七十序》，《邹守益集》卷二七，页1410。

[6]　沈佳：《明儒言行录》（收入《景印文渊阁四库全书·史部》458册），卷八，页893。

[7]　以上引文分别见王畿：《邹东廓先生续摘稿序》，《邹守益集》卷二七，页1348、1349。

[8]　耿定向：《东廓邹先生传》，《邹守益集》卷二七，页1391。

[9]　宋仪望：《寿大司成东廓邹公七十序》，《邹守益集》卷二七，页1411。

愚"恰是古典学术所推崇的尊经守道的立场。其次,就东廓的实践之功而言,无论是工夫践履之笃实,还是社会实践之实行,均体现了对阳明实学精神的继承,也是儒家知行合一传统的注脚。就此而言,连与东廓思想不一致的江右学者聂豹也对他非常称道,并道出了儒者们推重东廓的根本原因:"惟东廓子任道不回,老而弥坚,文章道德,岿然负重望,人咸以今之颜子称之,非过也。""士能以身任师道之重……我师阳明之后,惟司成东廓邹公一人耳。"[1]然而,儒家最为重视的任道精神和实践工夫,却在现代学术研究中缺位,缺少现代性的阐发与转化。因此,东廓之学的启示在于,当代儒学的复兴应当以儒家的传道、实践之传统,作为儒学返本开新之基础。本书收笔之际,愿以东廓先生在连山书屋读乡约、勉诸生的一首诗,表达本人心目中儒学在当代复兴的愿景与使命:

　　　万物谁能备一身? 直从讲学识天真。蓝田会得程门脉,散作乡邻
　　次第春。[2]

---

[1]　以上引文分别见聂豹:《复古书院记》,《聂豹集》卷五,页 134;《大司成东廓邹公七十寿序》,《聂豹集》卷十三,页 519。

[2]　《连山书屋温乡约简诸生·一》,《邹守益集》卷二六,页 1298。

附录：《澈源邹氏七修族谱》
人物传记选录[1]

邹 义 传 记

明故承直郎顺天别驾里泉邹先生墓志铭
何子寿

　　嘉靖丁未之岁，余为弟子员，时闻国学中有乡进士曰邹里泉先生，吉之安成人也，家世《春秋》，理学渊源，遂偕宋子瀛登、徐子维楫、王子泽、魏子济民、王子德卿、从仁辈往执经门下。先生发孔氏心传、文定要旨，若孔、胡面命焉。余辈各取足分，得先后登第。虽至不才如子寿，亦策明廷。夙夜图维，得叨一职江右，当与先生握手尽弟子礼，至愿也。及衔命理厂事，而先生捐馆于京兆矣。予奔趋哭灵，怆不自胜，私计曰："何以报先生与？"岁甲戌，承乏分守湖西，得至安成，为文以奠。毕，诸孤茕茕奉状请曰："丐一言以垂不朽。"呜呼！予恶能志先生哉！予恶敢不志先生哉！

　　按状：先生讳义，字敬甫，里泉其别号也。为大司成赠礼部右侍郎谥文庄公之冢嗣。系出幽州范阳。后自宜黄徙永丰，永丰徙居安成之城冈。传二世，讳思贞，因红巾之乱，为乡里所推，有保障功。入国朝，讳克修，徙居澈源，渐以儒学起家。曾祖毅轩，讳思杰，隐德弗仕。至祖易斋大夫，讳贤，弘治丙辰进士，历官福建佥事。父即文庄公，讳守益，辛未会试第一，廷试第三，自编修至国子祭酒，殁，得赠赐谥。

　　[1]　安福县邹氏后人收藏的《澈源邹氏七修族谱》（民国六年修）第八卷中，收录有数十种邹氏子孙的行状、碑铭，大都未载于行世之文献中，今择其有价值者编校整理。本文献原以《〈澈源邹氏七修族谱〉所载邹守益子孙传记》《〈澈源邹氏七修族谱〉所载邹守益子孙传记（续）》为题，分别刊登于《广西大学学报》2017年第4期（页7—17）、第5期（页1—10），收入本书时，文字及句读又加修订。

先生颖敏魁梧,儿五岁时,文庄公与客坐,悬像于壁,皆宋代硕儒。公指示曰:"汝何学?"先生欣然手程伯子曰:"吾愿若学也。"座客啧啧称赏。自是日记数千百言。弱冠游黉,即廪食。时有富宦慕名欲妻先生,衾可千金许,辞曰:"我清白世家,可以此溷我乎!"事遂寝。相国徐存斋翁督学江右,试题以"喜怒哀乐未发气象",先生发明精奥,大出人表。翁得卷,手之不释,遂置诸首,谓文庄公曰:"大郎不惟礼闱步公武,即理学心印有属矣。"

嘉靖癸卯领乡荐。甲辰上春官,不偶。暨丁未,就国学肄业。先生遂摅所蕴,拥皋比讲《麟经》,凛凛有横渠氏之风,豪杰并起从游。余亦忘驽钝,篝灯随诸公后。先生阐发,皆文庄公授受之旨。侪辈咸虚往实归,出此以取青紫,而其忠君爱国之心,油然于亲炙之际。予辈出而不敢负官箴者,皆奉先生教也。先生作成人才之功,岂浅浅哉!

归,值乡邑荐饥,先生相文庄公出粟粥以济,民之赖以活者千计。庚戌,复上春官,中式三百名内,竟为数所限,落孙山外。有媒先生利鬻选者,先生奋然曰:"吾非不能第者,纵不第,敢以利而玷吾家声乎?宁弗仕也!"当时重显莫如分宜相,竞进者鲜不腼涊依阿,相与缔婚媾。慕先生家名,亦欲托茑萝,先生拒而不应,兹所以累淹骥足也。然连城不售,金玉愈润,毫无愠色。归,读书讲学,内随文庄公于复古、复真、乐安、宜黄之间,切磋惜阴之会;外师南野欧宗伯于青原、白鹭之渚,研究绍兴之旨,充然有得,超乎富贵利达之外。性好施予,宏博济,遇阽湿则墅之,遇小水则桥之,遇大水则又桥之,不吝费。曰大陂,曰高桥,有成绩焉。由袁抵安成,至今免泥淖望洋之叹矣。

岁壬戌,丁文庄公艰,疾则侍,丧则毁,葬则备,罔不协礼。

服阕抵京,徐相国曰:"以子之才之学,取科第若承蜩耳。而竟二十余年不第者,数也。"先生唯唯。遂俛受顺天通判。莅政,秉公持正,不逾月,政声藉藉,权贵敛迹。

时公帑匮乏,州邑苦吏朘而愈通,先生奉职以催,悉蠲其廪给供应,民皆牛车负担以输。常过一州,守以美舆进,先生责吏而还之。宿一内侍,内侍以美床进,先生趋而避之。繇是人辈不敢干以私。抚按怜其才能,托以耳目焉。府尹任公仕凭曰:"别驾邹公殆奉若翁教以周旋者也,真肖子也哉!"政暇,则与国博寿轩贡公诸君子聚讲于极乐萧刹,一时京师缙绅学士咸勃勃而景仰焉。属有北人入贡,当解之归,人多畏行。先生曰:"王事靡盬,不遑启处,敢惮劳乎!"遂行,返则寝疾以卒。盖计之则五月京兆也,而功则倍赵张矣。士民无不悼惜,惜其来之晚而天夺之速,各为位以奠焉。

呜呼!先生负纯粹之资,抱经济之才,扩金宪公之仁爱,邃文庄公之理学,孝友出于天性,公物形诸实践,淹古今之学而不见其不足,友天下之士而不见其有余，乃官不满于五品，禄止食于五月，年仅逾于五十，何天丰其德而禄与寿不称德耶！苏子曰："公之所能者，天也；其所不能者，人也。"殆先生之谓与！予沐先生赐深，不得握手尽弟子礼，敢不拭泪以为先生志！

先生生于正德甲戌八月二十八，卒于嘉靖丙寅八月二十九，享年五十有三。

配庐陵黄氏，御史公国用淑媛也，前先生三年卒。有幽闲温柔之德，相先生，内助居多。

子四，俱庠生：长德源，娶庐陵黄氏，同知时康公女；次德浚，娶赵氏，庄靖公璜孙国子生枢公女；三德温，娶彭氏，文宪公时倳理问德光公女；四德治，娶庐陵段氏，知县求本公女。

女三：长适王庄简公学夔孙国子生如祖，次适王副都御史公士翘男国子生存瑞，三适欧阳宪副公谷男国子生筲。

孙十：主、高、京、立、唐、音、言、廉、庠、序。孙女三。娶聘皆名族。

戊辰冬，诸孤卜葬于本都之城冈，钩形，负甲趾庚。襄事毕，予后哭先生于墓，遂还署，谨按先生弟善状而为之铭云。铭曰：

丹山起凤，阿阁游麟。凤毛麟趾，翔翔振振。连城千亿，莫售帝京。五月京兆，赵良张循。英才乐育，遐不作人。德承先代，庆裕后昆。我志其状，昔出其门。匪言之谀，知德之深。城冈郁郁，洋陂瀛瀛。春秋窀岁，万古攸征。

赐进士第、通奉大夫、江西布政司右布政使，门生何子寿撰。

邹 美 传 记

明乡进士昌泉邹公圹志

邹 善

兄讳美，字信甫，别号昌泉，江西安福县人。考东廓府君讳守益，南京国子监祭酒。母王氏，封宜人，赠淑人。继母李氏，封恭人，加封淑人。祖考易斋府君讳贤，福建按察司佥事。祖母周氏，封孺人，赠宜人。生正德丙子正月四日亥时，卒嘉靖乙丑九月二日申时，享年五十。

戊午，以贡元入京。辛酉，中顺天乡试。初娶蒙冈王氏，御史文公之女。继娶横隆周氏，祥炘公之女。子男三：德泳、德洙、德澡。女四：长适小车刘梦恭，次适山舍刘逊，次适松田彭维绳，幼适金溪彭雏。以嘉靖乙丑十二月癸酉祔葬二都双江口旗上虎形,祖易斋府君之右,未坤山,丑艮向。

呜呼! 吾其忍志兄圹耶! 兄为诗文,尚奇思,试辄首选,晚更就纯正,知文者以为工。为人笃于孝,勇于义。初尚气概,众莫能挠。晚更就义理,知人者以为善变。其为学始于精思,既又以为学尚行,不屑屑于思,晚更汲汲以为斯道无穷,吾学亦无穷,期与同志日求缵先公之绪,深造而未已也,而竟止于此,悲夫! 吾兄见其进,未见其止,天其不欲昌吾家而助吾学耶? 何厚其资、伟其志而竟弗克永其年耶? 含泪志于圹中,尚俟大雅君子为之铭云。

赐进士出身、刑部陕西司郎中奉敕审录湖广,弟善谨志。

明故乡进士今赠中宪大夫太常寺少卿昌泉府君行实

邹德泳

天乎伤哉,泳不得比于人矣! 父殁而不获送于易箦也,葬而不知封与树之所从也,即地下片碣,迄今阙然,泳何得复比于人哉! 则常于贞母朝夕号恸、呼天自语者,窃泣而节记其略:

府君讳美,字信甫。父文庄公,母王淑人。而京兆别驾、方伯二公,其兄弟也。一日,三人侍,会冬寒,拥炉煨栗,祖问以所志,则当先对曰:"儿愿为文山。"祖大喜,以为天将以忠义昌我后也。至论世俗怙势奔利,则怫然动色曰:"非儿所愿闻。"已,补弟子员,则矢心自负曰:"使我得当以报朝廷,讵为某子甲、某子乙局促容与苟升斗为?"会刘忠愍之后有奴产子跳梁犯上,则首义亟为正法,其人倚富,纵千金行诸缙绅门乞命,而父独不回也,曰:"吾恨不手磔之以谢忠愍!"时诸生少读《史》《汉》,父独淹贯,恒以论策场冠军。徐文贞督学,得父卷,手署第一,曰:"此必有家学禀承者。"拆卷见父名,寄语我祖曰:"翁善教子,我善知人。"世艳而传之。有上官诣文庙行香,父辄自请赞礼,冀得以规其行礼之得失。讲书则必未[1]及时事,而阴以规当事之疵,气色激昂,反复致意,观者至吐舌不能下。廪食二十余年,一务陈纲立纪,每遇大事,即慷慨不反顾,巨细兴革,人莫敢挠。而其经画周详,善始善终,即理亦自不能挠也。初娶母王氏,为柱史两涯公女。两涯公殁,无后,族人欲裂其产瓜取之,顾独惮府君,以基宇一所塞府君,曰:"即不立后,吾属以此赠矣。"府君毅然不可,竟持立后议,盖与王氏郤自此始。

文庄公名重天下,海内名公无不枉驾来学者,悉令府君主之。府君间发所未发,为诸名公所重。甘泉先生一枉复古,府君心折之,送至五云,握手别曰:"勉之! 令先公学脉今在子矣。"与太平讷溪公复古同卧起,久之,交如骨

---

[1] "未",疑为"末"之误。

肉。他如念庵、晴川、近溪、庐山诸先生，往复谈学，缄札盈笥，诸老皆倚为益友。文庄公常往拜王文成墓下，时浙抚胡默林公以门人延讲天真书院，则府君从焉。默林公授旨中军官向府君以千金居间，竟不许，为默林公心重。临别，则赠以十金、倭剑一口，且笑吟曰："十年磨一剑，霜刃未曾试。今日把似君，谁有不平事。"盖期府[1]君如此。

文庄祖之学一依于仁，如周族、赡亲、恤贫等事，不啻痌瘝切身，府君仿其意而私加笃焉。府君年四十，未有子，会王母谢世，始取吾母。吾母益损其簪珥以佐府君施舍。嘉靖乙卯，吾母始举一子，而又不育。府君之施舍益不倦，如建桥平路、施槥收骼，行益力。明年，始举不孝。文庄公喜而示曰："汝多行善事，此天所以报也。"今手笔具在。

明年，始以贡入京，廷试第一。时徐文贞地望已高，欲令府君授官，府君坚不可。至辛酉，竟博一捷。归，拜文庄公，喜曰："此益足为行善之征，慎勿倦而。"先是，戊午赴试京闱，则分宜公已在政府矣。分宜公特重文庄公，欲结儿女好，而以内府中书啖府君，使先容，府君竟不报。而辛酉入京，分宜公心嗛嗛，不意其竟自取科名，人以是益重府君。

府君性最孝，而尊祖爱亲尤极恳恳。祖祠器品或未备具，茔兆或未修葺，均不难竭己以就。而大岭小岭之间，同方伯叔父各创亭以瞻封茔，往来憩息称便。先王淑人终于留都，府君尝以不得亲于含殓为恨，故其卜兆则竭心力以图之，盖尾虎迹，得一所最善。人以为非纯孝忘躯莫至此。文庄公尝病痔，痔发，辄苦不可忍。府君尝入厕牏侍更，以钩摄通解，乃得快。而巾裙澣涤，虽臧获辈不能比。其终也，以背发，血肉淋漓，府君至不忍视，而口吮之。文庄公病间呓呓称曰"孝子孝子"云。盖皆人所难者，而府君甘之若饴。既殡，痛呼如孺子，涕泪交颐，不肖见未有一夕间也。其谋襄事，则奔驰坑谷，甚于为王淑人者。已从阳氏得一山，又为王氏所争，锐身极辨乃得之。而又为其穴之不定，朝夕独卧荆棘中，侧身而摹，务求其当。及葬，为治任。一日，仓头辈俱去左右，而虎卒然咆哮其侧，竟三匝而去，莫敢近，人以为孝思所驯云。当其未葬也，形家有公位之说，曰："兹城甚佳，将弗利于次。"先公曰："吾求以安吾亲，安论吾身？"果不逾年，而府君逝矣。

府君之逝也，则又以澈源后山故。澈源山从来为本族罗城，因文庄公谢世，王贴恃贵盛及青衿辈众多，一旦以宝一婆为名，集众入境挂扫，而其坟实邻左黄氏宗二公坟也。黄氏明坟、邹氏明山一举而逐之，遂激大衅。而是时别驾伯方宦京邸，次当府君，又次当方伯叔父，而王氏遂以府君为首，上告下

---

[1] "府"，原文误作"庑"，今改。

吁,经年不歇。府君慨然曰:"当吾世,祖宗门户失守,不如死。"会时方盛暑,府君远走浔阳,近奔临江,为白其事,而山竟以全,遂以九月初二竟卒于郡。临卒,但拊膺呼吾儿者三,遂绝。时方伯叔父恸,欲从强起,为府君舁归就殓。周恭人方为不肖梳发,闻变遽堕地,而不肖茫乎无有知也,伤哉!是时不肖才九龄耳。恭人欲绝者数四,为李淑人、陈夫人觉而防之。已,方伯叔父为府君营葬,以《灵棋经》占之,谶曰:"双燕归南国,来寻王谢家。画堂春尽静,于此托生涯。"解者曰:"王谢故家也,而易斋大夫之藏地名顾家。"叔父即手是谶而告吾母曰:"此天意也。"而家众亦无不怜府君之死者,谓无可比例,故特许祔焉。

府君生平气刚而行果,见义不能让人,至举世蓄缩观望不前者,尤毅然必往,以是为人畏服,亦为人忌。假令得尺寸地,致位通显,则侍中之笏可奋,九折之坂可驰,淮南之谋可寝,即文山从容就义,或未多逊,而惜乎仅殉此七尺于族义也,岂不怆哉!德泳上奉母训,幸读父书,微皇华宠命,拜于先垅,恸先德之未扬也,辄衔哀而状于万一,丐有道表而出之,死且不朽。

不孝孤德泳谨状。

明乡进士今赠中宪大夫太常寺少卿昌泉府君墓志铭[1]

王时槐

公讳美,字信甫,姓邹。先世当宋末,天成府君从其伯父瀔起义兵,佐文丞相抗元师。战败,因避居安福之城冈,遂世为吉之安福人。祖讳贤,福建按察司佥事,赠奉政大夫。祖妣周氏,赠宜人。父讳守益,礼闱中式第一,廷试第一甲第三人,历任国子监祭酒,赠礼部右侍郎,谥文庄。母王氏,赠淑人。继母李氏,封恭人,加封淑人。文庄公六子,而其四为王淑人出。长顺天别驾义,三广东右布政使善,而公其仲也。生正德丙子正月四日,殁嘉靖乙丑九月二日,享年五十。墓在大岭虎形山金宪公茔右,以勤族义,破例得祔。娶蒙冈王氏,浙江道御史文公之女。继娶横龙周氏,甫三十而孀,能矢节训孤,以底于成。

子男三:德泳,进士,任行人,娶吴氏,国子祭酒节孙断事缘女,继娶杨梅张氏,荆山彭氏,工部尚书黼之子简较世堪女;德洙,庠生,娶刘氏,左布政使佐男国子生绍藩女;德澡,庠生,娶蒙冈王副使学孔男经历世美女。俱周出。

女四:长适工部尚书谥恭襄刘公丙曾孙梦恭,次适左布政使刘公佃男

[1] 按,此文未收入王时槐行世的各种文集中。

逊，次适大学士谥文宪彭公时元孙寿，幼适大理评事彭公汝贤男雒。俱王出。

孙男十二，孙女三。

公之卒也，其子行人才九龄，弟方伯公仅列其名氏生卒于墓碣，未有铭也。距今二十有三年，而行人以奉命修大臣礼于闽，过家，展墓悲号，始手述公生平大节，委予铭。嗟夫！公抱奇蓄邃，中道而遽折，未获擴发其精光以表见于世，而竟遗未尽于其子，至登巍第，肃将天子使命，乘传衣绣，归拜于墓下。邑中父老咸欣叹，以为天道于公报虽少迟，而竟不爽如是。然则公所自慰于冥漠者，宜如何哉！予于文庄公尝侧承温厉，饫聆提诲，而于公暨其昆弟子姓又皆得追陪清暇，姑切观摩，则予所托道义之知于公者，殆非浅也，乃不愧而竟铭之。

公少有异禀，始就塾，即能自振励，英英出其侪辈。文庄公欲试其志，问曰："孺子异日愿学者何？"对曰："愿学文山先生耳。"比长，益激昂不与俗俛仰，义所不可，即违众独持，侃侃不为变。其学能博综百家，发为文词，闳赡而伟丽，傅中丞亟加赏识。禀食邑庠者二十余年。大学士存斋徐公、中丞敬所王公，皆当时巨人，凤负精鉴，海内士非豪宕拔群，不辄许可。二公先后督学江省，咸雅重公，曰："是将绍隆廓翁家学，不直以词华显也。"

嘉靖丁巳，公以明经举第一，贡入国学。明年秋闱，试不利，将甫还。时元辅以文庄公德誉日尊，欲以子女缔姻，令所知谕指于公，公竟不报。彼其时，干进者即非姻戚，且谬引丝萝，诡附乡旧，以希一盼之遇者何限，矧谕指出元辅？假令公朝应命，夕当沐殊荣必矣。识者以是贤公，皆曰："真廓翁克肖子也。"

外舅两涯公没，无子，族人欲割裂其产，乃以所遗基宇尝公曰："公宜取此，无庸立后也。"公毅然不许，而竟持立后议。尝以经议开馆于邑之北乡，乡族子弟执经受业，却其束脩，乡人称为义馆。

岁乙巳，邑中大饥。设粥分粟，赈活甚众。施槥瘗殍，[1]至捐室中簪珥以佐其费。郊外故冢土崩骼露，岁出粟佣作掩之。乡族无告，割租岁给。而里中积储备歉，虽出文庄公至意，公赞成之力为多。

辛酉，顺天乡闱中式。文庄公贻缄曰："汝兹有遇，殆以能行善事所致，尚益勉之。"公友爱天植，先世祠墓器物必饬，葺理必勤。尝以王淑人终于留都不及侍疾为恨，故于文庄公寝疾，汤药扶侍，躬代臧获之役，执丧哀毁逾常，见者悼恻。而所卜考姚茔兆者，皆任劳遍历，披榛犯险，竟得善地。及治

---

[1]　"殍"，原文误作"莩"，今改。

葬小岭，有虎喷[1]其侧，公不为动，虎徐曳尾而去，人以为孝感云。始未葬，卜者曰："地则吉，第不利次房。"公曰："卜地以安吾亲耳，岂以为吾身谋耶？"葬不逾年，而公果逝。予则谓卜者之偶中耳，世或误以为信，乃有子多兄弟互疑其地，久而不葬其父者，抑何感也！且如公以一念孝诚，不为身谋，而竟以身后之荣贻其子，此其为次房利不明甚哉！卜者之安可知也？

公手著有《自考录》，录始己酉，积岁成帙，日有笔札。《序》略曰："幼承庭训，欲为圣贤，乃前孳蹉跎，今当以文明堂为桐宫，编年纪训，苟背驰而崇虚文，是欺己欺人，得罪天地父师矣。"文庄公每岁出游浙、江、闽、广，皆其倡学之地，公必侍行，学日以进。而予尝见公清严劲特之气，令人望而生敬。盖所禀有卓然者，其以文山自期者以此，虽未得仕以征其仗节之实，要其气概良然，非漫语也。至如《自考录序》，则公及壮所诣益远矣，年之弗遐而其耿耿中树所未酬者，乌得泯坠而无传？铭曰：

孰有形以永存？道贵朝闻，独得之趋庭。孰负材而必仕？庆贻显世，式占于继志。垂二纪于兹藏阆，其幽光有待弥彰。山灵钟秀，衍庆伊始。仁申锡于来今，视予铭其贲止。

赐进士第、亚中大夫、陕西布政司参政得请致仕、前太仆少卿奉敕提督畿辅马政、光禄少卿、尚宝司卿、眷生王时槐撰文。

时不肖行人时丐此铭，笔后三十七年，两奉覃恩，累赠至今衔云。孤泳谨识。

邹 善 传 记

先考太常卿颖泉府君行状[2]

邹德溥

先考[3]弃孤四年所矣，每思纂述遗德，操觚泪辄潸潸下，不克就。今幸得一抔，葬有日矣，乃忍恸掇次一二，用请所以勒诸幽者。

---

[1]　"喷"，疑为"啸"之误。

[2]　本文又见于《邹泗山先生文集》(清刊本，台湾"中央研究院"傅斯年图书馆藏，以下简称《文集》本)卷七，题"先考中奉大夫太常卿颖泉府君行状"，与本文文字稍有出入。本文以族谱本为底本，《文集》本为校本。族谱本与《文集》本文字相异者出校，族谱本有误而《文集》本无误者出校，族谱本无误而《文集》本有误者不出校。

[3]　"先考"，《文集》本均作"先君"，以下不一一出注。

先考讳善，字继甫，号颖泉，家系故出幽州范阳，后家宜黄，徙乐安，已又徙永丰。乃家安成，则自天成公[1]始，然犹宅城冈。及乐山公，[2]乃始家澈源。乐山公有子四，其叔曰竹坡公，讳仕鲁，有醇行，于先考为高高祖。[3]配谢氏，与姒李、娣邓并少寡，矢志抚孤，志所称三节者也。时毅轩府君力贫以养，然犹缩食廪饿者。卒以易斋公贵，封大理评事，而配欧阳氏封孺人。府君讳思杰，于先考为曾祖父。[4]易斋府君讳贤，举进士，官福建按察司金事，德至粹，尤笃孝，至为父吮淋。尝应诏陈六事，著为令者三。惠政具《漳南志》中。配周氏，封孺人，赠宜人，实产我东廓府君。东廓府君讳守益，冠南宫及第，官南京国子监祭酒，已赠右侍郎，谥文庄，以理学大儒名天下。元配王氏，封宜人，赠淑人。继室李，封淑人。

先考之诞也，王淑人梦皎月坠怀中，私讶曰："尔父之生也兆日，而尔兆月，其当代耀乎！"然怜爱甚，独督两世父攻业，而宽先考。先考顾自奋力问学。及冠，味庭训滋深，斤斤祇服，罔敢遏。祖父绳诸子凛凛，独衷悦先考，谓："继我志者，必是儿。"已久羁庠校，家益落，陈夫人实攻苦茹淡佐读，先考绝不问，独下帷亿亿，出入手一卷以从时业。以文声滋，益虚。闻闽邱生谭博士业得最乘，立舍旧。邱生狂，文稍蔺弱，辄面斥，多士率厌避，独先考倾心下之，至尽一帙抹杀，弗愠，咨益切。未几，邑令汤睹其文，惊曰："子何自乃特进一格？"果寻举乙卯乡荐，丙辰登进士。夙酷嗜瞿公景淳所著义，及是乃竟出瞿公门。

已，授刑部河南司主事。精心讨律令，谳决明允。每出署，辄及我师耿公定向、罗公汝芳、胡公直究切理学，虚中以听，粥粥若一无闻者。暇日，辄偕胜友寻静刹，子夜孤灯相对。或访名僧，穷探性秘。祖父闻而嘉悦。又与李公先芳、高公岱辈结诗社，虚受亦如所以咨道者。以故所为诗飕飕乎有开元、大历之风，则所得于西曹者居多。时柄臣严虽沮我祖父，然内惭，计且拔先考铨曹以见德。其子怫然曰："咄咄！屈首求者若而人，靡所予，乃予是崛强子乎？"或讽君第出片语可立获，笑曰："彼谓我具伦鉴，任铨官之秩，[5]荣也；谓是故人子予铨职，辱矣。况欲我卑词以求乎！"谢不往。已又计迁之仪曹，讽如初，先考笑谢亦如初。已乃晋本部广西司署员外郎事主事。一日，柄臣子行酒，虐而浮之白，众虽醉，慑弗敢辞。先考独峻却弗受。渠色

---

[1] "公"，《文集》本多作"府君"，以下不一一出注。
[2] "乐山公"，《文集》本作"乐山府君克修"。
[3] "高高祖"，《文集》本作"高大父"。
[4] "祖父"，《文集》本均作"大父"，以下不一一出注。
[5] "秩"，《文集》本作"铨"。

怒，毅不为易。次日，或讽以谢，笑曰："不胜栖酌而辞，固也，何谢为？"当此时，吴给舍时来、张比部䌷、董比部传策交疏刺柄臣，下诏狱，众多引避，顾独抗护，数入犴狴相劳慰。柄臣父子衔益切。已，耿公疏劾太宰，语侵柄臣，柄臣疑先考与胡公嗾之，恒使人尾骑后，踪迹过端，靡所得。于是出胡公楚臬，而先考适以谳狱使楚，未及中。无何，会柄臣罢，祸乃解。于时乘使便省大父里舍，大父察之学进，心滋喜。比辞行，谓曰："汝忆永叔求生之说乎？勖之哉！兹乃儿业学所矣。"

先考莅楚，则耽心按狱牍，穷搜生隙，或数谳不获雪者立平反，疏宥视故额几倍。直指或诮曰："奈何不一覆故额？"先考曰："诏旨固令审可矜疑者肆之，宁若解士著定额哉！奈何心知冤状，故裁之，以埋塞主上浩荡之恩？且今以其浮也裁就额，脱不足，将故纵罪当者盈额乎？"直指语塞。至今被雪家多置主祀之寝云。

湘有挥使儿，年十三，坐其父转漕没粮饟系狱，家已空无人，所聘女依邻妪纺绩饷夫，年四十，犹然处子。先考闻之，叹曰："古者罪不及孥，况家罄，系何益？"乃为奏豁，立破械，即日属官吏、师生彩迎贞女成耦，而大书"三楚遗烈"四字颜其堂，湘人啧啧称快。此女竟以烈旌勒国乘焉。

已，晋本部陕西司署郎中事主事，仍职谳。谳甫毕，闻祖父讣，立奔归，哀哀苦块，无违礼。而时与世父美篮舆入山谷卜兆，跋涉重趼，不敢佚。服阕，且北征，世父亦且计偕行矣。会以祖山为势豪冒占，相与锐力上告下诉，经年事乃白，而世父竟客死。时三孤皆幼，先君哀甚，特奉祔金宪公坟右，议不为例。[1] 北征，[2] 道秣陵。适耿公督学南畿，延与诸人士论道，遂盘桓于宁国、太平之墟，及诸人士日相商求。久之，乃就道。抵燕，适元辅徐、太宰胡皆嗜学，于时台省部寺各为会，会率邀先考莅之，无虚日。已，复补刑部山东司郎中。世父义方官京兆别驾，卒，独季子以稚从，惟我先考[3] 卒荼营殡殓。众谓两世父之丧实皆先考代子云。

已而擢山东按察司副使，督学政，喜曰："变齐变鲁之机，其在我乎！"为条教数十，惓惓以劝学兴行为本务。每校士毕，辄集诸生，诲以圣人道大指，务密参性宗而显证于人伦庶物。已，又偕[4] 诸俊彦于湖南书院而日振策

---

[1]　"世父亦且计偕行矣"至"议不为例"一段文字，《文集》本作："世父暴病卒，遗三孤皆幼，遂留营其丧。以世父凤慕宪金公，坟右得生气，遂奉乞祔焉。时族众哓哓，正色称引大义喝止之，而拮据抚诸孤不啻子。"

[2]　《文集》本在"北征"前有"已"字。

[3]　《文集》本在"惟我先考"前有"亦"字。

[4]　"偕"，《文集》本作"群"。

之,更名曰"至道",盖其志也。于是诸士始知大道之在我,而信圣人为必可学,瞿然奋立志,即街巷编氓,下及隶卒,亦有感奋嗜义者。一时弦诵之声几遍闾井,自是东省多名人杰士。若孟公秋、朱公鸿谟、王公汝训、房公守士、孟公一脉辈,具先考所造士。其他惇行嗜修之俦,不可弹数。然务精鉴,士所拔多俊才。是岁宾兴,什九出先考高等。会穆皇登极,选恩贡,心计曰："诏旨固令遴择学行兼优士,吾其就文士中而察其志操者升之,以备他日官使,亦藉手报天子万一。"而觊不得者用为恨,谤谓私所萃讲士。已而辟雍课天下贡士,东省列高等最多,司成乃叹曰："冤哉!世之诬督学也,吾岂亦私彼萃讲人乎!"而当事方嫉学,竟指为訾端。先考遽慨然引告。已,又力请于两台使者,亦为奏予告。[1] 御史大夫葛愤曰："渠即多拔萃讲士,亦为其贤耳,岂殖私哉!且固诏旨也,安得用为罪?"当事无以难,卒嘉留。时覃恩以两荐及格得膴封,适[2]祖父晋赠少宗伯,遂获赠母王淑人,而继母李亦封太淑人。先是,以比部郎考绩,两母业已诰恭人,及是乃承复恩云。

已,晋湖广布政司参政,分守湖北,兼抚苗。常、武当沅靖五溪之会,郡北倚捍石岸及堤,西倚捍石柜。于时水暴涨,尽溃,群黎戚,相语："工巨,卒难岁月就,来岁水且至,民其鱼乎!"先考乃扐巡使者橄郡简[3]藏金若干,躬捐俸倡募,简诸文武吏堪任者分工而治,躬冒风雨寒冱纠督之,岁且半,工讫。若堤、若岸、若柜,高广悉增,故常以永宁。越廿载,群黎德先考不衰,立碑勒其绩堤畔。两宣慰构閧汹汹,且动戈。召而两羁之,日晓譬以国威之不可犯与先业之当珍,并感悟,帖心以解。时微先考宽柔曲剂,几不免大讧。

会大计,摄藩司篆,辖久缺,积牍如猬。每五鼓辄起坐,堂皇决事,越数日,案无留牍。[4] 时胡公摄臬篆,谓曰："臬政故不当藩之半,吾且苦烦剧,公何暇也?"寮友蔡公某,故修士,然苦政剧甚,尝过先考问所以速决状。先考曰："牍故有难易,弟先决其易者,则案清。案清则神裕,乃徐谛思其余,则难可易也。"蔡大悦服。

藩司故常盈于纳而缩于出,先考一切衡以法,输者或羡金以归,而颁者至,惊谓过当。张公翀方为中丞,心嘉,常以兄相呼。饷郎某抑转漕卒过峻,卒以漕院所定规白,拒不听,卒大哗,喊声震鄂渚。鄂县尉仓皇入报漕军反,先考喝尉曰："咄!胡妄言!蕞尔毛军何敢反?计因某过护编氓激之哗耳。"时军士且愤且悸,侦知先考云云,私窃喜,稍帖然。饷郎慑,不敢苴兑。中丞

---

[1] 《文集》本在"亦为奏予告"前有"两台使者"四字。
[2] "适",据《文集》本补。
[3] "简",《文集》本作"检",族谱本当为避崇祯皇帝朱由检名讳改字。
[4] "牍",《文集》本作"牒"。

心忧之,以属先考。先考请先下令令军士无更哗,哗即辟。而檄饷郎以漕规衡兑,且计谓卒惟倚众聚故恣,乃析兑所六,分遣诸文武吏画地监莅,终兑无敢哗一语。于是张公益叹服,谓可当大事,会闻母病,趣驾归,恒语人以不及特荐先考为憾。

已,晋福建按察司按察使。持大体,词讼罕所受,曰:"宪长职要耳,奈何夺守令权,且令民多事?"然谳决不当者立批驳,且申文,暮即判下。闽豪贵故好为人关说易当,及是靡得隙以请。

已,入觐,不肖适以计偕从。过东土诸邑,故弟子靡不遮道迎,率以数百计。或曩所考劣士,自登、莱步涉数百里而至。垂别,涕泣依依,若婆无归者。

比至都,与左辖万公思谦同心品骘诸属吏,合见否乃署,或被诬,辄为铨台款款疏辩,故是岁独闽计称少枉。时江陵柄政,待士倨。先考以宪使见,辄据上坐不让,侃侃为言:"用士宜贵德,不当独任才。"江陵色动,然以旧交故,亦唯唯,顾心内疏之矣。江陵方嫉学,先考顾及耿师辈谈学不辍。时先兄官比部,日联诸计偕士为会。先考数莅讲,督诲娓娓。东省故门人官都下者,旅拜谒,先考半受如督学时。时或掌吏垣,出而愤曰:"犹谓我为尔诸生乎!"戎部冯笑曰:"师犹行古之道也。"盖质直不谐世类尔。

已,擢广东布政司右布政使。适征罗旁,溃,且屠。先考白直指:"壮者即难赦,稚弱何能为?况乃多劫虏者?"请下令生获一丁幼,予金半,时所全活几千数。会同邑柱史刘弹江陵,词切,或谮谓先兄实属草。江陵怒甚,立出先兄汴臬。嗾柱史张劲降,因迁怒于先考,欲褫之。铨若台格于公议,称不可。给事陈故江陵爪牙,遂承指疏刺先考,铨覆尚疏谪,而江陵竟从中票拟罢归。

归而及诸心友若欧公瑜、王公时槐、朱公调辈切劘旧学。尝笑谓:"归所得孰与仕进多?"筑别馆,缭以竹树,左图右史,时引诸故交把酒欢歌为娱。即村夫野老,班坐怡怡,弗厌也。顾独喜吟诗,触感辄吟,吟辄写所独适。晚益嗜陶,诸所为古诗,大都以谢体发陶趣云。

江陵议毁天下书院,没其田,且及复古。复古者,故大父与松溪程侯议建,为安成讲德者也。上官督毁急,先考固请于邑侯倪。倪亦心慨,乃计塞其门,署为社学,易题其后楹曰"三先生祠",而会堂若室直若干、田直若干,悉输金承佃,以塞诏旨。无何,江陵败,禁解。会门人直指朱按江右,力为言。朱乃蠲赎镪抵所输,而讲舍与田得复故。当时焰甚烈,即不肖亦谓:"院即毁,可复,奈何其以身捍?"而先考固不为憾。已,曲谏议疏述先考德履,而发江陵所为诬害状,上阅疏,心动,特旨称某故忠贤被诬,予起用。越六年,乃以故职起四川。先考曰："吾老矣，然若主恩何？"于是强起，行一二程，示若命，而驰疏称疾以辞。诏褒嘉，晋秩太常卿，予致仕。

时待命于衡，日与衡长吏及诸生究切学辨。归，益以觉士为己任。岁时率诸弟子讲业，即它邑以会征，必赴。虽疾，必强行。鸠率北里诸耆儒俊士，会材庀工，构宗孔书院，设馔田，令北人士得岁时萃讲其中。已又怜学术多歧，取诸儒先语录，择其粹者辑为编，题曰《理学粹言》。盖自我大父揭体仁为教，先考承其传，百行经纬，要归于博厚，故题其讲舍曰"任仁"，堂曰"继志"。学故多自得，然要于阐发大父宗旨，语未尝不称先考也。为文务阐大义、当世用，耻为雕绩相矜严。[1] 尤工书，书法右军，遒劲有生态。晚得新安、江门手迹，大书益[2]高古。尝谓："高适五十诗始进，予于字亦然。"盖数称举以厉学焉。尝蠲俸买田若干为义田，岁时廪族党之不给者，属后世子孙缵其绪勿收。于是不肖兄弟各益田若干，以称先考命。又葺庐，庐族子之无居者。适粤疏罗旁功，赐锱币，遂奉以佐工，而题曰"公赐草庐"。

邑有巨浸当孔道，故编舟为浮梁以渡。春涨，辄易而济以舠，岁多覆，溺死无算。乃谋于邑侯吴，建石梁，大蠲金为倡，躬诣各巨姓，徐劝募。诸当道过讯，亦多蠲赎锾为助。于是大鸠工，累石楗筑木十有一，横江为梁。迄今闽、粤、荆、湘使车商贩络绎出入不虞涉，然终役无一称厉者。岁裰，辍率不肖辈舍业以振戚若友，岁给廪不绝。居恒条画邑中诸利弊，从容为当道具言之。即赋役不当，诸父老辄诣先考请白状，先考亦辄立为白，至今或衔苦，辄叹念先考不作，故至此。不肖兄弟通仕籍，每贻札，辄诲以报国恩、承家学、培端良、轸民艰，绝无片语及私。即罹谤，辄曰："士求衷不愧耳，无以潜毁升沉为也。"

比既耄，不肖奉以出游，辄引觞欢噱，赋诗属和，怡然忘老。卒之先月，犹萃讲于宗孔，阐晰先天后天之旨。乃寝疾七日，忽顾不肖曰："吾可以逝矣。"遂瞑而逝。

性故好静，谙摄生，耄龄犹克灯下作蝇头字，固冀可期颐，乃止此。然既瞑，手犹拳若握固然。时万历庚子十二月三日也，距生正德辛巳七月十九日，享年方八十。于是诸俊彦以瞽宗之祀请郡邑，两侯具状德，督学钱乃檄郡俎豆贤祠。邑学博邓，故及门，又率诸弟子奉祀于故所讲堂，即所题"继志"者也。诸弟子岁萃而讲习师说，以为常。

---

[1]　"语未尝不称先考也。为文务阐大义、当世用，耻为雕绩相矜严"，据《文集》本补。族谱本原作"语未尝不严"，疑有阙文。

[2]　"益"，原作"易"，今据《文集》本改。

　　我母陈，封安人，已晋恭人。已以不肖考绩推恩，晋夫人。盖从先考右辖秩也。外祖[1]父乃仪部郎明水陈公，讳九川，临川人，与先大父同学于王文成公，最合志，以故自远缔婚媾。

　　生不肖兄弟三：伯曰德涵，辛未举进士，官至河南按察司佥事，先考卒；娶贺氏，州守世采女。次即不肖溥，癸未叨进士，待罪司经局洗马兼翰林院修撰；娶赵氏，广东断事桌女，封孺人。次德济，太学生；娶张氏，广东布政使子宏女。

　　女子三、孙男七、孙女三、曾孙男六、曾孙女四。[2]

　　孤等卜茔于邑北青山，其形月，将以乙巳年某月某日[3]归窆岁，首丙趾壬。痛念会稽之宗则我祖父实承之，然而缵大父之宗者，先考也，梦月之祥或不虚。顾不肖碌碌，[4]不克光昭先考之令德，独计得明公一言而章之，庶几藉以不朽。不肖孤敢衔血以请。

　　不肖孤德溥谨状。

明故太常卿颖泉邹公墓志铭
曾同亨

　　颖泉先生邹公捐宾友之五年，葬有日。仲子司经局洗马兼翰林院修撰德溥先期自为状，偕弟德济、侄衮、裘谒堂斧之铭于不佞。同亨不佞，逡巡谢不敏，已复念嘉靖[5]甲寅始识先生于江阳道院，前后追随者四十七年，中间各以忤柄臣罢，及先后再起再归，进退之际，迹颇相埒。知先生之深者，宜莫如不佞，即不文，其何敢辞！

　　按状：先生讳善，字继甫，颖泉其别号也。邹之先出幽州范阳，其后历

<hr>

[1]　"祖"，《文集》本作"王"。

[2]　族谱本言之甚略，《文集》本述之甚详："女子三：长适黄庠生中敷，父国奎，京兆治中；次适朱庠生允震，父调，校儒也；次适周庠生应蕐，父汝尊，亦校儒。孙男七：长曰衮，郡廪生，娶刘宏学女；次裘，京卫经历，娶万宪副一贯女，继室邓制女，并涵出；次辅明，郡增广生，娶校儒贺应保女；次亮明，邑增广生，娶周太学生应斗女；次㢸明，邑庠生，娶戴太学生默女，继室刘同卿日升女；次匡明，邑庠生，娶刘司成应秋女，继室李氏，太学生春女；次承明，郡庠生，娶刘勋卿孟雷女，继室龙宪副文明女，又继颜庠生士贤女，并溥出。孙女三：长适甘庠生映蚪，学宪雨子；次适刘廪生绮，侍御思瑜子，亦溥出；季聘周学博惟中子，济出。曾孙男六：世求娶刘应汤女，世祚聘扬州丞应贞女，世全聘王太学生胤岱女，辅明出；世俊聘赵庠生士美女，亮明出；世銮，承明出；世南，匡明出。曾孙女五：长适周庠生乐善，侍御懋相子；次适康庠球，庠生晋侯子，并衮出；次聘伍以教，廪生承慰子，辅明出；次聘周廷桂，太学生应斗子，匡明出；次聘刘龄，庠生之炜子，承明出。"

[3]　"某月某日"，《文集》本作"囗月囗日"。

[4]　"碌碌"，《文集》本作"錄錄"。

[5]　"靖"，原文误作"庆"，今改。

徙宜黄、乐安、永丰，已又徙安成之城冈。传克修，乃自城冈徙澈源，世遂为安成[1]澈源里人。克修生仕鲁，有醇行。配谢氏，与姒李、娣邓并少寡，矢志抚孤，世称三节，事载邑乘。仕鲁生思杰，力贫养母，尝缩食以廪饿者。以子贵，封大理寺评事。配欧阳封孺人。思杰生贤，弘治丙辰进士，笃孝，常为父吮淋。官福建金事，应诏陈六事，著为絜令者三，惠政见《漳南志》。贤生守益，举正德辛未南宫第一人，进士及第第三人，官至南京国子祭酒，赠礼部右侍郎，谥文庄，为一代理学大儒，世所称东廓先生者也。元配王，始诞先生，梦皎月堕怀，觉而谓与文庄公始生梦日之祥适埒，异日光绍家学，其在是儿乎！文庄公自幼觇知先生远器，常以继志属望先生，然怜爱甚，不急急督之学。乃顾先生自奋励不休。为诸生久之，陈夫人拮据佐读，先生一不问家生产，竟日下帷，手一编自如。闽有邱生者，精博士业，性狂，见诸士文稍蘭弱，辄面斥。邑人士积不能堪，尽厌避去。先生独严事之，即所著无一当邱生，不为愠，而商订愈切，业日益工。邑令汤见其文，惊曰：“子何自特进一格？”其虚怀受益类若此。

乙卯举于乡。丙辰登进士，授刑部河南司主事。殚心研究律例，为大司寇郑端简公所知。每日晏出署，辄与同年行人耿公定向、同舍郎罗公汝芳、胡公直相与究切理学。时郓人高岱、濮人李先芳并官西曹，有能诗声，先生暇日辄与结诗社，诗道日进。

擢广西司署员外郎，会吴给事时来、张比部翀、董比部传策交章纠论严分宜，下诏狱，众多引避，先生独数入狴犴相劳慰，分宜父子衔之。又适耿公自行人迁御史，疏论太宰，语侵分宜，遂疑先生与胡公直嗾之，日遣人伺察先生辈过端，不可得。已，遂出胡公楚臬，且及先生。会分宜去位，事得解。先生谳狱楚藩，取道过家，省文庄公，朝夕侍侧，质疑问难。文庄公察知学进，心喜。比辞行，谓曰：“若知永叔求生之意乎？广上德、验学力，在兹行矣。”先生谨奉教。抵楚，殚竭心力，按狱牍，穷搜生隙，有累谳不及雪者立平反，所疏释视旧数几倍。直指或谓曰：“奈何不一覆故额耶？”曰：“诏旨固令审可矜疑者贷之，不以数限。若拘挛故额，使负冤者不得即白，以活旦夕之命，何以塞明诏？”直指无以难。

湘有武弁子，坐父转漕饷没粮系狱，岁久，家已空无人。所聘女依邻姁纺绩饷夫，年四十，犹然处子。先生立为奏豁，即日属有司迎贞女成耦，大书“三楚遗烈”四字颜其堂，女后竟以烈旌。

已，即使所晋陕西司署郎中。谳狱甫毕，以文庄公讣至，奔归。归而哀

---

[1] “成”，原文误作“城”，今改。

毁骨立，经营窀穸，三年间矻矻无少休暇。仲兄孝廉美暴卒，遗三孤，皆幼。先生经纪后事，尽心抚诸孤，又破例奉祔金宪公坟右，以仲兄死族义，故入之。免丧，北上，道秣陵，适耿公督学南畿，延与诸人士论学，盘桓太平、宁国之间，逾月始就道。抵都，元辅徐文贞公、太宰胡庄肃公皆嗜学。于时台省郎署各为会，辄邀先生首坐，阐发学脉。

已，补刑部山东[1]司郎中。伯兄义判京兆，以疾卒，仅一幼孤侍。先生经理一切后事，过于子。常念两兄相继长逝，骨肉凋零，悲悒不自胜，旁观为之感动。旋擢山东按察副使，督学政。先生曰："是变齐变鲁之机也。"至则颁示教条数十，皆惓惓以劝学兴行为本。改题"湖南书院"为"至道"，每较士毕，辄进诸生论学其中，大旨在密参性宗而显证于人伦庶物。自是东土士津津向往，后多为名人。若朱司寇鸿谟、王中丞汝训、房中丞守士、孟银台一脉、孟玺卿秋，其最著也。一时风声所被，闾井里巷之间，下至氓隶，兴起为多。穆皇登位，诏选恩贡，先生谓："此系上初政旷恩，不宜苟且应以故事。"就诸文士中察其有志操者升之，以示崇本抑末之意。而觊不得者谤谓私所萃讲士，语闻京师。及辟雍课天下贡士，东省名在高等者甚众，司成倡言于朝，为先生白冤。而当事大臣方嫉学，竟指为訾端。先生慨然引告，力请于两台使者。两台以闻，御史大夫德平葛端肃公不胜为先生发愤，语侵当事者。当事夺于公议，因移檄慰留。

擢湖广布政司参政，分守湖北，兼抚苗。常、武当沅靖五溪之会，北倚捍石岸及堤，西倚捍石柜，于时水暴涨，尽溃。众谓工巨，难以岁月就。先生檄郡简藏金若干，首捐俸倡募，简诸文武吏分工而治，亲为程督，岁且半，工讫。若堤、若岸、若柜，高广悉增于旧。常人德之，勒碑以识遗思。两宣慰构阋汹汹，且动戈，召而两羁之，谕以利害祸福，并感悟，立解散去。会大计，摄藩司篆，辖缺久，积牍如猬。先生夙夜视事，至案无留牍。寮友中尝苦剧甚，过先生问所以速决状。先生曰："牍故有难易，先其易者则案清，案清则神裕，徐谛思其余，则难可易矣。"闻者悦服。藩司出纳故尝低昂其衡，先生顾独持平，输者至羡金以归，而应给者咸惊以为过望。饷郎某抑漕卒过峻，卒大哗，声震鄂渚。县尉仓皇报军反，先生呵曰："胡妄言！蕞尔漕卒，何敢反？"时卒愤且恐，觇知先生语，乃稍戢。然饷郎犹慭，不敢苴兑。中丞以属先生。先生请下令：军有更哗者，罪加等。而檄饷郎以漕规衡兑，且六分兑所以散其众，而遣文武吏划地监苴，终事帖然。中丞益服先生可属大事，会闻母病去，以不及特荐先生为恨。

---

[1]　"东"，原文误作"中"，今改。

晋福建按察使，持大体，词讼罕所受。然谳不当者立批驳，不少延，且申闻，暮即判下，故一切关说不及行。岁当入觐，道出东土，诸生遮道迎，率数百计。曩所考劣士，有自登、莱跋涉数百里而至，垂别，依依不能舍。至都，与左使万公思谦悉心品骘诸属吏，或与铨台意不合，力为论辩，不少屈，故是岁计吏，独闽号称精当。事竣，擢广东右布政使。至则适征罗旁，诸将领且肆意屠戮，先生白直指："壮者即难赦，稚弱何能为？况乃多劫虏？"请下令生获一丁幼，予金若干，所全活无算。适同邑刘侍御疏发江陵奸状，或谮谓先生伯子实属草。江陵怒甚，立出伯子汴泉，将迁怒于先生，公议持不可，而陈给事三谟者固江陵爪牙，遂承指论劾先生，罢归。

归而与欧公瑜、王公时槐、朱公调辈切劘旧学。筑别馆，环以竹树，左图右史，时引诸故交谈道论心，无间寒暑。居数年，朝政一新，曲谏议迁乔上疏首论先生德履，及发江陵所为诬害状。上览奏，知先生忠贤，特旨起用，乃以旧秩起四川。先生曰："吾老矣，然如主恩何？"于是强起，行一二程，驰疏称疾，而候命于衡岳间，日与衡长吏及诸生究切问学。已得特旨，晋太常卿，致仕。

先生归，益专力与邑人士随时随地讲业不废，或他邑以会征，虽远，未尝以事免。先生之学，一本于文庄公。文庄公虽渊源姚江，晚岁所自得，独以体仁为主。先生为诸生时，每从公赴讲所，得于辩论之际者深矣，至是益服膺不敢失。常集北里诸耆彦建宗孔书院，岁为会。门下士又为建讲所郭外，署其门曰"任仁"，堂曰"继志"，朝夕印证，未尝不以先君子为言。每贻书宫洗兄弟，皆以承家学、报国恩为期，语不及私。常念学术多歧，取诸儒先语录，择其要者辑为编，题曰《理学粹言》。为文章，务阐发性真，当世用，耻为雕绘相矜严。早岁为诗，有开元、大历风，晚独嗜陶、谢。每触感，辄吟，吟辄写所独得，大率以谢体发陶趣云。尤工书，书法右军，遒劲有生态，后得新安、江门手迹，大书益高古。尝谓："高适五十诗始进，予于字亦然。"盖借此以厉学云。

先生谦慎坦夷出天性，即官益进、春秋益高，敌以下，犹与之讲均礼。村夫野叟相与班坐，怡然终日，不为厌。然平生遇权贵人，毫无所屈。分宜子间会饮诸郎，剧醉，浮白强灌，诸郎唯唯，至先生，拒不纳。明日，诸相知或强往谢，曰："吾自不胜杯酌，何谢为？"观察入计时谒江陵，犹以旧交与之抗礼，侃侃论天下事，且谓："官人当首论德，不当专论才。"他语皆中其所忌。又江陵方禁学，先生独与两子率诸社友日夕聚讲不休。东土诸门生官京师者或谒先生寓邸，先生犹以故时师弟子之礼遇之。中有给事吏垣者，先生遇之无异，给事退而有后言，先生若为弗闻也者。自筮仕即严于进取。初，主事刑部，分宜以文庄公故，常欲援之入铨司，相知或以其意示先生，劝之往谒。先生曰："彼谓我具人伦鉴，官之铨司，可也；以此酬故人子，不可。"竟谢不应。已又欲改先生仪曹郎，谢如初。

居常大捐赀，置义田以膳族人，又葺室庐以居族之贫者。适疏罗旁功赍锾[1]币，因举以佐费，题曰"公赐草庐"。岁祲，率诸子若孙舍业以赈。戚若友，岁给廪不绝。凡一邑有大兴革，不惜冒嫌，力言于当事。当诏毁书院时，复古实在毁中，先生谓："此实文庄公及程文德公谪令时所创构，不忍辄废。"谋于邑令倪，姑改署其门为社学，又改题后楹为三先生祠。而会堂及室若馈田悉输金承佃，以塞诏旨。事稍间，门人直指朱公按郡至吉，先生具言事，朱捐赎锾抵输而还会堂与田于书院，复古之名如故。

邑有巨浸当孔道，平时编舟为浮梁以渡。春涨，辄易以舠，岁覆溺无算。言于邑侯吴，横江建石梁，为久永计。迄今闽、粤、荆、湘使车商贩往来络绎不虞涉。其工费，先生首捐赀为倡，诸大姓称力应募，先后上官亦各捐赎金以助，终事民不称厉，行路德之。其它利病有关民生，无论巨细，邑大夫因先生之言为行罢者，不可胜述。今先生没且数年，邑人有所不便，无由自达于上者，辄叹曰："使邹公在，吾宁至此？"相与追慕如一日。

晚岁谙摄生，灯下犹能作蝇头字。宫洗辈时请出游，欣然从之，把酒赋诗，属为酬和，徘徊终日，神明不衰。卒之先月，犹萃讲于宗孔，阐先天后天之旨。比寝疾七日，与宫洗为永诀语。语毕，端坐而瞑，万历庚子十二月三日也，距其生正德辛巳七月十九日，得年八十。葬邑城北青山之原，首丙趾壬。

母王氏故封宜人，以先生郎署奏绩，缘文庄公司成秩，赠恭人。继母李封恭人。及先生官宪副，遇登极覃恩，适文庄公晋赠少宗伯，缘是，王晋赠淑人，李封太淑人。配陈氏，初封宜人，累封恭人，后以宫洗奏绩，从先生秩晋封夫人。夫人临川礼部郎中明水陈公[2]，理学名流，与文庄公同为王文成公高弟子。

子三：长德涵，隆庆辛未进士，官河南按察司佥事，娶贺氏，州守世采女；仲即宫洗溥，娶赵氏，广东断事桌女，封孺人；季德济，太学生，娶张氏，广东布政使子宏女。

女三：长适黄庠生中敷，次适朱庠生允震，次适周庠生应鼐。

孙男七：长曰衮，郡廪生，娶刘宏学女；次袠，太学生，娶万宪副一贯

---

[1] "锾"，原文误作"褉"，今改。

[2] "夫人"后疑脱"之父"二字。

女,继室邓制女：并涵出。次辅明,郡增广生,娶贺氏应保女;次亮明,邑增广生,娶周氏应斗女,后娶周国倏懋钦女;次弼明,邑庠生,娶戴氏默女,继室刘同卿日升女;次匡明,邑庠生,娶刘司成应秋女,继室李氏春女;次承明,郡庠生,娶刘勖卿孟雷女,继室龙宪副文明女,又继颜氏士贤女：并溥出。

孙女三：长适甘庠生映蚪,学宪雨子;次适刘孝廉绮,侍御思瑜子：亦溥出。

曾孙男五：世求、世祚、世全,辅明出;世俊,亮明出;世銮,承明出。

曾孙女五：长适周庠生乐善,侍御懋相子;次适康明球：并衮出。次聘伍以教,辅明出。次匡明出。次承明出。

自宫洗而下,子若孙皆积学能文,翩翩世其家。而宫洗尤以敦静博雅缵绪承休,有声称于世,盖先生之流庆远矣。或言先生福履之盛大埒文庄,要皆体仁之学之效,不独其父子间德量有大过人者。予深以为然,因并识之,以勖吾党之士,而系之铭。铭曰：

惟邹之先,系出范阳。其后累徙,乃至城冈。
逮家澉源,甫及四叶。观察崛起,文庄接迹。
猗欤文庄,一代大儒。以身任道,遵轨而趋。
象贤惟公,应运而起。梦月之祥,兆于诞始。
过庭之训,日益以闻。駸駸向往,雅志不群。
对策起家,发硎郎吏。谳狱西曹,庭无冤滞。
于藩于臬,政教兼施。齐楚闽粤,休问四驰。
一忤柄人,飘然解组。帝采忠言,环召遽□。
上书引疾,愿老林乐。有诏优许,晋秩加褒。
益以余闲,殚精阐性。访友寻盟,无间远近。
悯世之衰,学术多歧。诸儒粹语,刻以诏迷。
体仁之言,熟于提耳。居恒论辨,务究其旨。
一门之内,幸有典刑。昕夕禀业,如寐得醒。
家学渊源,久而勿失。启后承前,伊谁之力？
至其福履,迥出寻常。簪缨济美,嗣续蕃昌。
宗亲戴德,邑人慕义。诸所艳传,皆公余事。
郁郁苍苍,城北之冈。灵淑萃止,列卿所藏。
爰勒予铭,丽牲之石。亿百千年,其永无斁。

赐进士出身、资德大夫、正治上卿、太子少保、南京吏部尚书、年家晚生吉水曾同亨顿首拜撰。

太师颖泉邹翁绍明正学，为世大儒，嗣文庄，开宪佥、宫洗，俱衍正学一脉，作述重光，猗欤盛矣！其家世之隆，宦绩之显，详曾端简公墓铭与诸巨公表传中。惟是先年葬城北青山之原，形家言弗利，遂改今阡，与元配陈夫人同日合葬。启土，得天成之穴，花砖五色球，恰受二椁，不差铢黍，观者啧啧叹异。时为万历四十七年己未十一月初九日也。诸嗣孙捧土封之，高数尺。其山形为梅花，葬发法为倒骑龙，首甲趾庚。四面冈峦拱揖，洵称佳城云。

御史大夫待罪粤抚门下晚生朱世守，时祗役墓下，敬识此于墓碣之阴。天启壬戌秋月吉。

邹德涵传记

伯兄汝海行状[1]
邹德溥

伯兄汝海卒，溥属友人刘子元卿撰述其行事，乞铭天台先生所，先生业许诺。越三年，溥见先生于京邸，泣而申前请，则先生亦持溥而泣，已曰："余心酿此久矣，计因是以明公家学指，非得子手笔参焉不可。"溥自惟少有所悟入，则伯兄实始觉之，惟伯兄亦辱引溥为知己，向者惟是惨怆，不能摛词，故以属调甫氏。今先生有命，敢不含悴而状之？

我邹氏其先系出幽州范阳，后家宜黄，徙永丰，已自永丰徙安福。我曾祖易斋大夫讳贤，弘治丙辰进士，官至福建按察司佥事。妣周氏，封孺人，赠宜人。我祖东廓大夫讳守益，正德辛未试南宫第一，廷试及第第三，官至南京国子监祭酒，赠礼部右侍郎，谥文庄。妣王氏，封宜人，赠淑人。继妣李氏，封太淑人。我父颖泉大夫名善，嘉靖丙辰进士，官至广东布政司右布政使。母陈氏，封安人，晋封恭人。我恭人实首娠我伯兄。

伯兄讳德涵，字汝海，别号聚所。生而俊爽拓落绝群儿，先大父固已心奇之。十五，补邑博士弟子。时家大人犹在诸生中，挟之下帷治经史。家大人悟所至，伯兄亦辄悟及，家大人愈才之，令从里中名士游。闽中有邱生者来禀学先大父，其人博士业解上乘，持论甚高。独家大人津津味其说，众莫之省也，惟伯兄亦雅嗜之。邱生故少许可，乃于吾父兄两人独心赏。及家大

---
[1]　按，此文未收入《邹泗山先生文集》。

人成进士，官比部郎，挟伯兄学于京邸，则遍索都下才士与之游。于时家大人日从诸荐绅先生商究理学，最厚者罗公汝芳、胡公直暨天台先生，四人为心友。时时挟伯兄过从，听说质疑义，则伯兄业已脉脉嗜学矣。家大人为择师，特令受学天台先生。

岁戊午，当大比士，家大人怜伯兄年少，难其行。伯兄夜梦曾祖父促之行，力请归试。试辄以《春秋》中江西贤书，时年二十有一。先祖父心喜，赋诗十余首宠其行，勉以谦抑仁厚、尚友千古，诗在先祖父集中。己未，赴春官不第，卒业太学，才名浸起，士多从之结社修博士业。于时贵介公子与寒素儒伍处，人人各若色自见者，而伯兄独浑如也。乍见之，不能辨其何如人。伯兄于友人一切涵煦诱掖之，亦若不辨其何如人者。时犹以艺文结友，其谆切交谊已如此，亦其天性然也。壬戌，还安成。是冬，先祖父寝疾，时家大人方谳狱荆楚，则伯兄实从两伯父爨爨侍汤药，比卒，充充治殡敛。家大人奔归，悼惋甚，独以伯兄克代共子职，稍稍心解。

丙寅，先生方督学南畿，贻书招伯兄，伯兄遂携家之南畿依先生。时伯兄犹缘名理自摄，先生微激动之，于是慨然思参彻性源矣。间问之耿仲子定理，仲子默不答，则愈自奋曰："吾独不能心参而向人求乎！"归而杜门静坐者逾月，久之未有解，愈自刻厉，至忘寝餐。忽一日见先生，先生睹其貌癯甚，顾反宽譬之，则属杨子希淳、焦子竑与之微语。大抵令自信本心，不假凑泊，不烦矫揉，即显即微，即夷即玄，伯兄始而咈，继而疑，既而豁然自彻。时于众坐座中发一言半辞，则二子大赏曰："吾子可谓一夕觉矣。"晋而质于先生，先生谓："既有所悟入，政须学耳。"而伯兄则心以自得，愉快甚。

会家大人督学齐鲁，招伯兄历下。则溥实先从家大人历下，溥方谬自密参，庶几古人所云卓尔者，未省也。伯兄至，为微言所悟于先生旨，溥恍若有解者。已复疑，已又复信，庚疑庚信，乃后于伯兄之教无遗焉。当此时，伯兄与溥昕夕相参讨，一出入，一饮食，必证诸学，嘐嘐而友千古，自宋儒以下弗愿当也。顾惟溥之不省，有负夙心，乃伯兄志固远矣。伯兄既笃信师门立人达人之旨，顾在官署中不得与诸士人接，则请于家大人择文行优者若而人，相与盍簪肆文事。而伯兄因殚力与诸友生谈说道真，务令心开，一时学道之士蜂起，至今名贤踵相接也。盖齐鲁之风实自家大人一变，伯兄与有力焉。时讶者多引常格诮让家大人，伯兄心鞅鞅，私语我："以吾求友故而府大人谤，奈何？"家大人心觉，语："儿无恐，吾能使一方兴道，即以此夺爵，吾愉也。"伯兄退，乃始心舒。

己巳，家大人晋参楚藩，则伯兄偕溥归。归而日鸠率友人商学，门无停辙。邑中故多先达,语道率谦让未遑,而伯兄起后进行,直任以圣人为必可学,则众哄,目为狂生。伯兄闻之,曰:"吾诚狂,顾孰与为乡愿?"然士人亦稍稍来附。有醒悟者,如调甫辈三五人耽心学道,实自伯兄始。

辛未,赴南宫试,文偶傥奇伟,五策尤豪宕多名言,荆石王公大赏之,荐高等。廷试二甲,赐进士出身,观工部政。先是,伯兄数数为溥言:"知我者必王公。"及是果出公门下。王公时时晋之语,则益器之,引与相究析,若不以门下士畜者。是年实开中秘选,众人争目伯兄。伯兄心占几有所不可,遂称吾不复能屈首受书矣,竟不赴试。已,奉差阅治维扬某尚书窀穸,便归里。时有司多属年雅,孳孳访求民间利可兴、害可革者效之。既复命,适言官建白从祀王公守仁,下廷臣议,上疏极言王公功德宜祀状,诸所以诵王公者,最为得王公大云。

癸酉,以进士分较顺天府试事,得名人最多。甲戌,授刑部山西司主事。日夜奉三尺读之,诸所治狱务精心为谳,然要归于平允。当入守犴狴,时值冬寒,遍给诸死囚草蓐。进囚食,辄亲尝之,令可食,禁狱吏一切所以害苦囚者。已而尚书嘉[1]其才,俾阅部章奏,则务以心通尚书,佐之钦恤,诸所平反甚众。时先生方仕于京,伯兄常在先生左右,汲汲招引四方豪杰,纳于师门。孔子谓"自吾得回,而门人日益亲",伯兄于师门殆近之。暨先生去京,则与周子思敬、耿叔子定力率先诸同志为会,嗣进者稍稍来附,伯兄殚力鼓舞牖迪之,人人各自以因兄有得。

时江陵秉枢,即贤者率多隐迹潜修,而伯兄倡学甚力,江陵意不能无憎。会傅、刘二柱史先后疏上,皆邑人,又同年,而疾者因潛谓刘疏伯兄实草之,则江陵益心衔,为稍迁本司员外郎。越数日,遽升河南按察司佥事。先是,尚书雅重伯兄,欲荐改礼曹,而伯兄固辞不愿。及是,尚书重怜恨之。伯兄曰:"人臣得疏爵职民事,惟不称是惧,何利害言乎?"遂趣驾之河南。既至,益孳孳治官,屯盐驿传诸政无不修举。时天下驿禁甚严,费稍省,然往往为奸吏侵渔,所以税诸民如故。伯兄会驿费所省共若干,遍摊诸小民,减其税,梓数颁行,纤丝具备,吏不得为奸,中州以此省税几十万。时穷日夜会其数,竟而发白者数茎矣。盖伯兄殚心职事,务裨益黔黎类如此,于时士民无不颂德者。而直指张受江陵指,则以属赵司理微伺伯兄过端。司理廉伯兄治无害,具报直指:"此端士,不可谪。"直指意不怿。司空李公故与江陵相友善,而心雅重伯兄,耿叔子微知直指意,乃以大义激感司空,司空为贻书直指,扬兄谊,意若阴止其排刺者。而直指立致其书江陵所,江陵立以书诮让司空,

[1] "嘉",族谱本误作"家",今据耿定向《明故奉议大夫河南按察司佥事邹伯子墓志铭》改。

曰："是嗾刘某疏我者，公党彼，置我何地耶？"既以此积憾司空，予告归，而嗾直指益亟。直指媒蘖一二疏论之，得降调。而伯兄遂飘然归矣。

伯兄去官，雅有以自适。好山栖，肩舆往来，不饬驺御。尝率溥居一小楼，读《汉书》，评古时有奇识。溥方计因伯兄破万卷，乃《汉书》未竟帙，而伯兄寝疾矣。呜呼痛哉！疾革，独顾老母言："儿不得终养二尊人，可若何？"问以后事，皆不答。良久，默而逝。

伯兄性刚，不与人款曲。非其人，即素交淡若无情者。然至遇同志，欢契如家人父子。耿叔子为溥言："尝遇汝海于途，问从何而来，汝海答谒赵主事来。吾因语此公学甚力，汝海曰：'我乃不知，一见殊草草。'因拊胸嗟念数四，其惟恐失一人乃尔。"又言："某甲子尝语我曰：'汝海之为人易悦耳。予第时时携壶榼过之谈学，彼则心赏昵厚我矣。'吾叹曰：'公何誉汝海之深也，彼见人过之谈学辄喜，何心哉！且子何独不以此近就之乎！'其人默然无以应。"盖自先大父以倡道觉人为己任，终其身不离友朋。家大人袭用成宪，官所至，辄联其地同志与观磨。及伯兄，索友益勤，昂然不避先觉名，以此丛忌府谗，三世皆不得大尊显，而家世乐之不悔也。然先大父洪博，无问贤不肖，皆诲诱。家大人宽厚能容。而伯兄独心嗜同志者，不能广延接，故不知者见谓孤高扬才，而沃其说者德之亦深。盖及今有端人硕士入京，问之，乃什九与兄游者。先生以此深感念伯兄，每规责溥，谓此不逮而兄。嗟乎，此可以观伯兄矣！

所上从祀王公疏，略云："其直契本心似禅，其辩驳先儒之言似讪，其汲汲觉世、真若天下之饥溺似激，其惜爱同志似党，其惓惓接引、漫无拣择似愚，其在军旅中聚徒讲学似迂。然原其心，则欲明明德于天下，冀以正天下之人心也。"伯兄所受父师学指，意在斯乎！意在斯乎！

家大人捐俸[1]资买义田百余石，赡族子，则伯兄亦捐田百石佐之。又尝蠲金，率先学士大夫买田青原，供会事。伯兄故超悟不倚名理，乃惇于好义如此。

为文驰骤，不受羁勒，然多新得，要归于明学。每言韩昌黎文字篇篇有扶持世教意，盖亦自况云。尝编辑薛、陈、王三先生语录，所著有诗文若干卷、教言一帙，行于世。

生嘉靖戊戌五月初二日，卒万历辛巳九月廿九日，享年四十有四。

伯兄之卒也，天下学士大夫无问知不知，皆为扼腕。后三年，谏议曲公迁乔犹上疏讼伯兄冤状，谓"如某者砥砺行谊而罹诬以死，臣心伤之"，读其

---

[1] "俸"，原文误作"奉"，今改。

疏者莫不心恻。朝论以为使伯兄及今存,必且晋庸,而惜其不俟。其友则谓:"此不足悲,独悲夫天之不慭遗,以为同志布谷也。"

伯兄婆贺氏,邳州太守世采女,生男子二、孙女二。

溥浅陋,不足以窥我伯兄邃,即所窥又若不能言传者,特述其梗概如斯。惟先生俯赐采撷以独契,惠然阐悉而赐之铭焉,其伯兄死且不朽。

不肖弟德溥撰。

明故奉议大夫河南按察司佥事邹伯子墓志铭[1]

耿定向

万历辛巳九月二十九日,邹伯子卒于家。余时宅忧在里,讣闻,哭之恸。越甲申,余起官中台。至都门,接其仲太史溥。感念伯子,相视潸然,涕数行下,非为情好也,盖有丧予之痛云。嗣太史著状以志铭请,余曷忍辞?

按状:伯子讳德涵,字汝海,聚所其别号也。其先系出幽州范阳,后家宜黄,徙永丰,已徙安福。曾大父易斋先生讳贤,弘治丙辰进士,仕至福建按察司佥事;配周宜人。大父东廓先生讳守益,正德辛未南宫第一及第,仕至南京国子监祭酒,赠礼部侍郎,谥文庄;配王淑人,继配李淑人。父颖泉先生名善,嘉靖丙辰进士,仕至广东布政司右布政使;[2]母陈恭人,以嘉靖戊戌五月二日生伯子。

伯子生而颖特,文庄公心奇之,自龀年即养以圣功矣。甫龆,补博士弟子员。颖泉公既成进士,官比部,以伯子从。余慕颖泉公家学,于同年中心独向往,时时偕罗惟德、胡正甫辈相与切劘。而颖泉公准古易子谊,令伯子受学于予。盖伯子时已脉脉嗜学矣。戊午,归就试,遂得与计偕。文庄公赋诗勖之"尚友千古"云。己未,上春官,[3]因卒业太学,海内誉髦士多从之结社修博士业,余季力亦在社中。其督诲规切之者,不殊同胞。遇诸寒素士与诸贵介子一视之,蔼如也。余数过其社,睹诸贵介子与寒素士伍处,人人各若色自见者,窃叹居之移气若此。而伯子顾独浑如,见者不辨为何如人。余间语伯子曰:"诸以居移气,子气不为居移,诚加人一等,顾不思居广居耶?"伯子怃然,益锐志于学。

---

[1]　按此文又见于耿定向《耿天台先生文集》(明万历二十六年刘元卿刻本,收入《四库全书存目丛书》集部131册,简称《文集》本)卷十一,题"明河南按察司佥事邹伯子墓志铭",文字与族谱本稍有出入。本文以族谱本为底本,《文集》本为校本。族谱本与《文集》本文字相异者出校,族谱本有误而《文集》本无误者出校,族谱本无误而《文集》本有误者不出校。

[2]　"使",《文集》本无此字。

[3]　《文集》本在"上春官"后有"未第"二字。

　　越丙寅，余典学南畿，寓书招之至。适余仲理亦来省予。伯子时学犹缘名理自摄，余时提激，[1]慨然思彻性源。间以疑质予仲，仲不答，则大奋曰："吾独不能心参而向人求乎！"归邸，键一室，静求者逾时，未有解，愈自刻厉，至忘寝食。一日来见余，余视其貌癯甚，知为学愤也，渐启之。复属杨生希淳、焦生竑与居，昕夕商订。一旦雪然，忽若天牖洞彻，本真自信，不假凑泊，不烦矫揉，即显即微，即夷即玄。自是其气岊然，其文蔚然，其与人为善之机益勃勃然，盖昔人所谓此理已显矣。

　　会颖泉公督学齐鲁，伯子往省，值仲溥在官邸，相与密参显证，仲亦大省。于时嘐嘐然当孔氏正脉，宋儒以下弗愿。已，颖泉公乃简齐鲁髦士与盍簪，伯子因以[2]孔氏求仁之旨胹胹诱掖，诸髦士由是彬彬兴起，至今仁贤踵接。识者伟颖泉造士之功，伯子寔有力云。

　　己巳，还里，则日与里中绅士孜孜明学。里中故多先达宿学，伯子以当仁无让，或目为狂。伯子曰："吾诚狂，孰与为乡愿耶？"久之，里中英杰益相孚契。如孝廉刘调甫三五辈，岳岳自树，咸多伯子引翼焉。辛未，将赴南宫，谓其仲曰："吾于海内人豪，独倾心太仓王公。第得王公与校，吾遇矣。"是岁，果王公分校《春秋经》，得其文，大赏荐，置高等。廷试，赐二甲进士，试政工部。王公时引与参订学旨，若不以门下士畜者。无何，从祀议起，伯子上疏极言文成应祀，状中所称述文成者，盖最得其大云。

　　甲戌，授刑部山西司主事。治狱详慎。轮守犴狴，值沍寒，善视囚蓐饘，禁吏卒一切痛苦囚者。尚书嘉其才，遴阅部章奏，殚心佐尚书理，多所平反。二子从宦邸学，服食粗恶，严冬至不免瘃𧙃。僚友诸为不堪，伯子固安之，家风可知已。

　　时予起官符台，伯子时时招引海内英贤，与予资切无虚日。及今布列中外、赫然著声称者，十九伯子所论交也。时方严学禁，而伯子顾任道益力，求友益殷。会同邑刘、傅二台史先后疏上连相国，而刘疏诋相国益甚，谗者谓疏出伯子手，相国深衔之。寻迁本[3]司员外郎。遣出为河南按察司佥事，主屯盐邮传诸务。殚精擘[4]画，省邮费几万缗，著为令，民永便之。乃御史某承相国意，欲中伯子。季力闻之，谋解于司空李公。李公雅重伯子，亟寓书营解。御史立致李公书于相国，相国大恚，李公由是予告归。御史疏论伯子，诏下，镌秩一等，伯子遂飘然归。归而日与其仲暨诸子侄山栖，矢志大

────────────

　　[1]　《文集》本在"提激"后有"之"字。
　　[2]　"因以"，族谱本误作"以因"，今据《文集》本改。
　　[3]　"本"，《文集》本作"陕西"，应为"山西"，前文说"甲戌，授刑部山西司主事"。
　　[4]　"擘"，原文误作"劈"，今改。

肆力于学。余数寓书，以万世业期之。无何，病遂卒，呜呼痛哉！

伯子配贺氏，邳州守世采女。

子二：长衮，郡学生，娶刘宏学女；次袠，娶少参万一贯女，继邓[1]氏。

女二，孙女二，[2]俱幼未字。

衮、袠以壬午九月廿七[3]日葬于栗木礼坑之兆，负坤趾艮。[4]

余惟孔氏学旨归于求仁，学不识仁，而师友道丧久矣。文成崛起，首倡致知之旨，于时信从者如云。及文成没，而承学者或宗乐体以为自得，任放而逾矩；或耽虚寂以为精深，沉空而离实；或矜知见以为高远，溺妙而斁彝，何多歧也！乃文庄亹亹循循，言戒惧，言志矩，言[5]三千三百即发育峻极，言庸行庸言即精义妙道。於戏！兹非孔氏之正脉也与哉！世言文庄以一代硕儒魁天下，跻清华，而折节于文成，定师友交为难。余谓终身不悖师传，俾孔氏之正脉不堕者，此其功[6]在万世尤难也。颖泉公克继厥志，尚友尽宇内矣，乃不以余不肖，而猥令伯子以文庄之所事文成者事余，嗟嗟，余岂其伦哉！顾余雅与伯子相切劘者，无非文庄之所受于文成者也。余近于文庄之学信之加笃，方期与伯子共明之，而伯子已矣，岂不痛哉！夫姚姒以君臣[7]为仁而仁覆天下，洙泗以师友为仁而仁流万世，子舆跻颜氏子[8]于禹稷，有以也。邹氏世笃兹谊，仁之所流远矣，是不可以无铭。铭曰：

明兴化洽，道在姚江。良知一揭，如炬斯煌。咄咄燐爝，纷耀舛驰。不有正觉，畴醒群迷。曰惟安成，独秉宗传。求仁志矩，孔脉以延。矫矫佥宪，承考率祖。[9] 奕奕瑶裔，式克步武。[10] 青原郁郁，螺川汤汤。闻道在兹，[11]死也不忘。[12]

赐进士第、通议大夫、刑部左侍郎、前都察院左副都御史，黄安耿定向撰文。

---

[1] “邓”，《文集》本作“某”。

[2] “女二，孙女二”，《文集》本作“二孙、女四”。

[3] “七”，《文集》本作“六”。

[4] “栗木礼坑之兆，负坤趾艮”，《文集》本作“其山之兆”。

[5] 《文集》本“言”后有“即”字。

[6] 族谱本无“功”字，今据《文集》本补。

[7] “臣”，《文集》本作“相”。

[8] “颜氏子”，《文集》本作“陋巷之子”。

[9] “率祖”后，《文集》本有“如孔有伋，继志绳武。伋也云殂，《中庸》□在”十六字。

[10] “式克步武”，《文集》本作“滋昌以大”。

[11] “闻道在兹”，《文集》本作“文在兹矣”。

[12] “忘”，《文集》本作“亡”。

金宪聚所公墓表[1]

焦 竑

国朝之学，自阳明公始，而安成邹氏文庄公实从之游。自后寖衰，而吾师天台耿先生复大振。先生倡学京师，与文庄公子太常公友善。[2] 太常公遣子德涵禀学于先生，即金宪公[3]也。公讳德涵，[4]字汝海，别号聚所。[5] 早闻家学，挺特有锐[6]志。迨先生董学南畿，学者云蒸豹变，而都人士被其教为深。公闻风而至，与余辈上下议论，爽然有会于先生之言。进而相质正，未尝不叹公一日千里也。盖于时士汩于见闻知识，而公独得其本心。自是志意勃发，一以立人达人为己任，先生甚器之。会太常公督山东学，公往省，太常公简誉髦与之游处，公以其所自得者随机阐发，因而兴起者为多。

隆庆辛未，成进士，授比部主事。先生以内台召至，公联合同志日相讲于其门，汲汲皇皇，若不能须臾安者。时谓孔门得颜氏而门人益亲，公盖庶几焉。亡何，阳明公从祀议起，在廷多异议，公上疏争之，略曰："守仁直契本心似禅，辨驳先儒之言似讪，爱惜同类似党，惓惓接引、漫无拣择似愚，戎旅间聚徒讲学似迂，然本其心无非欲明明德于天下而已。"此虽以释议者之惑，而亦公之胸怀本趣也。时江陵当国，恶言学，又公乡人御史刘台上书诋之，谬意疏出公，因稍迁公员外郎，随出之金宪河南。巡按御史望风疏论，公于是遂拂衣归。未几而以疾卒。

忆是时世争言性命之学，然而剽略于语言，滞痼于形迹，率茫昧影响而已。自先生开示学之津筏，士始知以悟为宗。日用之间，悬解朝彻，如静中雷霆，冥外朗日，无不洗然自以为得也。而公尤师门所属望，藉令公不死，必能更相绅绎，以益推明先生之道于无穷。而公下世矣，惜哉！

初，余与公群居金陵者三载，又庚午秋同舟北上，明年三月始别去。见公孳孳求友而不及，虽知敬爱之，然余年少，识事浅，谓世且多如公者。迨今

---

[1]　按，此文又见于焦竑《澹园集》（李剑雄整理，中华书局 1999 年出版）卷二十七，题《奉议大夫河南按察司金事邹君汝海墓表》，与本文文字稍有出入。本文以族谱本为底本，《澹园集》为校本。族谱本与《文集》本文字相异者出校，族谱本有误者出校，族谱本无误而《文集》本有误者不出校。

[2]　"文庄公子太常公"，《澹园集》作"文庄子方伯公"。以下"太常公"，《澹园集》均作"方伯公"，不一一出校。

[3]　"公"，《澹园集》作"君"，以下同，不一一出校。

[4]　"公讳德涵"，《澹园集》作"德涵君讳"。

[5]　"别号聚所"，《澹园集》无此四字。

[6]　"锐"，《澹园集》作"大"。

三十年,世变日新,同心凋谢,求如公之髦髯,邈不可得,然后知乐聚之难常,而公尤为不可及矣。[1] 至其世次官邑与行事,耿先生具志于幽堂。呜呼,公之用不究于时,而学未见其止,此不能无遗憾也,而已足以表见于后世。余故论著公之大节,伐石纪辞于其墓之原,而以慰学者之私[2]焉。

赐进士及第、左春坊中允兼翰林院修撰,友弟焦竑撰。

邹德溥传记

先兄宫洗泗山老师行状
邹德泳

宫洗先兄以万历己未九月之二十日终于正寝。越明日,乃发丧,而知道者悼之甚,请谥达道先生,惟道则无弗达也。越三月,孤匡明奉柩葬齐云山。齐云去城百三十里,崎岖上至山。而匡明著得《涣》之六四,其繇曰:“涣其群,元吉。”乃定。是日也,天气温融,举舆如飞,知兄志也。发纼之先日,孤曰:“叔父受业先君子有年,知最深,愿累以状。”孤哭,泳亦哭,皆失声。别去久之,孤始忍哀辑行实以来。[3]

予念早孤失教,兄大惧予废业,训督不替。已从叔父宦入楚辰,冠字成礼,皆兄挈以行。兄下帷授经,独喜予,心开弗少秘,予乃幸有就。比俱宦邸中,训督益加亲。及予以封事忤旨,同给事中孟养浩、钟羽振五六辈候逮朝房,兄遍走觅蝻胆,手研药酒预饮,恐不生免。念此皆昨日事,则兄实父我,等匡明也。相提于今,匡明心碎,予亦肝摧,两人者共此传神一腔血也。而匡明见浚思深,于哀毁梦觉而将见之,虽详哉其言而不少诬,予读未半,而不觉笔已落手矣。乃匡明识其大,予识其小,两不相贷,并备如椽[4]之采。

兄讳德溥,字汝光,别号泗山,叔父太常公仲子。太常公幼从先文庄公宦,以颖异,为临汝陈明水先生所赏。先生故当代名鉴也,因妻以女,为陈夫人。产三子:长金宪兄,次兄,次弟太学生德济。兄生以七月二十七日,为

[1] “及矣”至“至其世次”之间,《澹园集》中有一段文字,为族谱本所无:“君生嘉靖戊戌五月一日,卒万历辛巳九月二十九日,年四十有四。配贺氏,子男二:长曰衮,娶刘,郡庠生;次曰裴,娶万,继邓,太学生。二子以壬午九月二十九日葬君栗木礼坑之兆。”
[2] “私”,《澹园集》作“思”。
[3] “来”,疑为“诔”之误。
[4] “椽”,原文误作“掾”,今改。

斗降辰，则以陈夫人祷九皇符合故。

兄幼不好弄，长而嗜读，一目可数行，再三过，不遗一字。先文庄于诸孙中爱独钟，曰："是必能嗣吾远大者。"常手书诸大贤警语策之，每试不忘。

年十四而冠郡邑士，弱冠而荐贤书。又十年，为万历癸未，遂魁南宫，为王文肃首拔。读秘书。乙酉，授翰林编修。已授阶文林郎。戊子，以三年考满膺封，便归省。自壬辰以后凡三典会试，已典诰敕，纂修玉牒、国史。已晋官充经筵讲官，旋改司经局洗马兼翰林院修撰、东朝日讲官，骎骎乎将廊庙大用矣。而以才名为时贤所忌，遂中蜚语，谢归。

兄自起诸生，从叔父督学中省，即怂恿伯兄罗天下名士。时则有朱司寇鉴塘、孟赏实我疆、冯大参仰数辈，招集署邸，课艺讲业，即犯时禁不恤。当是时，海内峥嵘[1]知有邹仲子矣。越三年，而朱司寇适司李吉州，会宗兄汝瞻为朱所荐士，予亦滥赏拔，常随兄署中。司李故以古道相处，而二兄并缊袍敝履，帽角高古，迥先辈人物，即对竟日，无一语及时事，至有持千金请事而不敢发口者。

无何，予执鞭弭从兄入楚辰，经星沙，备兵卜公讳相者雅相慕重，故稽其传檄，属使关说，而大侠因之居间者趾相错。兄目余笑曰："此无乃以市道相爱乎！"亟谢去。将入境，有挥使陈裘者觊以两苗锦，兄又笑曰："岂有父宦此而子私交者？"并刺返之。其谨严如此。

辛未，闻伯兄捷，则益发愤。工古文词，经义特铸一格，缘饰之以《国》《左》。即一尺幅，皆摹秦汉语，诗则陶孟，近体则北地。故兄入史局，应制皆素所匠构，左右逢源，为馆师首拔。而当是时，叶福清、郭江夏并以才藻擅誉一时，每读兄作，不自觉其膝之前于席也。抢才三榜，得名士最多，某某尤其杰出者。先是，知制诰者多袭旧语，独兄祖典谟简重，得者荣之。侍讲东朝，必先三日茹淡辍饮，三薰沐而后入，务期格心。故事，讲章预呈政府取可否。兄不必尽禀，简枿讲，末必借意反覆晓告，最为东朝敬礼。每罢讲，辄曰："邹先生讲好。"而内侍传外，语稍泄，于是同官虞竞，政府虞逼，遂有欲甘心者。而兄又简交游，杜苞苴，人每以不得见面为恨。顾独师耿楚黄先生，友焦弱侯、潘去华诸公，今日会演象所，明日会灵济宫，披心研究，欢如兄弟，非其人则弗亲也。当是时，进有功名之忌，退有道学之嫌，兄虽欲不中于祸，岂可得哉！

泳不肖，先兄归六年，得预扫除。复古仗兄主盟，则恳恳容接，恒恐不及。常曰"见道非道，忘得乃得"，而谆谆于一体万物之旨以修。后进得大乘密谛，则奉若师保。片言之契，亦不难卑己下拜，而绝无一毫胜心理解之累。

---

[1]　"峥嵘"，原文误作"眰眰"，今改。

吾郡邑学风素隆,当是时,王太常拥座于能仁,宗兄建斾于青原,刘征公振铎于复礼,家太常竖帜于任仁,兄往来上下,启钥发蒙,人人无不饱所欲,而归者莫不曰"先生爱我"。而兄又终年委身友朋间,一无家累,亦不知有家累。生平于衡度、钟釜、铢两多寡之数,略不訾省。兄嫂赵甚贤且慧,日损簪珥以佐宾友之欢,而兄亦不知。即平湖、江北之间,户屦常满,兄第休休焉畅其所自得而开友人以共得,以为乐莫乐于此道也。

又性最孝,奉两尊人日夕如婴儿,进不为先,退不为后,一起居、一謦咳,必密从侍者问状,而后即安。伯兄洎弟济先后即世,兄侍疾理丧,并竭其诚,不啻如尊人之笃挚也。太常公设有义廪,岁赡乡族,兄拓之至千,又启义馆以训族之子弟失教者。邑有大患害,辄当先致牍当道。近年请蠲、请赈不遗余力,泳虽实左右之,而自愧精神不如也。凤林从太常公建桥,三十年就圮,兄慨然嗣续,欲伐石全甃,公私奏请,日百数十牍,手腕可脱,如是者经年,而精力因是耗损。及易箦之日,犹呼董桥之僧属意者三,至以不克结局为不瞑目。吁,悲哉!

兄学无所不窥,自星历、舆图及国家营屯、盐铁、茶马诸大政皆有考,而内典、道经等书犹极钻研,谓出离生死一理决非虚妄者。畸人学子,必倒屣收之,而真符大药庶几旦暮之一遇,谓真精诚绝无不可成者。冠服履屦之制,及丧祭冠婚之仪,动必师古,谓古礼、古乐绝无不可兴复者。含宏八九云梦,一切毁誉是非等若飘风落瓦,而一以度化为念,谓世间决无不可度化者。事苟自信,即率真径行,并简牍往来,不知有世态忌讳之习,谓天下决无不我谅者。生平无疾言,无遽色,一以君子长者待人,人或以好语谩之,不知也,即剚刃以中之,亦不逆也,谓天下决无有失心蔑理者。盛德而处以愚,大白而不屑于矫,独行而不蕲于名,普爱而不必于见德。兄没未逾月,而匡明罄橐中,至不克襄事,鬻产以佐之,则兄平日之学可知矣。

予尝安论,吾兄古人也,亦真人也,而人不尽知。然不知其品,视所与;不知其悟,视所修;不知其诣,视所超;不知其冤,视所负。此数者,可使天下之人尽知之也。而同道之友又以为一行一节不足以尽兄,谥曰"达道",匡明又从而辨之详。泳则家丘门下樊迟也夫,先未达矣,焉敢妄赞一词? 必欲肖吾兄之似,意庶几所谓屡空者欤! 则窃自附于正叔之实录而非阿者,敢为潞公请质焉。

兄所著,《易》有《会》,《学》《庸》有《宗释》,《春秋》有《匡解》等书,而诗文集复若干卷,并学者津梁,必不朽云。

兄子五人,四蚤世,独匡明能继志。匝月而毕三世大葬,闵子之见梦于兄,有由也。若先世派系及子若孙男女嫁娶,匡明述具悉,兹不备。

赐进士出身、中宪大夫、资治尹、太常寺少卿、前云南道监察御史，建言国本罢归，蒙恩特起尚宝司少卿，受业弟德泳拜撰。

宫洗泗山公墓志铭
叶向高

公讳德溥，字汝光，别号泗山，吉之安福人。大父曰文庄公守益，父曰太常公善。太常公三子，公居仲，伯曰金宪公德涵。吉之士大夫素以理学名节相矜砥，而邹公祖孙父子兄弟犹世相传受，其源出于姚江之良知，而文庄济以实践，不为空虚要渺之谈，故吉人之言学者多以邹氏为宗。文庄公举南宫第一，公以癸未举第二，科名之盛，亦世所艳称。是岁有中秘之选，公衰然为之领袖。其文章蕴藉雅醇，取法欧、曾，不逐时人口吻。授编修，晋中允、洗马。三为会试分考官，所取士如今大学士韩公、朱公辈，皆有名。光皇出阁，公首为讲官，反复开陈，深动睿听，每为中官言："邹先生讲好。"时耿楚侗先生倡道都门，公故所师事，友则焦弱侯、潘去华辈。时聚讲射所、灵济宫，每欲招余往听，而余以闽人木讷，不能从，然心向往之。公学虽本良知，而亦佩服耿先生求仁之指，故其一生精神所注，惟以取友亲贤为急，见人一善，即喜谈乐道，惟恐不及。其尤所倾慕，如毗陵孙大宗伯、高阳孙大学士、安福刘翰编、晋安陈计部，皆延入西塾，朝夕讲论，相与切劘，欢相得也。间以余力泛滥二氏家言，释子道流常加接引，于长生、无生之说，亦若有所默证，以为其精者不悖于吾儒。即相知者或劝公门墙宜稍峻，公不谓然，曰："吾道至大，何必作藩篱？"然竟之亦用此踬。

自归田后，益肆力学问。同郡有塘南王先生、泸潇刘先生、南皋邹先生振铎于青原、白鹭之间，四方之士从游者甚众。公往来上下，启钥发蒙，每拈片辞，邹先生辄为首肯。里居二十余年，尽谢请谒。惟邑有大患害，则削牍开陈。如近岁议蠲请赈，不遗余力。太常公曾建凤林桥，久圮。公谋伐石重砌，为费不赀，橐尽，捐产。产尽，乞灵当道及诸善信，唇焦腕脱，不以为劳，曰："吾以成先人之志耳。"易箦日无他语，惟呼董桥僧丁宁致嘱曰："毋令吾遗恨地下也。"

其卒为万历己未九月之二十二日，距生嘉靖己酉七月二十七日，得年七十一。娶赵夫人，甚贤。

有五子：辅明、亮明、弼明、匡明、承明。匡明，太学生，余皆郡邑诸生。辅明娶州守贺世采子应保女；亮明娶太学生周应斗女，后娶周守州文龙子懋钦女；弼明娶太学生戴默女，继京兆刘公日升女；匡明娶祭酒刘公应秋女，继太学生李春女；承明娶光禄刘公孟雷女，继宪副龙公文明女，再继邑庠生颜士贤女。

女二:一适大参甘公雨子监生应蚪,一适御史刘公思瑜子举人绮。

孙男七:世求,官生,娶儒官刘应汤女;世祚,邑庠生,娶州丞杨应正女;世全,邑庠生,娶太学生王胤岱女:俱辅明出。世俊,邑庠生,娶郡幕罗文女:亮明出。世銮,娶郡丞刘公以昱子汉杰女;世兰,聘廪生刘吉兆女:承明出。世狮,聘庠生刘达衢女:匡明出。

孙女二:一适庠生伍以教,一适周廷椒。

曾孙男二:长永思,世祚出,聘罗文恭公令孙能静女;次永清,世銮出。

曾孙女二。

当公在词林时,五子翩翩,咸富才藻,谓功名可立致,乃相继物殁,其及事公于末年者,独匡明耳。余在词林,与公称石交,里居思公不置,曾寄数行,而公已先逝。匡明奉余书告公之灵,且属余以志铭,余敬诺。亡何,匡明亦卒,公之子遂无一存。余闻而悲伤叹息不能已。顷再入纶扉,世求乃走都门为公请恤。天子念公在先朝讲读有劳,予祭予荫,还公旧官。世求复以匡明意,奉其叔父太常公德泳所为状来征前诺。予于公谊不忍辞,乃掇而次之。

公所著有《泰交录》《东宫讲章》《职官志》《易会》《学庸宗释》《春秋匡解》,及诗文若干卷。

葬于己未十二月九日,墓在齐云山,匡明所卜。铭曰:

为名儒孙,为名卿子。为帝师臣,为国良史。所取造物,不为不侈。中道而蹶,孰尼孰使。我思古人,益有修士。于躬无尤,于口弗理。明道淑人,如是而已。得丧升沉,达者一视。煌煌新纶,贲于绮里。我为公铭,千秋可俟。

赐进士出身、光禄大夫、柱国、少师兼太子太师、吏部尚书、建极殿大学士、知经筵日讲制诰、予告存问奉诏特召实录玉牒总裁官,年弟福清叶向高撰。

宫洗泗山公墓表[1]

邹元标

宫洗汝光,予宗兄行也。两人同癸酉乡试,谭艺论心者几五十年。汝光逝,有了匡明亦时过商略旧学,如见汝光。乃匡明又逝,予于汝光父子间时有深思,表公非予而谁?

公名德溥,字汝光,初号完璞,更号泗山。文庄公孙、太常公善仲子、金宪公涵介弟也。自少文庄弄而奇之曰:"继我者此子。"太常择师友傅之,如山下出泉;长而依金宪取友四方,如桥木倚松。故自弱冠至暮年,一起居,一饮食,未尝与方正先生离者,所得于夹辅者深也。金宪业以文芥上第,而公

---

[1] 按,此文未收录于邹元标文集。

于制举义深心钻研，海内得一艺，以为教父。至《麟经》大旨又一变，学者动相师向，曰："此邹氏心印也。"其慕尚如此。

文庄宗余姚旨，发挥一本于庸德庸言。而公以别有究竟法门，有一人能窥最上乘者，即释子道流延而纳之。馆下客有告者曰："道不欲杂，杂则多，多则扰，此不可持世。"公不谓然，曰："彼杂吾一，吾何故自隘隘世？"窃津津以为于道有闻矣，而默默自怡然。二三友人如杨贞复、焦弱侯及予知之，它人不知也。

公繇癸未成进士第二人，选庶常，授史局，至宫洗，理诰敕文，名噪甚。入闱，得名士元夫数人。上诏选有学行者充东宫寮属，公与焉。每入讲，期精心以痻东宫。一日，东宫曰："邹先生讲得好。"朝中方庆储皇聪睿天启而讲臣启沃之益，不谓中忌者归矣，则以前交道杂故。而惜者咸曰："公慕广大忽细小，不知细小者广大之基也。仕路如登九折坂，层层危级，不用客言至此。"予闻而窃谓，安成宗党，公四世以上簪履辉映，又皆以明德闻，继文庄步武玉堂，横经讲帷，又儿孙侁侁，循循天助，它族所鲜，不可谓不顺。入仕如泛舟大海，一泻千里，世间有几？公之逆者，乃所以成公之顺也。予于公何憾！公已矣，诵其文，读其书，恨不起之九原。

公初号完璞，璞自完也，世得而加损哉！倘天而愁遗，甘盘旧学，取日虞渊，未可知，惜乎世之不祚也。上特诏荫一子，赐祭，公可瞑矣。

公为德邑里事甚众，孝友梓穆，里称醇德。鬻田以襄邑桥，身后子孙饥饿，至太常世业且尽。赵安人殁，无以为棺。嗟乎，世知公之濯濯乎！予表而出之，使海内人知谭道人本色如此，无轻信谣诼也。

天启癸亥岁仲秋月吉旦，赐进士第、资德大夫、太子少保、正治上卿、都察院掌院事左都御史，前吏部左侍郎，刑部右侍郎，诏起大理寺卿，两京吏、礼、兵、刑四部郎中、员外郎、主事，奉诏起用特授吏科给事中，侍经筵，蒙恩予告，宗年弟元标顿首拜撰。

邹 德 泳 传 记

明正议大夫刑部右侍郎泸水邹公墓志铭
蔡懋德

夫邹鲁之于文学，其天性与饮食为质矣。江右之有安成，安成之有邹氏，犹邹鲁之于文学也。邹氏自文庄公绍明良知之学，再传而生泗山、泸水二先生,皆文庄孙也。予不获交泗山先生,犹得聆泸水先生绪论。昔余较士西江,颁先生书于学宫,令诸生师事焉,一时江以西人士肃然起化,先生之功滋大。未几而先生卒于家,乡缙绅士人已专祠祀之,易名从祀诸盛典尚缺有待,乃墓门一片石,厥嗣宪明从长安数千里外涕泣持状属予,从先生志也。

按状:先生邹姓,讳德泳,字汝圣,学者称为泸水先生。其初祖天成公因世父灏从文丞相起义兵,兵败,避难安福。数传至易斋公,生文庄公讳守益,生昌泉公讳美,则先生考也。

先生幼而英敏绝人,出就外塾,文庄公大奇之,手书"弗畔于道"以相勉励。先生忠孝成性,昌泉公殁,先生才九岁,居丧中节,事母周恭人以孝闻。当道建文庄公特祠,先生方十岁,陪邑令成释菜礼,令大奇之,曰:"此子必以忠孝世其家。"从兄泗山先生讲学豫章,章斗津大奇之,曰:"孺子宜勉力。"遂津津有味于圣人之学。从叔太常公宦于楚,太常公大奇之,为筵宾,成冠礼,赐《字说》,勖为"涵泳圣涯"。归,读书青原山,楚耿叔台以使事至,大奇之,曰:"此我辈人。"盖先生自其父兄师承之教所以熏陶成德者,固已若春之在花,葳蕤芊眠,华实并茂矣。

壬午,举于郡。丙戌,中会试第五人,授官行人,迎周恭人就养京邸。出使荣藩,谢绝馈遗,移文长使验收而去。奉周恭人归。明年,授监察御史。未三月,上国本疏,不报。时政府以密揭摇储议。故事,阁揭不传,兹上忽发外,科臣罗公大纮发愤疏诋,被谪。黄公正宾诏下锦衣,杖,削籍。九卿皆诣辅臣邸,宣谕入阁视事,中外震恐。先生即草疏劾二辅,其所发燮理无状及明礼制、杜僭逾者,义激而气愤。疏入,咸谓叵测。乃圣怒忽霁,二辅遂行。时科臣李献可以豫教忤旨,先生慷慨疏救,而科臣孟养浩、钟羽正、部臣董嗣成同日上疏,上大怒,拟尽从逮问。山阴王公恸哭宫门,具疏恳救。会廷杖孟养浩时风霾大作,上心动,先生洎诸臣俱第从削籍。先生陛辞恸哭,作诗。明日,策蹇出都门矣。

归家,杜门阐发家学。事周恭人,审色听声,进不敢先,退不敢后。当道以周恭人苦节闻,诏表宅里。先生遵恭人命,以坊金置义仓,赡亲族无告者。开讲西林,弟子日益进。署白鹭山长,与诸同志商究性命精微,皆推文庄公遗教,而其言一以忠恕为本,诸人士彬然丕变。会东朝建诏,复先生冠带需用。先生萧然蔬水,幅巾草屩,惟日以明道谈学为乐。兴复古书院,创同德过化祠、退省轩,续旧志规,焕然一新。先生精神孚召,善气熏蒸,学者皆以为亲己而乐就之,惰者兴起,疑者信,滞者释,有莫知其然者矣。周恭人卒,先生年六十,哀恸逾礼,庐墓毁瘠,孝思殚尽。

神庙崩,诏录诸建言者,先生名次第六人。光庙立,诏起尚宝少卿。熹庙立，先生始应召。上《圣学疏》，盖祖文庄公《圣功图说》而推广之，大要冀上本天心以化成天下，辨危微、严精一、凛天命、畏民喦而已，有旨褒嘉。先生益感愤，有录忠、振弊、重宝、开言路、收人心、条议祖制直陈中兴大业六疏，上无不赐俞。升太常少卿，晋通政使司左通政，侍经筵，晋太常卿。天下想望先生大用以卜治平。无何而逆珰柄政，三朝《实录》成，先生主持公议甚力，魏忠贤疾先生甚。会先帝临雍，先生陈列芳规八条，上省览，不报。先生遂引年乞休，以刑部右侍郎致仕。

魏珰生祠议起，江右抚臣遍征士绅间。先生涂抹其籍，题曰："叙者不书姓名，写者寻复揭出，羞恶之心尚存，请公从此中辍。"时咸为先生危，先生弗为动。崔呈秀憾先生甚，于《三朝要典》末缀数语，将罗织之。先生弗为动。皇上中兴，乾坤再正，先生喜动颜色，献治安一疏，娓娓数千言，无一不中时病、开主德者计。先生生平立朝者五年，功在社稷，泽被悍黎，所为家国计久长者言言石画。

家居者三十余年，修明家学，羽翼圣经，启迪后人者，道在万世。盖自王文成公倡绝学于千载之后，不数传，而脱略防闲者有之，独邹文庄兢兢戒惧之传，久而无弊。至先生而笃实光辉，不尚口耳，不希玄妙，一本于心所自得。其言以吾侪既有志圣学，必先求识心。夫诚繇致曲，动必有倪。如一本不得其心，当就"其颡有泚"识之；保民不得其心，就"不忍觳觫"识之；恻隐不得其心，就"乍见怵惕"识之；羞恶不得其心，就"呼蹴弗屑"识之；操存不得其心，就"平旦所息"识之。指点最为直捷，而犹急于敦尚躬行。谓唐虞开辟立教，首重五伦，孔子所求乎子臣弟友，犹以未能自勉，期于言行相顾，何其切近精实也！

予无似，辱先生不鄙，谬抒管见，往复就正，先生一一剖析疑义，刻《应求微旨》中。又序余《愤助编》以加鞭警，而愧未副所期。乃先生晚年，涵养日粹，醇之又醇，优入道域。迨闻先生易箦时，翛然嗒然，有问："此时正靠学问主张者。"先生笑曰："吾岂无主张者耶？"三拱其手而逝。启箧，敝衣数袭，书图数十卷而已。

所著述有《湛源集》《湛源续集》《三》[1]《读易》《应求微旨》《学庸归旨》《平旦录》《振玩录》《复古志》《复古记事杂笔》《泮宫讲意》《三朝拜恩疏》《拜恩日录》《西林庭课》数十种，行于世。文章光明洞达，不傍袭人一字，揽笔如飞，皆灿然可诵。卒之日，竹枯星陨，大人之动天，岂偶然者欤？

先生生于嘉靖丙辰十月初八日卯时，卒于崇祯癸酉七月初三日酉时。

---

　　[1]　《三》，承前省文，应为《湛源三集》。

娶吴氏,祭酒公孙都断缘女;继张氏,中翰公孙袯女;继彭氏,司空公子简较世堪女;继彭氏,简较公弟世垲女。娶萧氏、陈氏。吴与二彭赠恭人。

男子子四:赞明,廪生,娶参议甘公雨女;戴明,增生,娶给谏罗公大纮女:彭出。宪明,甲子科举人,娶太常康公元积女,继参政王公孙道宏女:萧出。康明,廪生,娶尚书赵公孙士康女。

女子子二:一适廪生康范生,一聘赵麟振:陈出。

孙男子七:道隆,早卒,赞明出。道泰,庠生,娶御史张公孙子彦女;道升,庠生,出继赞明后,娶御史李公长春女;道复,聘廪生刘之偕女:戴明出。道宏,聘礼部主事康公子范生女;道定,聘知府管公孙调元女;道宁、道宾,未聘:康明出。

孙女子五:一适庠生陈士绣,赞明出。一适庠生刘瑞,一适庠生王鋆:戴明出。一聘刘淳儒,一幼未字:康明出。

曾孙永□□□□□□□□□□□□□□□□□□□□□□□□[1]江口,首甲趾庚。

余既为志而铭之曰:

维天维人,大道所资。猗欤先生,道为世仪。

维忠维孝,典学之基。猗欤先生,学为人师。

孔先诚正,思传戒惧。一脉如线,祖武孙步。

东廓咸英,泸水韶濩。煌煌鼓钟,金戛石拊。

令闻世馨,遒不作人。宏济时艰,先觉斯民。

豫教立木,青令同春。圣心主德,责难维臣。

位不逮久,孰为为之。在朝如寄,在野如遗。

青螺之麓,白鹭之眉。开来继往,千秋在兹。

明崇祯十年岁次丁丑季冬月六日

赐进士第,钦差整饬直隶井陉兵备,提督倒马、龙、固三关,山西布政使司右参政,前浙江分巡嘉湖道,奉敕提督江西学政副使,册封光泽王府正使,礼部仪制、祠祭、主客三清吏司郎中、员外郎、主事,通家晚生蔡懋德撰。

---

[1]　按,此处原缺二十四字。

附　　表

附表一　邹东廓与江西官员交游一览表[1]

序号	姓名	字　号	任职时间	官　职	备　注
1	于桂	字德芳	正德七至九年	安福知县	东廓为之作考绩序
2	俞夔	字舜臣，号文峰	嘉靖元年至二年	安福知县	建凤林桥
3	魏景星	字文瑞	嘉靖二至五年	安福知县	建凤林桥
4	程文德	字舜敷，号松溪	嘉靖十五年	安福知县	阳明学者，与东廓交好
5	俞则全	字祖修，号三泉	嘉靖十六至十八年	安福知县	参与规划复古书院
6	李一瀚	字源甫，号景山	嘉靖十八至二十二年	安福知县 江西监察御史	阳明学者应良弟子、侄婿，与东廓往来密切
7	于西川	号西川	嘉靖二十二至二十三年	代理安福知县	向东廓问政
8	潘玙	字鲁珍，号瑞泉	嘉靖二十三至二十六年	安福知县	有论学往来
9	黄履旋	字性之	嘉靖二十七至二十九年	安福知县	有交游。邹集卷四《万安丈田奖绩序》
10	汤宾	字继寅，号交川	嘉靖三十至三十二年	安福知县	欧阳德弟子，有交游

[1] 本表依据《邹守益集》(简称邹集)所收文献，统计了与邹东廓有直接交往、任职江西的115名各级官员的情况。因少数官员姓名、字号、官职难以考证，故略去不计。"备注"一栏载东廓与官员的交往因缘、事迹及文献出处，限于篇幅，本表文献未出注者均在拙著《邹东廓年谱》中有出处说明，其余因时间不详而未载于年谱者，则在此栏注出其文献依据。

（续　表）

序号	姓名	字　号	任职时间	官　职	备　注
11	童承契	字士成，号玄冈	嘉靖三十六至三十八年	安福知县	东廊与之议重刻军册事
12	王鸣凤	号梧冈	嘉靖十五至十七年	安福县丞	阳明弟子,参与讲会
13	沈朝元	号栗溪	嘉靖十八至二十三年	安福县丞	论学。邹集卷四《赠栗溪沈君之任》
14	茹鳌	号东川	嘉靖十五年前后	安福县主簿	丈田主持者之一
15	赵振纪		嘉靖十五年前后	安福县主簿	参与规划复古书院
16	胡鹏		嘉靖十五年前后	安福县典史	参与规划复古书院
17	张天叙		嘉靖年间	安福县学教谕	聚讲论学。邹集卷六《积庆堂记》
18	倪朝惠	字或号淡轩	嘉靖六年起任	安福县学教谕	东廊弟子
19	林梁	字或号松楼	嘉靖十六年	安福县学教谕	东廊弟子。邹集卷四《林松楼邑侯赠言》
20	朱勋	字汝德，号逊泉	嘉靖初年	安福县学训导	阳明弟子。邹集卷十三《简刘内重三章·三》
21	林恕	字德推	嘉靖十七至二十年任安福训导	安福县学训导泰和县学教谕	参与讲会。邹集卷四《赠掌教林子》
22	方绍魁	字三迟	嘉靖十一年	安福县学训导	从学阳明、湛若水,问学东廊
23	阮柏	字新甫	嘉靖四十一年后	安福县学训导	东廊弟子。邹集卷十八《别邑博阮子》
24	江国桢	号梅峰	嘉靖年间	安福县学训导	参与论学。邹集卷四《文明别言》
25	鲍涛	字或号野航	嘉靖年间	安福县学训导	向东廊问学。邹集卷三《存耕寿言》
26	陈力毅	字或号清泉	嘉靖年间	安福县学训导	向东廊问学。邹集卷三《存耕寿言》

（续　表）

序号	姓名	字　号	任职时间	官　职	备　　注
27	朱经济	字或号潜夫	嘉靖三十二至三十六年	安福县学训导	湛若水门人曾汝檀弟子。邹集卷五《陟教归寿序》
28	何炯	字思默，号㤉庵	嘉靖年间	安福县学训导	参与论学。邹集卷四《林松楼邑侯赠言》
29	舒阳和		嘉靖年间	安福县学训导	参与论学。邹集卷四《林松楼邑侯赠言》
30	王霁	字汝明	嘉靖二十至二十四年	吉水知县	与东廓同至吉安府请求赈济
31	胡鳌	字巨卿，号鹿崖	嘉靖年间	吉水、乐安知县	亲近王学，其弟、子均参与讲会
32	王之诰	字告若，号西石	嘉靖二十五至二十八年	吉水知县	亲近王学，参与讲会
33	吴祯	字元吉	嘉靖二十二至二十五年	庐陵知县	与东廓同至吉安府请求赈济
34	李儒烈	字忠甫	嘉靖二十六至二十九年	庐陵知县	建怀德祠，祀阳明
35	宋登	字子瀛	嘉靖三十至三十二年	庐陵知县	与邹氏有世交，论学。邹集卷十一《简庐陵宋尹登》
36	文大才	字或号希周	嘉靖十年	泰和县学教谕	参与青原讲会
37	林相	字朝相	嘉靖十二年	万安县学教谕	论学，参与青原讲会。邹集卷十《答林掌教朝相》
38	商大节	字孟坚，号少峰	嘉靖二至五年	永丰知县	向东廓问政
39	凌儒	字真卿，号海楼	嘉靖三十三至三十七年	永丰知县	师事林春、罗洪先
40	贡安国	字玄略，号受轩	嘉靖年间	永丰县学训导	师事东廓、欧阳德、王畿。邹集卷十三《答贡玄略邑博》
41	陆粲	字浚明，号贞山	嘉靖十二至十三年	永新知县	东廓与之论良知学
42	徐丙	字子南，号半溪	嘉靖十四至十六年	永新知县	亲近王学，参与讲会

（续　表）

序号	姓名	字　号	任职时间	官　职	备　注
43	沈珠	字汝渊，号艾陵	嘉靖二十至二十四年	永新知县	湛若水弟子，与东廓、罗洪先交游
44	王矿	字公范，号冶山	嘉靖年间	永宁教谕	论学。邹集卷九《冶说赠王公范》
45	赵廷松	字子后，号侯斋	嘉靖十至十三年	吉安府通判	有功于丈田、平寇
46	林志麟	号白泉	嘉靖十一至十四年	吉安府通判	论学，有功于平寇
47	刘廷宾	号龙陵	嘉靖二十八至三十年	吉安府通判	论学
48	季本	字明德，号彭山	嘉靖十五至十八年	吉安府同知	阳明弟子，论学
49	罗尚絅	号闇斋	嘉靖二十五至二十八年	吉安府同知	向东廓问政、论学
50	李人龙	字子乾，号云亭	嘉靖三十八年	吉安府同知	参与讲会，主持丈田。邹集卷四《万安丈田奖绩序》
51	陈瀚	字玄海，号龙矶	嘉靖三十八年前后	吉安府同知	论学，有世讲之谊。邹集卷四《赠龙岳陈郡侯序》
52	王暐	字克明，号克斋	正德十六年	吉安府推官	参与平定宸濠之乱
53	危岳	字季申，号双江	嘉靖九至十一年	吉安府推官	参与丈田，亲近王学
54	吴少槐	号少槐	嘉靖年间	吉安府推官	安福丈田的主持者之一
55	王中斋	号中斋	嘉靖年间	吉安府推官	论学。邹集卷十三《简中斋王节推》
56	徐冠	字士元，号竹冈	正德十六年起	吉安知府	有交游。邹集卷《贺竹冈徐郡侯序》
57	黄宗明	字诚甫，号致斋	嘉靖五年	吉安知府	阳明弟子，论学
58	杨彝	字几川	嘉靖十一年起	吉安知府	亲近王学，弟杨科从学东廓
59	屠大山	字国望，号竹墟	嘉靖十五至十七年	吉安知府	亲近王学，与东廓论学

序号	姓名	字　号	任职时间	官　职	备　注
60	何其高	字抑之，号白坡	嘉靖二十一至二十四年	吉安知府	亲近王学，参与讲会
61	靳学颜	字子愚，号两城	嘉靖二十五至二十九年	吉安知府	论学
62	陶大年	字长卿，号新岑	嘉靖三十至三十三年	吉安知府	东廓为之作考绩序
63	黄国卿	字君任，号沧溪	嘉靖三十四至三十七年	吉安知府、江西按察司副使	有书信往来。邹集卷十四《简黄沧溪督学》
64	张元谕	字伯启，号月泉	嘉靖三十八至四十年	吉安知府	有善政，罗洪先、东廓甚礼重之
65	高公韶	字太和，号三峰	嘉靖十一年	巡抚江西右副都御史	东廓向其申诉安福丈田事
66	胡岳	字仲申，号浦南	嘉靖十七年	巡抚江西右副都御史	论学
67	汪玄锡	字天启，号东峰	嘉靖二十至二十一年	巡抚江西右副都御史	东廓向其申诉安福赋役事
68	张岳	字维乔，号净峰	嘉靖二十二至二十三年	巡抚江西右副都御史	东廓向其申诉安福赋役事
69	虞守愚	字惟明，号东崖	嘉靖二十三至二十五年	巡抚江西右副都御史	东廓向其申诉安福赋役事
70	吴鹏	字万里，号默泉	嘉靖二十九至三十年	巡抚江西右副都御史	亲近王学，与东廓论学
71	翁溥	字德宏，号梦山	嘉靖年间	庐陵知县，巡抚江西右副都御史	阳明弟子，东廓向其申诉乐安丈量事
72	何迁	字益之，号吉阳	嘉靖三十八至三十九年	巡抚江西右佥都御史	湛若水弟子，东廓向其申诉赈灾、赋役事
73	谈恺	字守敬，号十山	嘉靖三十二至三十三年	巡抚南赣右副都御史	东廓与之论学、论政
74	汪尚宁	字廷德，号周潭	嘉靖三十四年	巡抚南赣右副都御史	湛若水弟子，问学东廓。邹集卷十六《答汪周潭中丞问学》
75	游震得	字汝潜，号让溪	嘉靖三十五年	南赣兵备副使	阳明学者。邹集卷二十六《双溪郑宪伯、湛塘王侍御、让溪游司谏及诸友聚讲南山》

（续　表）

序号	姓名	字　号	任职时间	官　职	备　注
76	马森	字孔养，号钟阳	嘉靖年间	江西按察使、左布政使、巡抚	与东廓、罗洪先等讲学，东廓向其申诉安福丈量事
77	张时彻	字惟静，号东沙	嘉靖十年、二十八至二十九年	江西提学、巡抚	东廓向其申诉安福赋役事
78	任辙	字子明，号竹坡	嘉靖二十三年	江西按察司副使	东廓向其申诉安福赋役事
79	李征	字诚之，号源野	嘉靖二十三年	江西按察司副使	东廓与之论安福赋役事
80	高世彦	字仲修，号白坪	嘉靖二十六年	江西按察司副使	有交游，与罗洪先论学。邹集卷三《答高白坪》
81	黄洪毗	字协恭，号翠崖	嘉靖年间	江西按察司副使、监察御史	与东廓论学
82	徐阶	字子升，号少湖	嘉靖十五至十八年	江西提学	阳明学者，请东廓开讲于贡院
83	王宗沐	字新甫，号敬所	嘉靖三十五至四十年	江西提学、右布政使、按察使	阳明学者，东廓向其申诉安福赋役事
84	吴维岳	字峻伯，号霁寰	嘉靖年间	江西按察司按察使	有论学往来
85	朱纨	字子纯，号秋崖	嘉靖年间	布政司右参议、按察副使、南赣巡抚	亲近王学，与东廓论学、论政
86	郑佐	字时夫，号双溪	嘉靖年间	江西布政司左参政、按察司副使	论学，东廓向其申诉安福赋役事。邹集卷十四《简郑双溪大参》
87	王玑	字在叔，号在庵	嘉靖十五年前后	江西布政司参议	阳明学者，在南昌与东廓等讲学
88	王梃	字子长，号同野	嘉靖二十一至二十四年	江西布政司参议	论学，东廓向其申诉安福赋役等事
89	张元冲	字叔谦，号浮峰	嘉靖年间	江西布政司右参政、左右布政使、巡抚	阳明弟子，在南昌与东廓等讲学

（续　表）

序号	姓名	字　号	任职时间	官　职	备　注
90	孙慎	号联泉	嘉靖二十八至三十一年	江西清军监察御史	至复古书院问学并赠田
91	蔡克廉	字道卿，号可泉	嘉靖年间	江西提学佥事、按察使、右布政使、巡抚	与东廓等论学，东廓向其建言政事。《念庵文集》卷二《别蔡督学》
92	李循义	字时行，号六峰	嘉靖十一年	江西巡按监察御史	亲近王学，参与主持安福丈田。邹集卷十一《简李六峰》
93	魏谦吉	字子惠，号槐川	嘉靖二十三年前后	江西巡按监察御史	东廓向其申诉安福赈灾、赋役等事
94	徐绅	字思行，号五台	嘉靖三十八年前后	江西巡按监察御史	亲近王学，东廓与之论学，建言政事
95	曹忭	字子诚，号纪山	嘉靖年间	巡按监察御史、左布政使、按察使	亲近王学，与东廓、聂豹等论学
96	方任	字志伊，号近沙	嘉靖年间	江西右布政使、右参议、按察司副使	东廓弟子
97	蔡汝楠	字子木，号白石	嘉靖三十三至四十年	江西布政司右参政、左右布政使	湛若水弟子，参与论学，东廓向其申诉减赋、赈灾事
98	何鳌	字巨卿，号沇溪	嘉靖二十四至二十五年	江西左布政使	阳明弟子，东廓向其申诉重新核查赋役事
99	庄朝宗	字于观，号琼泉	嘉靖三十一至三十四年	瑞州府知府	论学。邹集卷五《赠瑞州庄琼泉郡侯入觐序》
100	潘仲骖	字时乘，号天泉	嘉靖二十六年前后	瑞州府推官	耿定向弟子，请东廓讲学瑞州
101	林功懋	字以谦，号竹溪	嘉靖二十四年起任	赣州郡守	论学
102	俞大本	号思斋	嘉靖二十六至二十八年	赣州邑令	阳明弟子，与东廓讲学
103	林天骏	字守良，号肖约	嘉靖年间	赣州府推官	论学。邹集卷十一《简肖约林郡侯》
104	刘廷诰	字汝卿，号见峰	嘉靖二十六至二十八年	袁州知府	亲至复古书院问学，请东廓讲学袁州

（续　表）

序号	姓名	字　号	任职时间	官　职	备　注
105	袁袭裳	字子宜，号立山	嘉靖三十二至三十四年	袁州府知府江西按察司副使	有交游、论学。邹集卷四《学道篇赠立山袁郡侯》
106	林大有	字端时，号东庐	嘉靖二十七年	袁州府同知	亲至复古书院问学
107	高跃	字文化，号九冈	嘉靖二十六至二十九年	袁州府推官	亲至复古书院问学
108	徐从龙	字伯云，号云峰	嘉靖三十三至三十五年任	袁州府分宜知县	东廓为之作序。邹集卷五《赠分宜许侯膺召北上序》
109	王廷干	字维祯，号岩潭	嘉靖二十九年	九江府知府	湛若水弟子，与东廓讲学水西寺
110	潘季驯	字时良，号印川	嘉靖二十九至三十二年	九江府推官	潘仲骖弟，亲近王学。邹集卷四《赠五台徐柱史》
111	王献芝	字德仁，号湛塘	嘉靖十九年	建昌府推官	亲近王学，邹集卷二十六《双溪郑宪伯、湛塘王侍御、让溪游司谏及诸友聚讲南山》
112	陈一贯	字邦通，号五山	嘉靖二十六至三十一年	抚州府同知	阳明学者，东廓向其申诉乐安虚粮事
113	曹灼		嘉靖三十二年	抚州府推官	主持乐安丈田
114	郭諴		嘉靖二十八至三十四年	抚州府乐安知县	主持乐安丈田
115	王鼎		嘉靖三十五年	抚州府乐安知县	主持乐安丈田

附表二　安福籍阳明学者暨邹东廓弟子一览表[1]

　　按，此表序号加"※"的是与邹东廓学术关联最密切的学者，共 107 人，占总数的 50.4%；其中东廓子孙及其弟子 71 人，占总数的 33.4%；其余是与东廓有论学往来及师事邹氏子孙的学者，共 35 人，占总数的 16.9%。

序号	姓名	字号	籍贯	功名/时代	备注	文献依据
1	邹守益	字谦之，号东廓	北乡澈源邹氏	正德六年进士		邹集卷二十七，罗洪先《邹公墓志铭》
※2	邹义	字敬甫，号里泉	北乡澈源邹氏	嘉靖二十二年举人	东廓长子	同上
※3	邹美	字信甫，号昌泉	北乡澈源邹氏	嘉靖四十年举人	东廓次子	同上
※4	邹善	字继甫，号颖泉	北乡澈源邹氏	嘉靖三十五年进士	东廓三子，讲学不辍	县志卷十《人物·名臣》
※5	邹德涵	字汝海，号聚所	北乡澈源邹氏	隆庆五年进士	邹善长子，万历间讲学安福	县志卷十一《人物·儒林》
※6	邹德溥	字汝光，号泗山	北乡澈源邹氏	万历十一年进士	邹善次子，万历间讲学安福	县志卷十一《人物·儒林》
※7	邹德泳	字汝圣，号泸水	北乡澈源邹氏	万历十四年进士	邹美长子，万历间讲学安福	县志卷十《人物·名臣》
※8	邹衮		北乡澈源邹氏	万历郡廪生	邹德涵长子，师事刘元卿	耿定向《邹伯子墓志铭》
※9	邹匡明	字子尹	北乡澈源邹氏	崇祯太学生	邹德溥四子，师事刘元卿	县志卷十一《人物·文学》

----

[1]　本书附表二、附表三、附表四、附表五、附表六的文献依据主要有：同治《安福县志》（简称县志），邹守益《邹守益集》（简称邹集），邹德溥《邹泗山先生文集》（简称泗山集），邹德泳《澈源续集》，王时槐《友庆堂存稿》（简称存稿），王时槐《友庆堂合稿》（简称合稿），刘元卿《刘元卿集》（简称元卿集），刘孔当《刘喜闻先生集》（简称喜闻集），《三舍刘氏六续族谱》（简称刘氏族谱），《澈源邹氏七修族谱》（简称邹氏族谱），以及其他各类地方志等。限于篇幅，在"文献依据"一栏，只录部分文献名。

　　此外据《刘元卿集》附录《刘征君年谱》载，与刘元卿在西乡讲学的士友还有彭伯程、彭愚安、彭继善、李坦、刘钦等，刘元卿在西乡的门人还有贺大宾、刘文湛、冯时达、彭相和、杨芳春、尹廉、蔡以美、刘国柱、彭相和、汤懋德、彭士晓等，因具体情况难考，故不计入本表。

（续　表）

序号	姓名	字　号	籍　贯	功名/时代	备　注	文献依据
※10	邹承明		北乡潋源邹氏	崇祯诸生	邹德溥五子	县志卷十一《人物·文学》
※11	黄旦	字朝周，号一明	北乡赤谷	嘉靖布衣	受学于阳明，卒业于东廓	元卿集卷七《黄布衣传》
※12	欧阳瑜	字汝重，号三溪	北乡东冈	嘉靖七年举人	师事阳明，主持北乡及复古书院讲学	县志卷十一《人物·理学》
13	欧阳琏		北乡东冈	嘉靖	欧阳瑜兄，师事阳明	《续修安福令欧阳公通谱·三溪公传》
※14	伍思韶	字舜成，号九亭	北乡荷溪伍氏	嘉靖七年举人	从东廓论学，参与讲会	邹集卷十六《答伍九亭请教语》
15	伍惟察		北乡荷溪伍氏	万历郡庠生	思韶长子，从学王时槐	存稿卷五《九亭伍公墓志铭》
16	伍惟直		北乡荷溪伍氏	万历	思韶次子，从学王时槐	同上
※17	伍惟忠	字效之，号尽吾	北乡荷溪伍氏	万历五年进士	思韶族侄，师事东廓，与邹德涵兄弟讲学	元卿集卷八《进士尽吾伍先生行状》
18	伍承慰		北乡荷溪伍氏	万历贡生	伍惟忠子，与刘元卿等论学	元卿集卷七《颖泉邹先生七十序》
19	伍承参	字象雨	北乡荷溪伍氏	万历邑庠生	往来青原、白鹭讲会	县志卷十一《人物·儒林》
※20	郭弘化	字子弼，号松崖	北乡山堂郭氏	嘉靖二年进士	从学阳明，归田后与东廓论学	邹集卷二十二《松崖郭公墓志铭》
※21	彭师有	字全甫，号无亭	北乡大智彭氏	嘉靖元年举人	彭华孙，师事东廓	邹集卷二十三《彭全甫墓志铭》
22	刘淑唐	字汝述，号养冲	北乡黄屯	万历元年举人	居乡倡学，与周懋相协力倡建道东书院	泗山集卷三《寿养冲刘年丈七十序》
※23	彭汝贤	字希之	北乡陂下	嘉靖三十一年举人	师事东廓	《闽书》卷五十六《文莅志》
※24	彭勉愉	字子闾	北乡	嘉靖	师事东廓	邹集卷二十一《彭子闾墓铭》

（续　表）

序号	姓名	字号	籍贯	功名/时代	备　注	文献依据
※25	刘晓	字伯光，号梅源	南乡三舍刘氏	正德八年举人	最早受学阳明，建梅源书屋，举惜阴会	刘氏族谱卷三十四《家传八》
※26	刘文敏	字宜充，号两峰	南乡三舍刘氏	嘉靖布衣	阳明弟子，刘邦采兄	同上
※27	刘邦采	字君亮，号狮泉	南乡三舍刘氏	嘉靖七年举人	与从兄文敏及弟侄九人谒阳明于绍兴	同上
28	刘文快	字宜慎，号竹冈	南乡三舍刘氏	嘉靖	文敏弟，同谒阳明	同上
29	刘文恺	字宜修，号密斋	南乡三舍刘氏	嘉靖诸生	文敏从弟，同谒阳明	同上
30	刘文悌	字宜真，号西坞	南乡三舍刘氏	嘉靖诸生	文恺弟，同谒阳明	同上
31	刘文协	字宜中，号勉斋	南乡三舍刘氏	嘉靖	文敏从弟，同谒阳明	同上
32	刘子和	字以节，号觉斋	南乡三舍刘氏	嘉靖贡生	文敏族弟，同谒阳明	同上
33	刘燻	字应成，号退斋	南乡三舍刘氏	嘉靖	文敏族子，同谒阳明	同上
34	刘祐	字孟吉，号亦省	南乡三舍刘氏	嘉靖诸生	文敏族子，同谒阳明	同上
35	刘继汉	字霖卿	南乡三舍刘氏	嘉靖诸生	文敏族弟，同谒阳明	同上
36	刘昭谅	字正夫，号忝峰	南乡三舍刘氏	嘉靖诸生	文敏子，侍父讲学	存稿卷六《忝峰刘君墓表》
37	刘柏	字汶村	南乡三舍刘氏	嘉靖，官副提举	师事阳明	刘氏族谱卷三十《家传五》
38	刘醮	字德芳	南乡三舍刘氏	嘉靖	刘柏次子，师事阳明	同上
※39	刘秉监	字遵教，号印山	南乡三舍刘氏	正德三年进士	笃志阳明学，与东廓讲学	邹集卷二十四《表印山刘先生墓》
40	刘秉常	字遵道，号南埔	南乡三舍刘氏	弘治十四年举人	刘秉监兄，参与讲学	刘氏族谱卷三十《家传六》

（续　表）

序号	姓名	字　号	籍　贯	功名/时代	备　注	文献依据
※41	刘莆	字思征，号太冲	南乡三舍刘氏	嘉靖太学生	刘秉常子，师事东廓，建族约、义仓等	刘氏族谱卷三十《家传六》
42	刘以身	字敬甫	南乡三舍刘氏	嘉靖十九年举人	受学从叔刘邦采	县志卷十一《人物·儒林》
43	刘汝相	字汝相	南乡三舍刘氏	嘉靖国子生	与彭簪、刘阳讲学	刘氏族谱卷三十《家传十》
44	刘燮	字惟和，号一泉	南乡三舍刘氏	嘉靖诸生	师事阳明	刘氏族谱卷三十《家传八》
45	刘子醇	字希孟，号南所	南乡三舍刘氏	嘉靖贡生	与邦采、文敏、竹溪及弟举惜阴五老会	同上
46	刘子清		南乡三舍刘氏	嘉靖	刘子醇弟	同上
※47	刘佃	字仲有，号吾南	南乡三舍刘氏	嘉靖二十三年进士	师事东廓	县志卷十《人物·宦绩》
※48	刘伯寅	号人斋	南乡三舍刘氏	嘉靖诸生	师事东廓，长于计算，协助东廓丈田	刘氏族谱卷三十《家传五》
49	刘以昱		南乡三舍刘氏	万历十六年举人	万历间在家族举讲会	刘氏族谱卷二十三《世典一》
50	刘铎	字我以，号恫初	南乡三舍刘氏	万历四十四年进士	从学邹元标，在家族举讲会	顺治《吉安府志》卷二十二《忠节传》
51	刘教	字道夫	南乡前溪刘氏	弘治十一年举人	参与西原、惜阴会，建前溪书院	县志卷十《人物·宦绩》
52	刘模	号印山	南乡前溪刘氏	嘉靖二年进士	居官时率诸生讲学	县志卷十《人物·宦绩》
※53	刘师尹	字培山	南乡前溪刘氏	隆庆元年举人	师事刘邦采、东廓，参与讲会	《前溪刘氏族谱》首卷《总谱大传》
※54	刘阳	字一舒，号三五、三峰	南乡福车刘氏	嘉靖四年举人	阳明弟子，筑云霞洞讲学，与东廓讲学	《明儒学案》本传
※55	刘伯望		南乡塘边刘氏	嘉靖	受学东廓、刘邦采	喜闻集卷三《塘边刘氏祭田记》

（续　表）

序号	姓名	字号	籍贯	功名/时代	备　注	文献依据
56	刘两湖	字清溪	南乡塘边刘氏	万历郡庠生	参与惜阴会，王时槐甚器之	县志卷十一《人物·儒林》
57	刘垂宝	字克世，号石霞	南乡塘边刘氏	天启五年进士	重修复真书院并讲学	县志卷十《人物·名臣》
58	刘思瑜	字伯美，号在南	南乡社背刘氏	万历十一年进士	万历间讲学于复真书院	存稿卷五《刘君在南墓志铭》
59	刘绮		南乡社背刘氏	万历三十七年举人	刘思瑜长子，与王时槐讲学	同上
60	刘汝栋	字邦桢	南乡上城刘氏	万历	父刘世蓉率子侄往听东廓讲学。从学朱调、刘邦采，热衷讲学	存稿卷六《秋江刘君偕仲子邦桢墓表》
※61	王钊	字子懋，号柳川	南乡金田王氏	嘉靖邑庠生	始受学刘晓，既学于阳明，卒业于东廓	康熙《复真书院志》卷三，本传
※62	王镜	号潜轩	南乡金田王氏	嘉靖	受学于阳明，卒业于东廓，王时槐族叔	县志卷十一《人物·儒林》
※63	王铸	字子成，号石泉	南乡金田王氏	嘉靖邑庠生	与兄钊、镜受学于阳明，卒业于东廓	同上
※64	王士翘	字民瞻，号吾涯	南乡金田王氏	嘉靖十七年进士	师事东廓	县志卷十《人物·名臣》
※65	王士俊	字伯选，号方南	南乡金田王氏	嘉靖五年进士	与东廓、王钊讲学东山	县志卷十《人物·宦绩》
※66	王立吾	号立吾	南乡金田王氏	嘉靖贡生	王时槐族叔，早年受学东廓，于族中倡学	存稿卷二《寿族叔立吾公七十序》
※67	王时槐	字子植，号塘南	南乡金田王氏	嘉靖二十六年进士	师事刘文敏，受学于刘邦采、东廓	《明儒学案》本传
68	王时椿	字子龄，号人峰	南乡金田王氏	嘉靖布衣	时槐兄，与时槐一同参与讲会，举家会	存稿卷五《人峰公偕配谢刘二孺人志铭》
69	王时松	字子操，号前峰	南乡金田王氏	嘉靖三十四年举人	时槐从兄，师事刘文敏，参与讲会	存稿卷五《前峰先生墓志铭》

（续　表）

序号	姓名	字　号	籍　贯	功名/时代	备　注	文献依据
70	王吉卿		南乡金田王氏	万历	时槐族侄，从学王时槐	合稿卷六《书勉族侄吉卿》
71	王绩灿	字伟奏，号漩观	南乡金田王氏	天启五年进士	重修复真书院，讲学	县志卷五《学校·书院》
※72	王梅		南乡金田王氏分支百丈王氏	嘉靖邑庠生	师事东廓	邹集卷七《著节亭记》
※73	王仰	字孔桥	南乡汶源王氏	嘉靖诸生	受学于阳明，卒业于东廓	邹集卷二十三《王孔桥墓志铭》
※74	王汝叙	字汝叙	南乡汶源王氏	嘉靖	师事东廓	邹集卷十六《王生汝诚请书》
※75	王宗化	字汝诚，号一亭	南乡汶源王氏	嘉靖	偕其兄王汝叙学于东廓	邹集卷十六《王生汝诚请书》
76	王宗舜	字汝孝	南乡汶源王氏	嘉靖贡生	联里舍举惜阴会	县志卷十一《人物·儒林》
77	王德新	字应明，号儆所	南乡汶源王氏	万历八年进士	王宗舜孙，与王时槐论学，在族中讲学，参与青原会	曾同亨《泉湖山房稿》卷十五《汶原王氏祠记》
78	王皦	字内虚，号白室	南乡汶源王氏	嘉靖诸生	师事刘邦采	县志卷十三《人物·隐逸》
※79	王考	字丙中，号南乔	南乡汶源王氏	嘉靖诸生	师事东廓	元卿集卷七《王南桥传》
※80	王珍	号东溪	南乡嘉溪王氏	弘治五年举人	东廓姊夫，参与青原、九峰讲会	邹集卷二十《祭东溪姊夫文》
※81	王一峰		南乡嘉溪王氏	嘉靖邑庠生	东廓外甥，师事东廓	邹集卷十五《斗山书院题六邑会簿》
82	王一夔	字章夫	南乡嘉溪王氏	嘉靖二十六年进士	师事阳明弟子刘独秀	县志卷十《人物·宦绩》
83	朱临	字时进	南乡大桥朱氏	成化十四年进士	归乡后参与惜阴会	同上
※84	朱禄	字克学，号方山	南乡大桥朱氏	弘治十一年举人	朱临子，归乡后参与讲会，与东廓论学	邹集卷二十二《大桥朱君西溪墓志铭》

序号	姓名	字　号	籍　贯	功名/时代	备　注	文献依据
※85	朱祀	字克诚，号西溪	南乡大桥朱氏	弘治十四年举人	朱禄弟，归乡后参与讲会	同上
※86	朱调	字以相，号易庵	南乡大桥朱氏	嘉靖邑庠生	受学于东廓、刘邦采、刘阳	存稿卷五《易庵朱先生墓志铭》
※87	朱允震		南乡大桥朱氏	万历庠生	朱调子，师事东廓，娶邹善次女	邹集卷十五《斗山书院题六邑会簿》
88	朱汝昌	字康夫	南乡大桥朱氏	万历	朱调族侄孙，师事刘阳、朱调，与同里朱淑相等讲学	存稿卷五《朱康夫墓志铭》
※89	朱淑相	字汝治，号松岩	南乡槎江朱氏	嘉靖庠生	受学东廓、刘邦采，建近圣书院	元卿集卷七《朱松岩先生传》
90	朱章	字肯含	南乡槎江朱氏	万历	朱淑相子，受学朱调	元卿集卷七《朱松岩先生外传》
91	朱意	字肯诚，号五山	南乡槎江朱氏	万历布衣	朱淑相侄，师事刘邦采、朱调，参与讲学	存稿卷五《五山朱君墓志铭》
92	朱世宾	号匡彭	南乡槎江朱氏	万历邑庠生	朱淑相孙，师事王时槐	县志卷十一《人物·儒林》
93	朱世守	字惟约，号玉槎	南乡槎江朱氏	万历二十三年进士	朱淑相族孙，师事王时槐	康熙《复真书院志》卷三，本传
94	朱士忠	字佐卿	南乡唐坊朱氏	嘉靖四年举人	归田后常赴惜阴会	县志卷十《人物·宦绩》
※95	康钟	字子乐，号三泉	南乡濛潭康氏	嘉靖	师事东廓、刘邦采	县志卷十一《人物·儒林》
96	康元积	字日至，号函三	南乡濛潭康氏	万历二十九年进士	康钟孙，师事王宗沐、王斗溟父子	县志卷十《人物·宦绩》
※97	康元穗	字日颖，号味淡	南乡濛潭康氏	万历四十七年进士	元积族兄，师事邹德溥、德泳，倡建同善书院、中南书院	同上
98	康范生	字小范	南乡濛潭康氏	崇祯十二年举人	康元穗长子，继父经营同善书院	县志卷十一《人物·儒林》

（续　表）

序号	姓名	字　号	籍　贯	功名/时代	备　注	文献依据
※99	彭黯	字道显，号草亭	南乡寮塘荆山彭氏	嘉靖二年进士	归田后参与青原讲会，与东廓论学	邹集卷十九《草亭公传》
※100	彭世均		南乡寮塘荆山彭氏	嘉靖太学生	彭黯子，从学东廓	同上
※101	彭世堪		南乡寮塘荆山彭氏	嘉靖太学生	彭黯子，从学东廓，邹德泳继娶彭世堪女	同上
※102	万一贯	字汝唯，号心源	南乡永嘉万氏	隆庆二年进士	阳明学者，邹德涵姻家	泗山集卷七《万心源先生生传》
103	张鹿	字惟培，号克轩	南乡书冈张氏	正德三年进士	亲近王学	县志卷十《人物·宦绩》
※104	张崧	字伯乔，号秋渠	南乡书冈张氏	嘉靖布衣	张鹿子，阳明弟子	《王时槐集》附录《秋渠张公传》
※105	张岩	字仲瞻，号石屏	南乡书冈张氏	嘉靖贡生	张崧弟，师事东廓	县志卷十一《人物·儒林》
※106	易宽	字栗夫，号台山	南乡圆溪易氏	嘉靖十四年进士	受学于阳明，卒业于东廓	邹集卷二《叙秋江别意》
※107	王皡	字天民，号潜潭	南乡圳头	嘉靖元年举人	阳明弟子，与东廓讲学	邹集卷二十五《赠王天民》
※108	刘宾朝	字心川	南乡竹园刘氏	嘉靖诸生	受学于阳明，卒业于东廓	邹集卷七《竹园刘氏义田记》
※109	刘宾阳		南乡竹园刘氏	嘉靖	师事东廓	同上
※110	刘士杰		南乡竹园刘氏	嘉靖	师事东廓	同上
※111	尹一仁	字任之，号湖山	南乡厚村	嘉靖七年举人	阳明弟子，建南林书屋，与东廓讲学	邹集卷十一《简冬卿尹湖山任之》
112	康士宾	号晋吾	南乡黄陂	万历	师事刘邦采、王时槐	县志卷十一《人物·儒林》
113	周案	字济甫，号三泉	南乡龙田周氏	嘉靖四十一年进士	师事罗洪先	县志卷十《人物·名臣》
※114	刘以中	字或号时用	南乡浮山刘氏	万历四年举人	师事邹德涵，与刘元卿等论学	元卿集卷八《河南宪金聚所邹君行状》

（续　表）

序号	姓名	字号	籍贯	功名/时代	备　注	文献依据
115	周鸣	字谦夫	南乡水部刘氏	万历二十二年举人	归田后讲学	县志卷十《人物·宦绩》
※116	王有楠	号前村	南乡王屯王氏	嘉靖元年举人	捐地建复初书院，师事东廓	邹氏族谱卷十二《复真书院行台事略》
※117	王樿	字木甫，号方塘	南乡王屯王氏	嘉靖诸生	师事东廓	县志卷十一《人物·儒林》
※118	王仕文		南乡王屯王氏	万历	王樿子，师事邹德泳	湛源续集卷六《王方塘公墓志铭》
※119	彭湘	字元宗	南乡王屯彭氏	嘉靖诸生	师事东廓、刘阳	县志卷十一《人物·儒林》
120	刘焘	号兰台	南乡曾岩刘氏	隆庆元年举人	慕白沙之学，与刘元卿等讲学	县志卷十一《人物·儒林》
※121	周儒	号东川	南乡汶源周氏	嘉靖十三年举人	建松云窝书屋与东廓等讲学，倡建复真书院	邹集卷十六《松云窝请书》
122	周一濂	字思极	南乡北溪周氏	万历	师事朱调、耿定向、王时槐、刘元卿，讲学于复礼、识仁书院	元卿集卷八《周山人墓志铭》
123	周礼	字公典，号在鲁	南乡北溪周氏	万历	周一濂从侄，从学朱调，与一濂父子论学	元卿集卷七《周公典传》
※124	刘萃源	号萃源	南乡	嘉靖邑庠生	师事东廓，尝掌复真书院院事	存稿卷四《寿萃源刘君七十序》
※125	姚用甫		城东桃溪姚氏	嘉靖国子生	师事东廓	邹集卷二十三《丹崖姚翁能近暨配欧阳孺人墓志铭》
※126	姚周甫	字惟德	城东桃溪姚氏	嘉靖邑庠生	用甫弟，师事东廓	县志卷十二《人物·孝友》
※127	李挺	字秀卿，号一吾	城南人	嘉靖诸生	师事东廓、刘阳，万历间与夏梦麰、邹德泳等倡学乡里。	存稿卷五《一吾李君志铭》

（续　表）

序号	姓名	字　号	籍　贯	功名/时代	备　注	文献依据
128	李道卿		城南人	万历	李挺高弟	县志卷十一《人物·儒林》
※129	周严厚	字默庵	东乡车田周氏	嘉靖	师事东廓，与刘阳、刘邦采论学	县志卷十一《人物·儒林》
130	周懋相	字弼甫，号鹤峋	东乡车田周氏	万历十七年进士	与刘淑唐共同倡建道东书院	合稿卷三《道东书院记》
※131	邓英	字声蛮，号文沙	东乡瓜畲邓氏分支枫田邓氏	万历四十七年进士	师事邹德泳	邓英《邹老师湛源续集序》
※132	邓国	字昭贤，号横溪	东乡瓜畲邓氏分支清陂邓氏	嘉靖布衣	从学东廓，以良知学和乡睦族	邹集卷二十三《横溪邓君墓志铭》
※133	邓周	字昭文	东乡清陂邓氏	嘉靖邑庠生	初学于阳明，卒业于东廓	县志卷十一《人物·文学》
※134	刘肇衮	字内重，号石峰	东乡栋冈	嘉靖诸生	阳明弟子，与东廓讲学	邹集卷十三《简刘内重三章》
※135	王学夔	字一卿，号两洲	东乡蒙冈王氏	正德九年进士	亲近王学，曾学于东廓父邹贤	邹集卷十《简王两洲中丞》
※136	王学益	字虞卿，号大廓	东乡蒙冈王氏	嘉靖八年进士	阳明弟子，王学夔弟，筑蒙冈书屋讲学	邹集卷十三《简贺义卿七章·三》
137	王世构	字肯斋	东乡蒙冈王氏	嘉靖	王学益仲子，师事刘阳	县志卷十二《人物·孝友》
138	王必彰	号思常	东乡蒙冈王氏	万历诸生	受学王时槐，与德溥、德泳等举东山讲会	县志卷十一《人物·儒林》
※139	王世俊		东乡蒙冈王氏	嘉靖邑庠生	东廓同年工世文弟，师事阳明，与东廓讲学	邹集卷二十六《石屋题刻并序》
140	王应庠		东乡蒙冈王氏	崇祯贡生	师事刘元卿	县志卷十一《人物·儒林》
141	王应序		东乡蒙冈王氏	万历诸生	与兄王应庠师事刘元卿，卒祀乡贤祠	同上

（续　表）

序号	姓名	字　号	籍　贯	功名/时代	备　注	文献依据
※142	彭簪	字世望，号石屋	东乡松田彭氏	正德二年举人	建石屋山房，与东廓等论学	县志卷十一《人物·儒林》
※143	彭嵘	字世翘，号东泉	东乡松田彭氏	嘉靖布衣	师事东廓，热心讲会	邹集卷二十三《彭君世翘墓志铭》
144	彭德邻	字体弼，号宾龙	松田彭氏城南房支	万历太学生	师事刘阳，与邹善交好，率族人举乡会	泗山集卷六《宾龙彭公墓志铭》
※145	彭惟绍	字载文，号斗台	松田彭氏城南房支	万历太学生	受学东廓、刘阳，与邹德溥为连襟	泗山集卷六《斗台彭公墓志铭》
※146	谢一枫		东乡义历谢氏	嘉靖三十一年举人	受学东廓	万历《福安县志》卷四《历官志》
147	谢时泰	字汝亨，号念塘	东乡义历谢氏	万历八年进士	捐建道东书院	县志卷十《人物·宦绩》
148	胡永成	字思贞，号崤泉	东乡斗塘胡氏	嘉靖八年进士	罗洪先同年，以王、湛之说训子弟	罗洪先《崤泉胡君墓志铭》
※149	张鳌山	字汝立，号石磐	西乡梅溪张氏	正德六年进士	受学阳明，建兼山书屋，与东廓讲学	县志卷十《人物·名臣》
※150	张秩	字以敬	西乡梅溪张氏	嘉靖四十四年进士	张鳌山次子，受学罗洪先、东廓	县志卷十一《人物·儒林》
※151	周参	号石潭	西乡横龙周氏	弘治贡生	东廓舅，归田后讲学，助修复古书院	邹集卷十八《书胡丘子卷》
※152	周以鲁	字得之	西乡横龙周氏	嘉靖七年举人	周参侄，倡建复初书院，从东廓讲学	邹集卷二十三《吉潭周公墓志铭》
※153	周悠		西乡横龙周氏	嘉靖四十三年举人	东廓外甥，参与讲会	邹集卷五《周甥双寿祝言》
154	周惟中	号惺予	西乡横龙周氏	万历十六年举人	师事王时槐，与刘元卿、刘孔当倡学西乡	县志卷十一《人物·儒林》
155	周梦麟	号肖雨	西乡横龙周氏	万历二十五年举人	从学耿定理，得师承	县志卷十《人物·宦绩》

（续　表）

序号	姓名	字　号	籍　贯	功名/时代	备　注	文献依据
156	周虬生		西乡横龙周氏	万历诸生	讲学于识仁书院	县志卷十三《人物·隐逸》
※157	王子应	字以虚，号箕峰	西乡金滩王氏	嘉靖诸生	师事东廓、刘文敏，于族中倡讲学	元卿集卷八《王箕峰公墓铭》
※158	周坤	号阳山	西乡路口周氏	嘉靖邑庠生	晚年师事东廓，称高弟	县志卷十一《人物·文学》
159	赵子达	字汝学，号守庭	西乡洋溪赵氏	嘉靖诸生	万历间与刘元卿倡学西乡	元卿集卷八《明赵君守庭暨配孺人郁氏合葬墓志铭》
※160	赵师孔	字时卿，号中庵	西乡洋溪赵氏	嘉靖邑廪生	赵子达从孙，师事东廓、王时槐，万历间与刘元卿倡学西乡	存稿卷五《赵中庵墓志铭》
161	赵师世	字翼沙，号宏道	西乡洋溪赵氏	万历三十四年举人	赵子达孙，师事刘元卿	县志卷十《人物·忠节》
162	赵师参		西乡洋溪赵氏	万历	师事刘元卿	元卿集附录《刘征君年谱》
163	赵师周		西乡洋溪赵氏	万历	师事刘元卿	同上
164	赵希文	字德甫，号明止	西乡洋溪赵氏	万历诸生	师事刘元卿，与贺安国并称"刘门二杰"	县志卷十一《人物·儒林》，泗山集卷三《寿贺尔正六十序》
165	赵士美		西乡洋溪赵氏	万历	师事刘元卿	顺治《吉安府志》卷二十四《刘元卿传》
166	赵宗发		西乡洋溪赵氏	万历	师事刘元卿	同上
※167	甘则舜		西乡南溪甘氏	嘉靖诸生	师事东廓，与刘元卿交好	元卿集卷八《乐庵甘君行状》
※168	甘则禹	字善甫，号乐庵	西乡南溪甘氏	嘉靖诸生	甘则舜弟，师事东廓	同上
169	甘应霍	字以光	西乡南溪甘氏	诸生	甘则禹嗣子，师事刘元卿	元卿集附录《刘征君年谱》

（续　表）

序号	姓名	字号	籍贯	功名/时代	备　注	文献依据
※170	刘元卿	字调甫，号泸潇	西乡南溪刘氏	隆庆四年举人	师事邹德涵、刘阳等，为西乡讲学主力	《明儒学案》本传
171	刘上卿		西乡南溪刘氏	郡诸生	刘元卿弟，师事元卿	元卿集附录《刘征君年谱》
172	刘吉兆		西乡南溪刘氏		刘元卿长子，师事元卿	同上
173	刘功卿	字思禹	西乡南溪刘氏		刘元卿族弟，师事元卿	同上
※174	刘一龙	字干田，号时斋	西乡南溪刘氏	嘉靖太学生	刘元卿伯父，受学东廓，支持刘讲学	元卿集卷八《伯父时斋公圹志》
175	刘仁卿	号平所	西乡南溪刘氏	万历邑诸生	刘一龙子，率族人赴讲会	元卿集卷八《伯兄平所墓志铭》
176	刘名卿	字完甫，号止山	西乡南溪刘氏	万历布衣	刘一龙子，师事刘阳	元卿集卷八《先从兄止山行状》
177	刘本振	号双潭	西乡南溪刘氏	万历布衣	刘氏族人，参与讲会，举族中讲会	喜闻集卷四《双潭公传》
178	刘仕汤		西乡南溪刘氏	万历	刘本振子，从学刘元卿	同上
179	刘尔惠		西乡南溪刘氏	万历	刘元卿从子，从其问学	元卿集卷十二《志仁申言》
※180	刘孔当	字任之，号喜闻	西乡南溪刘氏之社下支	万历二十七年进士	师事邹德溥，与刘元卿、周惟中倡学西乡，并称三先生	元卿集卷八《喜闻太史行状》
181	刘继华	字孟实，号学古	西乡	万历诸生	志性命之学，参与西乡书院建设	县志卷十三《人物·隐逸》
182	刘人龙	字培初	西乡艾溪人	万历邑廪生	游王时槐门，与邹元标、邹德溥讲学	县志卷十一《人物·儒林》
183	姚必连	字东良	西乡江上人	万历	会讲于中道书院	同上

（续　表）

序号	姓名	字号	籍贯	功名/时代	备　注	文献依据
184	刘继美	号宾亭	西乡井溪人	万历邑廪生	与刘元卿等讲学	县志卷十一《人物·文学》
185	贺宗孔	字时甫，号一溪	西乡钱山贺氏	万历布衣	师事耿定向，与刘元卿讲学复礼书院	元卿集卷八《一溪贺君行状》
186	贺世诚		西乡钱山贺氏	万历	贺宗孔长子，师事王时槐	同上
187	贺明卿		西乡钱山贺氏	万历邑庠生	贺宗孔次子，师事刘元卿	同上
188	贺安国	字尔正，号武臣	西乡钱山贺氏	万历郡庠生	刘元卿高弟	县志卷十一《人物·儒林》
189	李献澈	字和宇	西乡双湖李氏	万历邑庠生	师事刘元卿，倡建复礼、中道书院	县志卷十二《人物·义行》
190	郁达甫		西乡洋溪郁氏	万历	师事刘元卿，与赵思庵倡建中道书院	县志卷十一《人物·文学》
191	郁克正		西乡洋溪郁氏	万历	师事刘元卿	顺治《吉安府志》卷二十四《刘元卿传》
192	彭以孝	字行自	西乡严溪彭氏	万历贡生	闻刘元卿之教，以讲学终其身	县志卷十三《人物·隐德》
193	冯梦熊	字呈兆	西乡	万历布衣	刘元卿友，举家会，倡乡约	元卿集卷八《冯茶园墓志铭》
※194	赵格	号文洲	城北台西赵氏	嘉靖三十八年进士	受学于东廓	县志卷十《人物·宦绩》
※195	罗善	字复之，号克庵		弘治十二年进士	与东廓友善，归田后率子孙举讲会	邹集卷二十一《克庵罗公墓志铭》
※196	周业孔			嘉靖元年举人	师事东廓，父周大器学于邹贤	邹集卷十七《拙逸解》
※197	夏梦夔	号云屏		嘉靖布衣	师事东廓，参与丈田	县志卷十二《人物·义行》

（续　表）

序号	姓名	字号	籍贯	功名/时代	备　注	文献依据
※198	高于文			嘉靖贡生	师事东廓	邹集卷二十一《高母周氏墓志铭》
※199	刘琼治	字原理		嘉靖诸生	学于阳明，师事东廓，未试早殁	同上
※200	李俨	字畏夫		嘉靖诸生	学于阳明，师事东廓，未试早殁	邹集卷二十一《彭子阎墓铭》
※201	周则闵			嘉靖	师事东廓，参与崇福讲会	邹集卷十八《书劲斋帖》
※202	周于淑			嘉靖	师事东廓	邹集卷十三《简李六峰》
※203	刘让甫	字让甫		嘉靖	师事东廓	邹集卷十六《复古答刘让甫问四条》
204	刘独秀	字孤松		嘉靖	尝受业阳明	县志卷十一《人物·儒林》
205	朱仲廉	字中甫，号洁吾		隆庆元年举人	师事刘阳	喜闻集卷六《洁吾朱先生行状》
206	王安民	字汝恭		万历	从学王时槐	县志卷十一《人物·儒林》
207	欧阳鸣凤	号信自		万历贡生	师事王时槐	同上
208	周熯			万历	欧阳鸣凤高弟	同上
※209	王天任			万历十三年举人	师事邹德溥	同上
210	王尹	字萃民		万历	与高攀龙、邹元标论学	光绪《吉安府志》卷三十三《人物·文苑》
※211	李长春	字叔茂，号笃吾		天启二年进士	师事邹德泳	湛源续集《刻复古书院纪事自叙》
212	谢凤皋			万历	与德涵、德溥、王必彰举东山讲会	县志卷十一《人物·儒林》

附表三　明代安福人才乡族分布统计表[1]

各乡宗族	人才及类型	总计
三舍刘氏	[名臣]刘宣,景泰进士;刘戬,成化进士。 [忠节]刘铎,万历进士。 [宦绩]刘为,正德举人;刘秉监,正德进士;刘戬,弘治举人。 [理学]刘文敏;刘邦采,嘉靖举人。 [儒林]刘廷策,刘为父,弘治进士;刘晓,正德举人;刘子和,嘉靖人;刘以身,嘉靖举人。	12人,进士5人,举人5人
金田王氏	[名臣]王懋中,成化进士;王士翘,嘉靖进士。 [忠节]王其宏(绩灿仲子),崇祯时人。 [宦绩]王士俊,嘉靖进士;王绩灿,万历举人。 [忠义]王奇生,崇祯诸生。 [理学]王时槐,嘉靖进士。 [儒林]王钊,嘉靖诸生;王光启,百丈人,诸生;王纲灿,绩灿兄;王济普,诸生;王铸,嘉靖诸生。王镜,嘉靖诸生。 [文学]王贡魁,永乐时人;王麟昭;王巽,百丈人,成化时人。 [孝友]王作人;王宪英。 [义行]王元统。 [隐逸]王开元,诸生;王开统,开元弟,诸生。	21人,进士4人,举人1人,诸生8人
前溪刘氏	[名臣]刘逊,成化进士。 [宦绩]刘资厚,成化进士;刘教,弘治举人;刘昭己,宣德举人;刘璋,成化举人;刘佐,正德进士;刘模,嘉靖进士;刘师尹,隆庆举人;刘廷迥;刘中矾,崇祯举人;刘瑶,诸生。 [儒林]刘本怡,正统时人。 [文学]刘允元,万历诸生;刘安澜,崇祯举人。 [孝友]刘伦重。 [隐逸]刘汝相,诸生。	16人,进士4人,举人6人,诸生3人
浮山刘氏	[名臣]刘孟,成化进士。 [宦绩]刘秩,天顺进士;刘蓝,弘治进士。	3人,进士3人

---

[1]　按,此表是以同治《安福县志》为依据,统计其《人物志》中"名臣"、"忠节"、"宦绩"、"忠义"、"理学"、"儒林"、"文学"、"孝友"、"义行"、"隐逸"、"隐德"十一部分所载明代人物共计391人。这些人物总体上文化素养高,姑称为"人才",列其科举、宗族状况及所在乡域。需要说明的是,县志所载此类人物共计436人,其中有45人因宗族出处不明而未计入表中,其余391人基本可以反映明代安福人才的分布状况。

各乡宗族	人　才　及　类　型	总　计
王屯王氏	[名臣]王如坚，万历进士。 [宦绩]王澄渊，建文举人；王贵庄，永乐举人；王齐，景泰进士。 [忠义]王选宝，崇祯诸生；王恭天，崇祯诸生。 [儒林]王樿；王仕文，王樿子。	8 人，进士 2 人，举人 2 人，诸生 2 人
龙田周氏	[名臣]周静，洪武时人；周正方，天顺进士。 [宦绩]周启，成化进士，周应熙（周启弟），成化进士。 [文学]周庸，洪武时人；周泰。	6 人，进士 3 人
书冈张氏	[宦绩]张寅，成化进士；张鏖，正德进士。 [儒林]张崧，嘉靖诸生；张岩，嘉靖诸生。 [文学]张旦，明初人。 [义行]张愷。	6 人，进士 2 人，诸生 2 人
汶源王氏	[名臣]王德新，万历进士。 [儒林]王宗舜，嘉靖诸生。 [文学]王浓，嘉靖诸生。 [孝友]王伟；王华。 [隐逸]王曦，诸生。	6 人，进士 1 人，诸生 3 人
大桥朱氏	[宦绩]朱临，成化进士；朱祀，弘治举人。 [儒林]朱调，嘉靖诸生；朱国楹，万历举人；朱治庄。 [孝友]朱祖阳。 [隐逸]朱羽庭。	7 人，进士 1 人，举人 2 人，诸生 1 人
槎江朱氏	[名臣]朱世守，万历进士。 [儒林]朱淑相，嘉靖时人；朱世宾，万历时人；朱之诤。 [孝友]朱意，朱叔湘侄。	5 人，进士 1 人
濛潭康氏	[宦绩]康元积，万历进士；康元穗，万历进士。 [儒林]康钟，康元积祖父，嘉靖；康范生，崇祯举人。	4 人，进士 2 人，举人 1 人
嘉溪王氏	[名臣]王理，正统进士。 [宦绩]王彦，永乐进士；王一夔，嘉靖进士。	3 人，进士 3 人
永嘉万氏	[宦绩]万节，永乐进士；万霁，宣德进士；万一贯，隆庆进士。	3 人，进士 3 人
江口梅林曾岩刘氏	[忠节]刘台，隆庆进士。 [宦绩]刘文诏，正德举人；刘孔祺，万历举人。 [儒林]刘煮，隆庆举人。	4 人，进士 1 人，举人 3 人。
塘边刘氏	[名臣]刘垂宝，天启进士。 [文学]刘应汤，诸生。 [义行]刘蕴灿。 [隐德]刘世烈，崇祯诸生。	4 人，进士 1 人，诸生 2 人

各乡宗族	人　才　及　类　型	总　计
浮山李氏	［名臣］李绍,宣德进士。 ［宦绩］李锐,弘治进士。 ［义行］李炬。	3 人,进士 2 人
富车刘氏	［名臣］刘珂,景泰进士。 ［理学］刘阳,嘉靖举人。	2 人,进士 1 人,举人 1 人
王屯彭氏	［忠节］彭九愿,崇祯贡生。 ［儒林］彭湘,诸生。 ［义行］彭祖兴,永乐时人。	3 人,诸生 2 人
其他宗族	［名臣］欧阳旦,字江人,成化进士;彭黯,荆山人,嘉靖进士;周寀,龙田人,嘉靖进士。 ［宦绩］康旭明,桐木人,洪武诸生;周训,北溪人,宣德诸生;王有楠,沙洲人,嘉靖举人;刘尚平,上城人,嘉靖举人;刘斌,桂林坊人,正统进士;易宽,圆溪人,嘉靖进士;刘思瑜,夏塘人,万历进士;刘彝,洋溪人,景泰进士;李元伟;管象章,荷湖人,万历举人;刘璧,桂林坊人,景泰进士;朱士忠,唐方人,嘉靖举人;周鸣,小水人,万历举人;管璋,浮山人,成化举人;刘士林,罗田人,崇祯举人;康新民,洽水人,万历进士;欧阳宁,竹山人,正统举人;王皞,圳头人,嘉靖举人;欧阳理,湛塘人,万历举人;刘廷篡,上城人,正德进士;李长春,东岸人,天启进士;李质,黄陂人,弘治举人。 ［儒林］刘麟应,桂林坊人,永乐进士;刘震,路口人,成化进士;尹一仁,厚村人,嘉靖举人;刘宾朝,竹园人,嘉靖诸生;周儒,社背人,嘉靖举人;周一濂,万历时人;康士宾,黄陂人,嘉靖万历间人;萧椿,大溪人,万历进士;朱启绘,草堂人,崇祯时人;朱东升,洋门头人。 ［文学］彭乐善,桂林坊人,明初人;彭守约,北棠人,洪武举人;唐豫,唐方人,弘治举人。 ［孝友］康韫灿,蒙潭人;易景南,圆溪人;刘应宰,上城人;欧阳允曙,黄石人;欧阳梧,字江人;欧阳端,字江人;欧阳吉,字江人,诸生。 ［义行］欧阳兆叔,湛塘人;刘民望,寮塘人,天启时人;欧阳西墅;刘尚箕,上城人;刘兆衮,竹园人,嘉靖时人;刘日久,柘溪人;欧阳宗伟,字江人;李嵋,上南阜人;康元雍,洽水人。 ［隐逸］朱素,草堂人。	55 人,进士 14 人, 举人 15 人,诸生 4 人
南乡总计	以上为南乡各宗族人才,共 171 人,进士 53 人,举人 36 人,诸生 27 人	

各乡宗族	人才及类型	总计
澈源邹氏	[名臣]邹贤，弘治进士；邹善，嘉靖进士；邹德泳，万历进士。 [忠义]邹世兰(德溥孙)，崇祯时人。 [理学]邹守益，正德进士。 [儒林]邹德涵，隆庆进士；邹德溥，万历进士；邹义，嘉靖举人。 [文学]邹匡明，崇祯贡生；邹承明，崇祯诸生。 [孝友]邹志明，邹德灌子。	11人，进士6人，举人1人，诸生2人
荷溪伍氏	[名臣]伍希渊，天顺进士；伍符，希渊子，成化进士。 [忠节]伍骥，景泰进士；伍经正，崇祯诸生。 [宦绩]伍全，正德进士；伍箕，正德进士；伍希儒，正德进士；伍承载，天启进士。 [儒林]伍思韶，嘉靖举人；伍承参，诸生；伍朝宾，洪武时人；伍承钧；伍洪，洪武进士。 [孝友]伍子惠，万历诸生。 [隐德]伍性中，洪武时人。	15人，进士8人，举人1人，诸生3人
茨溪刘氏	[名臣]刘釪，景泰进士；刘缜，成化进士。 [忠节]刘球，永乐进士。 [宦绩]刘玭，正统进士；刘祥，弘治进士；刘禔，刘祥弟，正德进士；刘纮，弘治进士。 [文学]刘钟，诸生。	8人，进士7人，诸生1人
其他宗族	[宦绩]彭广，陂下人，正统进士；阮玘，泖溪人，天顺进士；萧环，濠溪人，成化举人；王爵，赤谷人，成化进士；欧阳恂，桂里人，弘治进士；谢显，大洲人，正德进士；郭弘化，高家井人，嘉靖进士；彭汝贤，陂下人，嘉靖举人；周嘉谟，枫塘人，隆庆进士。 [理学]欧阳瑜，东冈人，嘉靖举人。 [儒林]黄旦，赤谷人，嘉靖时人；刘淑唐，黄屯人，万历举人；谢生兰，赤溪人，崇祯举人。 [孝友]程朝北，笪桥人。 [隐德]欧阳显，桂里人。	15人，进士7人，举人5人
北乡总计	以上为北乡各宗族人才，共49人，进士28人，举人7人，诸生6人	
蒙冈王氏	[名臣]王世文，正德进士；王学夔，正德进士。 [宦绩]王芳荪，建文举人；王泸渊，永乐举人；王让，永乐进士；王孟常，宣德诸生；王重，景泰进士；王学孔，嘉靖进士；王学益，嘉靖进士；王华玉，崇祯进士。 [儒林]王必彰，万历诸生；王应序，万历诸生；王应庠(应序兄)，万历诸生；王嘉光，天启举人；王嘉魁(更名辰)，崇祯举人；王良弼；王士高，王良弼子。 [孝友]王泸沄，永乐时人；王鮒；王稼；王世构。	21人，进士7人，举人4人，诸生4人

（续　表）

各乡宗族	人　才　及　类　型	总　计
松田彭氏	[名臣]彭时,景泰进士;彭华,景泰进士;彭礼(彭华弟),成化进士。 [宦绩]彭勃。 [儒林]彭琉,永乐进士;彭珑,彭琉弟;彭簪,正德举人;彭惟耀,诸生。 [义行]彭根;彭德教。	10 人,进士 4人,举人 1 人,诸生 1 人
车田周氏	[名臣]周懋相,万历进士;周懋卿,万历进士。 [宦绩]周宪,隆庆进士。 [儒林]周岩厚,嘉靖时人;周鼎瀚;周鼎清,周鼎瀚弟。 [隐逸]周懋极,崇祯举人。	7 人,进士 3人,举人 1 人
小车刘氏	[名臣]刘实,宣德进士;刘丙,成化进士。 [宦绩]刘英,洪武时人;刘琪,嘉靖时人。	4 人,进士 2 人
斗塘胡氏	[宦绩]胡启先,永乐进士;胡准,成化举人;胡道,弘治进士;胡永成,嘉靖进士。	4 人,进士 3人,举人 1 人
瓜畲邓氏	[名臣]邓英,万历进士。 [宦绩]邓启隆,天启进士。 [隐逸]邓梦,永乐时人。	3 人,进士 2 人
义历谢氏	[宦绩]谢能让,正德举人;谢时泰,万历进士。	2 人,进士、举人各 1 人
社布王氏	[宦绩]王一鹏,正德举人。 [孝友]王尔极。 [义行]王伟生。 [隐逸]王巩,崇祯诸生;王性,诸生。	5 人,举人 1人,诸生 2 人
其他宗族	[宦绩]李元,丁村人,成化进士;尹恕,诚门人,正统进士;胡高,青山人,景泰举人;刘充,红园人,景泰进士;刘任治,红园人,天顺进士;王奎,社背人,弘治进士;刘潮,山头人,弘治进士;李琳,梅田人,弘治举人;刘勋,厚溪人,宣德诸生。 [儒林]彭汝器,石羊人,永乐进士;尹醇,诚门人;刘肇衮,栎冈人,诸生。 [文学]魏臣,陂头人;刘秉勤,厚溪人,永乐举人;邓周,清陂人,嘉靖诸生;彭来远,越山人。 [义行]丰裕,车田人;赵溥,高山人。 [隐逸]彭向滢,城田人。 [隐德]李资政,丁村人;刘理,厚溪人。	21 人,进士 7人,举人 3 人,诸生 3 人
东乡总计	以上为东乡各宗族人才,共 77 人,进士 29 人,举人 12 人,诸生 10 人	

（续　表）

各乡宗族	人才及类型	总　计
梅溪张氏	[名臣]张敷华(张洪子)，天顺进士；张鳌山(敷华孙)，正德进士。 [忠节]张洪，正统进士。 [儒林]张秩，嘉靖进士；张程(张秩弟)，隆庆进士。 [义行]张尚修，永乐时人；张巨川，正统时人。 [隐德]张渊潇。	8人，进士5人
横龙周氏	[宦绩]周岳，宣德举人；周梦麟，万历举人；周汉杰，崇祯进士。 [忠义]周国柱，诸生，崇祯时人。 [儒林]周以鲁，嘉靖举人；周惟中，万历举人。 [孝友]周驷；周仕让。 [隐逸]周虬生，诸生。	9人，进士1人，举人4人，诸生2人
路口周氏	[名臣]周煦，正德进士。 [忠义]周文郁，诸生，崇祯时人。 [文学]周坤，嘉靖诸生；周邦栋，诸生；周观垣。	5人，进士1人，诸生3人
南溪刘氏	[宦绩]刘本用，正德进士。 [理学]刘元卿，隆庆举人。 [儒林]刘孔当，万历进士。	3人，进士2人，举人1人
洋溪赵氏	[宦绩]赵可与，洋溪人，正德举人。 [忠节]赵师世，万历举人。 [忠义]赵仁二。 [儒林]赵思孔(又作师孔)，嘉靖诸生。 [义行]赵世美，宣德时人。 [隐逸]赵由贻。 [隐德]赵令资，弘治时人。	7人，举人2人，诸生1人
洋溪郁氏	[文学]郁达甫，万历时人。 [孝友]郁希颜。 [义行]郁鹏卿；郁履云。 [隐德]郁本忠，万历时人。	5人
其他宗族	[名臣]路璧，八都人，正统进士；颜欲章，南田人，万历进士；吴节，雅源人，宣德进士。 [宦绩]杨季安，花园人，宣德诸生；欧阳必进，仙坛人，正德进士；袁如心，厚溪人，洪武诸生；彭以圣，严溪人，嘉靖举人。 [忠义]李非潜，清江人，崇祯时人。 [儒林]李宗栻；刘人龙，艾溪人，万历诸生；贺安国，万历诸生；赵希文；姚必连，江上人；刘渤，崇祯举人；吴云，雅源人，崇祯贡生。	38人，进士5人，举人3人，诸生9人

（续　表）

各乡宗族	人　才　及　类　型	总　计
其他宗族	［文学］刘滂,龙云下村人;彭凌霄,彭坊彭氏;刘继美,井溪人,万历诸生;张渤,桂林村人,景泰举人;彭汇,严溪人;彭慎,严田人;彭文,严田人,正德进士。 ［孝友］彭龙,江背人;姚一柱,江上人;赵令显,洋溪人;颜士正,桥头人,崇祯诸生。 ［义行］戴审,江南人,洪武时人;彭渊潜,湖上人;颜翼之,南田人;李献澈,双湖人,万历时人。 ［隐逸］杨嗣庆,龙云上村人;刘适,龙云下村人;王子应,金滩王氏,嘉靖时人;刘继华;陈南箕,乌溪人,崇祯诸生;陈觐,南箕弟,崇祯时人。 ［隐德］彭以孝,严溪人,万历诸生;刘祥,龙云下村人。	38 人,进士 5 人,举人 3 人,诸生 9 人
西乡总计	以上为西乡各宗族人才,共 75 人,进士 14 人,举人 10 人,诸生 15 人	
县城及周边	［名臣］刘泉,山头人,正德进士;赵璜,城西人,弘治进士;欧阳坚,西林人;傅应祯,城东人,隆庆进士;谢应祥,城东人,万历进士;王振奇,城南人,万历进士。 ［宦绩］赵澍,赵璜子;朱黼,城南庄巷人,正德举人;赵格,城北人,嘉靖进士;伍惟善,城南人,万历举人;萧文韶,万历举人。 ［儒林］李挺,城南人,嘉靖诸生。 ［文学］萧相,正统进士;邹世传。 ［孝友］刘金鼎,山头人;姚周甫,城东人,嘉靖诸生;罗一鹏,城南人,万历举人;李钦安,城南人。 ［隐逸］姚吉,嘉靖时人。	
县城总计	县城人才共 19 人,进士 7 人,举人 4 人,诸生 2 人	
各乡总计	各乡人才计 391 人,进士 131 人,举人 70 人,诸生 55 人	

附表四　江西其他府县邹东廓弟子一览表

序号	姓名	字　号	籍贯	功　名	受学因缘/时间	文献依据
1	黄时康		吉安府庐陵县	嘉靖十三年举人	东廓姻家黄国用族子	邹集卷五《庆石屏胡宪伯平徭膺奖序》
2	黄国奎	字子聚	吉安府庐陵县	嘉靖十六年举人	黄国用弟，其子娶邹善长女	邹集卷四《郓城赠言》
3	胡寅守	字化之，号两江	吉安府庐陵县	贡生		邹集卷二十三《明故乳源令胡生化之墓志铭》
4	彭栋	号少新	吉安府庐陵县	嘉靖二十二年举人	官广德州守，其孙彭天墀从学邹德溥	泗山集卷六《彭公襟众墓志铭》
5	彭沦	字丽川，号鹅溪	吉安府庐陵县		油田彭氏	邹集卷九《静观说赠彭鹅溪》
6	彭沦兄	号西屏	吉安府庐陵县		油田彭氏	同上
7	彭蔡		吉安府庐陵县		彭沦兄之子	同上
8	彭姜		吉安府庐陵县		彭沦兄之子	同上
9	张术	字景仁	吉安府泰和县			邹集卷八《张景仁字说》
10	欧阳乾义		吉安府泰和县		阳明学者欧阳乾元弟	邹集卷五《鉴斋欧阳秋卿寿序》
11	王贞誉		吉安府泰和县		阳明学者王贞善弟	邹集卷二十一《海阳令自斋王君墓志铭》
12	王贞启		吉安府泰和县		阳明学者王贞善弟	同上
13	王一俞	字信卿	吉安府泰和县	隆庆元年举人	王贞善子，与弟一视师事东廓、罗洪先	光绪《吉安府志》卷三十一《人物志·儒林》
14	王一视		吉安府泰和县	诸生	王贞善子	同上

（续　表）

序号	姓名	字　号	籍贯	功名	受学因缘/时间	文献依据
15	刘师		吉安府泰和县	邑庠生	阳明学者刘魁侄	邹集卷十九《刘养吾传》
16	刘洋		吉安府泰和县	邑庠生	阳明学者刘魁侄	同上
17	朱大夏	字元长	吉安府万安县		阳明学者朱衡孙	光绪《吉安府志》卷三十三《人物志·文苑下》
18	萧廪	字可发，号兑嵋	吉安府万安县	嘉靖四十四年进士	师事欧阳德、东廓	邹集卷十八《书同志诸生谢石矶梁翁册》
19	郭春渠	字以受	吉安府万安县	嘉靖贡生	受学于东廓、罗洪先	存稿卷八《华南郭君行状》
20	聂静	字子安	吉安府永丰县	嘉靖十四年进士	聂豹兄子	邹集卷三《永丰聂氏谱序》
21	曾宸		吉安府永丰县			邹集十三《书醉春卷》
22	贺世采	字义卿	吉安府永新县	嘉靖十六年举人	从学东廓四十余年，与邹善为姻亲	邹集卷二《尚志堂寿言》
23	李承重		吉安府永新县		阳明学者李俨子	邹集卷三《乡会祝言》
24	甘仕可[1]	号若虚	吉安府永新县		阳明学者甘公亮子，师事东廓、刘阳	元卿集卷七《甘若虚公外传》
25	马达	号云川	吉安府永新县			同上
26	董燧	字兆明，号蓉山	抚州府乐安县	嘉靖十年举人		光绪抚州府志卷五十九《人物·文苑》
27	董兆时		抚州府乐安县		与董燧同族	邹集卷十《勉董明建兆明诸友丈量》
28	董明建		抚州府乐安县		与董燧同族	同上

[1]　甘仕可，《邹守益集》卷三《寿莲坪甘郡侯先生七十序》作"甘文可"。

（续 表）

序号	姓名	字 号	籍 贯	功 名	受学因缘/时间	文献依据
29	陈致和	字永宁	抚州府乐安县		初学于东廓、罗汝芳，后学于李材	光绪《抚州府志》卷五十九《人物·文苑》
30	詹曰逵		抚州府乐安县		以年家之谊，从学于东廓	邹集卷十五《詹复卿请书》
31	詹曰道		抚州府乐安县		同上	同上
32	詹曰周		抚州府乐安县		同上	同上
33	董谋之		赣州府		嘉靖二十六年从学，父董欧与东廓有世讲之谊	邹集卷三《赠董谋之》
34	吴春	字以容	广信府贵溪县	嘉靖十七年进士	夏言婿，师事东廓、王畿，嘉靖十八年从学	邹集卷五《慈寿诗册序》
35	周远	字子庆	临江府新喻县		学于安福	邹集卷十八《赠周子庆》
36	艾铎		南昌府			邹集卷十七《读书箴》
37	李材	字孟诚，号见罗	南昌府丰城县	嘉靖四十一年进士	父李遂与东廓素有交游	邹集卷二十六《克斋李中丞访山房，蔡蓉溪绘对谈图》
38	李栻		南昌府丰城县	嘉靖四十四年进士	李材兄	同上
39	余弼	字相之，号柳溪	南昌府武宁县			邹集卷十七《书柳溪卷》
40	邓元锡	字汝极，号潜谷	建昌府南城县	嘉靖三十四年举人	师事罗汝芳、东廓、刘阳	《明儒学案》本传
41	汤士安	字仲仁	饶州府安仁县			同治《饶州府志》卷二十四《人物志·隐逸》
42	王良臣	字汝忠	饶州府德兴县	嘉靖三十七年举人		《江西通志》卷九十《人物·饶州府》

（续　表）

序号	姓名	字　号	籍　贯	功　名	受学因缘/时间	文献依据
43	傅明应	字国卿	瑞州府高安县	嘉靖三十七年举人	师事东廓、罗洪先	《江西通志》卷七十一《人物·瑞州府》
44	廖暹	字日进	瑞州府高安县	嘉靖七年举人	嘉靖七至九年从学,建西郊书屋讲学	同上
45	廖性之	字道夫	瑞州府高安县	嘉靖四十年举人		同上
46	李应时	号南川	瑞州府上高县			同治《瑞州府志》卷十四《人物志·儒林》
47	龙跃	字起文	袁州府万载县			邹集卷二十三《万载石崖龙君墓志铭》
48	余天保		袁州府宜春县			邹集卷十八《翠岩颐寿解》

附表五　非江西籍邹东廓弟子一览表

序号	姓名	字　号	籍　贯	功名及出仕情况	受学情况	文　献　依　据
1	吴钰	字汝砺	福建福宁州	宣城教谕		李清馥《闽中理学渊源考》卷九十二
2	程宽	字栗夫	福建建宁府建安县	诸生		邹集卷十六《武夷答问》
3	林应箕	字辉南	福建兴化府莆田县	嘉靖十七年进士	嘉靖十八至十九年从学	邹集卷八《医说留别长安诸友》
4	邱原高	字时让	福建漳州府漳浦县	邑庠生	从学东廓、罗洪先	康熙《漳浦县志》卷十六《人物志》
5	游天廷	字士达，号行野	福建漳州府镇海卫	嘉靖二十九年进士	由朱衡引荐从学东廓	邹集卷五《庆衡守游行野膺奖序》
6	黄明伦	字志学	广东惠州府			邹集卷二《赠黄志学归惠州》
7	林梁	号松楼	广东广州府三水县	嘉靖二十五年举人	嘉靖十六年前后	邹集卷四《林松楼邑侯赠言》
8	倪朝惠	字淡轩	广西桂林府全州	嘉靖七年举人	嘉靖七至九年从学	邹集卷三《存耕寿言》
9	王养民	字汝颐	广东廉州府合浦县	南直隶太学生	嘉靖十九至二十年从学	邹集卷九《王汝颐字说》
10	方任	字志伊，号近沙	湖广黄州府黄冈县	嘉靖十一年进士	嘉靖七至九年从学	邹集卷三《赠大参近沙方子荣陟归寿序》
11	罗朝岳		湖广长沙府茶陵州		学于安福崇福讲会	邹集卷五《叙云阳遥祝图》
12	白若圭	字德纯	南直隶常州府武进县	嘉靖十七年进士	嘉靖十八至十九年从学	邹集卷八《医说留别长安诸友》
13	章时鸾	字汝和，号孟泉	南直隶池州府青阳县	嘉靖十三年举人		万斯同《儒林宗派》
14	冯焕	字养晦	南直隶淮安府山阳县	嘉靖十七年进士	嘉靖十八至十九年从学	邹集卷八《医说留别长安诸友》

（续 表）

序号	姓名	字 号	籍 贯	功名及出仕情况	受学情况	文 献 依 据
15	胡应恩	字祁沾，号西晼	南直隶淮安府沭阳县	贡生，官知县	胡琏长孙，父胡效才与东廓为同道	邹集卷十七《赠胡生祁沾》
16	胡炳		南直隶徽州府			邹集卷九《静观说》
17	胡宗宪	字汝贞，号梅林	南直隶徽州府绩溪县	嘉靖十七年进士	嘉靖十八至十九年从学	邹集卷八《医说留别长安诸友》
18	李栋		南直隶徽州府祁门县	诸生	嘉靖七年从学	邹集卷七《篁垣别墅记》
19	程清	字原静	南直隶徽州府祁门县	诸生	嘉靖四至六年从学	邹集卷二《赠程郑二生》
20	郑烛	字景明	南直隶徽州府歙县	河间府通判	嘉靖四至六年从学	同上
21	洪滢		南直隶徽州府歙县			邹集卷九《前峰闲隐说》
22	洪湘		南直隶徽州府歙县		洪滢弟	同上
23	胡文孚		南直隶徽州府休宁县	嘉靖十三年举人		邹集卷七《衡州府潇湘浮桥记》
24	张棨	字士仪，号本静	南直隶宁国府泾县		水西精舍倡建者	万斯同《儒林宗派》
25	董景	字文启	南直隶宁国府泾县	诸生	嘉靖四至六年从学	邹集卷七《水西精舍记》
26	周怿	字信之	南直隶宁国府太平县		少师东廓，究心理学	《江南通志》卷一百四十八《人物志·宦绩》
27	周怡	字顺之，号讷溪	南直隶宁国府太平县	嘉靖十七年进士	嘉靖七至九年从学	《明史》本传
28	戚衮	字补之，号竹坡	南直隶宁国府宣城县	贡生	嘉靖四至六年从学	邹集卷七《水西精舍记》
29	贡安国	字玄略，号受轩	南直隶宁国府宣城县	贡生	嘉靖四至六年从学	同上

（续　表）

序号	姓名	字　号	籍　贯	功名及出仕情况	受学情况	文　献　依　据
30	沈宠	字思畏，号古林	南直隶宁国府宣城县	嘉靖十六年举人	嘉靖七至九年从学	邹集卷七《水西精舍记》
31	梅守德	字纯甫，号宛溪	南直隶宁国府宣城县	嘉靖二十年进士	嘉靖七至九年从学	同上
32	戚慎	字汝初	南直隶宁国府宣城县	嘉靖二十三年进士	嘉靖七至九年从学	同上
33	孙浚	字宗禹，号两山	南直隶宁国府宣城县	嘉靖二十九年进士	嘉靖七至九年从学	同上
34	胡孺道		南直隶太平府芜湖县		嘉靖七至九年从学	邹集卷二《赠胡孺道》
35	葛子开		南直隶扬州府		嘉靖七至九年从学	邹集卷二《赠葛子开》
36	张旦	字子明	南直隶扬州府宝应县	嘉靖十四年进士	嘉靖十八至十九年从学	邹集卷八《医说留别长安诸友》
37	陈尧	字敬甫，号梧冈	南直隶扬州府通州县	嘉靖十四年进士	嘉靖十八至十九年从学	邹集卷四《赠梧冈陈郡侯陟长芦都运序》
38	濮汉	字致昭	南直隶广德州	嘉靖七年举人	嘉靖四至六年从学	光绪《重修安徽通志》卷二百二十九
39	施天爵		南直隶广德州	监生，顺天府通判	嘉靖四至六年从学	邹集卷二十三《王孔桥墓志铭》
40	阮柏	字新甫	南直隶扬州府泰州	安福县学训导	嘉靖二十年后从学	邹集卷十八《别邑博阮子》
41	卢子祥		四川重庆府壁山县		宁国府司教卢养正之子	邹集卷二《送卢生子祥》
42	杨科		四川重庆府江津县		吉安知府杨彝弟，嘉靖十一至十四年从学	邹集卷二《赠杨生归蜀》
43	刘大直	字养浩，号岷川	四川成都府华阳县	嘉靖十四年进士	嘉靖十八至十九年从学	邹集卷八《岷川说赠刘司谏》
44	蒋怀德	字维宁	浙江绍兴府山阴县	嘉靖十七年进士	嘉靖十八至十九年从学	邹集卷八《医说留别长安诸友》

序号	姓名	字　号	籍　贯	功名及出仕情况	受学情况	文献依据
45	侯一元	字舜举，号二谷	浙江温州府乐清县	嘉靖十七年进士	其父侯廷训与东廓为同僚	邹集卷十七《赠侯舜举》
46	萧以训				嘉靖十九至二十年从学	邹集卷五《武功寿言》
47	蔡绩			诸生	学于南都	邹集卷十五《蔡周戚三生请书》
48	周易			诸生	学于南都	同上
49	戚范			诸生	学于南都	同上
50	陈辰		山东莱州府	诸生	嘉靖四年从学	邹集卷八《省斋说赠陈君彦明北行》

附表六　邹东廓讲会、游学活动一览表

　　按，本表汇总了《邹东廓年谱》所载邹东廓的讲会、游学活动，说明如下：
一、讲会名称以地点命名；二、讲会排列顺序以地点为序，依次是：安福、吉
安府其他县、江西其他府县、南直隶、浙江、京师等其他地区；三、序号一栏
标注有序号者属于具备一般讲会特点的聚会，标注"※"者属游历、游学、少
数人论学之性质，不计入"讲会"之列；四、序号栏标注"＊"者，为聚集多地
学者、人数众多的大型讲会；五、备注栏写有"经常"者，为经常性聚讲的讲
会；六、只有讲会名称而时间、地点不详者，在备注栏均注明文献出处的卷
数和篇名，以见东廓讲学活动之全貌。

安福县讲会游学活动					
序号	名　称	地　点	公历时间	次数	备　　注
1	东廓山房会	北乡	1520,1557	2	1520 年，建成，阳明题额
					1557 年，新移山房建成，常会
2	北乡会	北乡	1544	1	
3	连山书院会	北乡	1544,1559	2	北乡门人捐建书院，常会
4	九峰庵会	北乡	1552,1556	2	1552 年，罗洪先、周怡、刘阳同游
5	广恩寺会	北乡	1545	1	常会
6＊	崇福寺会	城北	1535(春、秋)	2	1535 年秋九月，吉安九邑士人与会
7	县学会	县学	1536（每月朔望）	1	与程文德集诸生聚讲明伦堂
8＊	复古书院会	复古书院（县城南门外）	1536,1538,1542,1545,1546(2[1]),1548（2）,1549（3）,1550（2）,1551, 1552（2）,1555,1558（2）,1561	20	1536 年，与程文德倡建，日常讲学外，安福士子每年春秋两次集中聚讲于此，时有吉安府他县、江西其他府及外省学者参与，常会

---

[1]　若该年有多个讲会，即在该年后用数字表示，并加括号，如"1519(2)"表明 1519 年有两次讲会，以下同。

（续　表）

安福县讲会游学活动					
序号	名　称	地点	公历时间	次数	备　注
9	东山寺会	城东	1542，1551，1552，1554	4	邹氏子孙主持，延至邹衮，历六十余年，常会
10	香积寺会	城南	1557	1	聚讲
11	洞渊会	洞渊阁，县城北门外[1]	不详	1	邹集卷十《答林掌教朝相》
12	祈仙观会	县城外东南	不详	1	邹集卷二十三《明故丹崖姚翁能近暨配欧阳孺人墓志铭》
13	东阳行窝会、石屋山馆会	县东之东阳峰	1541，1542，1548，1550，1552，1559	6	为归田后聚讲所，集本地、外地学者，常会
14	东乡会	东乡	不详	1	王学益召集，东乡士夫毕集。邹集卷十三《简贺义卿七章·三》
15	西乡会	西乡	1542	1	聚讲
16	武功山会	县西	1545，1551	2	常会，夏季避暑之所
17	复真书院会	南乡	1558，1562	2	1558年，南乡士民建成，南乡重要聚讲所
					1562年，集各邑二百六十余人聚讲
18	松云窝会	南乡	1557	1	周儒建松云窝书院，聚讲
19	书冈会	南乡书冈山[2]	不详		张岩召集，以每月望日为期。邹集卷十《简欧汝重》、邹集卷二十二《容庵刘君墓志铭》
20	舟湖会	南乡	十年三次赴会	3	邹集卷二十六《同志约会舟湖，诸乡老携子姓咸集……》《南游会讲周湖遂谒梅边王先生[3]墓》
21	招仙寺会	南乡	1556	1	安福学者与会

[1]　见同治《安福县志》卷二《舆地·古迹》，页41。

[2]　[清]王基纂、高崇基修：《安福县志》（乾隆四十七年修、同治四年补刊本，台北：成文出版社，《中国方志丛书》772号），卷二《舆地志·乡都》载："书岗山，荆山南十里，两峰屹立，顶趾皆怪石。东滨江西，为鸭翼湖，上有平台，相传陶渊明读书所。冈下溪流盘石处，又名陶潜潭。"（页5—6）

[3]　"梅边王先生"即王炎午（1252—1324），初名应梅，字鼎翁，别号梅边，出安福南乡汶源王氏，文天祥被捕后，作生祭文以励其死。东廓门人王仰为其后人。

（续　表）

序号	名　称	地　点	公历时间	次数	备　　注
			安福县讲会游学活动		
22	安和里会	治南三十六都兴德乡	1556	1	南乡学者讲会，东廓为之题词
23	寮塘会	南乡	不详	1	邹集卷二十六《聚讲寮塘次首尾吟呈同会诸君》
24	槎源会	南乡	不详	1	邹集卷十三《答本固宗兄》
25	安福论学	安福	1537	1	与刘文敏、欧阳瑜、刘阳等聚讲
26	富池寺会	安福	1545	1	聚讲
27	资福寺会	安福	1547	1	聚讲
			吉安府其他县讲会游学活动		
序号	名　称	地　点	公历时间	次数	备　　注
28*	白鹭洲书院会	吉安府城	1545，1546，1550，1557	4	1544 年，知府何其高延请
					1557 年，王宗沐率千余儒生听讲
※	游青原山	庐陵县	1520	1	陪阳明游青原
29*	青原会	庐陵县	1533，1534，1542，1546，1547，1548（2），1550，1553，1554，1556（2），1557，1558	14	集吉安九邑士人的大型讲会，每年春秋二季举行，常会
30	惜阴会	庐陵县广法寺	1534	1	庐陵油田彭氏所举乡会
31	怀德祠会	庐陵城南	1538	1	季本建怀德祠祀阳明，并举讲会
32	圣化观会	庐陵县安塘	1547，1553	2	1547 年，聚讲
					1553 年，安塘萧氏乡会
33	永和会	庐陵县永和	1548，1549	3	1548 年，在青都观，刘邦采与会
					1549 年，钱德洪、俞大本、林功懋与会
34	文山祠会	庐陵县文山祠	1541 年以后	1	邹集卷七《甘节堂记》
35	梅陂会	泰和县	1545	1	欧阳德、曾忭、陈昌积等与会
36	古城寺会	泰和县	1545，1547	2	与泰和学者聚讲

（续　表）

序号	名　称	地　点	公历时间	次数	备　注
	吉安府其他县讲会游学活动				
37	云津书院会	泰和县	1547,1551	2	1547 年,与刘魁聚会
					1551 年,刘魁、欧阳德、曾忭与会
38	海智寺会	泰和县	1551	1	欧阳德讲学之地
39	崇玄宫会	永丰县	1534（2）,1545	3	1534 年春,与钱德洪、聂豹聚讲,游泷冈
					1534 年秋,与聂豹聚讲
					1545 年,与欧阳德、聂豹聚讲
※	游泷冈	永丰县	1534,1547	1	有泷冈书院
※	游凌空阁	永丰县	1549	1	与聂豹会晤
40	玄潭会	吉水县	1542,1549,1550,1554,1555	5	为罗洪先与吉水学者常会之所
※	游恩江乐丘	吉水一带	1547	1	与罗洪先聚会
41*	龙华寺会	吉水县城	1548	1	吉水县令王之诰集吉安九邑士人聚讲,罗洪先等与会
42	石莲洞会	吉水县	1548	1	1548 年,龙华会后与刘阳同游并宿此
43	永新会	永新县学	1535	1	知县徐丙召集,甘公亮、李俨等学者及当地官员与会
44	希夷宫会	永新县	1547	1	聚讲
45	先天阁会	万安县	1547	1	聚讲
	江西其他府县讲会游学活动				
序号	名　称	地　点	公历时间	次数	备　注
46	赣州论学	赣州府	1519（2）,1520,1547	4	1519 年,两见阳明于虔台
					1520 年,与陈九川等问学阳明
					1547 年,与朱纨等论学,重游郁孤台、通天岩
47*	南昌贡院会	南昌府城	1538	1	江西提学徐阶延请东廓入贡院开讲
48	龙沙会	南昌府城	1539	1	1539 年,徐阶建仰止祠,与东廓等祀阳明,并聚讲

（续　表）

			江西其他府县讲会游学活动		
序号	名　称	地点	公历时间	次数	备　　注
49	南昌诸会	南昌府城	1549	1	赴冲玄会，途经南昌，聚讲清真寺、天宁寺、龙沙等地
※	南山论学	南昌	不详	1	邹集卷二十六《双溪郑宪伯、湛塘王侍御、让溪游司谏及诸友聚讲南山》
50	南昌会	南昌府城	1560	1	与张元冲、王宗沐、曹忭及诸师生聚讲论学
※	游新建	南昌府新建县	1555	1	与魏良弼、裴衍及邱原高等同游丹陵观、至德观、明觉精舍
51	西山会	南昌西山	1555	1	与魏良弼、裴衍及邱原高等聚讲
52	茫湖会	南昌府丰城县	1555	1	与李遂等聚讲
53	龙光书院会	南昌府丰城县	不详	1	邹集卷十七《寄龙光书院诸友》
54	拟岘台会	抚州府城	1537，1549	2	1537 年，与陈九川、黄直等聚讲
					1549 年，与陈九川等聚讲
55	华盖山会	抚州府乐安县	1544	1	与聂豹、陈九川、欧阳德、罗洪先聚讲
56	象眠山会[1]	抚州府乐安县	不详	1	邹集卷二十五《象眠山聚讲书勉乐安诸友》
57	望仙观会	抚州府金溪县	1549	1	金溪学者与会，游仙峰、青田、翠云寺
58*	冲玄会	广信府龙虎山	1549	1	浙江、江西、南直隶学者大会
59*	闻讲书院会	广信府上饶县	1560	1	浙江、江西、南直隶学者大会
60	怀玉书院会	广信府玉山县	1560	1	同上，人数稍少
61*	宜春台会	袁州府城宜春台	1550	1	集袁州府宜春、分宜、萍乡、万载诸县学者聚讲

---

[1] 《明一统志》卷五十四《抚州府》："象眠山，在乐安县治东，势如象眠，县之主山也。"

（续　表）

序号	名　称	地　点	公历时间	次数	备　　注
			江西其他府县讲会游学活动		
※	游袁州	袁州府城、分宜县等	1550	1	与袁州士子同游石乳洞、洪阳洞、慈化寺，天龙岩等
62	白鹿洞书院会	九江府庐山	1547	1	与刘邦采等同游庐山并聚讲白鹿洞书院
63	尊道书院会	瑞州府城	1547	1	与瑞州学者、官员论学

序号	名　称	地　点	公历时间	次数	备　　注
			南京（南直隶）讲会游学活动		
64	复初书院会	广德州	1524—1526	1	时任广德州通判，常会
65	观光馆会、新泉书院会	南京	1528—1530	1	时任南京礼部主客司郎中，与湛若水、吕柟共主讲席，常会
※	南京论学	南京	1529（2），1531，1538	4	1529 年，与易宽、邹义、邹美等论学于燕子矶
					1529 年，与朱廷立论学
					1531 年，与王艮、薛侃、钱德洪、王畿等论学于官署
					1538 年，时任南京吏部考功郎中，与胡岳论学于东湖书院
66	鸡鸣寺会	南京	1530	1	欧阳德、万表、石简与会
67	南京讲会	国子监	1540—1541	1	时任南京国子监祭酒，常会
※	苏、常论学	苏州、常州	1531	1	赴吴中就医，访魏校等
※	徽州论学	徽州府	1531	1	与徽州诸生论学
※	游常州名胜	常州府	1541	1	落职归乡途中，游金山、焦山、张公洞、玉女潭等
68	东山书院会	徽州府祁门县	1550	1	祁门诸生与会，游栖真岩
69	建初寺会	徽州府休宁县	1550	1	祁门诸生与会，游齐云岩

南京(南直隶)讲会游学活动				
序号	名　称	地　点	公历时间	次数	备　　注
70*	斗山书院会	徽州府歙县	1550	1	徽州府六邑学者与会,谒紫阳书院、师山书院
71*	水西会	宁国府泾县水西寺	1550	1	宁国府六邑学者与会,1553年建成水西精舍
72	化城寺会	池州青阳县九华山	1550	1	于仰止祠奠阳明,集诸生讲学

浙江讲会游学活动				
序号	名　称	地　点	公历时间	次数	备　　注
73	越城会	浙江绍兴	1523,1524	2	1523年北上复职途中,问学阳明
					1524年往广德途中,问学阳明
74	天真书院会	杭州城南天真山	1531,1560	2	1531年,祭阳明,同门聚讲
					1560年,与陈九川、邹美同行,祭阳明墓,胡宗宪延请讲学
75	祥符寺会	衢州府城	1539	1	可能在东廓北上京师任职前
76	衢麓讲舍会	衢州府城	1541	1	与衢州府官员王仲锦、刘起宗等及当地士子聚讲

其他地区讲会游学活动				
序号	名　称	地　点	公历时间	次数	备　　注
※	狱中讲学	京师	1524	1	因大礼议忤旨,狱中与吕柟讲学
77	京师会	京师	1539—1540	1	时任司经局洗马兼翰林院侍读,与徐阶、罗洪先、唐顺之、张元冲等七十余人聚讲,常会
78	石鼓书院会岳麓书院会	湖南衡州府衡山县	1543	1	与甘公亮游衡山,湘中诸生与会
79	金仙洞会	湖南长沙府攸县	1543	1	游衡山归,途中聚讲
80	武夷山会	福建建宁府崇安县	1560	1	刘邦采、邹美及建宁府官员、士子与会,谒阳明、甘泉二先生祠
81	瓦棺寺会	不详	不详	1	邹集卷二十六《秋初聚瓦棺寺,简两洲尚书及平湖、大廓诸君三首》
82	洪南草堂会	不详	不详	1	邹集卷二十六《聚讲洪南草堂,寄裴鲁江、张材庵、王瑶湖诸同志》

附表七　邹东廓乡族实践一览表

内　容	公历时间	范围	作　为	结　果
倡建凤林桥	1521 年	安福	谋于本县士民、知县,捐资并作记	1523 年建成,邹氏子孙 120 余年间不断捐建
监督丈田	1532—1534 年	安福	向张时彻等多位官员申诉,率同道监督丈田	得多位官员支持,丈田历三年完成
巩固丈田成果	1544 年	安福	作《福邑粮总录序》	知县李一瀚造《安福邑粮总录》
巩固丈田成果	1553 年	安福	作《安福三刻县总序》	知县汤宾造《安福三刻县总》
促成乐安丈田	1553—1554 年	乐安	致书马森等官员,派门生董燧至省府申诉	1554 年丈田完成
参与本县乡约推行	1536 年以后	安福	参与推行乡约,作《乡约后语》	乡约在安福推行几十年
关注永新乡约	1536 年前后	永新	作《叙永新乡约》	永新推行乡约
关注永丰乡约	1536 年前后	永丰	作《叙永丰乡约》	永丰推行乡约
关注广德乡约	1538—1539 年	广德	作《广德乡约题辞》	广德推行乡约
申诉安福沙米等赋役问题	1542—1544 年	安福	致书汪玄锡等官员申诉	1544 年,复沙米、差役带征得以实施
促成重新清查江西赋役	1544—1550 年	江西	与聂豹、罗洪先等致书官府请重新清查赋役	1550 年,新《派粮节略》刊刻
申诉减税	1559 年前后	安福	向何迁请求重新定"过江"、传驿之税	
救灾	1544—1545 年	安福	吉安大旱,夏秋无收成。建义仓,向官府申诉赈济	赈灾建议被安福县令潘玙采纳
救灾	1559—1560 年	安福	安福春涝夏旱,致书何迁等官员请求赈贷并减税	
建议政事	1555 年	江西	作《芹曝末议达可泉蔡公》,向蔡克廉建议政事	

内　容	公历时间	范围	作　为	结　果
请缓收税	1562 年	安福	时病重,致书官府请缓收税	
关注宗族建设	1532 年以后	吉安宗族	撰写谱序 25 篇,借宗族渠道推行教化	

参 考 文 献

一、传统文献

（一）史书、传记、文集

陈九川：《明水陈先生文集》,《四库全书存目丛书·集部》72 册。

陈献章著,孙通海点校：《陈献章集》,北京：中华书局,1987 年。

程文德：《程文恭公遗稿》,明万历十二年程光裕刻本。

程颐、程颢著,王孝鱼点校：《二程集》,北京：中华书局,1981 年。

高攀龙：《高子遗书》,《景印文渊阁四库全书·集部》1292 册。

耿定向：《耿天台先生文集》,《四库全书存目丛书·集部》131 册。

谷应泰：《明史纪事本末》,北京：中华书局,1977 年。

过庭训：《本朝分省人物考》,《续修四库全书·史部》533 册。

胡直：《衡庐精舍藏稿·衡庐续稿》,《景印文渊阁四库全书·集部》
　　1287 册。

黄宗羲著,沈芝盈点校：《明儒学案》,北京：中华书局,2008 年。

姜宝编：《松溪程先生年谱》,《北京图书馆藏珍本年谱丛刊》46 册,北京图
　　书馆出版社,1999 年。

焦竑：《国朝献征录》,《续修四库全书·史部》525—531 册。

焦竑：《焦氏澹园集》,《四库禁毁书丛刊·集部》61 册。

雷礼：《国朝列卿纪》,《续修四库全书·史部》522—524 册。

李清馥撰：《闽中理学渊源考》,《景印文渊阁四库全书·史部》460 册。

刘元卿：《刘聘君全集》,《四库全书存目丛书·集部》154 册。

刘元卿撰,彭树欣编校：《刘元卿集》,上海：上海古籍出版社,2014 年。

刘宗周：《刘子全书》,《中华文史丛书》第 57 种影清道光本,台北：华文书
　　局,1969 年。

刘宗周撰,吴光主编：《刘宗周全集》,杭州：浙江古籍出版社,2007 年。

陆九渊著，钟哲点校：《陆九渊集》，北京：中华书局，1980 年。

罗洪先：《念庵罗先生文集》，明隆庆元年胡直序刊本，台湾大学图书馆藏。

罗洪先：《念庵文集》，清雍正年间刊本，《景印文渊阁四库全书·集部》
　　1275 册。

罗洪先撰，徐儒宗编校：《罗洪先集》，南京：凤凰出版社，2007 年。

罗钦顺：《整庵存稿》，《景印文渊阁四库全书·集部》1261 册。

罗汝芳：《近溪子集》，《四库全书存目丛书·集部》129—130 册。

罗汝芳撰，方祖猷等编校：《罗汝芳集》，南京：凤凰出版社，2007 年。

吕柟：《续刻吕泾野先生文集》，清道光十二年富平杨氏刻本，北京大学图书
　　馆藏。

《明实录》，台北："中央研究院"历史语言研究所校印本，1966 年。

聂豹：《双江聂先生文集》，《四库全书存目丛书·集部》72 册。

聂豹著，吴可为编校：《聂豹集》，南京：凤凰出版社，2007 年。

欧阳德：《欧阳南野先生文集》，《四库全书存目丛书·集部》80 册。

欧阳德著，陈永革编校：《欧阳德集》，南京：凤凰出版社，2007 年。

钱明编校：《徐爱·钱德洪·董沄集》，南京：凤凰出版社，2007 年。

瞿景淳：《瞿文懿公集》，《四库全书存目丛书·集部》109 册。

沈佳：《明儒言行录》，《景印文渊阁四库全书·史部》458 册。

宋仪望：《华阳馆文集》，《四库全书存目丛书·集部》116 册。

王艮：《明儒王心斋先生全集》，清宣统二年东台袁氏铅印本，北京大学图书
　　馆藏。

王艮：《王心斋先生遗集》，民国元年袁承业编校本。

王畿：《龙溪王先生全集》，《四库全书存目丛书·集部》98 册。

王畿著，吴震编校：《王畿集》，南京：凤凰出版社，2007 年。

王时槐：《友庆堂合稿》，清光绪三十三年重刻本，《四库全书存目丛书·集
　　部》114 册。

王时槐撰，钱明、程海霞编校：《王时槐集》，上海：上海古籍出版社，
　　2015 年。

王守仁著，吴光等编校：《王阳明全集》（二册），上海：上海古籍出版社，
　　1992 年。

王守仁著，钱明、吴光等编校：《王阳明全集（新编本）》，杭州：浙江古籍出
　　版社，2010 年。

王直：《抑庵文集》，《景印文渊阁四库全书·集部》1241 册。

魏良弼：《太常少卿魏水洲先生文集》，《四库全书存目丛书·集部》85 册。

吴鹏：《飞鸿亭集》，《四库全书存目丛书·集部》83 册。

夏燮：《明通鉴》，长沙：岳麓书社，1999 年。

徐阶：《世经堂集》，《四库全书存目丛书·集部》79—80 册。

曾同亨：《泉湖山房稿》，据日本内阁文库藏明刊本影印本。

查铎：《毅斋查先生阐道集》，《四库未收书辑刊》第七辑第 16 册，北京：北京出版社，2000 年。

湛若水：《泉翁大全集》，台湾"中央图书馆"善本微卷。

湛若水：《湛甘泉先生文集》，清康熙二十年黄楷刻本，北京大学图书馆藏。

张时彻：《芝园定集》，《四库全书存目丛书·集部》82 册。

张廷玉等撰：《明史》，北京：中华书局，1974 年。

张元谕：《篷底浮淡》，《续修四库全书·子部》1126 册。

朱熹著，黎靖德编，杨绳其、周娴君校点：《朱子语类》，长沙：岳麓书社，1997 年。

朱熹著，朱杰人主编：《朱子全书》，上海：上海古籍出版社，合肥：安徽教育出版社，2002 年。

邹德涵：《邹聚所先生文集》，《四库全书存目丛书·集部》157 册。

邹德溥：《邹泗山先生文集》，清刊本，台湾"中央研究院"傅斯年图书馆藏。

邹德泳：《湛源续集》，崇祯五年刻本，北京大学图书馆藏。

邹守益：《东廓邹先生文集》，《四库全书存目丛书·集部》65—66 册。

邹守益：《东廓邹先生遗稿》，明嘉靖末年刻本，北京大学图书馆藏。

邹守益：《王阳明先生图谱》，《四库未收书辑刊》第四辑 17 册。

邹守益：《邹东廓先生摘稿》，嘉靖十七年林春序刊本，台湾"中央图书馆"藏。

邹守益著，董平编校：《邹守益集》，南京：凤凰出版社，2007 年。

邹守益著，邹善编：《邹东廓先生诗集》，明万历元年陈元珂序刊本，东京内阁文库藏。

（二）地方志、书院志、家谱

《安成邹氏重修支谱》，清道光二十三年修。

《安福县志》（王基纂、高崇基修），清乾隆四十七年修、同治四年补刊本，台北：成文出版社，《中国方志丛书》772 号。

《安福县志》（姚浚昌修、周立瀛纂），清同治十一年刻本，南京：江苏古籍出版社，1996 年。

《安福县志》（张召南修、刘冀张纂），清康熙十八年刻本，台北：成文出版社，《中国方志丛书》771 号。

《白鹿书院志》（毛德琦撰、周兆兰增修），《四库全书存目丛书 · 史部》246 册。
《白鹭洲书院志》（刘绎纂），清同治十年刻本，北京大学图书馆藏。
《常州府志》（于琨修、陈玉璂纂），清康熙三十四年刻本，南京：江苏古籍出版社，1991 年。
《潮州府志》（郭春震纂修），明嘉靖二十六年刻本。
《潮州府志》（周硕勋纂修），清光绪十九年重刊本，台北：成文出版社，《中国方志丛书》046 号。
《澈源邹氏六修族谱》，清同治十三年修。
《澈源邹氏七修族谱》，民国六年修。
《澈源邹氏族谱朋甲坊支谱》，1995 年修。
《大姚县志》（黎恂、刘荣黼编修），清光绪三十年刊本。
《分宜县志》（李寅清、夏琮鼎修），清同治十一年刻本。
《抚州府志》（刘玉瓒修、饶昌胤纂），清康熙四年刻本。
《抚州府志》（许应鑅修、谢煌纂），清光绪二年刊本，南京：江苏古籍出版社，1996 年。
《赣州府志》（魏瀛修、钟音鸿纂），清同治十年刊本，南京：江苏古籍出版社，1996 年。
《冠县县志》（梁永康修、赵锡书纂），清光绪十年修、民国二十三年排印本，台北：成文出版社，《中国方志丛书》029 号。
《广德州志》（胡有成修、丁宝书纂），清光绪七年刊本，台北：成文出版社，《中国方志丛书》705 号。
《广德州志》（朱麟修、黄绍文撰），明嘉靖十五年刊本，台北：成文出版社，《中国方志丛书》706 号。
《广东通志》（郝玉麟修、鲁曾煜纂），《景印文渊阁四库全书 · 史部》562—564 册。
《广信府志》（蒋继洙修、李树藩纂），清同治十二年刊本，台北：成文出版社，《中国方志丛书》106 号。
《贵州通志》（鄂尔泰修、靖道谟纂），《景印文渊阁四库全书 · 史部》571—572 册。
《杭州府志》（陈善等修），明万历七年刊本，台北：成文出版社，《中国方志丛书》524 号。
《湖广通志》（迈柱监修、夏力恕纂），《景印文渊阁四库全书 · 史部》531—534 册。

《黄州府志》(英启修、邓琛纂)，清光绪十年刊本，台北：成文出版社，《中国方志丛书》346 号。

《霍山县志》(秦达章、何国佑纂修)，清光绪三十一年刻本。

《吉安府志》(定祥修、刘绎纂)，清光绪元年刊本，台北：成文出版社，《中国方志丛书》251 号。

《吉安府志》(卢崧修、朱承煦纂)，清乾隆四十一年刊本。

《吉安府志》(余之桢修、王时槐纂)，明万历十三年刊本，《日本藏中国罕见地方志丛刊》，北京：书目文献出版社，1991 年。

《吉水县志》(彭际盛修、胡宗元撰)，清光绪元年刻本，南京：江苏古籍出版社，1996 年。

《建宁府志》(张琦修、邹山纂)，清康熙三十二年刻本。

《江南通志》(赵弘恩修、黄之隽纂)，《景印文渊阁四库全书·史部》507—512 册。

《江西全省舆图》(曾国藩修、顾长龄汇编)，清同治七年刊本，台北：成文出版社，《中国方志丛书》102 号。

《江西省吉安市地名志》，吉安市地名委员会办公室编印，1985 年。

《江西通志》(谢旻监修、陶成纂)，《景印文渊阁四库全书·史部》513—518 册。

《泾县志》(李德淦修、洪亮吉纂)，清嘉庆十一年刊本。

《乐安县志》(朱奎章修、胡芳杏纂)，清同治十年刊本，台北：成文出版社，《中国方志丛书》263 号。

《廉州府志》(张堉春、陈治昌纂修)，清道光十三年刻本。

《临海县志》(洪若皋纂修)，据清康熙二十二年刻版重印。

《庐陵县志》(梅大鹤修、王锦芳纂)，清道光五年刊本，台北：成文出版社，《中国方志丛书》953 号。

《庐陵县志》(平观澜修、黄有恒纂)，清乾隆四十六年刊本，台北：成文出版社，《中国方志丛书》952 号。

《庐陵县志》(工补、曾灿材等纂)，民国九年刻本，北京大学图书馆藏。

《南昌府志》(陈兰森修、谢启昆纂)，清乾隆四十五年刊本，台北：成文出版社，《中国方志丛书》811 号。

《南昌府志》(范涞修、章潢纂)，明万历十六年刊本，台北：成文出版社，《中国方志丛书》810 号。

《南昌府志》(许应鑅修、曾作舟纂)，清同治十一年刊本，台北：成文出版社，《中国方志丛书》812 号。

《青原志略》（笑峰大然编撰，段晓华、宋三平校注），南昌：江西人民出版社，1998 年。

《衢州府志》（杨廷望纂修），清康熙五十年修，光绪八年重刊本。

《瑞州府志》（黄廷金修、萧浚兰纂），清同治十二年刊本，台北：成文出版社，《中国方志丛书》099 号。

《三舍刘氏六续族谱》，清光绪三十一年刻本，张海瀛等主编：《中华族谱集成·刘氏谱卷》，成都：巴蜀书社，1995 年。

《石鼓书院志》（李安仁撰），明万历刻本，《续修四库全书·史部》720 册。

《四川通志》（黄廷桂修、张晋生纂），《景印文渊阁四库全书·史部》559—561 册。

《松江府志》（方岳贡修、陈继儒纂），据明崇祯三年刻本影印，《日本藏中国罕见地方志丛刊》，北京：书目文献出版社，1991 年。

《泰和县志》（冉棠修、沈澜纂），清乾隆十八年刊本，台北：成文出版社，《中国方志丛书》838 号。

《泰和县志》（宋瑛修），清同治十一年抄本，台北：成文出版社，《中国方志丛书》840 号。

《泰和县志》（宋瑛修、彭启瑞纂），清光绪五年刊本，台北：成文出版社，《中国方志丛书》841 号。

《泰和县志》（杨讱、徐惠迪纂修），清道光六年刊本，台北：成文出版社，《中国方志丛书》839 号。

《无极县志》（黄可润纂修），清乾隆二十二年刊本。

《仙居县志》（郑录勋修、张明焜纂），清康熙十九年刻本。

《徐州府志》（吴世熊、朱忻修），清同治十三年刊本。

《续修安福令欧阳公通谱》（欧阳劼平等纂），民国间影印清乾隆十五年刻本。

《永丰县志》（王建中修、刘绎纂），清同治十三年刻本，台北：成文出版社，《中国方志丛书》760 号。

《永新县志》（王翰修、陈善言纂），清乾隆十一年刊本，台北：成文出版社，《中国方志丛书》756 号。

《永新县志》（王运祯纂修），清康熙二十二年刊本，台北：成文出版社，《中国方志丛书》755 号。

《油田隆堂彭氏族谱》（彭世培主修），民国十四年木活字本。

《袁州府志》（施闰章修、袁继梓纂），清康熙九年刻本，《北京图书馆藏古籍珍本丛刊·史部》30 册，北京图书馆出版社，2011 年。

《漳浦县志》(陈汝咸修、林登虎纂),清康熙三十九年刊本,台北:成文出版
　　社,《中国方志丛书》105 号。

《浙江通志》(嵇曾筠编纂),《景印文渊阁四库全书·史部》519—526 册。

《中华邹氏族谱》(邹贤敏主编),武汉:崇文书局,2006 年。

《中源邹氏族谱》,民国二十九年修。

《重修安徽通志》(何绍基撰),清光绪四年刻本。

《邹氏文庄公次子美公家谱》,1995 年重修。

《邹氏文庄公第六子盖公家谱》,1995 年重修。

二、中文著作及译作

[美]包筠雅著,杜正贞等译:《功过格:明清社会的道德秩序》,杭州:浙江
　　人民出版社,1999 年。

蔡仁厚:《王学流衍——江右王门思想研究》,北京:人民出版社,2006 年。

蔡仁厚:《王阳明哲学》,台北:三民书局,1983 年。

常建华:《明代宗族研究》,上海:上海人民出版社,2005 年。

陈来:《宋明理学》,上海:华东师范大学出版社,2004 年 3 月。

陈来:《有无之境——王阳明哲学的精神》,北京:人民出版社,1991 年。

陈来:《中国近世思想史研究》,北京:商务印书馆,2003 年。

陈来:《朱子哲学研究》,上海:华东师范大学出版社,2000 年。

陈立胜:《"身体"与"诠释"——宋明儒学论集》,台北:台湾大学出版中心,
　　2012 年。

陈立胜:《王阳明"万物一体"论——从"身—体"的立场看》,台北:台湾大
　　学出版中心,2005 年。

陈荣捷:《王阳明与禅》,台北:学生书局,1982 年。

陈文石:《明清政治社会史论》,台北:学生书局,1992 年。

陈文新等撰:《明代科举与文学编年》,武汉:武汉大学出版社,2009 年。

戴君仁:《论江右王门》,《阳明学论文集》,台北:联合出版社,1972 年。

[日]岛田虔次著,邓红译:《中国思想史研究》,上海:上海古籍出版社,
　　2009 年。

[日]岛田虔次著,蒋国保译:《朱子学与阳明学》,西安:陕西师范大学出
　　版社,1986 年。

董平:《王阳明的生活世界》,北京:中国人民大学出版社,2009 年。

杜维明著,段德智译:《论儒学的宗教性——对〈中庸〉的现代诠释》,武汉:
　　武汉大学出版社,1999 年。

方志远：《明清湘鄂赣地区的人口流动与城乡商品经济》，北京：人民出版社，2001 年。

冯达文：《宋明新儒学略论》，广州：广东人民出版社，1997 年。

冯尔康、常建华：《中国宗族史》，上海：上海人民出版社，2009 年。

干春松：《制度化儒家及其解体》，北京：中国人民大学出版社，2012 年。

［日］冈田武彦著，吴光等译：《王阳明与明末儒学》，上海：上海古籍出版社，2000 年。

高海波：《慎独与诚意：刘蕺山哲学思想研究》，北京：生活·读书·新知三联书店，2016 年。

葛兆光：《七世纪至十九世纪中国的知识、思想与信仰》，《中国思想史》第二卷，上海：复旦大学出版社，2001 年。

古清美：《明代理学论文集》，台北：大安出版社，1990 年。

郭齐勇编：《杜维明文集》，武汉：武汉出版社，2002 年。

侯外庐等：《宋明理学史》，北京：人民出版社，1984 年。

胡吉勋：《“大礼议”与明廷人事变局》，北京：社会科学文献出版社，2007 年。

［日］荒木见悟著，杜勤等译：《佛教与儒教》，郑州：中州古籍出版社，2005 年。

黄敏浩：《刘宗周及其慎独哲学》，台北：学生书局，2001 年。

嵇文甫：《晚明思想史论》，上海：东方出版社，1996 年。

嵇文甫：《左派王学》，上海：开明书店，1949 年。

姜德成：《徐阶与嘉隆政治》，天津：天津古籍出版社，2002 年。

赖惠敏：《明代南直隶赋役制度的研究》，台北：台湾大学出版委员会，1983 年。

劳思光：《新编中国哲学史》，桂林：广西师范大学出版社，2005 年。

黎业明：《湛若水年谱》，上海：上海古籍出版社，2009 年。

李明辉：《儒家视野下的政治思想》，北京：北京大学出版社，2005 年。

梁漱溟：《梁漱溟全集》第四卷，济南：山东人民出版社，1991 年。

林乾：《嘉靖帝·隆庆帝》，吉林：吉林文史出版社，1996 年。

林月惠：《良知学的转折——聂双江与罗念庵思想之研究》，台北：台湾大学出版中心，2005 年。

［美］刘子健著，赵冬梅译：《中国转向内在：两宋之际的文化内向》，南京：江苏人民出版社，2002 年。

吕妙芬：《阳明学士人社群：历史、思想与实践》，台北："中央研究院"近代史研究所，2003 年。

马一浮：《马一浮集》，杭州：浙江古籍出版社，1996 年。

蒙培元:《理学范畴体系》,北京:人民出版社,1989 年。

孟森:《明史讲义》,上海:上海古籍出版社,2002 年。

牟宗三:《从陆象山到刘蕺山》,上海:上海古籍出版社,1999 年。

牟宗三:《心体与性体》,上海:上海古籍出版社,1999 年。

牟宗三:《智的直觉与中国哲学》,台北:台湾商务印书馆,1971 年。

彭国翔:《良知学的展开——王龙溪与中晚明的阳明学》,北京:生活·读书·新知三联书店,2005 年。

钱明:《儒学正脉——王守仁传》,杭州:浙江人民出版社,2006 年。

钱明:《阳明学的形成与发展》,南京:江苏古籍出版社,2002 年。

钱穆:《宋明理学概述》,台北:学生书局,1990 年。

钱穆:《阳明学述要》,台北:正中书局,1995 年。

钱穆:《中国近三百年学术史》,北京:中华书局,1984 年。

钱穆:《中国历史精神》,台北:兰台出版社,2002 年。

任文利:《治道的历史之维——明代政治世界中的儒家》,北京:中央编译出版社,2014 年。

容肇祖:《明代思想史》,上海书店据 1941 年版影印。

商传:《明代文化志》,上海:上海人民出版社,1998 年。

唐君毅:《中国哲学原论·原教篇》,《唐君毅先生全集》第 19 卷,台北:学生书局,1984 年。

王汎森:《晚明清初思想十论》,上海:复旦大学出版社,2004 年。

王其榘:《明代内阁制度史》,北京:中华书局,1989 年。

王天有:《明代国家机构研究》,北京:北京大学出版社,1992 年。

吴宣德:《明代进士的地理分布》,香港:中文大学出版社,2009 年。

吴宣德:《中国教育制度通史(明代卷)》,济南:山东教育出版社,2000 年。

吴震:《罗汝芳评传》,南京:南京大学出版社,2005 年。

吴震:《明代知识界讲学活动系年》,上海:学林出版社,2002 年。

吴震:《聂豹 罗洪先评传》,南京:南京大学出版社,2001 年。

吴震:《阳明后学研究》,上海:上海人民出版社,2003 年。

徐扬杰:《宋明家族制度史论》,北京:中华书局,1995 年。

杨国荣:《王学通论——从王阳明到熊十力》,上海:上海三联书店,1990 年。

杨启樵:《明清皇室与方术》,上海:上海书店出版社,2004 年。

杨儒宾:《儒家身体观》,台北:"中央研究院"中国文哲研究所筹备处,1996 年。

杨树蕃:《明代中央政治制度》,台北:台湾商务印书馆,1980 年。

姚义兴：《泸潇人家——安福姓氏探源》，政协安福县委员会、安福县志编纂委员会编，2005 年。

余英时：《宋明理学与政治文化》，台北：允晨文化实业股份有限公司，2004 年。

余英时：《现代儒学论》，上海：上海人民出版社，1998 年。

张德意、李洪编：《江西古今书目》，南昌：江西人民出版社，1996 年。

张卫红：《由凡至圣——阳明心学工夫散论》，北京：生活·读书·新知三联书店，2016 年。

张卫红：《邹东廓年谱》，北京：北京大学出版社，2013 年。

张显清：《明代政治史》，桂林：广西师范大学出版社，2003 年。

张学智：《明代哲学史》，北京：北京大学出版社，2000 年。

张学智：《心学论集》，北京：中国社会科学出版社，2006 年。

张学智：《中国儒学史·明代卷》，北京：北京大学出版社，2011 年。

张艺曦：《阳明学的乡里实践：以明中晚期江西吉水、安福两县为例》，北京：北京师范大学出版社，2013 年。

衷海燕：《儒学传承与社会实践——明清吉安府士绅研究》，广州：世界图书出版公司，2012 年。

朱保炯、谢沛霖：《明清进士题名碑录索引》，上海：上海古籍出版社，1979 年。

朱鸿林：《孔庙从祀与乡约》，北京：生活·读书·新知三联书店，2015 年。

左东岭：《王学与晚明士人心态》，北京：人民文学出版社，2000 年。

三、期刊及硕博士论文

曹国庆：《明代乡约推行的特点》，《中国文化研究》，1997 年第 1 期。

常建华：《日本八十年代以来的明清地域社会研究述评》，《中国社会经济史研究》，1988 年第 2 期。

陈来：《论朱熹〈大学章句〉的解释特点》，《文史哲》，2007 年第 2 期。

陈立胜：《王阳明"独知"工夫论——兼论王阳明与朱子工夫论之异同》，《中山大学学报》，2016 年第 5 期。

陈立胜：《作为修身学范畴的"独知"概念之形成——朱子慎独工夫新论》，《复旦学报》，2016 年第 4 期。

陈时龙：《〈三舍刘氏七续族谱〉的史料价值》，《文献季刊》，2008 年第 1 期。

邓洪波：《随地举会，归之书院：明代讲会之发展趋势》，《湖南大学学报》，2010 年第 2 期。

［日］冈田武彦：《阳明学之研究与受用》，《浙江学刊》，1989 年第 4 期。

耿加进：《邹东廓先生年谱》，张新民主编《阳明学刊》第五辑，成都：巴蜀书社，2011 年。

［美］郝康迪（Kandice Hauf）著，余新忠译：《十六世纪江西吉安府的乡约》，郑晓江主编《赣文化研究》第 6 期，南昌：南昌大学《赣文化研究》编委会，1999 年。

黄俊杰：《从儒家经典诠释史观点论解经者的"历史性"及其相关问题》，《台大历史学报》，第 24 期，1999 年 12 月。

彭国翔：《阳明后学工夫论的演变与形态》，《浙江学刊》，2005 年第 1 期。

劳思光：《王门功夫问题之争议及儒学精神之特色》，《新亚学术集刊》，1982 年第 3 期。

梁洪生：《江右王门学者的乡族建设——以流坑村为例》，《新史学》，1997 年第 3 期。

林惠胜：《试论阳明的万物一体》，《中国学术年刊》，第 16 期，1993 年。

林月惠：《刘蕺山"慎独"之学的超越向度》，《两岸青年学者论坛——中华传统文化的现代价值论文集》，台北：法鼓人文社会学院，2000 年 10 月。

林月惠：《王龙溪"见在良知"释疑》，韩国阳明学会：《阳明学》，2006 年 7 月。

林月惠：《阳明"内圣之学"研究》，台湾师范大学国文研究所硕士论文，1988 年。

林月惠：《阳明后学的克己复礼解及其工夫论之意涵》，《法鼓人文学报》第二期，2005 年 12 月。

刘述先：《评余英时〈朱熹的历史世界——宋代士大夫政治文化的研究〉》，《九州学林》第 1 卷第 2 期，2003 年冬季号。

刘姿君：《邹东廓"慎独说"之衡定——以王阳明"良知教"为理论判准的说明》，《中国学术年刊》，第 29 期，2007 年 9 月。

吕滨：《庐陵文化的渊源、特点与历史地位》，《江西社会科学》，2001 年第 5 期。

吕妙芬：《儒释交融的圣人观：从晚明儒家圣人与菩萨形象相似处及对生死议题的关注谈起》，《"中央研究院"近代史研究所集刊》，1999 年第 12 期。

牛建强：《明代中后期讲学风气的扩张及其变异》，《史学集刊》，1993 年第 4 期。

彭国翔：《王龙溪的〈中鉴录〉及其思想史意义：有关明代儒学思想基调的转换》，《汉学研究》，第 19 卷第 2 期，2001 年 12 月。

钱明：《谈中晚明王阳明在江西吉安的讲学——对浙中王学与江右王学的比较》，《教育文化论坛》，2012 年第 3 期。

任文利：《天德与王道之间——作为儒教传统士大夫典型的邹守益》，张海晏、熊培军主编：《国际阳明学研究（第一卷）》，北京：中国社会科学出版社，2011 年。

施由明：《论明清乡绅的产生——以江西为例》，《农业考古》，2014 年第 4 期。

王崇峻：《明代中晚期江右王门学者的乡村运动——以江西吉安府为中心》，《维风导俗：明代中晚期的社会变迁与乡约制度》附录 4，台北：文史哲出版社，2000 年。

王汎森：《"心即理"说的动摇与明末清初学风之转变》，《"中央研究院"历史语言研究所集刊》，1992 年第 6 期。

王瑞昌：《论刘蕺山的无善无恶思想》，《孔子研究》，2000 年第 6 期。

王伟民：《东廓邹先生年谱简编》，南昌大学江右哲学研究中心编《赣文化研究》第 14 期，南昌：江西人民出版社，2008 年。

王伟民：《论江右王门对阳明心学的修正》，《江西社会科学》，1992 年第 5 期。

王宇：《合作、分歧、挽救：王阳明与议礼派的关系史》，《中山大学学报》，2009 年第 6 期。

吴金成：《明代江西农村的社会变化与士绅》，《第二届国际汉学会议论文集·明清与近代史组》，1989 年。

吴震：《万物一体——心学关于建构理想社会的一项理论表述》，《杭州师范大学学报》，2010 年第 1 期。

肖金：《王阳明与嘉靖帝关系之研究》，东北师范大学硕士论文，2010 年 5 月答辩。

杨儒宾：《理学家与悟——从冥契主义的观点探讨》，刘述先主编：《第三届国际汉学会议论文集·中国思潮与外来文化》，台北："中央研究院"中国文哲研究所，2002 年。

杨儒宾：《论"喜怒哀乐未发前气象"》，《中国文哲研究所通讯》，第 15 卷第 3 期。

杨儒宾：《如果再回转一次"哥白尼的回转"》，《当代》第 195 期，2003 年 11 月。

杨儒宾：《宋儒的静坐说》，《台湾哲学研究》，2004 年第 4 期。

杨儒宾：《主敬与主静》，《台湾宗教研究》第 9 卷第 1 期，2010 年 6 月。

杨祖汉：《"体用不二"与体证的方法》，《鹅湖》，总第 228 期。

杨祖汉：《宋明儒学的发展与阳明哲学的特色》，《鹅湖》，总第 200 期。

周志文：《邹东廓与刘宗周》，《佛光人文社会学刊》，第 1 期，2001 年 6 月。

朱湘钰：《平实道中启新局——江右三子良知学研究》，台湾师范大学博士
论文，2007 年 2 月答辩。

四、外文论著及期刊论文

［日］冈田武彦等编、荒木见悟等译注：《阳明门下》，《阳明学大系》第五、
六、七卷，东京：株式会社明德出版社，1973 年。

［日］荒木见悟：《陽明學の開展と佛教》，东京：研文出版社，1984 年。

［日］荒木见悟：《朱子と王陽明》，东京：中央公论社，1974 年。

九州大学中国哲学研究室编：《明代思想文艺论集》，福冈：九州大学中国
哲学研究会，1981 年。

［日］木村庆二：《邹东廓思想研究序说》，《中国哲学论集》第 17 号，1991
年 10 月。

［日］木村庆二：《关于邹东廓思想形成的一点考察》，《中国哲学论集》第
19 号，1993 年 10 月。

［日］中纯夫：《良知修证派について—王门三派说への疑问》，《富山大学
教养部纪要·人文、社会科学篇》，第二十二卷一号，1989 年 10 月。

Anne Gerritsen, *Ji'an Literati and the Local in Song—Yuan—Ming China*.
Volume 3, *CHINA STUDIES*, Leiden：Brill Publisher, 2007.

后　记

　　本书的雏形,是我于2006—2008年在北大哲学系跟从陈来教授做博士后研究时以江右学者邹东廓为个案的研究课题,出站时已具12万字的东廓思想研究文稿和22万字的年谱初稿。后在繁忙的学校诸务间隙断续加以补充修订,于2013年出版了《邹东廓年谱》;之后数年,陆续补足了对东廓生平、乡族实践与思想的全面研究,也就是本书的内容。

　　邹东廓之于阳明学的突出贡献,不在于思想理论的创建,而在于其居乡四十年间的讲学、乡族建设活动于阳明学的传播功劳甚巨,这也是本书花大篇幅著力于后者的原因。本书附录中所收传记文献的点校和七个附表的整理,同样费力甚多。人物考订、史料整理以及历史事件的梳理,在漫长而枯燥的研究生涯中一点点推进。此非我之所长,惟愿竭心尽力,为那个时代阳明学者的生活和历史世界呈现一块接近真实的拼图。

　　本书付梓之际,首先感谢业师陈来先生。做东廓个案研究是陈老师的建议,距今已十有四载。其次,感谢北京大学高等人文研究院杜维明先生。2017年春季学期,我受杜先生邀请到北大访学,得到杜先生主持的“历史与全球视野中的儒家伦理”研究项目资助,并在此期间完成了本书的主体写作,算是其子项目“精神人文主义”研究的成果之一。前辈学者对当今人文精神沦落的深切忧思,也激励着愚鲁晚学勉力前行。最后,感谢所有为本书出版付出辛劳的师友。

张卫红

图书在版编目（CIP）数据

敦于实行：邹东廓的讲学、教化与良知学思想／张
卫红著. —上海：上海古籍出版社，2020.5
ISBN 978-7-5325-9569-3

Ⅰ.①敦… Ⅱ.①张… Ⅲ.①邹守益—哲学思想—研
究 Ⅳ.①B248.25

中国版本图书馆 CIP 数据核字（2020）第 060309 号

敦于实行：邹东廓的讲学、教化与良知学思想

张卫红 著

上海古籍出版社出版、发行

（上海瑞金二路 272 号　邮政编码 200020）

（1）网址：www.guji.com.cn
（2）E-mail：guji1@guji.com.cn
（3）易文网网址：www.ewen.co

上海商务联西印刷有限公司印刷

开本 700×1000　1/16　印张 21.5　插页 2　字数 370,000
2020 年 5 月第 1 版　2020 年 5 月第 1 次印刷
ISBN 978-7-5325-9569-3

B·1140　定价：86.00 元

如有质量问题，请与承印公司联系